KNAURS
BUCH DER WERTE

HERAUSGEGEBEN VON
FRIEDRICH SCHORLEMMER

KNAURS

BUCH DER WERTE

WWW.KNAUR.DE

Die Zusammenstellung der Texte besorgten
Rudolf Radler und Sven Hanuschek.
Die kommentierten Zwischentexte vor dem ersten, dritten,
sechsten und achten Kapitel verfaßte Eberhard Reimann.

Besuchen Sie uns im Internet:
www.knaur.de

Die Folie des Schutzumschlags sowie die Einschweißfolie sind
PE-Folien und biologisch abbaubar. Dieses Buch wurde
auf chlor- und säurefreiem Papier gedruckt.

Inhaltsverzeichnis

Erstes Kapitel
Weisheit – Klugheit

Zweites Kapitel
*Gerechtigkeit – Gleichheit – Recht-
schaffenheit – Redlichkeit*

Drittes Kapitel
Mut – Tapferkeit – Zivilcourage

Viertes Kapitel
*Besonnenheit – Gelassenheit – Beharrlichkeit
Standhaftigkeit*

Fünftes Kapitel
Glaubensstärke – Gottvertrauen

Sechstes Kapitel
Nächstenliebe – Mitleid – Erbarmen
Mitmenschlichkeit

9

Siebentes Kapitel
Freundschaft – Hingabe

Achtes Kapitel
Toleranz – Weltoffenheit

Elftes Kapitel
Friedenswille – Gewaltlosigkeit

Zwölftes Kapitel
Gemeinsinn – Verantwortungsbewußtsein
Verläßlichkeit

Dreizehntes Kapitel
Tat- und Schaffenskraft – Arbeitsamkeit – Fleiß

Vierzehntes Kapitel
Selbsterziehung – Maßvolles Handeln
Selbsterkenntnis

Inhaltsverzeichnis

Vorwort von Friedrich Schorlemmer

Jeden mit Glück erfüllen, auch sich.

Wir haben ein Lesebuch, ein Vorlesebuch vor uns. Gespräche in Familien- und Freundeskreisen will es anregen. Ebenso ist es ein „Brevier" der unaufdringlichen Orientierung für den einzelnen. Altbekannte Texte stehen neben neuen, überraschenden Entdeckungen. Von der Bibel bis zu Brecht, von Seneca bis Havel, von Platon bis Schopenhauer, von Äsop bis Canetti, von Lincoln bis King, von Hebel bis zu Saint-Exupérys *Kleinem Prinzen*. Was nebeneinander steht, führt einen inneren Dialog. Das jetzt Nötige und das bleibend Wichtige kommen zusammen und lassen dem Leser die Entscheidung, was für ihn das jetzt Nötige ist und wie er im bleibend Wichtigen das jetzt Nötige für sich herausfindet.

Die hier gesammelten literarischen Texte versuchen, die ganze Vielfalt der Fragestellungen und Konflikte einzubeziehen. Der Leser soll an Erfahrungen und Traditionen anknüpfen können, um sie sich selbst anzueignen. Was beschrieben wird, ist besprechbar. Es soll darüber hinaus ein Vergnügen sein, alles einzelne wahrzunehmen und zu bedenken, statt moralinsauer zu triefen. Vielfältigste menschliche Erfahrungen sind bestimmten Begriffen zugeordnet und entfalten sie.

Werte sind Mosaiksteine für unsere Ideale. In der Zuordnung zueinander entsteht erst ein Ganzes. Wie, wo, wann, wem gegenüber bewährt sich Freundschaft, Toleranz und Solidarität, Zivilcourage, Verantwortung und Naturbewahrung, Klugheit, Hoffnung und Nächstenliebe?

Es gibt Haltungen, die uns halten können. Es gibt Personen der Zeitgeschichte und Personen fiktiver Geschichten, in denen wir uns wiederfinden, die für uns eine Art Ich-Ideal bilden, dem nachzustreben in beglückender Weise Sinn macht. Dieses Buch der Werte will nicht belehren, sondern in literarischer Form erfahren lassen, was es zu bewahren gilt und was sich in der Praxis bewähren soll. Gut ist ein Tun, das guten Prinzipien folgt und das diese Prinzipien um des konkreten Menschen willen durchbricht. Aus Liebe.

Worum es geht, läßt sich auf den einfachen schönen Vers Bert Brechts bringen

> „Keinen verderben lassen,
> auch nicht sich selber,
> jeden mit Glück erfüllen,
> auch sich. Das ist gut."

Buch der Werte. Wie stehen die Aktien. Wie hoch ist der Kurs. Was ist der Tauschwert. Was mir mein Geld wert ist.

Buch der Werte. Der Schaum auf der Suppe. Der Schmelz ohne Substanz. Schöne Worte ohne Wahrheit. Gespaltene Zunge der Moralbigotterie.

Buch der Werte. Was ist so wertvoll wie sinnvoll. Was nicht verfällt. Was sich erfüllt. Was das Leben lohnt. Was richtig und gut ist, richtig gut eben. Was das Leben lohnt.

Buch der Werte. Was gut ist und gut tut. Wer gut ist und Gutes tut.

„Guter Meister", sagt ein reicher junger Mann zum armen Wanderprediger aus Nazareth und fragt ihn: „Was muß ich tun, damit ich ewiges, gültiges Leben habe?" Die Gebote hat er gehalten. Gut. „Geh und löse dich von deinem Reichtum", sagt der, der nichts hat. „Gib's den Armen", sagte der arme Reiche. Da geht er traurig, der viel hat, zuviel, um noch davon loszukommen. Er fragt nach ewigen Werten und ist an die zeitlichen gebunden. Aber er fragt. Wenigstens das. Vielleicht noch mehr. Denn denkbar ist, daß er mit seinem Reichtum verantwortlich umgeht. Frei ist er jedenfalls nicht. Aber wer ist dann frei?

Wenn den Zeitgenossen beim Wort „Wert" spontan nur noch Geldwert, Tauschwert, Geld-Wert-Verfall einfällt, ist etwas faul mit uns. Wenn andererseits die obersten Macht- und Moralhüter nur immer Werteverluste bemängeln, um sie wieder zu installieren, dann wird das Gut-Konservative schnell reaktionär, das Autoritative zum Autoritären und das Verbindende zum Umschlingenden. Werte werden in einer Gemeinschaft von Menschen erfahren, erprobt, diskutiert, verändert, als verbindend und verbindlich anerkannt. Jedes Dekretieren von oben wäre vom Übel. Um sich das Leben lebenswert zu erhalten, brauchen wir Strukturen, in denen die Werte gelebt werden können. Das Wertkonservative widerspricht dem Strukturkonservativen! „Freiheit, Gleichheit, Brüderlichkeit!' aber wie gelangen wir zu den Tätigkeitswörtern?" Das ist hier die Frage. Der polnische Aphoristiker Stanisław Jerzy Lec hat sie uns hinterlassen. Dieses *Buch der Werte* ist auf die Tätigkeitsworte, auf lebenswichtige Tätigkeiten aus, in denen sich Werte verwirklichen. Statt so endlos wie folgenlos den „Verlust der Werte" zu behaupten, werden aus Tradition und Geschichte hier Gedichte, Balladen und Dialoge, Fabeln, Märchen und Mythen, so religiöse wie politische Texte zusammengestellt. Darin werden Werthaltungen erkennbar. Aus dem Vielerlei und Allerlei das Wenige und das Wichtige herauszufiltern, war die Zielstellung. Was ist richtig und gut, ja was ist richtig gut – ohne penetrant moralisch zu werden? Das kann Literatur bieten, die konkret und übertragbar etwas überliefert, was für eine Kultur prägend und tragend ist.

Was gilt? Das ist nicht nur eine Frage von jungen Menschen, die angesichts der moralischen Hilflosigkeit und Doppelbödigkeit der Erwachsenengeneration, der verbreiteten Beliebigkeit und des genüßlichen Zynismus, angesichts des Fehlens überzeugender Autoritäten und des Mißlingens menschlicher Kommunikation verwirrt sind. Was aus der Vergangenheit taugt noch für gelingende Zukunft?

Die Frage nach den Werten ist so alt wie die Klage über deren Verlust. Die Suche nach Orientierung beginnt mit jeder Generation, ja mit jedem Menschen neu. Gemeinsame Überlieferung ist dabei unentbehrlich, aber nie ausreichend. Allgemeine moralische Leitbegriffe verdichten etwas, sagen aber konkret noch nicht viel und erübrigen nicht die eigene Entscheidung im Konflikt zwischen einzelnen Werten.

Was bindet und verbindet unseren Kulturkreis, was ist die Brücke vom Gestern zum Morgen? Es sind Grund-Werte, die den einzelnen in seinem Denken, Handeln und Urteilen bestimmen und so das gemeinsame Lebensklima ausmachen. Werte werden in einer Gemeinschaft geteilt. Sie bilden das innere Rückgrat gesellschaftlicher Beziehungen. Sie kommen geradezu notwendig in Widerstreit: die Freiheit und die Gleichheit, die Wahrheitsliebe und die Nächstenliebe, die Selbstbestimmung und die Rücksichtnahme, das Recht und die Gerechtigkeit. Werte werden gebrochen, verraten, vergessen. Sie sind mißbrauchbar und wurden mißbraucht. Besonders im Namen höchster Werte oder eines höchsten Ziels wurden elementarste Lebensrechte stets verletzt.

Werte können sich verbrauchen, und sie wandeln sich mit der Lebens- und Produktionsweise. Was gestern noch unbestritten Gültigkeit beanspruchte, kann heute gänzlich untauglich sein, um plötzlich morgen wieder wichtig zu werden.

Stets erliegen die Herrschenden der Versuchung, Werte zu dekretieren und sie für ihre Herrschaft nutzbar zu machen. Werthierarchien, von hierarchischen Institutionen aufgestellt, werden in aller Regel reaktionär.

Werte sind nicht fest-stellbar, schon gar nicht „von oben". Sie zu überliefern und zu vermitteln, zu erproben und zu überprüfen, ist ein so beständiger wie lebendiger Einigungsprozeß. Und doch gibt es in allem Wandel der Zeiten und Bedingungen Gültiges, stets neu Bewährtes, Bewahrenswertes und zu Bewährendes. Das menschliche Miteinanderleben funktioniert nicht ohne bestimmte moralische Selbstverständlichkeiten, die durchaus zu Konventionen werden.

Wo geistig-moralische Werte von materiellen Werten verschluckt werden und der vorzeigbare Erfolg das innere Glück gänzlich verdrängt, verludert menschliches Zusammenleben.

In einer Weltzeit, in der alles möglich scheint und die Maßstäbe des Zuträglichen und Verträglichen von den Sachzwängen eines blinden Fortschritts des SCHNELLER-HÖHER-WEITER-MEHR diktiert sind, da werden Mäßigung und Selbstbegrenzung, Geduld und Sanftmut, Zivilcourage und Rücksichtnahme, Toleranz und Barmherzigkeit, Tatkraft und Demut neu wichtig.

Ein wertvolles Leben ist ein Leben, das Werten folgt, die einem Menschen sein Leben so sinnvoll wie (be-)glückend erscheinen lassen: Wenn er nämlich in aller seiner Zwiespältigkeit Heilsein erfährt, wenn er die Fixierung auf das Eigene überschreitet und sich ganz

einem anderen zuwendet, wenn die Berechnung aufhört und Selbst-
losigkeit beginnt, wenn der Erfolg die Folgen mitbedenkt, wenn das
Sein-Können das Haben-Wollen aufhebt, wenn der Frieden mit sich
selbst im Frieden mit allem ruht, wenn die Tapferkeit vor dem
Freund größer wird als die Angst vor dem Feind, – dann wird Leben
so sinnvoll wie glückend.

Was Menschen zusammenbringt, sind zunächst gemeinsame Interessen, die sie zu vertreten und durchzusetzen versuchen. Die Art
der Durchsetzung bedarf einander verbindender und als verbindlich
anerkannter Werte. Wertbildungen und Wertbindungen sind nötig,
damit Eigeninteresse und Gemeininteresse sich nicht ausschließen.
Das berechtigte Lebensinteresse des jeweils Anderen und Fremden
muß innerlich und äußerlich anerkannt und respektiert werden. Eine
Gesellschaft, die lediglich darauf vertrauen würde, daß ihre Werte
durch Machtinstrumente erhalten werden, wäre auf kurz oder lang
verloren. Was innerlich nicht verankert ist, läßt sich auf Dauer
äußerlich nicht erhalten.

Werte sind nicht abstrakt fest-stellbar, sondern konkret hand-
lungsbezogen. Insofern sind sie zwar gültig, aber nicht feststehend.
(Zum Beispiel ist Treue der Ausdruck für die Bereitschaft, ein Versprechen zu halten. Treue kann mit anderen Werten kollidieren und
führt zu Abwägung, welcher Wert höher zu veranschlagen sei. Wo
etwa ein Treueversprechen aufgrund einer gegenseitigen Liebe abge-
geben wurde, kommt die Frage auf, in welcher Weise Treue weiter
gilt, wo Liebe erloschen ist. Oder wenn Treue beziehungsweise Loyalität gegenüber einem Gemeinwesen oder einer Partei einen Gehorsam abverlangt, der lebensbedrohlich oder gar verbrecherisch wird,
müssen Loyalität und Treue aufgekündigt werden.) Werte stehen
immer wieder in Konkurrenz zueinander, bedürfen einer Prioritäten-
setzung, ja einer bestimmten Wertehierarchie. Darüber zu befinden,
ist Sache des einzelnen mündigen Individuums.

Werte sind keine Moralforderungen, die man von oben oder aus
der Überlieferung allein vorschreiben könnte, um damit zu herrschen. Werte sind Bojen vergleichbar, die wir auf unserer Lebensreise
beachten, die uns Fahrrinnen zeigen, damit wir nicht stranden. Sie
sind die innerlich akzeptierten Regeln gelingenden Zusammenle-

bens. Sie sind der gute Geist der Gesetze, Verordnungen und Regelungen unseres Lebens. Ohne den guten Geist von verinnerlichten Wertsetzungen werden Gesetze tötend.

Was uns gemeinsam trägt, kann nur das sein, was jeden einzelnen trägt, prägt und bindet. So kann diese literarische Sammlung aus den Jahrhunderten so reife wie freie „wertkonservative Haltungen" einüben. Wenig hilfreich ist ein Moralkodex, der mit dem Gestus der Belehrung daherkommt. Da wird nur Angst eingeflößt. Verkrampfung, Verlogenheit und Bigotterie wären die unvermeidlichen Folgen.

Doch ein Gemeinwesen ohne gemeinsame Wertbindungen freier Bürger tendiert entweder zum Diktat der Beliebigkeit oder über den Weg obrigkeitsstaatlicher Strukturen zur Diktatur hin.

Das *Buch der Werte* macht den Versuch, der grassierenden Beliebigkeit der Postmoderne entgegenzutreten. Die Texte haben einen unaufgebrauchten humanistischen Überschuß, etwas Unabgegoltenes. Werte sind nicht statisch, sondern dynamisch; aber sie zeigen in Richtungen, die dem Menschen helfen, sich seines eigenen Mehrwerts gewiß zu bleiben. Wer an Werten festhält, richtet sich gegen eine modische Gleichgültigkeit, wo man weniger lacht als sich gekonnt lustig macht. Er wird sich ebenso gegen eine lebensfeindliche Werteideologie wenden, die sich in religiösen, politischen oder nationalistischen Ideologien immer wieder breit macht, aber gerade nicht emanzipiert, sondern indoktriniert.

Wir leben wiederum in einer Zeit grundlegenden Wertewandels. Er hat mit der rasanten Veränderung unserer Lebensweise zu tun. Möglicherweise stehen wir vor einem kulturellen Einbruch, wie ihn die Menschheit beim Übergang vom nomadischen zum seßhaften Dasein durchgemacht hat. Bei der Explosion unserer technischen Möglichkeiten wurde weithin die Anstrengung vernachlässigt, zu klären, was uns denn jetzt „lieb" und „teuer" ist. Wenn etwa unter der Hand die Modernisierung mit Beschleunigung („Modernisierungsbeschleunigung") verwechselt wird, unterbleibt schöpferische Muße, die Voraussetzung für handlungsorientiertes Nachdenken über Sinn, Ziel und Grenzen unseres Tun ist.

Was wertvoll ist, muß nicht teuer sein, was teuer ist, muß nicht wertvoll sein. Wenn wir nur noch die Angst hätten, daß der Geldwert sinkt und daß wir vor allem einen Werteverfall fürchten, der unsere Währung betrifft, hätten wir nicht begriffen, um welchen Wertgewinn und welchen Wertverlust wir uns als Menschen Gedanken machen müssen, wenn wir nicht selber zu käuflichen Wesen, zur Ware werden wollen.

Wenn diese Sammlung hilft, dem einzelnen hilft, aus Begriffen Tätigkeiten zu machen, das Wertvolle auch als das Sinnvolle und das Sinnvolle als das Beglückende zu erfahren, dann war sie das Papier mitten in der Bücherflut wert.

Maxime und Realität

*H*andle so, daß die Maxime deines Willens jederzeit zugleich als Prinzip einer allgemeinen Gesetzgebung gelten könnte", diese Formel des Königsberger Philosophen Immanuel Kant faßt auf kürzeste Weise das Sittengesetz oder Vernunftgebot für die Menschheit. Als „kategorischer Imperativ" ist sie in die Geschichte eingegangen, als Appell, sich der besten Werte und Tugenden bei allem Handeln stets bewußt zu sein und vor allem sie auch n u t z b a r zu machen.

Die Forderung danach, dieser „Befehl" (Imperativ) behält schon deshalb seine Berechtigung, weil wir uns in unserem Tun nur bedingt von der Kantschen Maxime leiten lassen. Daß der Mensch gut sein möge, erhält sich als Wunsch immer dann, wenn äußere Anlässe wenig Hoffnung bieten. Nach dem Ende des Ersten Weltkrieges schrieb der Würzburger Humanist und Pazifist Leonhard Frank seinen Glauben an den guten Menschen in den Titel eines vielleicht zu unrecht vergessenen Buches. Der Glaube soll zwar Berge versetzen, heißt es. Befreit er aber auch von den Unzulänglichkeiten des Menschen? Verhindert er das, was den denkenden Menschen von anderen Lebewesen unterscheiden sollte? Gewalt gäbe es da nicht, Kriege gehörten der Vergangenheit an, ethnische und rassistische Verfolgungen wie Vertreibungen wären bestenfalls ein böses Kapitel der Geschichte. Gottgleiche Menschen erscheinen nur in Sagen oder Märchen. Selbst da läßt sich Gutes nicht selten nur mittels Gewalt erreichen oder Gutes wird mißbraucht. Griechische Gottheiten befehden sich und töten unentwegt, Kriemhild markiert aus gutem Glauben die verwundbare Stelle ihres Gatten Siegfried mit einem gestickten Kreuz auf dem Kriegsgewand, vom Feind hinterlistig erbeten und schließlich für den feigen Mord genutzt, Hänsel und Gretel sind erst dann befreit, wenn die Hexe im Backofen schmort.

Dennoch: Das natürliche Streben der Menschheit gilt dem, was Immanuel Kant vor mehr als zweihundert Jahren im Glauben an das Gute zu Papier brachte. Lange vor ihm und ohne seine präzise Formel gab es immer wieder Menschen, die an die Werte menschlichen Seins *appellierten, die eine oder andere Tugend besonders in den Mittelpunkt rückend oder einen Gesamtkodex formulierend, der das Handeln von Gruppen Gleichgesinnter bestimmen sollte. Im Vorleben dessen, was für gut und richtig erkannt wurde, sollte die Chance liegen, daß sich auch andere dem anschließen. Aber auch hier blieben Übertreibungen wie Perversionen nicht aus. Versuche und Bestrebungen, christlichen Glauben oder was immer dafür gehalten wurde, im Mittelalter mittels gewalttätiger Kreuzzüge bei „Ungläubigen" durchzusetzen, steht von Anfang an im Widerspruch zu den zehn Geboten, die Moses auf dem Berg Sinai von Gott empfangen hatte und mit denen er sein Volk in das gelobte Land führen sollte. Schwert und Lanze führten auch damals Kreuzritter nicht als Obstbesteck mit, gewalttätige Missionierung pervertiert das Gebot vom Nichttöten.*

Heutzutage haben sich die Mittel verfeinert. Anstelle der Handwaffen und des Kampfes Mann gegen Mann mit all ihrer Brutalität öffnet der Bordingenieur eines Flugzeuges eine Luke und löscht Sekunden nach einem Knopfdruck das Leben von 70.000 Menschen. Zeitungen überschlagen sich bei der Vermittlung von Gewalttätigkeiten. Kein Tag, an dem nicht Menschen gewollt oder zufällig Opfer mörderischer Auseinandersetzungen werden. In manchen Städten erscheinen sie in der Tagesbilanz gleich in zwei- oder dreistelligen Summen. Kriege, Hunger und Elend bestimmen auch ein paar Jahre vor dem Jahrtausendwechsel unsere Erde. Brutalität und Aggressivität will zu unserem Leben wie Sonnenaufgang und Sonnenuntergang gehören. Dem Jubel über die Lösung eines Problems folgt die Enttäuschung über den Ausbruch eines anderen. Ohnmacht scheint anstelle von Konfliktlösung zu stehen.

Hat unter derartigen Vorzeichen ein „Buch der Werte" überhaupt einen Sinn? Führt uns nicht das „Kaleidoskop moralischer Appelle und skeptischer Erkenntnisse von der Bibel bis in unsere Tage" in eine Traumwelt, die beim Erwachen eine bittere Realität zeigt? Von Karl Marx stammt der Satz, daß die Philosophen die Welt bisher nur interpretiert haben, es komme aber darauf an, sie zu verändern. „Der heutige Tag ist ein Resultat des gestrigen. Was dieser gewollt hat, müssen wir erforschen, wenn wir zu wissen wünschen, was jener will", heißt es bei Heinrich Heine.

Erkennen und Handeln kann aber nicht mehr einer zahlenmäßig kleinen Gruppe überlassen werden. Die Gefahren der Welt müssen jeden zum „Besinnen" auf Wesen und Werte führen. Und so sollten wir den kategorischen Imperativ Immanuel Kants für uns heute und damit auch für die Zukunft nutzbar machen, wohl wissend, daß der Weg dahin weit und beschwerlich sein kann.

Die Besinnung auf die besten Werte und Tugenden der Menschheit verändert an sich noch nichts. Sie eröffnet aber Einsichten, die schließlich in Handlungen produktiv werden können.

Deshalb: „Handle so, daß die Maxime deines Willens jederzeit zugleich als Prinzip einer allgemeinen Gesetzmäßigkeit gelten könnte."

Und die Tugend, sie ist kein leerer Schall ...

Ein Kaleidoskop moralischer Appelle
und skeptischer Erkenntnisse von der Bibel
bis in unsere Tage

❖ ❖ ❖

Die heiligen zehn Gebote

Gott redete alle diese Worte: Ich bin der Herr, dein Gott, der ich dich aus Ägypten, aus dem Diensthause, geführt habe.

*

Du sollst keine andern Götter neben mir haben.

Du sollst dir kein Bildnis noch irgendein Gleichnis machen, weder dessen, was oben im Himmel, noch dessen, was unten auf Erden, oder dessen, was im Wasser unter der Erde ist. Bete sie nicht an und diene ihnen nicht. Denn ich, der Herr, dein Gott, bin ein eifriger Gott, der da heimsucht der Väter Missetat an den Kindern bis in das dritte und vierte Glied derer, die mich hassen; und tue Barmherzigkeit an vielen Tausenden, die mich lieb haben und meine Gebote halten.

Du sollst den Namen des Herrn, deines Gottes, nicht mißbrauchen; denn der Herr wird den nicht ungestraft lassen, der seinen Namen mißbraucht.

Gedenke des Sabbattages, daß du ihn heiligest. Sechs Tage sollst du arbeiten und alle deine Dinge verrichten. Aber am siebenten Tage ist der Sabbat des Herrn, deines Gottes. Da sollst du kein Werk tun, noch dein Sohn, noch deine Tochter, noch dein Knecht, noch deine Magd, noch dein Vieh, noch dein Fremdling, der in deinen Toren ist. Denn in sechs Tagen hat der Herr Himmel und Erde gemacht und das Meer und alles, was darin ist, und ruhete am siebenten Tage. Darum segnete der Herr den Sabbattag und heiligte ihn.

Du sollst deinen Vater und deine Mutter ehren, auf daß du lange lebest im Lande, das dir der Herr, dein Gott, gibt.

Du sollst nicht töten.

Du sollst nicht ehebrechen.

Du sollst nicht stehlen.

Du sollst kein falsches Zeugnis reden wider deinen Nächsten.

Laß dich nicht gelüsten deines Nächsten Hauses. Laß dich nicht gelüsten deines Nächsten Weibes, noch seines Knechtes, noch seiner Magd, noch seines Ochsen, noch seines Esels, noch alles, was dein Nächster hat.

*

Alles Volk sah den Donner und Blitz und den Ton der Posaune und den rauchenden Berg. Da sie aber solches sahen, flohen sie, hielten sich ferne und sprachen zu Moses: Rede du mit uns, wir wollen gehorchen, und laß Gott nicht mit uns reden, wir möchten sonst sterben. Moses aber sprach zum Volke: Fürchtet euch nicht; denn Gott ist gekommen, daß er euch versuche und daß seine Furcht euch vor Augen sei, damit ihr nicht sündiget.

(2. Buch Moses)

ARISTOTELES

Über das Wesen der Tugend

Die Tugend ist also von doppelter Art, verstandesmäßig und ethisch. Die verstandesmäßige Tugend entsteht und wächst zum größeren Teil durch Belehrung; darum bedarf sie der Erfahrung und der Zeit. Die ethische dagegen ergibt sich aus der Gewohnheit ...

... Die Tugenden entstehen in uns also weder von Natur noch gegen die Natur. Wir sind vielmehr von Natur dazu gebildet, sie aufzunehmen, aber vollendet werden sie durch die Gewöhnung.

... Die Tugenden ... erwerben wir, indem wir sie zuvor ausüben, wie dies auch für die sonstigen Fertigkeiten gilt. Denn was wir durch Lernen zu tun fähig werden sollen, das lernen wir eben, indem wir es tun: durch Bauen werden wir Baumeister und durch Kitharaspielen Kitharisten. Ebenso werden wir gerecht, indem wir gerecht handeln, besonnen durch besonnenes, tapfer durch tapferes Handeln.

... Denn indem wir im Geschäftsverkehr den Menschen gegenüber handeln, werden wir, die einen gerecht, die andern ungerecht; handelnd in Gefahren und uns an Furcht oder Mut gewöhnend, werden wir tapfer oder feige. Ebenso steht es auch mit Begierde und Zorn. Die einen werden besonnen und milde, die anderen zügellos und jähzornig, die einen, weil sie sich in solchen Lagen derart verhalten, die andern, weil umgekehrt. Um mit einem Worte: die Eigenschaften entstehen aus den entsprechenden Tätigkeiten. Darum muß man die Tätigkeiten in bestimmter Weise formen. ... Es kommt also nicht wenig darauf an, ob man gleich von Jugend auf an dies oder jenes gewöhnt wird; es kommt viel darauf an, ja sogar alles.

... Daß nun also die ethische Tugend eine Mitte ist, und wie sie es ist, und daß sie die Mitte zweier Schlechtigkeiten ist, derjenigen des Übermaßes und derjenigen des Mangels, und daß die Tugend solcher Art ist, weil sie die Kunst ist, in den Leidenschaften und Handlungen auf die Mitte zu zielen, dies ist nun hinreichend dargelegt.

Darum ist es auch anstrengend, tugendhaft zu sein. Denn überall ist es mühsam, die Mitte zu treffen. So trifft auch nicht jeder

Beliebige, sondern nur der Kundige die Mitte des Kreises. Ebenso kann ein jeder leicht in Zorn geraten und Geld ausgeben und verschwenden. Das Wem, Wieviel, Wann, Wozu und Wie zu bestimmen ist aber nicht jedermanns Sache und ist nicht leicht. Darum ist das Richtige selten, lobenswert und schön.

Darum muß der, der auf die Mitte zielt, als erstes sich von dem der Mitte Entgegengesetzteren fernhalten ... Denn von den Extremen ist das eine fehlerhafter als das andere.

Da es nun mühselig ist, genau die Mitte zu treffen, so muß man in zweitbester Fahrt, wie es heißt, das geringste der Übel wählen. ... Wir müssen aber beobachten, wozu wir von uns aus am geneigtesten sind. Denn der eine von uns ist es seiner Natur nach zu diesem, der andere zu jenem. Dies zeigt sich an der Lust oder dem Schmerz, den wir empfinden. Da muß man sich selbst in das Gegenteil hinüberziehen. Denn wenn wir uns vom Verfehlen sehr weit entfernen, werden wir zur Mitte gelangen, so wie jene es machen, die gekrümmtes Holz gerade richten.

In allem muß man am meisten auf das Lustvolle und die Lust achten. Denn sie beurteilen wir nicht unbefangen. ...

Soviel ist nun aber gezeigt, daß die mittlere Haltung in allem die lobenswerte ist, daß man aber zuweilen auf das Übermaß, zuweilen auf den Mangel hin abbiegen soll. Denn so werden wir am ehesten die Mitte und das Richtige treffen.

Die Bergpredigt

Da Jesus aber das Volk sah, ging er auf einen Berg und setzte sich; und seine Jünger traten zu ihm.

Und er tat seinen Mund auf, lehrte sie und sprach: Selig sind, die da geistlich arm sind; denn das Himmelreich ist ihr.

Selig sind, die da Leid tragen; denn sie sollen getröstet werden.

Selig sind die Sanftmütigen; denn sie werden das Erdreich besitzen.

Selig sind, die da hungert und dürstet nach der Gerechtigkeit; denn sie sollen satt werden.

Selig sind die Barmherzigen; denn sie werden Barmherzigkeit erlangen.

Selig sind, die reines Herzens sind; denn sie werden Gott schauen.

Selig sind die Friedfertigen; denn sie werden Gottes Kinder heißen.

Selig sind, die um Gerechtigkeit willen verfolgt werden; denn das Himmelreich ist ihr.

Selig seid ihr, wenn euch die Menschen um meinetwillen schmähen und verfolgen und reden allerlei Übles wider euch, so sie daran lügen.

Seid fröhlich und getrost; es wird euch im Himmel wohl belohnt werden. Denn also haben sie verfolgt die Propheten, die vor euch gewesen sind.

Ihr seid das Salz der Erde. Wo nun das Salz dumm wird, womit soll man's salzen? Es ist hinfort zu nichts nütze, denn daß man es hinausschütte und lasse es die Leute zertreten.

Ihr seid das Licht der Welt. Es kann die Stadt, die auf einem Berge liegt, nicht verborgen sein.

Man zündet auch nicht ein Licht an und setzt es unter einen Scheffel, sondern auf einen Leuchter; so leuchtet es denn allen, die im Hause sind.

Also lasset euer Licht leuchten vor den Leuten, daß sie eure guten Werke sehen und euren Vater im Himmel preisen.

Ihr sollt nicht wähnen, daß ich gekommen bin, das Gesetz oder die Propheten aufzulösen; ich bin nicht gekommen, aufzulösen, sondern zu erfüllen.

Denn ich sage euch wahrlich: Bis daß Himmel und Erde zergehe, wird nicht zergehen der kleinste Buchstabe noch ein Strichlein vom Gesetz, bis daß es alles geschehe.

Wer nun eines von diesen kleinsten Geboten auflöst und lehrt die Leute also, der wird der Kleinste heißen im Himmelreich; wer es aber tut und lehrt, der wird groß heißen im Himmelreich.

Denn ich sage euch: Es sei denn eure Gerechtigkeit besser als der Schriftgelehrten und Pharisäer, so werdet ihr nicht in das Himmelreich kommen.

Ihr habt gehört, daß zu den Alten gesagt ist: „Du sollst nicht töten; wer aber tötet, der soll des Gerichts schuldig sein."

Ich aber sage euch: Wer mit seinem Bruder zürnet, der ist des Gerichts schuldig; wer aber zu seinem Bruder sagt: Racha! der ist des Rats schuldig; wer aber sagt: Du Narr! der ist des höllischen Feuers schuldig.

Darum, wenn du deine Gabe auf dem Altar opferst und wirst allda eingedenk, daß dein Bruder etwas wider dich habe, so laß allda vor dem Altar deine Gabe und gehe zuvor hin und versöhne dich mit deinem Bruder, und alsdann komm und opfre deine Gabe.

Sei willfährig deinem Widersacher bald, dieweil du noch bei ihm auf dem Wege bist, auf daß dich der Widersacher nicht dermaleinst überantworte dem Richter, und der Richter überantworte dich dem Diener, und werdest in den Kerker geworfen.

Ich sage dir wahrlich: Du wirst nicht von dannen herauskommen, bis du auch den letzten Heller bezahlest.

Ihr habt gehört, daß zu den Alten gesagt ist: „Du sollst nicht ehebrechen."

Ich aber sage euch: Wer ein Weib ansieht, ihrer zu begehren, der hat schon mit ihr die Ehe gebrochen in seinem Herzen.

Ärgert dich aber dein rechtes Auge, so reiß es aus und wirf's von dir. Es ist dir besser, daß eins deiner Glieder verderbe, und nicht der ganze Leib in die Hölle geworfen werde.

Ärgert dich deine rechte Hand, so haue sie ab und wirf sie von dir. Es ist dir besser, daß eins deiner Glieder verderbe, und nicht der ganze Leib in die Hölle geworfen werde.

Es ist auch gesagt: „Wer sich von seinem Weibe scheidet, der soll ihr geben einen Scheidebrief."

Ich aber sage euch: Wer sich von seinem Weibe scheidet (es sei denn um Ehebruch), der macht, daß sie die Ehe bricht; und wer eine Abgeschiedene freit, der bricht die Ehe.

Ihr habt weiter gehört, daß zu den Alten gesagt ist: „Du sollst keinen falschen Eid tun und sollst Gott deinen Eid halten."

Ich aber sage euch, daß ihr überhaupt nicht schwören sollt, weder bei dem Himmel, denn er ist Gottes Stuhl, noch bei der Erde, denn sie ist seiner Füße Schemel, noch bei Jerusalem, denn sie ist des großen Königs Stadt.

Auch sollst du nicht bei deinem Haupt schwören; denn du vermagst nicht, ein einziges Haar weiß oder schwarz zu machen.

Eure Rede aber sei: Ja, ja; nein, nein. Was darüber ist, das ist vom Übel.

Ihr habt gehört, daß da gesagt ist: „Auge um Auge, Zahn um Zahn."

Ich aber sage euch, daß ihr nicht widerstreben sollt dem Übel; sondern, so dir jemand einen Streich gibt auf deinen rechten Backen, dem biete den andern auch dar.

Und so jemand mit dir rechten will und deinen Rock nehmen, dem laß auch den Mantel.

Und so dich jemand nötigt eine Meile, so gehe mit ihm zwei.

Gib dem, der dich bittet, und wende dich nicht von dem, der dir abborgen will.

Ihr habt gehört, daß gesagt ist: „Du sollst deinen Nächsten lieben und deinen Feind hassen."

Ich aber sage euch: Liebet eure Feinde; segnet, die euch fluchen; tut wohl denen, die euch hassen; bittet für die, so euch beleidigen und verfolgen, auf daß ihr Kinder seid eures Vaters im Himmel; denn er läßt seine Sonne aufgehen über die Bösen und über die Guten und läßt regnen über Gerechte und Ungerechte.

Denn so ihr liebet, die euch lieben, was werdet ihr für Lohn haben? Tun nicht dasselbe auch die Zöllner?

Und so ihr euch nur zu euren Brüdern freundlich tut, was tut ihr Sonderliches? Tun nicht die Zöllner auch also?

Darum sollt ihr vollkommen sein, gleichwie euer Vater im Himmel vollkommen ist.

(Matthäus-Evangelium, Kap. 5)

SENECA

Über die Tugend

Eine Seele, die das Wahre erkennt, die weiß, was zu fliehen und zu erstreben ist, die den Wert der Dinge nicht nach dem Wahne, sondern nach ihrem wahren Wesen bestimmt, die in das Weltganze eindringt und jedem Teile desselben ihre Betrachtung widmet, aufs Denken wie aufs Handeln gleich bedacht, gleich groß und kräftig, vom Widrigen wie vom Angenehmen gleich unbesiegt, keinem Geschicke sich beugend, über alles erhaben, was ihr begegnet und widerfährt, schön mit Würde, bei aller Kraft besonnen und nüchtern, unbeunruhigt und unverzagt, durch keine Macht gebrochen, durch kein Ereignis gehoben noch niedergedrückt – so ist die *Tugend*; dies wäre ihre Gestalt, wenn sie *einem* Blick sich zeigte und mit einem Male *ganz* sich offenbarte. Allein es gibt viele Formen derselben, die sich nach der Mannigfaltigkeit des Lebens und der Handlungen entfalten, ohne daß sie selbst deshalb kleiner oder größer wird. Denn abnehmen kann ja das größte Gut nicht, noch die Tugend rückwärts gehen; wohl aber ändert sie sich in immer andern Erscheinungen, indem sie sich nach der Beschaffenheit der Gegenstände ihre Wirksamkeit gestaltet. Was sie immer berührt, führt sie zur Ähnlichkeit mit sich und gibt ihm ihre Farbe; Handlungen, Freundschaften, bisweilen ganze Häuser, die sie betritt und in Ordnung bringt, verschönert sie; was sie immer behandelt, macht sie liebenswürdig, ausgezeichnet, bewundernswert.

. . .

Wie wir oft Leute suchen, neben denen wir stehen, so wissen wir meistens nicht, daß das höchste Gut als Zweck neben uns steht. Es bedarf keiner wortreichen und weitläufigen Untersuchung, um zu erfahren, was das höchste Gut sei; ich brauche sozusagen nur mit dem Finger darauf hinzuzeigen, ohne mich in Einzelheiten zu verlieren. Denn was kommt darauf an, es in Teilchen zu zerlegen, da man ganz einfach sagen kann: das höchste Gut ist das Sittlichgute?

Ja, worüber du dich noch mehr wundern wirst: das einzige Gut ist das Sittlichgute; die übrigen sind falsche und unechte Güter. Wenn du dich davon überzeugst und die Tugend innig liebgewonnen hast (denn sie einfach zu lieben, ist zu wenig), so wird alles, was dich durch sie trifft, wie es auch immer andern erscheinen mag, für dich glücklich und erwünscht sein, selbst die Folter zu leiden, wenn du nur mit größerer Seelenruhe auf ihr liegst, als dein Peiniger selbst hat, und krank zu sein, wenn du dein Schicksal nicht verwünschest und der Krankheit nicht nachgibst. Kurz alles, was andere für Übel halten, mildert sich und verwandelt sich in Gutes, wenn du erhaben darüber bist. Das aber sei dir klar, daß es kein Gut gibt als das Sittlichgute, und alles Ungemach wird mit vollem Recht ein Gut genannt, wenn nur die Tugend es geadelt hat.

So wenig du das Richtscheit biegen kannst, womit man das Gerade zu prüfen pflegt – was du an ihm änderst, ist eine Verletzung der Geradheit –, so wenig läßt die Tugend eine Biegung zu; sie kann zwar immer mehr gehärtet, aber nicht gesteigert werden. Sie richtet über alles, nichts über sie. Wenn sie aber selbst nicht gerade werden kann, so ist auch von dem, was durch sie geschieht, nicht das eine gerader als das andere; denn alles muß ihr entsprechen und ist somit gleich. „Wie?" fragst du, „so ist es also gleich, bei einem Gastmahle zu liegen oder sich foltern zu lassen?" Das scheint dir wunderbar? Darüber magst du dich noch mehr wundern, wenn ich behaupte: bei einem Gastmahle zu liegen, ist ein Übel, auf der Folterbank gemartert zu werden, ein Gut, wenn jenes auf schimpfliche, dieses auf tugendhafte Weise geschieht.

Nicht die Sache selbst, sondern die Tugend macht jene Dinge zu Gütern oder Übeln; wo diese erscheint, hat alles gleiche Größe, gleichen Wert. Da streckt drohend seine Hand nach meinen Augen aus, wer die Gesinnung aller nach seiner eigenen beurteilt, weil ich behaupte, die Güter des Mannes, der sein Unglück standhaft erträgt, und dessen, der sein Glück würdig beurteilt, seien gleich, weil ich behaupte, gleich seien die Güter dessen, der einen Triumph hält, und dessen, der ungebeugten Geistes vor dem Wagen des Triumphierenden hergeht. Solche Leute glauben nämlich, niemals geschehe, was *sie* nicht zu tun vermögen; nach ihrer eigenen Schwäche urteilen sie über die Tugend. Was wunderst du dich, wenn es einem beliebt, ja bisweilen sogar gefällt, sich brennen, verwunden, fesseln, töten zu lassen? Dem Schwelger ist schon Mäßigkeit eine Strafe, dem Faulen gilt Arbeit der Todesstrafe gleich, dem Verzärtelten gilt Tätigkeit für Elend, dem Trägen das Studieren für eine Marter; ebenso halten wir das, wozu wir alle schwach sind, für hart und unerträglich, indem wir vergessen, für wie viele es schon eine Folter ist, den Wein zu entbehren oder bei Sonnenaufgang geweckt zu werden. Dergleichen Dinge sind nicht von Natur schwer, wir aber sind schlaff und entnervt.

Großes muß auch mit großem Geiste beurteilt werden; sonst wird der Fehler, welcher der unsrige ist, als Fehler jener Dinge erscheinen. So gewähren die geradesten Gegenstände, wenn sie ins Wasser gesteckt sind, den Blicken den Schein des Krummen und Geknickten. Es kommt also nicht bloß darauf an, was man sieht, sondern wie man es sieht: unser Geist ist zu blödsichtig, um das Wahre zu durchschauen. Denke dir einen unverdorbenen Jüngling von gewecktem Geiste: er wird sagen, daß ihm der Mann glücklicher erscheine, der alle Lasten widriger Verhältnisse mit starkem Nacken erträgt und über sein Schicksal erhaben steht. Es ist nichts Wunderbares, bei völliger Ruhe nicht erschüttert zu werden; das aber bewundere, wenn einer sich aufrichtet, wo alle niedergeschlagen sind, wenn er steht, wo alle zu Boden liegen. Was ist denn das Üble bei Folterqualen und bei allem andern, was wir widrig nennen? Das, glaube ich, daß der Geist davon gelähmt, gebeugt, überwältigt wird; wovon aber einem weisen Manne nichts begegnen kann. Er steht aufrecht unter jeder schweren Last; nichts macht ihn kleiner, nichts von allem, was zu ertragen ist, mißfällt ihm. Denn er beklagt sich nicht, daß ihn betroffen hat, was irgend den Menschen treffen kann. Er kennt seine Kräfte und weiß, daß er eine Last zu tragen imstande ist.

Ich nehme den Weisen nicht aus der Zahl der Menschen heraus und behaupte nicht, daß er keinen Schmerz empfinde wie ein keiner Empfindung zugänglicher Felsen; es ist mir bewußt, daß er aus zwei Teilen zusammengesetzt ist: der eine ist vernunftlos, dieser wird gebissen, gebrannt, empfindet Schmerz; der andere ist vernünftig, dieser hat unerschütterliche Ansichten, ist unerschrocken und unbezwinglich. In diesem wohnt jenes höchste Gut des Menschen; ehe es vollständig ist, herrscht noch ein unsicheres Schwanken der Gesinnung; ist es aber zur Vollendung gelangt, so besitzt er eine unerschütterliche Festigkeit. Daher hat ein erst beginnender und noch im Fortschreiten zu dem Höchsten begriffener Verehrer der Tugend, wenn er auch dem höchsten Gute bereits nahe gekommen ist, doch noch nicht die letzte Hand an dasselbe gelegt; er wird bisweilen stillstehen und in der Anstrengung seines Geistes etwas nachlassen; denn er ist noch nicht über das Ungewisse hinausgekommen, er verweilt noch immer auf schlüpfrigem Boden. Der Glückliche aber und der Mann von vollendeter Tugend liebt sich dann am meisten, wenn er die Probe aufs mutigste bestanden hat und das, was andern furchtbar ist, nicht nur erträgt, sondern willkommen heißt, wenn es der Preis irgendeiner edlen Pflicht ist, und will lieber von sich sagen hören: er ist um so viel besser, als: er ist um so viel glücklicher.

CHRISTIAN FÜRCHTEGOTT GELLERT

Nicht jede Besserung ist Tugend;
oft ist sie nur das Werk der Zeit.
Die wilde Hitze roher Jugend
wird mit den Jahren Sittsamkeit.
Und was Natur und Zeit getan,
sieht unser Stolz als Besserung an.

JOHANN WOLFGANG VON GOETHE

Das Göttliche

Edel sei der Mensch,
Hilfreich und gut!
Denn das allein
Unterscheidet ihn
Von allen Wesen,
Die wir kennen.

Heil den unbekannten
Höhern Wesen,
Die wir ahnen!
Ihnen gleiche der Mensch!
Sein Beispiel lehr' uns
Jene glauben.

Denn unfühlend
Ist die Natur:
Es leuchtet die Sonne
Über Bös' und Gute,
Und dem Verbrecher
Glänzen wie dem Besten
Der Mond und die Sterne.

Wind und Ströme,
Donner und Hagel
Rauschen ihren Weg
Und ergreifen
Vorüber eilend
Einen um den andern.

Auch so das Glück
Tappt unter die Menge,
Faßt bald des Knaben
Lockige Unschuld,
Bald auch den kahlen
Schuldigen Scheitel.

Nach ewigen, ehrnen,
Großen Gesetzen
Müssen wir alle
Unseres Daseins
Kreise vollenden.

Nur allein der Mensch
Vermag das Unmögliche:
Er unterscheidet,
Wählet und richtet;
Er kann dem Augenblick
Dauer verleihen.

Er allein darf
Den Guten lohnen,
Den Bösen strafen,
Heilen und retten,
Alles Irrende, Schweifende,
Nützlich verbinden.

Und wir verehren
Die Unsterblichen,
Als wären sie Menschen,
Täten im großen,
Was der Beste im kleinen
Tut oder möchte.

Der edle Mensch
Sei hilfreich und gut!
Unermüdet schaff' er
Das Nützliche, Rechte,
Sei uns ein Vorbild
Jener geahneten Wesen!

Die Erklärung der Menschen- und Bürgerrechte,
beschlossen von der französischen Nationalversammlung
am 26. August 1789

Die hier niedergelegten 17 Artikel über die Menschen- und Bürgerrechte
wurden der Verfassung von 1791 vorangestellt.

*

Die als Nationalversammlung eingesetzten Vertreter des französischen Volkes haben in der Erwägung, daß die Unkenntnis, das
Vergessen oder Verachten der Menschenrechte die alleinigen Ursachen des öffentlichen Unglücks und der Korruptheit der Regierungen sind, beschlossen, in einer feierlichen Erklärung die natürlichen, unveräußerlichen und heiligen Rechte des Menschen darzu-
legen, damit diese Erklärung allen Mitgliedern der Gesellschaft stetig
vor Augen steht, und sie unablässig an ihre Rechte und Pflichten
erinnert; damit die Handlungen der legislativen und der exekutiven
Gewalt zu jeder Zeit mit dem Zweck jeder politischen Einrichtung
verglichen werden können und dadurch entsprechend geachtet werden; damit die Ansprüche der Bürger von heute an auf einfachen und
unbestreitbaren Grundsätzen beruhen und immer auf die Erhaltung
der Verfassung und das Glück aller hinzielen.

Demzufolge anerkennt und erklärt die Nationalversammlung in Gegenwart und unter dem Schutz des Höchsten Wesens nachstehende
Menschen- und Bürgerrechte:

Art. I: Die Menschen sind und bleiben von Geburt an frei und gleich an Rechten. Soziale Unterschiede dürfen nur im Allgemeinnutzen begründet sein.

Art. II: Das Ziel einer jeden politischen Vereinigung besteht in der Erhaltung der natürlichen und unantastbaren Menschenrechte. Diese Rechte sind Freiheit, Sicherheit und Widerstand gegen Unterdrückkung.

Art. III: Die Nation bildet den hauptsächlichen Ursprung jeder Souveränität. Keine Körperschaft und kein Individuum können eine Gewalt ausüben, die nicht ausdrücklich von der Nation ausgeht.

Art. IV: Die Freiheit besteht darin, alles tun zu können, was dem anderen nicht schadet. Somit hat die Ausübung der natürlichen Rechte jedes Menschen nur die Grenzen, die anderen Mitgliedern der Gesellschaft den Genuß derselben Rechte garantiert. Diese Grenzen können nur gesetzlich festgelegt werden.

Art. V: Dem Gesetz allein obliegt es, die der Gesellschaft schädlichen Handlungen zu verbieten. Alles, was nicht gesetzlich verboten ist, kann nicht verhindert werden. Niemand kann zu etwas gezwungen werden, was nicht gesetzlich befohlen ist.

Art. VI: Das Gesetz ist der Ausdruck des allgemeinen Willens. Alle Bürger sind berechtigt, persönlich oder durch ihre Vertreter an seiner Gestaltung mitzuwirken. Ob es schützt oder straft: es muß für alle gleich sein. Da alle Bürger in seinen Augen gleich sind, haben sie auch gleichermaßen Zugang zu allen Würden, Stellungen oder öffentlichen Ämtern, je nach ihren Fähigkeiten, ohne einen anderen Unterschied als den ihrer Tugenden und Talente.

Art. VII: Kein Mensch kann anders als in den gesetzlich verfügten Fällen und den vorgeschriebenen Formen angeklagt, verhaftet und gefangengenommen werden. Wer willkürliche Befehle verlangt, ausfertigt, ausführt oder ausführen läßt, muß bestraft werden. Jeder Bürger aber, der auf Grund des Gesetzes vorgeladen oder ergriffen wird, muß augenblicklich gehorchen. Durch Widerstand macht er sich strafbar.

Art. VIII: Das Gesetz soll nur unbedingte und offensichtlich notwendige Strafen festlegen. Niemand kann wegen eines Gesetzes bestraft werden, das nicht vor dem Tatmoment erlassen, verkündet und angewendet worden ist.

Art. IX: Da jeder Mensch solange für unschuldig gilt, wie er nicht für schuldig befunden ist, soll, wenn eine Verhaftung unumgänglich ist, jede unnötige Härte zur Versicherung seiner Person gesetzlich streng verboten sein.

Art. X: Niemand darf wegen seiner Meinung, selbst religiöser Art, belangt werden, solange die Äußerungen nicht die gesetzlich festgelegte Ordnung stören.

Art. XI: Freie Gedanken- und Meinungsfreiheit ist eines der kostbarsten Menschenrechte; jeder Bürger kann daher frei schreiben, reden und drucken, unter Vorbehalt des Mißbrauchs dieser Freiheit in den gesetzlich festgelegten Fällen.

Art. XII: Die Sicherung der Menschen- und Bürgerrechte erfordert eine Streitmacht, die zum Vorteil aller eingesetzt wird, und nicht zum besonderen Nutzen derer, denen sie anvertraut ist.

Art. XIII: Für den Unterhalt der Streitmacht und für die Verwaltungskosten ist eine allgemeine Abgabe unumgänglich. Diese muß auf alle Bürger gleichermaßen unter Berücksichtigung ihrer Möglichkeiten verteilt werden.

Art. XIV: Die Bürger haben das Recht, selbst oder durch ihre Vertreter die Notwendigkeit der öffentlichen Ausgaben festzustellen, diesen frei zuzustimmen, ihre Verwendung zu überprüfen und ihre Höhe, Veranlagung, Eintreibung und Erhebungszeitraum zu bestimmen.

Art. XV: Die Gesellschaft hat das Recht, von jedem öffentlichen Beamten Rechenschaft über seine Verwaltung zu fordern.

Art. XVI: Jede Gesellschaft, in der die Garantie dieser Rechte nicht erfolgt, und die Gewaltenteilung nicht festgeschrieben ist, hat keine Verfassung.

Art. XVII: Da das Eigentum ein unverletzliches und heiliges Recht ist, kann es niemandem genommen werden, außer im Falle öffentlicher Notwendigkeit unter der Bedingung einer gerechten und vorherigen Entschädigung.

FRIEDRICH VON SCHILLER

Die Worte des Glaubens

Drei Worte nenn ich euch, inhaltschwer,
  Sie gehen von Munde zu Munde,
Doch stammen sie nicht von außen her,
  Das Herz nur gibt davon Kunde.
Dem Menschen ist aller Wert geraubt,
Wenn er nicht mehr an die drei Worte glaubt.

Der Mensch ist frei geschaffen, ist frei,
  Und würd er in Ketten geboren,
Laßt euch nicht irren des Pöbels Geschrei,
  Nicht den Mißbrauch rasender Toren.
Vor dem Sklaven, wenn er die Kette bricht,
Vor dem freien Menschen erzittert nicht.

Und die Tugend, sie ist kein leerer Schall,
  Der Mensch kann sie üben im Leben,
Und sollt er auch straucheln überall,
  Er kann nach der göttlichen streben,
Und was kein Verstand der Verständigen sieht,
Das übet in Einfalt ein kindlich Gemüt.

Und ein Gott ist, ein heiliger Wille lebt,
  Wie auch der menschliche wanke,
Hoch über die Zeit und dem Raume webt
  Lebendig der höchste Gedanke,
Und ob alles in ewigem Wechsel kreist,
Es beharret im Wechsel ein ruhiger Geist.

Die drei Worte bewahret euch, inhaltschwer,
  Sie pflanzet von Munde zu Munde,
Und stammen sie gleich nicht von außen her,

Euer Innres gibt davon Kunde,
Dem Menschen ist nimmer sein Wort geraubt,
Solang er noch an die drei Worte glaubt.

Die Worte des Wahns

Drei Worte hört man, bedeutungschwer,
    Im Munde der Guten und Besten;
Sie schallen vergeblich, ihr Klang ist leer,
    Sie können nicht helfen und trösten.
Verscherzt ist dem Menschen des Lebens Frucht,
Solang er die Schatten zu haschen sucht.

Solang er glaubt an die Goldene Zeit,
    Wo das Rechte, das Gute wird siegen, –
Das Rechte, das Gute führt ewig Streit,
    Nie wird der Feind ihm erliegen,
Und erstickst du ihn nicht in den Lüften frei,
Stets wächst ihm die Kraft auf der Erde neu.

Solang er glaubt, daß das buhlende Glück
    Sich dem Edeln vereinigen werde –
Dem Schlechten folgt es mit Liebesblick,
    Nicht dem Guten gehöret die Erde.
Er ist ein Fremdling, er wandert aus
Und suchet ein unvergänglich Haus.

Solang er glaubt, daß dem irdschen Verstand
    Die Wahrheit je wird erscheinen,
Ihren Schleier hebt keine sterbliche Hand,
    Wir können nur raten und meinen.
Du kerkerst den Geist in ein tönend Wort,
Doch der freie wandelt im Sturme fort.

Drum, edle Seele, entreiß dich dem Wahn
Und den himmlischen Glauben bewahre!
Was kein Ohr vernahm, was die Augen nicht sahn,
Es ist dennoch, das Schöne, das Wahre!
Es ist nicht draußen, da sucht es der Tor,
Es ist *in* dir, du bringst es ewig hervor.

JOHANN PETER HEBEL

Nützliche Lehren

Ist denn der Mensch deswegen so schlimm und so schlecht, weil
die bösen Neigungen zuerst in seinem Herzen erwachen und das
Gute nur durch Erziehung und Unterricht bei ihm einschlägt? Euer
bester Ackerboden trägt doch auch nur Gras und Unkraut aus eigener
Kraft, und euer Leben lang keine Weizenernte; und ein dürres Sand-
feld, das nicht einmal aus eigener Kraft Unkraut treibt, wird auch
euern Fleiß und eure Hoffnung nie mit einer Fruchtgarbe erfreuen.
Aber wenn ihr den guten Boden ansäet zu rechter Zeit, sein wartet
und pfleget, wie sich's gebühret, so steigt im Morgentau und Abend-
regen doch eine fröhliche Saat empor, und die Raden und Kornrosen
und mancherlei taubes Gras möchte gern, aber es kann nicht mehr
emporkommen. Die gesunde Ähre schwankt in der Luft und füllt
sich mit kostbaren Körnern. So ist es mit dem Menschen und mit
seinem Herzen auch. Was lernen wir daraus? Man muß nicht unzei-
tig klagen und hadern und die Hoffnung aufgeben, ehe sie erfüllt
werden kann. Man muß den Fleiß, die Mühe und Geduld, die man
an eine Handvoll Fruchthalmen gerne verwendet, an den eigenen
Kindern sich nicht verdrießen lassen. Man muß dem Unkraut zuvor-
kommen und guten Samen, schöne Tugenden in das weiche, zarte
Herz hineinpflanzen und Gott vertrauen, so wird's besser werden.

HEINRICH HEINE

Der tugendhafte Hund

Ein Pudel, der mit gutem Fug
Den schönen Namen Brutus trug,
War vielberühmt im ganzen Land
Ob seiner Tugend und seinem Verstand.
Er war ein Muster der Sittlichkeit,
Der Langmut und Bescheidenheit.
Man hörte ihn loben, man hörte ihn preisen
Als einen vierfüßigen Nathan den Weisen.
Er war ein wahres Hundejuwel!
So ehrlich und treu! eine schöne Seel'!
Auch schenkte sein Herr in allen Stücken
Ihm volles Vertrauen, er konnte ihn schicken
Sogar zum Fleischer. Der edle Hund
Trug dann einen Hängekorb im Mund,
Worin der Metzger das schöngehackte
Rindfleisch, Schaffleisch, auch Schweinefleisch packte. –
Wie lieblich und lockend das Fett gerochen,
Der Brutus berührte keinen Knochen,
Und ruhig und sicher, mit stoischer Würde,
Trug er nach Hause die kostbare Bürde.

Doch unter den Hunden wird gefunden
Auch eine Menge von Lumpenhunden
– Wie unter uns –, gemeine Köter,
Tagdiebe, Neidharde, Schwerenöter,
Die ohne Sinn für sittliche Freuden
Im Sinnenrausch ihr Leben vergeuden!
Verschworen hatten sich solche Racker
Gegen den Brutus, der treu und wacker,
Mit seinem Korb im Maule, nicht
Gewichen von dem Pfad der Pflicht. –

47

Und eines Tages, als er kam
Vom Fleischer und seinen Rückweg nahm
Nach Hause, da ward er plötzlich von allen
Verschwornen Bestien überfallen;
Da wird ihm der Korb mit dem Fleisch entrissen,
Da fielen zu Boden die leckersten Bissen,
Und fraßbegierig über die Beute
Warf sich die ganze hungrige Meute –
Brutus sah anfangs dem Schauspiel zu
Mit philosophischer Seelenruh';
Doch als er sah, daß solchermaßen
Sämtliche Hunde schmausten und fraßen,
Da nahm auch er an der Mahlzeit teil
Und speiste selbst eine Schöpsenkeul'.

Moral

Auch du, mein Brutus, auch du, du frißt?
So ruft wehmütig der Moralist.
Ja, böses Beispiel kann verführen;
Und, ach! gleich allen Säugetieren,
Nicht ganz und gar vollkommen ist
Der tugendhafte Hund – er frißt!

GOTTFRIED KELLER

Erkenntnis

Willst du, o Herz! ein gutes Ziel erreichen,
mußt du in eigner Angel schwebend ruhn;
ein Tor versucht zu gehn in fremden Schuhn,
nur mit sich selbst kann sich der Mann vergleichen!

Ein Tor, der aus des Nachbars Kinderstreichen
sich Trost nimmt für das eigne schwache Tun,
der immer um sich späht und lauscht und nun
sich seinen Wert bestimmt nach falschen Zeiten!

Tu frei und offen, was du nicht willst lassen,
doch wandle streng auf selbstbeschränkten Wegen
und lerne früh nur deine Fehler hassen!

Und ruhig geh den anderen entgegen;
kannst du dein Ich nun fest zusammenfassen,
wird deine Kraft die fremde Kraft erregen.

DIETRICH BONHOEFFER

Von der Dummheit

Dummheit ist ein gefährlicherer Feind des Guten als Bosheit.
Gegen das Böse läßt sich protestieren, es läßt sich bloßstellen, es läßt
sich notfalls mit Gewalt verhindern, das Böse trägt immer den Keim
der Selbstzersetzung in sich, indem es mindestens ein Unbehagen im
Menschen zurückläßt. Gegen die Dummheit sind wir wehrlos. Weder
mit Protesten noch durch Gewalt läßt sich hier etwas ausrichten;
Gründe verfangen nicht; Tatsachen, die dem eigenen Vorurteil wider-

sprechen, brauchen einfach nicht geglaubt zu werden – in solchen Fällen wird der Dumme sogar kritisch –, und wenn sie unausweichlich sind, können sie einfach als nichtssagende Einzelfälle beiseitegeschoben werden. Dabei ist der Dumme im Unterschied zum Bösen restlos mit sich selbst zufrieden; ja, er wird sogar gefährlich, indem er leicht gereizt zum Angriff übergeht. Daher ist dem Dummen gegenüber mehr Vorsicht geboten als gegenüber dem Bösen. Niemals werden wir mehr versuchen, den Dummen durch Gründe zu überzeugen; es ist sinnlos und gefährlich.

Um zu wissen, wie wir der Dummheit beikommen können, müssen wir ihr Wesen zu verstehen suchen. Soviel ist sicher, daß sie nicht wesentlich ein intellektueller, sondern ein menschlicher Defekt ist. Es gibt intellektuell außerordentlich bewegliche Menschen, die dumm sind, und intellektuell sehr Schwerfällige, die alles andere als dumm sind. Diese Entdeckung machen wir zu unserer Überraschung anläßlich bestimmter Situationen. Dabei gewinnt man weniger den Eindruck, daß die Dummheit ein angeborener Defekt ist, als daß unter bestimmten Umständen die Menschen dumm *gemacht* werden, bzw. sich dumm machen lassen. Wir beobachten weiterhin, daß abgeschlossen und einsam lebende Menschen diesen Defekt seltener zeigen als zur Gesellung neigende oder verurteilte Menschen und Menschengruppen. So scheint die Dummheit vielleicht weniger ein psychologisches als ein soziologisches Problem zu sein. Sie ist eine besondere Form der Einwirkung geschichtlicher Umstände auf den Menschen, eine psychologische Begleiterscheinung bestimmter äußerer Verhältnisse. Bei genauerem Zusehen zeigt sich, daß jede starke äußere Machtentfaltung, sei sie politischer oder religiöser Art, einen großen Teil der Menschen mit Dummheit schlägt. Ja, es hat den Anschein, als sei das geradezu ein soziologisch-psychologisches Gesetz. Die Macht der einen braucht die Dummheit der anderen. Der Vorgang ist dabei nicht der, daß bestimmte – also etwa intellektuelle – Anlagen des Menschen plötzlich verkümmern oder ausfallen, sondern daß unter dem überwältigenden Eindruck der Machtentfaltung dem Menschen seine innere Selbständigkeit geraubt wird und daß dieser nun – mehr oder weniger unbewußt – darauf verzichtet, zu den sich ergebenden Lebenslagen ein eigenes Verhalten zu finden.

Daß der Dumme oft bockig ist, darf nicht darüber hinwegtäuschen, daß er nicht selbständig ist. Man spürt es geradezu im Gespräch mit ihm, daß man es gar nicht mit ihm selbst, mit ihm persönlich, sondern mit über ihn mächtig gewordenen Schlagworten, Parolen etc. zu tun hat. Er ist in einem Banne, er ist verblendet, er ist in seinem eigenen Wesen mißbraucht, mißhandelt. So zum willenlosen Instrument geworden, wird der Dumme auch zu allem Bösen fähig sein und zugleich unfähig, dies als Böses zu erkennen. Hier liegt die Gefahr eines diabolischen Mißbrauchs. Dadurch werden Menschen für immer zugrunde gerichtet werden können.

Aber es ist gerade hier auch ganz deutlich, daß nicht ein Akt der Belehrung, sondern allein ein Akt der Befreiung die Dummheit überwinden könnte. Dabei wird man sich damit abfinden müssen, daß eine echte innere Befreiung in den allermeisten Fällen erst möglich wird, nachdem die äußere Befreiung vorangegangen ist; bis dahin werden wir auf alle Versuche, den Dummen zu überzeugen, verzichten müssen. In dieser Sachlage wird es übrigens auch begründet sein, daß wir uns unter solchen Umständen vergeblich darum bemühen, zu wissen, was „das Volk" eigentlich denkt, und warum diese Frage für den verantwortlich Denkenden und Handelnden zugleich so überflüssig ist – immer nur unter den gegebenen Umständen. Das Wort der Bibel, daß die Furcht Gottes der Anfang der Weisheit sei (Psalm III,10), sagt, daß die innere Befreiung des Menschen zum verantwortlichen Leben vor Gott die einzige wirkliche Überwindung der Dummheit ist.

Übrigens haben diese Gedanken über die Dummheit doch dies Tröstliche für sich, daß sie ganz und gar nicht zulassen, die Mehrzahl der Menschen unter allen Umständen für dumm zu halten. Es wird wirklich darauf ankommen, ob Machthaber sich mehr von der Dummheit oder von der inneren Selbständigkeit und Klugheit der Menschen versprechen.

DIETRICH BONHOEFFER

Sind wir noch brauchbar?

Wir sind stumme Zeugen böser Taten gewesen, wir sind mit vielen Wassern gewaschen, wir haben die Künste der Verstellung und der mehrdeutigen Rede gelernt, wir sind durch Erfahrung mißtrauisch gegen die Menschen geworden und mußten ihnen die Wahrheit und das freie Wort oft schuldig bleiben, wir sind durch unerträgliche Konflikte mürbe oder vielleicht sogar zynisch geworden – sind wir noch brauchbar? Nicht Genies, nicht Zyniker, nicht Menschenverächter, nicht raffinierte Taktiker, sondern schlichte, einfache, gerade Menschen werden wir brauchen. Wird unsere innere Widerstandskraft gegen das uns Aufgezwungene stark genug und unsere Aufrichtigkeit gegen uns selbst schonungslos genug geblieben sein, daß wir den Weg zur Schlichtheit und Geradheit wiederfinden?

VEREINTE NATIONEN

Allgemeine Deklaration der Menschenrechte vom 10. Dezember 1948

Präambel: Da die Anerkennung der allen Mitgliedern der menschlichen Familie innewohnenden Würde und ihrer gleichen und unveräußerlichen Rechte die Grundlage der Freiheit, der Gerechtigkeit und des Friedens in der Welt bildet, da die Verkennung und Mißachtung der Menschenrechte zu Akten der Barbarei führten, die das Gewissen der Menschheit tief verletzt haben, und da die Schaffung einer Welt, in der den Menschen, frei von Furcht und Not, Rede- und Glaubensfreiheit zuteil wird, als das höchste Bestreben der Menschheit verkündet worden ist,

Da es wesentlich ist, die Menschenrechte durch die Herrschaft des Rechtes zu schützen, damit der Mensch nicht zum Aufstand gegen Tyrannei und Unterdrückung als letztem Mittel gezwungen ist,

Da es wesentlich ist, die Entwicklung freundschaftlicher Beziehungen zwischen den Nationen zu fördern,

Da die Völker der Vereinten Nationen in der Satzung ihren Glauben an die grundlegenden Menschenrechte, an die Würde und den Wert der menschlichen Person und an die Gleichberechtigung von Mann und Frau erneut bekräftigt und beschlossen haben, den sozialen Fortschritt und bessere Lebensbedingungen bei größerer Freiheit zu fördern,

Da die Mitgliedstaaten sich verpflichtet haben, in Zusammenarbeit mit den Vereinten Nationen die allgemeine Achtung und Verwirklichung der Menschenrechte und Grundfreiheiten durchzusetzen,

Da eine gemeinsame Auffassung über diese Rechte und Freiheiten von größter Wichtigkeit für die volle Erfüllung dieser Verpflichtung ist,

verkündet die Vollversammlung die vorliegende Allgemeine Erklärung der Menschenrechte

als das von allen Völkern und Nationen zu erreichende gemeinsame Ideal, damit jeder einzelne und alle Organe der Gesellschaft sich diese Erklärung stets gegenwärtig halten und sich bemühen, durch Unterricht und Erziehung die Achtung dieser Rechte und Freiheiten zu fördern und durch fortschreitende Maßnahmen im nationalen und internationalen Bereiche ihre allgemeine und tatsächliche Anerkennung und Verwirklichung bei der Bevölkerung sowohl der Mitgliedstaaten wie der ihrer Oberhoheit unterstehenden Gebiete zu gewährleisten.

Aus der Schlußakte der Konferenz für Sicherheit und Zusammenarbeit in Europa (KSZE), 1. August 1975

VII. Achtung der Menschenrechte und Grundfreiheiten, einschließlich der Gedanken-, Gewissens-, Religions- oder Überzeugungsfreiheit

Die Teilnehmerstaaten werden die Menschenrechte und Grundfreiheiten, einschließlich der Gedanken-, Gewissens-, Religions- oder Überzeugungsfreiheit für alle ohne Unterschied der Rasse, des Geschlechts, der Sprache oder der Religion achten.

Sie werden die wirksame Ausübung der zivilen, politischen, wirtschaftlichen, sozialen, kulturellen sowie der anderen Rechte und Freiheiten, die sich alle aus der dem Menschen innewohnenden Würde ergeben und für seine freie und volle Entfaltung wesentlich sind, fördern und ermutigen.

In diesem Rahmen werden die Teilnehmerstaaten die Freiheit des Individuums anerkennen und achten, sich allein oder in Gemeinschaft mit anderen zu einer Religion oder einer Überzeugung mit dem, was sein Gewissen ihm gebietet, zu bekennen und sie auszuüben.

Die Teilnehmerstaaten, auf deren Territorium nationale Minderheiten bestehen, werden das Recht von Personen, die zu solchen Minderheiten gehören, auf Gleichheit vor dem Gesetz achten; sie werden ihnen jede Möglichkeit für den tatsächlichen Genuß der Menschenrechte und Grundfreiheiten gewähren und werden auf diese Weise ihre berechtigten Interessen in diesem Bereich schützen.

Die Teilnehmerstaaten anerkennen die universelle Bedeutung der Menschenrechte und Grundfreiheiten, deren Achtung ein wesentlicher Faktor für den Frieden, die Gerechtigkeit und das Wohlergehen ist, die ihrerseits erforderlich sind, um die Entwicklung freundschaftlicher Beziehungen und der Zusammenarbeit zwischen ihnen sowie zwischen allen Staaten zu gewährleisten.

Sie werden diese Rechte und Freiheiten in ihren gegenseitigen Beziehungen stets achten und sich einzeln und gemeinsam, auch in Zusammenarbeit mit den Vereinten Nationen, bemühen, die universelle und wirksame Achtung dieser Rechte und Freiheiten zu fördern.

Sie bestätigen das Recht des Individuums, seine Rechte und Pflichten auf diesem Gebiet zu kennen und auszuüben.

Auf dem Gebiet der Menschenrechte und Grundfreiheiten werden die Teilnehmerstaaten in Übereinstimmung mit den Zielen und Grundsätzen der Charta der Vereinten Nationen und mit der Allgemeinen Erklärung der Menschenrechte handeln. Sie werden ferner ihre Verpflichtungen erfüllen, wie diese festgelegt sind in den internationalen Erklärungen und Abkommen auf diesem Gebiet, soweit sie an sie gebunden sind, darunter auch in den Internationalen Konventionen über die Menschenrechte.

VIII. Gleichberechtigung und Selbstbestimmungsrecht der Völker

Die Teilnehmerstaaten werden die Gleichberechtigung der Völker und ihr Selbstbestimmungsrecht achten, indem sie jederzeit in Übereinstimmung mit den Zielen und Grundsätzen der Charta der Vereinten Nationen und den einschlägigen Normen des Völkerrechts handeln, einschließlich jener, die sich auf die territoriale Integrität der Staaten beziehen.

Kraft des Prinzips der Gleichberechtigung und des Selbstbestimmungsrechts der Völker haben alle Völker jederzeit das Recht, in voller Freiheit, wann und wie sie es wünschen, ihren inneren und äußeren politischen Status ohne äußere Einmischung zu bestimmen und ihre politische, wirtschaftliche, soziale und kulturelle Entwicklung nach eigenen Wünschen zu verfolgen.

Die Teilnehmerstaaten bekräftigen die universelle Bedeutung der Achtung und der wirksamen Ausübung der Gleichberechtigung und des Selbstbestimmungsrechts der Völker für die Entwicklung freundschaftlicher Beziehungen zwischen ihnen sowie zwischen allen Staaten; sie erinnern auch an die Bedeutung der Beseitigung jeglicher Form der Verletzung dieses Prinzips ...

RICHARD VON WEIZSÄCKER

Rede zum 40. Jahrestag der Beendigung des Zweiten Weltkrieges, 8. Mai 1985

... Wir haben wahrlich keinen Grund zu Überheblichkeit und Selbstgerechtigkeit. Aber wir dürfen uns der Entwicklung dieser 40 Jahre dankbar erinnern, wenn wir das eigene historische Gedächtnis als Leitlinie für unser Verhalten in der Gegenwart und für die ungelösten Aufgaben, die auf uns warten, nutzen.

– Wenn wir uns daran erinnern, daß Geisteskranke im Dritten Reich getötet wurden, werden wir die Zuwendung zu psychisch kranken Bürgern als unsere eigene Aufgabe verstehen.

– Wenn wir uns erinnern, wie rassisch, religiös und politisch Verfolgte, die vom sicheren Tod bedroht waren, oft vor geschlossenen Grenzen anderer Staaten standen, werden wir vor denen, die heute wirklich verfolgt sind und bei uns Schutz suchen, die Tür nicht verschließen.

– Wenn wir uns der Verfolgung des freien Geistes während der Diktatur besinnen, werden wir die Freiheit jedes Gedankens und jeder Kritik schützen, so sehr sie sich auch gegen uns selbst richten mag.

– Wer über die Verhältnisse im Nahen Osten urteilt, der möge an das Schicksal denken, das Deutsche den jüdischen Mitmenschen bereiteten und das die Gründung des Staates Israel unter Bedingungen auslöste, die noch heute die Menschen in dieser Region belasten und gefährden.

– Wenn wir daran denken, was unsere östlichen Nachbarn im Kriege erleiden mußten, werden wir besser verstehen, daß der Ausgleich, die Entspannung und die friedliche Nachbarschaft mit diesen Ländern zentrale Aufgaben der deutschen Außenpolitik bleiben. Es gilt, daß beide Seiten sich erinnern und beide Seiten einander achten. Sie haben menschlich, sie haben kulturell, sie haben letzten Endes auch geschichtlich allen Grund dazu.

...

Bei uns ist eine neue Generation in die politische Verantwortung hineingewachsen. Die Jungen sind nicht verantwortlich für das, was damals geschah. Aber sie sind verantwortlich für das, was in der Geschichte daraus wird.

Wir Älteren schulden der Jugend nicht die Erfüllung von Träumen, sondern Aufrichtigkeit. Wir müssen den Jüngeren helfen zu verstehen, warum es lebenswichtig ist, die Erinnerung wachzuhalten. Wir wollen ihnen helfen, sich auf die geschichtliche Wahrheit nüchtern und ohne Einseitigkeit einzulassen, ohne Flucht in utopische Heilslehren, aber auch ohne moralische Überheblichkeit.

Wir lernen aus unserer eigenen Geschichte, wozu der Mensch fähig ist. Deshalb dürfen wir uns nicht einbilden, wir seien nun als Menschen anders und besser geworden.

Es gibt keine endgültig errungene moralische Vollkommenheit – für niemanden und kein Land! Wir haben als Menschen gelernt, wir bleiben als Menschen gefährdet. Aber wir haben die Kraft, Gefährdungen immer von neuem zu überwinden.

Hitler hat stets damit gearbeitet, Vorurteile, Feindschaften und Haß zu schüren.

Die Bitte an die jungen Menschen lautet:

Lassen Sie sich nicht hineintreiben in Feindschaft und Haß

    gegen andere Menschen,

    gegen Russen oder Amerikaner,

    gegen Juden oder Türken,

    gegen Alternative oder Konservative,

    gegen Schwarz oder Weiß.

Lernen Sie, miteinander zu leben, nicht gegeneinander.

Lassen Sie auch uns als demokratisch gewählte Politiker dies immer wieder beherzigen und ein Beispiel geben.

Ehren wir die Freiheit.

Arbeiten wir für den Frieden.

Halten wir uns an das Recht.

Dienen wir unseren inneren Maßstäben der Gerechtigkeit.

Schauen wir am heutigen 8. Mai, so gut wir es können, der Wahrheit ins Auge.

Erstes Kapitel

Weisheit – Klugheit

❖ ❖ ❖

Jedes Ding hat seine Zeit

Alles hat seine Zeit, und jegliches Ding unter dem Himmel hat seine Stunde. Geboren werden hat seine Zeit, und sterben hat seine Zeit, pflanzen hat seine Zeit, und ausrotten, was gepflanzt ist; würgen und heilen, weinen und lachen, klagen und tanzen, suchen und verlieren, behalten und wegwerfen, schweigen und reden, lieben und hassen, Streit und Friede – alles hat seine Zeit. Man mühe sich, so viel man will, was für einen Gewinn hat man davon? Ich sah die Mühe, die Gott den Menschenkindern gegeben, daß sie sich damit plagen. Er tut alles fein zu seiner Zeit, auch die Ewigkeit hat er ihnen ins Herz gelegt, nur daß der Mensch das Werk nicht finden kann, das Gott tut, weder Anfang noch Ende. Darum erkannte ich, daß es für sie nichts Besseres gibt, als sich zu freuen und Gutes zu tun ihr Leben lang, und wenn ein Mensch ißt und trinkt und guten Mutes ist bei aller seiner Mühe, so ist das eine Gabe Gottes. Ich erkannte, daß alles, was Gott tut, ewig besteht; man kann nichts dazu tun und nichts davon tun, und Gott hat gemacht, daß man sich vor ihm fürchten soll. Was da geschieht, das ist zuvor geschehen, und was geschehen wird, ist auch schon dagewesen; Gott sucht das Vergangene wieder hervor.

Weiter sah ich unter der Sonne Stätten des Gerichts, da war ein gottloses Wesen, und Stätten der Gerechtigkeit, da war Frevel. Da sprach ich in meinem Herzen: Gott muß richten den Gerechten und den Gottlosen; denn jegliches Vornehmen hat seine Zeit, und über alles Tun hat er bestimmt.

(Prediger Salomo)

ÄSOP

Der Fuchs und der Rabe

Ein Fuchs spähte auf einem Baume einen Raben, mit einem Bissen im Schnabel, aus, der ihm das Maul sehr wäßrig machte; allein die Frage war, wie er ihn wegkriegen wollte. O du glückseliger Vogel, sprach er, du Lust der Götter und Menschen! – – und so ließ er sich weitläufig über die reizende Gestalt des Rabens, über die Schönheit seiner Federn, über seine wunderbare Gabe der Prophezeiung und dergleichen aus. Wenn du, fügte er endlich hinzu, eine Stimme hättest, die sich zu deinen übrigen vortrefflichen Eigenschaften schickte, so würdest du das vollkommenste Geschöpf unter der Sonne sein. Diese unverschämte Schmeichelei machte, daß der Rabe seinen Schnabel so weit aufsperrte, als er konnte, um dem Fuchse eine Probe von seiner holdseligen Stimme zu geben. In dem Aufsperren aber entfiel ihm sein Frühstück, welches der Fuchs sogleich aufraffte und dem Raben zurief: Erinnere dich, Freund, daß ich wohl viel von deiner Schönheit, aber nicht ein Wort von deinem Verstande gesagt habe.

LEHRE: Es werden wenig Menschen in der Welt sein, bei welchen die Schmeichelei nicht mehr oder weniger wirken sollte; denn wir sind alle für uns selbst eingenommen. Wenn sie aber einmal bei einem Narren Zutritt findet, so kann man gewiß sein, daß man von ihm alles, was man sich nur vorsetzen will, durch sie erlangen wird.

BETRACHTUNG: Die Schmeichelei legt guten Dingen böse und bösen Dingen gute Namen bei; gleichwohl wird sie nicht eher ihren Glauben verlieren, als bis es keine Schelme mehr gibt, die sie machen, und keine Narren, die sie annehmen.

KONFUZIUS

Über Geist und Weisheit

Konfuzius sagte: „Wissen, was man weiß, und wissen, was man nicht weiß, ist das Kennzeichen eines Wissenden."

Konfuzius sagte: „Wenn einer nicht zu sich selbst sagt: Was tun? Was tun?, weiß ich auch nicht, was tun – nämlich mit ihm!"

Kunfuzius sagte: „Wer weiß, daß er einen Fehler begangen hat, und ihn nicht verbessert, begeht einen neuen Fehler."

Konfuzius sagte: „Ich erwarte nicht, heutzutage einen Heiligen zu finden; aber wenn ich einen vornehmen, anständigen Menschen finde, will ich schon ganz zufrieden sein."

Konfuzius sagte: „Ein Mensch mit einer schönen Seele hat immer etwas Schönes zu sagen, aber einer, der schöne Dinge sagt, hat nicht unbedingt eine schöne Seele. Ein wahrer Mensch (oder ein wirklich großer Mensch) wird stets Mut beweisen, aber ein mutiger Mensch wird nicht immer echtes Menschentum an den Tag legen."

Konfuzius sagte: „Der Mensch ist es, der die Wahrheit groß macht, und nicht die Wahrheit, die den Menschen groß macht."

Konfuzius sagte: „Die Wahrheit entfernt sich nicht von der menschlichen Natur. Wenn das, was als Wahrheit angesehen wird, sich von der menschlichen Natur entfernt, darf es nicht als Wahrheit angesehen werden."

Konfuzius sagte: „Echtes Menschentum verlangt eine große Befähigung, und es ist schwer zu erlangen. Man kann es nicht mit Händen heben und nicht zu Fuß erreichen. Wer ihm etwas näher kommt als die anderen, kann schon ein echter Mensch genannt werden. Es ist jedoch ein schwieriges Unternehmen, es durch reine Willensanstrengung erreichen zu wollen. Wenn man die Menschen nach der Norm absoluter Rechtschaffenheit mißt, ist es schwer, ein wirklicher Mensch zu sein. Wenn man die Menschen aber nach der Norm anderer Menschen mißt, dann werden die Besseren einen Maßstab haben, nach welchem sie sich richten können."

Seneca

Die Weisheit verleiht den wahren Adel

Abermals machst du dich klein gegen mich und sagst, erst habe ich die Natur, dann das Glück mißgünstiger behandelt, während du dich doch dem großen Haufen zu entziehen und zu der höchsten Glücksstufe der Menschen emporzuklimmen vermagst. Ist irgend etwas Gutes an der Philosophie, so ist es das, daß sie auf keinen Stammbaum sieht. Alle Menschen stammen, wenn wir auf den ersten Ursprung zurückgehen, von den Göttern her. Du bist römischer Ritter, und zu diesem Range hat deine Tätigkeit dich erhoben; aber beim Himmel! Sehr vielen sind jene vierzehn Sitzreihen[1] verschlossen, nicht alle läßt die Kurie[2] zu; selbst das Feldlager ist heikel in der Wahl derjenigen, die es zu Mühsalen und Gefahren aufnimmt – aber ein edler Sinn steht allen offen; dazu sind wir alle von Adel. Die Philosophie weist niemanden zurück, wählt niemanden aus; sie leuchtet allen. Sokrates war kein Patrizier; Kleanthes schleppte Wasser und verdingte seine Arme zum Bewässern eines Gartens; den Plato empfing nicht die Philosophie als einen Adeligen, sie machte ihn dazu. Welchen Grund hast du, zu verzweifeln, diesen gleich werden zu können? Diese alle sind deine Ahnen, wenn du dich ihrer zeigst; du wirst dies aber, wenn du dich vor allem überzeugst, daß du an Adel von niemandem übertroffen wirst. Wir alle haben gleich viel Ahnen vor uns, der Ursprung eines jeden von uns liegt über alle Erinnerung hinaus. Plato sagt, es gebe keinen König, der nicht von Sklaven, keinen Sklaven, der nicht von Königen abstamme. Das alles hat ein langer Wechsel vermischt und das Schicksal zu unterst und oberst gekehrt. Wer also ist ein Edelgeborener? Der von der Natur zur Tugend wohl Ausgerüstete. Nur hierauf hat man zu schauen; im übrigen stammt, wenn man sich aufs Alter beruft, niemand aus einer Zeit her, vor welcher nichts war. Vom ersten Anfang der Welt ist uns bis auf diesen Tag eine abwechselnde Reihe von Vornehmen und Niedrigen vorangegangen. Nicht ein mit verräucherten Ahnenbildern gefüllter Vorsaal macht zum Adeligen; niemand hat für unsern Ruhm gelebt, und was vor uns war, ist nicht unser Eigentum. Die Gesinnung adelt den, dem es vergönnt ist, sich aus jedem Stande über das Glück zu erheben. Denke dich daher nicht als einen römischen Ritter, sondern als einen Freigelassenen, und du kannst es erreichen, daß du der einzige Freie unter den Freigeborenen bist. Wie? fragst du. Wenn du Böses und Gutes nicht nach dem Vorgang der Menge unterscheidest. Man muß nicht darauf sehen, woher die Dinge kommen, sondern wohin sie gehen. Gibt es etwas, was das Leben glücklich machen kann, so ist dies mit vollem Rechte ein Gut; denn es kann nicht ins Schlechte ausarten. Was ist es also, worin man irrt, da doch alle ein glückliches Leben wünschen? Daß man die Mittel dazu für das glückliche Leben selbst hält und dieses, während man ihm nachstrebt, flieht. Denn während eine vollständige Sorglosigkeit und eine unerschütterliche Zuversicht das Wesentlichste eines glücklichen Lebens sind, sammelt man sich Veranlassungen zur Bekümmernis und trägt nicht nur, sondern schleppt seine Last auf der von Ränken umlagerten Straße des Lebens dahin. So entfernt man sich immer mehr von der Erreichung dessen, was man wünscht, und je mehr Mühe man anwendet, desto mehr hindert man sich und kommt rückwärts. Dasselbe begegnet den in einem Irrgange schnell vorwärts Eilenden; ihre Hast selbst verwirrt sie.

1 Die im Theater bloß für die Ritter bestimmt waren.
2 Der Versammlungsort des Senats; also – nicht alle sind Senatoren.

Parabel vom Mann im Brunnen

Es ging ein Mann im Syrerland,
führt' ein Kamel am Halfterband.
Das Tier mit grimmigen Gebärden
urplötzlich anfing scheu zu werden,
und tat so ganz entsetzlich schnaufen,
der Führer vor ihm mußt' entlaufen.

Er lief und einen Brunnen sah
von ungefähr am Wege da.
Das Tier hört' er im Rücken schnauben,
das mußt' ihm die Besinnung rauben.
Er in den Schacht des Brunnens kroch,
er stürzte nicht, er schwebte noch.

Gewachsen war ein Brombeerstrauch
aus des geborstnen Brunnens Bauch;
daran der Mann sich fest tat klammern,
und seinen Zustand drauf bejammern.

Er blickte in die Höh', und sah
dort das Kamelhaupt furchtbar nah,
das ihn wollt' oben fassen wieder.
Dann blickt' er in den Brunnen nieder;
da sah am Grund er einen Drachen
aufgähnen mit entsperrtem Rachen,
der drunten ihn verschlingen wollte,
wenn er hinunter fallen sollte.

So schwebend in der beiden Mitte
da sah der Arme noch das Dritte.
Wo in die Mauerspalte ging
des Sträuchleins Wurzel, dran er hing,
da sah er still ein Mäusepaar,

schwarz eine, weiß die andre war.
Er sah die schwarze mit der weißen
abwechselnd an der Wurzel beißen.

Sie nagten, zausten, gruben, wühlten;
die Erd' ab von der Wurzel spülten;
und wie sie rieselnd nieder rann,
der Drach' im Grund aufblickte dann,
zu sehn, wie bald mit seiner Bürde
der Strauch entwurzelt fallen würde.
Der Mann in Angst und Furcht und Not,
umstellt, umlagert und umdroht
im Stand des jammerhaften Schwebens,
sah sich nach Rettung um vergebens.

Und da er also um sich blickte,
sah er ein Zweiglein, welches nickte
vom Brombeerstrauch mit reifen Beeren;
da konnt' er doch der Lust nicht wehren.
Er sah nicht des Kameles Wut,
und nicht den Drachen in der Flut,
und nicht der Mäuse Tückespiel,
als ihm die Beer' ins Auge fiel.

Er ließ das Tier von oben rauschen,
und unter sich den Drachen lauschen,
und neben sich die Mäuse nagen,
griff nach den Beerlein voll Behagen,
sie däuchten ihm zu essen gut,
aß Beer' auf Beerlein wohlgemut,
und durch die Süßigkeit im Essen
war alle seine Furcht vergessen.

Du fragst: Wer ist der töricht' Mann,
der so die Furcht vergessen kann?
So wiss', o Freund, der Mann bist du;
vernimm die Deutung auch dazu.

Es ist der Drach' im Brunnengrund
des Todes aufgesperrter Schlund;
und das Kamel, das oben droht,
es ist des Lebens Angst und Not.
Du bist's, der zwischen Tod und Leben
am grünen Strauch der Welt mußt schweben.
Die beiden, so die Wurzel nagen,
dich samt den Zweigen, die dich tragen,
zu liefern in des Todes Macht,
die Mäuse heißen Tag und Nacht.
Es nagt die schwarze wohl verborgen
vom Abend heimlich bis zum Morgen,
es nagt vom Morgen bis zum Abend
die weiße, wurzeluntergrabend.

Und zwischen diesem Graus und Wust
lockt dich die Beere Sinnenlust,
daß du Kamel die Lebensnot,
daß du im Grund den Drachen Tod,
daß du die Mäuse Tag und Nacht
vergissest, und auf nichts hast acht,
als daß du recht viel Beerlein haschest,
aus Grabes Brunnenritzen naschest.

Franco Sacchetti

Der Bauer und der Sperber

Es fällt mir ein französischer Bauer ein, dessen List ich doch erzählen muß, die er gegen einen Türsteher des Königs Philipp von Valois übte, weil er aus Habsucht ihm nehmen wollte, was doch der König ihm befohlen hatte zu geben.

Als dieser König an der Regierung war und zu Paris wohnte, besaß er einen Sperber, welcher an Schönheit und Vortrefflichkeit alle übertraf, die je an seinem Hofe waren; er hatte Glöckchen von Gold und Silber und alle mit Schmelz überzogen, auf denen die Lilien des königlichen Wappens standen. Einst kam ihm die Lust, wie er häufig zu tun pflegte, spazierenzugehen, und als sie mit diesem und mit andern Vögeln und Hunden an einen Ort kamen, wo eine Menge von Rebhühnern sich befand, ließ der Falkner des Königs den Sperber, den er in der Hand hielt, auf ein Rebhuhn los, und der Sperber packte es. Man ging weiter und ließ ihn auf ein anderes los; das faßte er aber nicht, was nun daran schuld sein mochte, sei es, daß den Sperber Feigheit anwandelte, oder was sonst; und während er sonst so zahm war, daß er immer, wenn er nichts fing, vom Fluge auf die Faust zurückkehrte, tat er nun gerade das Gegenteil: er flog in die Höhe und so weit weg, daß sie ihn ganz aus dem Gesicht verloren. Als der König dies sah, schickte er ungefähr acht seiner Knappen nebst dem Falkner aus, um den Sperber zu verfolgen, bis sie ihn wiederfänden. So gingen sie da- und dorthin und zogen acht Tage umher, ohne eine Spur von ihm aufzufinden, kehrten also nach Paris zurück und meldeten es dem König.

Darob ward der König sehr betrübt, obwohl es ein mannhafter König war, und beklagte den ganzen Tag den Verlust seines edlen Sperbers. Es dauerte eine geraume Zeit, und niemand zeigte sich, der den Sperber gefangen hätte; da ließ er öffentlich bekanntmachen, wer ihm den besagten Sperber finge und wiederbrächte, würde von ihm zweihundert Franken bekommen; wer ihn aber nicht wiederbrächte, käme an den Galgen. Die Nachricht und das Gerede darüber ging durch das Land, und es dauerte einen ganzen Monat, da kam der Sperber in die Grafschaft N. Dort saß er auf einem Baume, und der obengenannte Landmann, der gerade unter demselben seine Feldarbeit trieb, hörte die Glöckchen. Er trat wie zum Scherze näher, hielt seine rauhe, schwielige Hand hin, und auf eine sonst gar nicht gewöhnliche Lockung kam ihm der Sperber auf die Hand. Der Bauer wußte sich schon über den Klauen, die ihn packten, gar nicht zu helfen; als er aber vollends die Glöckchen mit dem königlichen Wahrzeichen sah, von welchen er durch seine zwei erwachsenen Töchter gehört hatte, war der unerfahrene Mensch vollends ganz außer sich. Er nahm indes die Wurfriemen, ließ seine Hacke liegen, ging nach seinem Hause, schnitt ein Seil vom Saumsattel eines Esels, knüpfte es an die Wurfriemen und band es an eine Stange. Wenn er aber überlegte, wer er war und wie er genötigt sei, den Vogel nach Paris vor den König zu bringen, so wurde es ihm ganz schwach.

Da es nun soweit war, kam ein Türsteher des Königs in Geschäften zufällig an seinem Hause vorüber, hörte die Glöckchen und sagte: „Du hast den Sperber des Königs gefangen."

Er antwortete: „Ja, ich glaube."

Da verlangte ihn jener und sprach: „Du würdest ihn verderben, wenn du ihn hinträgest. Gib ihn mir!"

Der Bauer antwortete: „Das ist ganz richtig, was Ihr sagt; aber seid so gut und entreißt mir nicht, was mir das Glück verliehen hat! Ich will ihn tragen, so gut ich kann."

Der andere bemühte sich mit Bitten und Drohungen, um ihn von dem Bauer zu bekommen; aber es half nichts. Endlich sagte er: „Nun sieh, wenn du mir den Vogel nicht gibst, so tu mir wenigstens einen Gefallen! Ich stehe gut mit dem König; ich werde dir nützlich sein, worin ich kann; versprich mir aber, daß du mir die Hälfte gibst von dem, was dir der König geben wird!"

Der Landmann sagte: „Ich bin's zufrieden."

Und so versprach er's. Der Hofdiener ging nach Paris. Der Bauer fand einen ganz zerrissenen Handschuh von Tuch, schickte an einen in einem benachbarten Orte, welcher sich mit dergleichen Vögeln abgab; der lieh ihm einen Hut; und als der Sperber gefüttert und verkappt war, nahm er den Weg unter die Füße und kam endlich sehr müde, wegen der ungewohnten Last und weil ihm die Edelmannstracht höchst beschwerlich war, in Paris und bei dem König an.

Als dieser ihn sah, war er sehr erfreut, seinen Sperber wiedergefunden zu haben, und lachte laut, als er bemerkte, wie seltsam ihn der Bauer in der Hand hielt. Da sprach der König: „Verlange, was du begehrst!"

Der Bauer antwortete: „Herr König, dieser Sperber ist mir auf die Hand gesessen; mit Gottes Hilfe habe ich ihn Euch hergebracht, so gut ich konnte; das Geschenk, das ich dafür von Euch verlange, ist, daß Ihr mir fünfzig Prügel oder Peitschenhiebe geben laßt."

Der König verwunderte sich und fragte ihn um den Grund dieser

Bitte. Der Bauer sagte nun, wie ein gewisser Türsteher von seinem Gefolge ihm das Versprechen abgedrungen habe. „Er verlangte, ich solle ihm die Hälfte geben von dem, was Eure heilige Krone mir schenke. Laßt also ihm fünfundzwanzig geben und die andern fünfundzwanzig mir! Ich bin zwar ein armer Mann und hätte es wohl nötig für meine zwei heiratsfähigen Töchter, etwas anderes von Euer Gnaden zu erhalten; aber dennoch will ich zufriedener weggehen, wenn ich bekomme, was ich verlange, um den andern das empfangen zu sehen, was er verdient, und wenn ich auch die gleiche Strafe dulden muß, als wenn Ihr mir von Eurem Gold und Eurem Silber gäbet."

Der König war weise und verstand die Rede des ungebildeten Bauern, dachte daher, ihn nach Gerechtigkeit zufriedenzustellen, und sagte zu seinen Leuten: „Ruft mir den Türsteher herbei!"

Er wurde sogleich gerufen, kam vor den König, und dieser fragte ihn: „Bist du dort gewesen, wo dieser Mann den Sperber gefangen hat?"

Er antwortete: „Ja, Herr König!"

Der König fragte weiter: „Warum hast du ihn nicht überbracht?"

Jener versetzte: „Der Bauer ließ es nicht zu."

Der König sprach: „Deine Habsucht ist so weit gegangen, daß du von ihm die Hälfte des Geschenkes begehrtest, das er bekommen würde."

Als der Bauer dies hörte, sagte er: „So war es, gnädiger Herr!"

„Und ich", sagte der König, „schenke diesem Bauern fünfzig Peitschenhiebe auf den bloßen Leib, von welchen du nach dem Vertrage fünfundzwanzig bekommen sollst."

Er befahl einem seiner Gerichtsdiener, ihn sogleich entkleiden zu lassen und zur Ausführung zu schreiten, und so geschah es. Der König ließ ihn nun in Gegenwart des Bauern vor sich kommen und sprach zu diesem: „Ich habe dir die Hälfte des Geschenkes gegeben und dir deine Verpflichtung abgenommen, die du durch dein Versprechen gegen diesen Schurken hattest. Den Rest gebe ich dir allein."

Da wandte er sich zu einem seiner Kämmerer und sprach: „Geh, laß diesem Manne zweihundert Franken geben, daß er seine Töchter

verheiraten kann! Und in Zukunft komm nur zu mir, wenn dir etwas
fehlt; ich will immer deiner Not abhelfen."
So schied der Bauer glücklich von dannen. Der Meister Türsteher
aber nahm sich von den Peitschenhieben eine Warnung, um nicht
mehr seinem eigenen Vorteil statt dem seines Königs nachzugehen.
Groß war die Gerechtigkeit und Klugheit dieses Königs; aber nicht
minder bemerkenswert ist, wie aus dem Munde eines Bauern, der
besser eine edle Seele heißen könnte, eine so würdige Bitte kam, um
die Habgier des Mannes zu strafen, der auch nie mehr wie früher in
Gunst bei König Philipp kam.

ABDURRAHMAN DSCHAMI

Das Kamel im Mausloch

Mit gebundnen Füßen ging
das Kamel sein Futter pflücken;
eine Maus, das kleine Ding,
sah von fern den Höckerrücken,
wollte sehn, ob's groß und hoch
nicht ging in ihr Mauseloch.

Mäuslein zieht am Strick mit List
und das Tier, es folgt dem Zuge;
denn gehorsam jeder Frist
seinem Führer folgt das kluge;
folgt, so lang das Mäuslein zieht,
bis es nun das Löchlein sieht.

Soll ich, spricht es, da hinein?
Siehe zu, was du beginnest!
Ich bin groß und es ist klein;
daß du Schaden nicht gewinnest!
Kann's für mich erweitern sich?
Nicht verdünnen kann ich mich.

Doch das Mäuslein saß im Loch,
deuchte sich allein das kluge,
zog und ziehet immer noch,
folgt das Trampeltier dem Zuge
und ein Tritt von ihm zertrat
Mäuslein und den Mäusestaat.

BALTASAR GRACIÁN

Nachdenken

Nachdenken, und am meisten über das, woran am meisten gelegen. Weil sie nicht denken, gehn alle Dummköpfe zu Grunde: sie sehn in den Dingen nie auch nur die Hälfte von dem, was da ist; und da sie sich so wenig anstrengen, daß sie nicht einmal ihren eigenen Schaden oder Vorteil begreifen, legen sie großen Wert auf das, woran wenig, und geringen auf das, woran viel gelegen, stets verkehrt abwägend. Viele verlieren den Verstand deshalb nicht, weil sie keinen haben. Es gibt Sachen, die man mit der ganzen Anstrengung seines Geistes untersuchen und nachher in der Tiefe desselben aufbewahren soll. Der Kluge denkt über Alles nach, wiewohl mit Unterschied: er vertieft sich da, wo er Grund und Widerstand findet, und denkt bisweilen, daß er noch mehr da ist, als er denkt: dergestalt reicht sein Nachdenken eben so weit als seine Besorgnis.

JONATHAN SWIFT

Entschließungen für mein Alter

Keine junge Frau heiraten.
Keine jungen Gefährten an mich fesseln, wenn sie es nicht wirklich wünschen.
Nicht launisch, mürrisch und mißtrauisch werden.

71

Nicht die jeweilige Lebensweise, Denkart, Mode oder den Soldatenstand geringschätzen.

Nicht zu kinderfreundlich werden oder mir die Kinder zu nahe kommen lassen.

Nicht immer die gleiche Geschichte den gleichen Leuten erzählen.

Nicht habgierig werden.

Schicklichkeit und Sauberkeit nicht vernachlässigen, aus Furcht, abstoßend zu werden.

Mit jungen Menschen nicht überstreng sein, sondern für ihre jugendlichen Torheiten und Schwächen Verständnis zeigen.

Schuftig klatschenden Dienstboten oder anderen weder einen Einfluß einräumen noch Gehör geben.

Nicht freigebig mit gutem Rat sein, noch jemand damit belästigen; es sei denn, man wünsche ihn.

Einige gute Freunde bitten, mich ins Bild zu setzen, welche von diesen Vorsätzen ich breche oder vernachlässige, und mir zu sagen, in welcher Weise ich dagegen verstoße; und mich demgemäß bessern.

Nicht viel reden, erst recht nicht von mir selbst.

Nicht mit meinem früheren guten Aussehen, meiner Kraft oder meinen Erfolgen bei Damen usw. prahlen.

Nicht auf Schmeicheleien hören, noch mir einbilden, ich könne von einer jungen Frau geliebt werden; et eos qui haereditatem captant, odisse ac vitare.

Nicht rechthaberisch und starrköpfig sein.

Nicht aufhören, allen diesen Regeln nachzuleben, aus der Befürchtung, es könnte mir unmöglich werden, sie zu befolgen.

GEORG CHRISTOPH LICHTENBERG

Über äußere Gegenstände

Äußere Gegenstände zu erkennen, ist ein Widerspruch; es ist dem Menschen unmöglich, aus sich heraus zu gehen. Wenn wir glauben, wir sähen Gegenstände, so sehen wir bloß uns. Wir können von nichts in der Welt etwas eigentlich erkennen, als uns selbst, und die Veränderungen, die in uns vorgehen. Ebenso können wir unmöglich für andere *fühlen*, wie man zu sagen pflegt; wir fühlen nur für uns. Der Satz klingt hart, er ist es aber nicht, wenn er nur recht verstanden wird. Man liebt weder Vater, noch Mutter, noch Frau, noch Kind, sondern die angenehmen Empfindungen, die sie uns machen; es schmeichelt immer etwas unserem Stolze und unserer Eigenliebe. Es ist gar nicht anders möglich, und wer den Satz leugnet, muß ihn nicht verstehen. Unsere Sprache darf aber in diesem Stücke nicht philosophisch sein, so wenig als sie in Rücksicht auf das Weltgebäude Kopernikanisch sein darf. Aus nichts leuchtet, glaube ich, des Menschen höherer Geist so stark hervor, als daraus, daß er sogar den Betrug ausfindig zu machen weiß, den ihm gleichsam die Natur spielen wollte. Nur bleibt die Frage übrig: wer hat recht, der, welcher glaubt, er werde betrogen, oder der es nicht glaubt? Unstreitig hat der recht, der glaubt, er werde nicht betrogen. Aber das glauben auch beide Parteien nicht, daß sie betrogen werden. Sobald ich es weiß, so ist es kein Betrug mehr. Die Erfindung der Sprache ist vor der Philosophie hergegangen, und das ist es, was die Philosophie erschwert, zumal wenn man sie andern verständlich machen will, die nicht viel selbst denken. Die Philosophie ist, wenn sie spricht, immer genötigt, die Sprache der Unphilosophie zu reden.

JOHANN PETER HEBEL

Der kluge Sultan

Zu dem Großsultan der Türken, als er eben an einem Freitag in die Kirche gehen wollte, trat ein armer Teufel von seinen Untertanen mit schmutzigem Bart, zerfetztem Rock und durchlöcherten Pantoffeln, schlug ehrerbietig und kreuzweise die Arme übereinander und sagte: „Glaubst du auch, großmächtiger Sultan, was der Prophet sagt?" Der Sultan, der ein gütiger Herr war, sagte: „Ja, ich glaube, was der Prophet sagt." Der arme Teufel fuhr fort: „Der Prophet sagt im Alkoran: Alle Muselmänner (das heißt, alle Mohammedaner) sind Brüder. Herr Bruder, so sei so gut und teile mit mir das Erbe." Dazu lächelte der Kaiser und dachte: Das ist eine neue Art, ein Almosen zu betteln, und gibt ihm einen Löwenthaler. Der Türke beschaut das Geldstück lang auf der einen Seite und auf der andern Seite. Am Ende schüttelt er den Kopf und sagt: „Herr Bruder, wie komme ich zu einem schäbigen Löwentaler, wo du doch mehr Silber und Gold hast, als hundert Maulesel tragen können, und meinen Kindern daheim werden vor Hunger die Nägel blau, und mir wird nächstens der Mund ganz zuwachsen. Heißt das geteilt mit einem Bruder?" Der gütige Sultan aber hob warnend den Finger in die Höhe und sagte: „Herr Bruder, sei zufrieden und sage ja niemand, wieviel ich dir gegeben habe, denn unsere Familie ist groß, und wenn unsere andern Brüder alle auch kommen und wollen ihr Erbteil von mir, so wird's nicht reichen, und du mußt noch herausgeben." Das begriff der Herr Bruder, ging zum Bäckermeister Abu Tlengi und kaufte ein Laiblein Brot, der Kaiser aber begab sich in die Kirche und verrichtete sein Gebet.

FRIEDRICH VON SCHILLER

Weisheit und Klugheit

Willst du, Freund, die erhabensten Höhn der Weisheit
  erfliegen,
Wag es auf die Gefahr, daß dich die Klugheit verlacht.
Die kurzsichtige sieht nur das Ufer, das dir zurückflieht,
Jenes nicht, wo dereinst landet dein mutiger Flug.

BRÜDER GRIMM

Die kluge Bauerntochter

Es war einmal ein armer Bauer, der hatte kein Land, nur ein
kleines Häuschen und eine alleinige Tochter, da sprach die Tochter
„wir sollten den Herrn König um ein Stückchen Rottland bitten." Da
der König ihre Armut hörte, schenkte er ihnen auch ein Eckchen
Rasen, den hackte sie und ihr Vater um, und wollten ein wenig Korn
und der Art Frucht darauf säen. Als sie den Acker beinah herum
hatten, so fanden sie in der Erde einen Mörsel von purem Gold.
„Hör", sagte der Vater zu dem Mädchen, „weil unser Herr König ist
so gnädig gewesen und hat uns diesen Acker geschenkt, so müssen
wir ihm den Mörsel dafür geben." Die Tochter aber wollte es nicht
bewilligen und sagte „Vater, wenn wir den Mörsel haben und haben
den Stößer nicht, dann müssen wir auch den Stößer herbeischaffen,
darum schweigt lieber still." Er wollt ihr aber nicht gehorchen, nahm
den Mörsel, trug ihn zum Herrn König und sagte, den hätte er
gefunden in der Heide, ob er ihn als eine Verehrung annehmen
wollte. Der König nahm den Mörsel und fragte, ob er nichts mehr
gefunden hätte. „Nein", antwortete der Bauer. Da sagte der König, er
solle nun auch den Stößer herbeischaffen. Der Bauer sprach, den
hätten sie nicht gefunden; aber das half ihm so viel, als hätt ers in

den Wind gesagt, er ward ins Gefängnis gesetzt, und sollte so lange da sitzen, bis er den Stößer herbeigeschafft hätte. Die Bedienten mußten ihm täglich Wasser und Brot bringen, was man so in dem Gefängnis kriegt, da hörten sie, wie der Mann als fort schrie „ach, hätt ich meiner Tochter gehört! ach, ach, hätt ich meiner Tochter gehört!" Da gingen die Bedienten zum König und sprachen das, wie der Gefangene als fort schrie „ach, hätt ich doch meiner Tochter gehört!" und wollte nicht essen und nicht trinken. Da befahl er den Bedienten, sie sollten den Gefangenen vor ihn bringen, und da fragte ihn der Herr König, warum er also fort schrie „ach, hätt ich meiner Tochter gehört!" „Was hat Eure Tochter denn gesagt?" „Ja, sie hat gesprochen, ich sollte den Mörsel nicht bringen, sonst müßt ich auch den Stößer schaffen." „Habt Ihr so eine kluge Tochter, so laßt sie einmal herkommen." Also mußte sie vor den König kommen, der fragte sie, ob sie denn so klug wäre, und sagte, er wolle ihr ein Rätsel aufgeben, wenn sie das treffen könnte, dann wollte er sie heiraten. Da sprach sie gleich ja, sie wollts erraten. Da sagte der König „komm zu mir, nicht gekleidet, nicht nackend, nicht geritten, nicht gefahren, nicht in dem Weg, nicht außer dem Weg, und wenn du das kannst, will ich dich heiraten." Da ging sie hin, und zog sich aus splinternackend, da war sie nicht gekleidet, und nahm ein großes Fischgarn, und setzte sich hinein und wickelte es ganz um sich herum, da war sie nicht nackend: und borgte einen Esel fürs Geld und band dem Esel das Fischgarn an den Schwanz, darin er sie fortschleppen mußte und war das nicht geritten und nicht gefahren: der Esel mußte sie aber in der Fahrgleise schleppen, so daß sie nur mit der großen Zehe auf die Erde kam, und war das nicht in dem Weg und nicht außer dem Wege. Und wie sie so daherkam, sagte der König, sie hätte das Rätsel getroffen, und es wäre alles erfüllt. Da ließ er ihren Vater los aus dem Gefängnis, und nahm sie bei sich als seine Gemahlin und befahl ihr das ganze königliche Gut an.

Nun waren etliche Jahre herum, als der Herr König einmal auf die Parade zog, da trug es sich zu, daß Bauern mit ihren Wagen vor dem Schloß hielten, die hatten Holz verkauft; etliche hatten Ochsen vorgespannt, und etliche Pferde. Da war ein Bauer, der hatte drei Pferde, davon kriegte eins ein junges Füllchen, das lief weg und legte sich mitten zwischen zwei Ochsen, die vor dem Wagen waren. Als nun die Bauern zusammenkamen, fingen sie an sich zu zanken, zu schmeißen und zu lärmen, und der Ochsenbauer wollte das Füllchen behalten und sagte, die Ochsen hättens gehabt: und der andere sagte nein, seine Pferde hättens gehabt, und es wäre sein. Der Zank kam vor den König, und er tat den Ausspruch, wo das Füllen gelegen hätte, da sollt es bleiben; und also bekams der Ochsenbauer, dems doch nicht gehörte. Da ging der andere weg, weinte und lamentierte über sein Füllchen. Nun hatte er gehört, wie daß die Frau Königin so gnädig wäre, weil sie auch von armen Bauersleuten gekommen wäre: ging er zu ihr und bat sie, ob sie ihm nicht helfen könnte, daß er sein Füllchen wiederbekäme. Sagte sie „ja, wenn Ihr mir versprecht, daß Ihr mich nicht verraten wollt, so will ichs Euch sagen. Morgen früh, wenn der König auf der Wachtparade ist, so stellt Euch hin mitten in die Straße, wo er vorbeikommen muß, nehmt ein großes Fischgarn und tut, als fischtet Ihr, und fischt also fort und schüttet das Garn aus, als wenn Ihrs voll hättet", und sagte ihm auch, was er antworten sollte, wenn er vom König gefragt würde. Also stand der Bauer am andern Tag da und fischte auf einem trockenen Platz. Wie der König vorbeikam und das sah, schickte er seinen Laufer hin, der sollte fragen, was der närrische Mann vorhätte. Da gab er zur Antwort „ich fische." Fragte der Laufer, wie er fischen könnte, es wäre ja kein Wasser da. Sagte der Bauer „so gut als zwei Ochsen können ein Füllen kriegen, so gut kann ich auch auf dem trockenen Platz fischen." Der Laufer ging hin und brachte dem König die Antwort, da ließ er den Bauer vor sich kommen und sagte ihm, das hätte er nicht von sich, von wem er das hätte: und sollts gleich bekennen. Der Bauer aber wollts nicht tun und sagte immer: Gott bewahr! er hätt es von sich. Sie legten ihn aber auf ein Gebund Stroh und schlugen und drangsalten ihn so lange, bis ers bekannte, daß ers von der Frau Königin hätte. Als der König nach Haus kam, sagte er zu seiner Frau „warum bist du so falsch mit mir, ich will dich nicht mehr zur Gemahlin: deine Zeit ist um, geh wieder hin, woher du gekommen bist, in dein Bauernhäuschen." Doch erlaubte er ihr eins, sie sollte sich das Liebste und Beste mitnehmen, was sie wüßte, und das sollte ihr Abschied sein. Sie sagte „ja, lieber Mann, wenn dus so befiehlst, will ich es auch tun", und fiel über ihn her und küßte ihn und sprach, sie wollte Abschied von ihm nehmen. Dann ließ sie einen starken Schlaftrunk kommen, Abschied mit ihm zu trinken: der König tat einen großen Zug, sie aber trank nur ein wenig. Da geriet er bald in einen tiefen Schlaf, und als sie das sah, rief sie einen Bedienten und nahm ein schönes weißes Linnentuch und schlug ihn da hinein, und die Bedienten mußten ihn in einen Wagen vor die Türe tragen, und fuhr sie ihn heim in ihr Häuschen. Da legte sie ihn in ihr Bettchen, und er schlief Tag und Nacht in einem fort, und als er aufwachte, sah er sich um und sagte „ach Gott, wo bin ich denn?", rief seinen Bedienten, aber es war keiner da. Endlich kam seine Frau vors Bett und sagte „lieber Herr König, Ihr habt mir befohlen, ich sollte das Liebste und Beste aus dem Schloß mitnehmen, nun hab ich nichts Besseres und Liebers als dich, da hab ich dich mitgenommen." Dem König stiegen die Tränen in die Augen, und er sagte „liebe Frau, du sollst mein sein und ich dein", und nahm sie wieder mit ins königliche Schloß und ließ sich aufs neue mit ihr vermählen; und werden sie ja wohl noch auf den heutigen Tag leben.

GÜNTHER ANDERS

Der betrogene Philosoph

Eines Tages entdeckte der molussische Schöpfergott Bamba einen philosophierenden Einsiedler. „Was tust du da eigentlich?" fragte er.

„Ich philosophiere", antwortete der Einsiedler.

„Und was tust du so, wenn du philosophierst?" fragte Bamba.

„Na", antwortete der Einsiedler, „zum Beispiel scheide ich Wesentliches von Unwesentlichem."

„Das was von was?"

„Das Wesentliche", wiederholte der Einsiedler nicht ohne Berufsstolz, „vom Unwesentlichen."

„Habe ich also doch richtig gehört!" rief da Bamba. „Wie sonderbar! Denn die Wörter ‚wesentlich' und ‚unwesentlich' sind mir beinahe unbekannt. Und ich kann mich nicht daran erinnern, Unwesentliches erschaffen zu haben. Wozu hätte ich denn das auch tun sollen? Sondern nur Seiendes."

„Ist das wahr?" fragte der Eremit, der sich nun plötzlich zu ängstigen begann. „Denn gerade durch die Grenzziehung zwischen Wesentlichem und Unwesentlichem hatte ich gedacht, den Dingen auf den Grund zu kommen."

„Den Dingen auf was zu kommen?" fragte Bamba.

„Auf den Grund", wiederholte der Einsiedler schon erheblich unsicherer.

„Hatte ich also doch richtig gehört", meinte Bamba. „Und warum wünschtest du das? Ich könnte mich nämlich nicht daran erinnern, einen sogenannten ‚Grund' erschaffen zu haben. Wozu hätte ich denn das auch tun sollen? Sondern nur Seiendes."

Da fühlte der Eremit den Boden unter seinen Füßen nachgeben. „Und da hatte ich geglaubt", meinte er stimmlos, „gerade dadurch würde mein Philosophieren zum wahren Philosophieren werden." Und nach einer Pause: „Worüber soll ich denn nun philosophieren?"

„Wo steht, du sollst?" fragte Bamba. „Ich wüßte mich nicht zu entsinnen, irgendein Philosophieren geschaffen zu haben. Oder irgendeine Pflicht zu philosophieren. Solltest du nicht vielleicht die Wichtigkeit deiner Tätigkeit ein wenig übertreiben?" Und er zuckte mit den Achseln und ließ den Eremiten stehen.

Zweites Kapitel

Gerechtigkeit – Gleichheit – Rechtschaffenheit Redlichkeit

❖ ❖ ❖

Jesus und die Ehebrecherin

Und ein jeglicher ging heim; Jesus aber ging an den Ölberg. Früh morgens ging er wieder in den Tempel, und alles Volk kam zu ihm; und er setzte sich und lehrte sie. Da brachten die Schriftgelehrten und Pharisäer ein Weib zu ihm, im Ehebruch ergriffen, stellten es in die Mitte und sprachen zu ihm: Meister, dies Weib ist ergriffen auf frischer Tat im Ehebruch. Moses hat uns im Gesetz geboten, solche zu steinigen; du aber, was sagst du? Das sprachen sie aber, ihn zu versuchen, auf daß sie eine Sache hätten, ihn zu verklagen. Aber Jesus bückte sich nieder und schrieb mit dem Finger auf die Erde. Als sie aber anhielten, ihn zu fragen, richtete er sich auf und sprach zu ihnen: Wer unter euch ohne Sünde ist, der werfe den ersten Stein auf sie. Und er bückte sich wieder nieder und schrieb auf die Erde. Da sie aber das hörten, gingen sie hinaus, einer nach dem andern, von den Ältesten bis zu den Geringsten; und Jesus ward allein gelassen und das Weib, das in der Mitte stand. Jesus aber richtete sich auf, und da er niemand sah, als das Weib, sprach er zu ihr: Weib, wo sind sie, deine Verkläger? Hat dich niemand verdammt? Sie aber sprach: Herr, niemand. Jesus aber sprach: So verdamme ich dich auch nicht; gehe hin und sündige hinfort nicht mehr!

(Johannes-Evangelium, Kap. 8)

81

ÄSOP

Der Knabe und der blinde Lärm

Ein Schäferknabe hatte die schelmische Gewohnheit, zum öftern, ein Wolf! ein Wolf! zu schreien, obgleich keiner zu sehen war, und auf diese Weise unter dem Landvolke ein blindes Lärmen zu machen. Und dieses Possens wegen ward er so bekannt, daß man ihm endlich nicht mehr glaubte, als er im Ernste zu schreien anfing, so daß der Wolf in die Horde einbrechen und die Schafe ohne Widerstand zerreißen konnte.

LEHRE: Diese Fabel zeigt uns die gefährlichen Folgen einer unüberlegten und unzeitigen Narrensposse. Die alte Moral merkt dieses an, daß man einem Lügner auch da nicht zu glauben pflegt, wenn er die Wahrheit redet.

SENECA

Behandle die Sklaven menschlich

Gern höre ich von denen, die von dir kommen, daß du mit deinen Sklaven freundlich bist. Das erwarte ich nicht anders von deiner Einsicht, deiner Bildung. Es sind Sklaven? nein: Menschen. Sklaven? nein: Hausgenossen. Sklaven? nein, vielmehr Freunde niederen Standes. Sklaven? nein: unsere Mitsklaven, wenn wir bedenken, daß dem Schicksal beide durchaus gleich gegenüber stehen ... Ich will mich nicht in einen so überaus umfänglichen Gegenstand einlassen und von der Behandlung der Sklaven sprechen, die wir so hochmütig, so grausam und schimpflich behandeln. Das jedoch ist der Hauptinhalt meiner Vorschriften: Gehe so mit dem Niederen um, wie du wünschest, daß der Höhere mit dir umgehe ...
Wie der ein Tor ist, der, wenn er ein Pferd kaufen will, nicht dies

selbst besieht, sondern nur die Reitdecke und das Riemenzeug, so ist derjenige der allergrößte Tor, der den Menschen nach seinem Kleide schätzt oder nach seinem Stande, der uns gleich einem Kleide umgibt. Er ist ein Sklave: aber vielleicht im Geiste ein freier Mensch! Er ist ein Sklave: was kann ihm das schaden? Zeige mir einen, der es nicht ist: der eine ist Sklave der Wollust, ein anderer Sklave der Habsucht, ein Dritter Sklave des Ehrgeizes, alle sind Sklaven der Furcht ... Und schimpflicher ist doch keine Sklaverei als eine freiwillige.

Der Gang nach dem Ziegelofen

Ein reicher Edelmann hatte einen einzigen Sohn, und als er herangewachsen war, schickte er ihn in den Dienst eines Königs, damit er daselbst Artigkeit und edle Sitten lerne. Weil er sich nun bei dem König sehr beliebt machte, faßten einige Neid gegen ihn und bestachen einen der vornehmsten Ritter des königlichen Hofes durch Geld und gute Worte, daß er auf folgende Weise den Untergang des Jünglings anstiftete. Eines Tages berief dieser besagte Ritter diesen Knaben heimlich zu sich und sagte ihm, was er ihm nun mitteilen werde, tue er wegen der großen Liebe, die er zu ihm trage; und darauf sagte er zu ihm: „Mein liebster Sohn, unser Herr, der König, liebt dich mehr als alle seine Diener; aber er hat sich geäußert, daß du ihm durch den Atem deines Mundes gar sehr beschwerlich fallest. Sei daher um Gottes willen klug, und wenn du ihm den Trank reichst, halt Mund und Nase so mit der Hand zu und wende dein Gesicht auf die Seite, daß dein Hauch den König nicht belästige!"

Als der Jüngling dies einige Zeit tat und der König deshalb sehr ärgerlich war, berief er den Ritter, der jenem diese Anweisung gegeben hatte, und befahl ihm, wenn er den Grund davon wisse, ihm selbigen ungesäumt zu sagen. Dieser gehorchte dem König, kehrte aber die Sache ganz um, denn er sagte, jener Knabe könne den Hauch aus dem Munde des Königs nicht mehr ertragen. Deshalb beschied der König auf das Anstiften jenes Barons einen Ziegelbrenner und befahl ihm, den ersten Boten, den er an ihn absende, in den glühenden Ofen zu werfen; und wenn er es nicht tue oder diese Sache irgend jemand offenbare, drohte er ihm eidlich, er werde ihm den Kopf abhauen. Der Ziegelbrenner versprach ihm, alles willig zu vollbringen, steckte einen großen Ofen an und wartete ängstlich, bis der komme, der diese Strafe verdient habe.

Am folgenden Morgen wurde der unschuldige Knabe von dem König zu dem Ziegelbrenner geschickt mit dem Auftrag, ihm zu sagen, er solle ausführen, was der König ihm befohlen habe. Er ritt hin und war schon nahe bei dem Ofen, als er zur Messe läuten hörte. Er stieg daher vom Pferd, band es am Kreuzgang der Kirche an und hörte andächtig die Messe. Darauf ging er nach dem Ofen und sagte zu dem Ziegelbrenner, was ihm der König befohlen hatte.

Der Ziegelbrenner aber gab ihm zur Antwort, er habe schon alles getan. Der Hauptanstifter jener Bosheit nämlich war, um die Sache zu beschleunigen, hingegangen und hatte den Ziegelbrenner gefragt, ob er die Sache ausgeführt habe. Dieser sagte ihm, er habe den Befehl des Königs noch nicht vollzogen, werde es aber alsbald tun. Daher packte er diesen und warf ihn unverzüglich in den brennenden Ofen.

Der Jüngling kehrte daher zum König zurück und meldete, es sei geschehen, was er befohlen habe. Darüber verwunderte sich der König und forschte sorgfältig nach, um zu erfahren, wie die Sache gegangen sei. Und als er den wahren Hergang entdeckt, hieb er alle die Neider, die den unschuldigen Jungen betrogen hatten, in Stücke und sagte dem vorbemeldeten Jüngling alles, wie es sich zugetragen hatte. Darauf machte er ihn zum Ritter und schickte ihn mit vielen Reichtümern zurück in sein Land.

BALTASAR GRACIÁN

Gerechtigkeit

Ein rechtschaffner Mann sein: stets steht dieser auf der Seite der Wahrheit, mit solcher Festigkeit des Vorsatzes, daß weder die Leidenschaft des großen Haufens, noch die Gewalt des Despoten ihn jemals dahin bringen, die Grenze des Rechts zu übertreten. Allein wer ist dieser Phönix der Gerechtigkeit? Wohl wenig echte Anhänger hat die Rechtschaffenheit. Zwar rühmen sich viele, jedoch nicht für ihr Haus. Andre folgen ihr bis zum Punkt der Gefahr: dann aber verleugnen sie die Falschen, verhehlen sie die Politischen. Denn sie kennt keine Rücksicht, sei es daß sie mit der Freundschaft, mit der Macht, oder sogar mit dem eigenen Interesse sich feindlich begegnete: hier nun liegt die Gefahr abtrünnig zu werden. Jetzt abstrahieren, mit scheinbarer Metaphysik, die Schlauen von ihr, um nicht der Absicht der Höheren, oder der Staatsräson in den Weg zu treten. Jedoch der beharrliche Mann hält jede Verstellung für eine Art Verrat: er setzt seinen Wert mehr in seine unerschütterliche Festigkeit, als in seine Klugheit. Stets ist er zu finden, wo die Wahrheit zu finden ist: und fällt er von einer Partei ab; so ist es nicht aus Wankelmut von seiner, sondern von ihrer Seite, indem sie zuvor von der Sache der Wahrheit abgefallen war.

FRIEDRICH VON LOGAU

Wissenschaft der Rechte

Ob der rechte Rechts-Verstand
Je sei worden wem bekannt,
Ist zu zweifeln; allem Meinen
Will stets was zu wider scheinen;
Ist also, was zweifelhaft,
Schwerlich eine Wissenschaft.

DENIS DIDEROT

Menschlichkeit

Das ist ein Gefühl des Wohlwollens für alle Menschen, das nur in einer großen und empfindsamen Seele aufflammt. Diese edle und erhabene Begeisterung kümmert sich um die Leiden der anderen und um das Bedürfnis, sie zu lindern; sie möchte die ganze Welt durcheilen, um die Sklaverei, den Aberglauben, das Laster und das Unglück abzuschaffen. Sie verbirgt uns die Schwächen unserer Mitmenschen oder verhindert uns, diese Schwächen zu fühlen, macht uns aber unerbittlich gegenüber Verbrechen. Sie entreißt dem Schurken die Waffe, die dem guten Menschen zum Verhängnis werden könnte. Sie verleitet uns nicht, uns der besonderen Pflichten zu entledigen, sondern macht uns – im Gegenteil – zu besseren Freunden, besseren Gatten, besseren Staatsbürgern. Es macht ihr Freude, die Wohltätigkeit auf alle Wesen auszudehnen, die die Natur neben uns gestellt hat. Ich habe diese Tugend, eine Quelle so vieler anderer Tugenden, zwar in vielen Köpfen bemerkt, aber nur in wenigen Herzen.

JOHANN PETER HEBEL

Der kluge Richter

Daß nicht alles so uneben sei, was im Morgenlande geschieht, das haben wir schon einmal gehört. Auch folgende Begebenheit soll sich daselbst zugetragen haben. Ein reicher Mann hatte eine beträchtliche Geldsumme, welche in ein Tuch eingenäht war, aus Unvorsichtigkeit verloren. Er machte daher seinen Verlust bekannt und bot, wie man zu tun pflegt, dem ehrlichen Finder eine Belohnung, und zwar von hundert Talern an. Da kam bald ein guter und ehrlicher Mann dahergegangen. „Dein Geld habe ich gefunden. Dies wird's wohl sein! So nimm dein Eigentum zurück!" So sprach er mit dem heitern Blick eines ehrlichen Mannes und eines guten Gewissens, und das war schön. Der andere machte auch ein fröhliches Gesicht, aber nur, weil er sein verloren geschätztes Geld wieder hatte. Denn wie es um seine Ehrlichkeit aussah, das wird sich bald zeigen. Er zählte das Geld und dachte unterdessen geschwinde nach, wie er den treuen Finder um seine versprochene Belohnung bringen könnte. „Guter Freund", sprach er hierauf, „es waren eigentlich 800 Taler in dem Tuch eingenäht. Ich finde aber nur noch 700 Taler. Ihr werdet also wohl eine Naht aufgetrennt und Eure 100 Taler Belohnung schon herausgenommen haben. Da habt Ihr wohl daran getan. Ich danke Euch." Das war nicht schön. Aber wir sind auch noch nicht am Ende. Ehrlich währt am längsten, und Unrecht schlägt seinen eigenen Herrn. Der ehrliche Finder, dem es weniger um die 100 Taler, als um seine unbescholtene Rechtschaffenheit zu tun war, versicherte, daß er das Päcklein so gefunden habe, wie er es bringe, und es so bringe, wie er's gefunden habe. Am Ende kamen sie vor den Richter. Beide bestanden auch hier noch auf ihrer Behauptung, der eine, daß 800 Taler seien eingenäht gewesen, der andere, daß er von dem Gefundenen nichts genommen und das Päcklein nicht versehrt habe. Da war guter Rat teuer. Aber der kluge Richter, der die Ehrlichkeit des einen und die schlechte Gesinnung des andern im voraus zu kennen schien, griff die Sache so an: er ließ sich von beiden über das, was sie aussagten, eine feste und feierliche Versicherung geben und tat hierauf folgenden Ausspruch: Demnach, und wenn der eine von euch 800 Taler verloren, der andere aber nur ein Päcklein mit 700 Talern gefunden hat, so kann auch das Geld des letztern nicht das nämliche sein, auf welches der erstere ein Recht hat. Du, ehrlicher Freund, nimmst also das Geld, welches du gefunden hast, wieder zurück und behältst es in guter Verwahrung bis der kommt, welcher nur 700 Taler verloren hat. Und dir da weiß ich keinen andern Rat, als du geduldest dich, bis derjenige sich meldet, der deine 800 Taler findet." So sprach der Richter, und dabei blieb es.

FRIEDRICH VON SCHILLER

Der Handschuh

Vor seinem Löwengarten,
Das Kampfspiel zu erwarten,
Saß König Franz,
Und um ihn die Großen der Krone,
Und rings auf hohem Balkone
Die Damen in schönem Kranz.

Und wie er winkt mit dem Finger,
Auf tut sich der weite Zwinger,
Und hinein mit bedächtigem Schritt
Ein Löwe tritt,
Und sieht sich stumm
Rings um,
Mit langem Gähnen,
Und schüttelt die Mähnen,
Und streckt die Glieder,
Und legt sich nieder.

Und der König winkt wieder,
Da öffnet sich behend
Ein zweites Tor,
Daraus rennt
Mit wildem Sprunge
Ein Tiger hervor.
Wie der den Löwen erschaut,
Brüllt er laut,
Schlägt mit dem Schweif
Einen furchtbaren Reif,
Und recket die Zunge,
Und im Kreise scheu
Umgeht er den Leu

Grimmig schnurrend;
Drauf streckt er sich murrend
Zur Seite nieder.

Und der König winkt wieder,
Da speit das doppelt geöffnete Haus
Zwei Leoparden auf einmal aus,
Die stürzen mit mutiger Kampfbegier
Auf das Tigertier,
Das packt sie mit seinen grimmigen Tatzen,
Und der Leu mit Gebrüll
Richtet sich auf, da wirds still,
Und herum im Kreis,
Von Mordsucht heiß,
Lagern die greulichen Katzen.

Da fällt von des Altans Rand
Ein Handschuh von schöner Hand
Zwischen den Tiger und den Leun
Mitten hinein.

Und zu Ritter Delorges spottenderweis
Wendet sich Fräulein Kunigund:
„Herr Ritter, ist Eure Lieb so heiß,
Wie Ihr mirs schwört zu jeder Stund,
Ei, so hebt mir den Handschuh auf.“

Und der Ritter in schnellem Lauf
Steigt hinab in den furchtbarn Zwinger
Mit festem Schritte,
Und aus der Ungeheuer Mitte
Nimmt er den Handschuh mit keckem Finger.

Und mit Erstaunen und mit Grauen
Sehens die Ritter und Edelfrauen,
Und gelassen bringt er den Handschuh zurück.

Da schallt ihm sein Lob aus jedem Munde,
Aber mit zärtlichem Liebesblick –
Er verheißt ihm sein nahes Glück –
Empfängt ihn Fräulein Kunigunde.
Und er wirft ihr den Handschuh ins Gesicht:
„Den Dank, Dame, begehr ich nicht",
Und verläßt sie zur selben Stunde.

GEORG BÜCHNER

Der Hessische Landbote

… Das Gesetz ist das Eigentum einer unbedeutenden Klasse von *Vornehmen* und Gelehrten, die sich durch ihr eignes Machwerk die Herrschaft zuspricht. Diese Gerechtigkeit ist nur ein Mittel, euch in Ordnung zu halten, damit man euch bequemer schinde; sie spricht nach Gesetzen, die ihr nicht versteht, nach Grundsätzen, von denen ihr nichts wißt, Urteile, von denen ihr nichts begreift. Unbestechlich ist sie, weil sie sich gerade teuer genug bezahlen läßt, um keine Bestechung zu brauchen. Aber die meisten ihrer Diener sind der Regierung mit Haut und Haar verkauft. Ihre Ruhestühle stehen auf einem Geldhaufen von 461 373 Gulden (so viel betragen die Ausgaben für die Gerichtshöfe und die Kriminalkosten). Die Fräcke, Stöcke und Säbel ihrer unverletzlichen Diener sind mit dem Silber von 197 502 Gulden beschlagen (so viel kostet die Polizei überhaupt, die Gendarmerie usw.).

Die Justiz ist in Deutschland seit Jahrhunderten die Hure der deutschen Fürsten. Jeden Schritt zu ihr müßt ihr mit Silber pflastern, und mit Armut und Erniedrigung erkauft ihr ihre Sprüche. Denkt an das Stempelpapier, denkt an euer Bücken in den Amtsstuben und euer Wachestehen vor denselben. Denkt an die Sporteln für Schreiber und Gerichtsdiener. Ihr dürft euern Nachbar verklagen, der euch eine Kartoffel stiehlt; aber klagt einmal über den Diebstahl, der von Staats wegen unter dem Namen von Abgabe und Steuern jeden Tag an eurem Eigentum begangen wird, damit eine Legion unnützer Beamten sich von eurem Schweiße mästen; klagt einmal, daß ihr der Willkür einiger Fettwänste überlassen seid und daß diese Willkür Gesetz heißt, klagt, daß ihr die Ackergäule des Staates seid, klagt über eure verlornen Menschenrechte: wo sind die Gerichtshöfe, die eure Klage annehmen, so die Richter, die Recht sprächen? – Die Ketten eurer Vogelsberger Mitbürger, die man nach Rockenburg schleppte, werden euch Antwort geben.

Und will endlich ein Richter oder ein andrer Beamte von den wenigen, welchen das Recht und das gemeine Wohl lieber ist als ihr Bauch und der Mammon, ein Volksrat und kein Volksschinder sein, so wird er von den obersten Räten des Fürsten selber geschunden.

Brüder Grimm

Der Froschkönig oder der eiserne Heinrich

In den alten Zeiten, wo das Wünschen noch geholfen hat, lebte ein König, dessen Töchter waren alle schön, aber die jüngste war so schön, daß die Sonne selber, die doch so vieles gesehen hat, sich verwunderte, sooft sie ihr ins Gesicht schien. Nahe bei dem Schlosse des Königs lag ein großer dunkler Wald, und in dem Walde unter einer alten Linde war ein Brunnen: wenn nun der Tag sehr heiß war, so ging das Königskind hinaus in den Wald und setzte sich an den Rand des kühlen Brunnens: und wenn sie Langeweile hatte, so nahm sie eine goldene Kugel, warf sie in die Höhe und fing sie wieder; und das war ihr liebstes Spielwerk.

Nun trug es sich einmal zu, daß die goldene Kugel der Königstochter nicht in ihr Händchen fiel, das sie in die Höhe gehalten hatte, sondern vorbei auf die Erde schlug und geradezu ins Wasser hineinrollte. Die Königstochter folgte ihr mit den Augen nach, aber die Kugel verschwand, und der Brunnen war tief, so tief, daß man keinen Grund sah. Da fing sie an zu weinen und weinte immer lauter und konnte sich gar nicht trösten. Und wie sie so klagte, rief ihr jemand zu, „was hast du vor, Königstochter, du schreist ja daß sich ein Stein erbarmen möchte." Sie sah sich um, woher die Stimme käme, da erblickte sie einen Frosch, der seinen dicken häßlichen Kopf aus dem Wasser streckte. „Ach, du bist's, alter Wasserpatscher", sagte sie, „ich weine über meine goldene Kugel, die mir in den Brunnen hinabgefallen ist." „Sei still und weine nicht", antwortete der Frosch, „ich kann wohl Rat schaffen, aber was gibst du mir, wenn ich dein Spielwerk wieder heraufhole?" „Was du haben willst, lieber Frosch", sagte sie, „meine Kleider, meine Perlen und Edelsteine, auch noch die goldene Krone, die ich trage." Der Frosch antwortete „deine Kleider, deine Perlen und Edelsteine und deine goldene Krone, die mag ich nicht: aber wenn du mich liebhaben willst, und ich soll dein Geselle und Spielkamerad sein, an deinem Tischlein neben dir sitzen, von deinem goldenen Tellerlein essen, aus deinem Becherlein trinken, in deinem Bettlein schlafen: wenn du mir das versprichst, so will ich hinuntersteigen und dir die goldene Kugel wieder heraufholen." „Ach ja", sagte sie, „ich verspreche dir alles, was du willst, wenn du mir nur die Kugel wiederbringst." Sie dachte aber, „was der einfältige Frosch schwätzt, der sitzt im Wasser bei seinesgleichen und quakt, und kann keines Menschen Geselle sein."

Der Frosch, als er die Zusage erhalten hatte, tauchte seinen Kopf unter, sank hinab, und über ein Weilchen kam er wieder heraufgerudert; hatte die Kugel im Maul und warf sie ins Gras. Die Königstochter war voll Freude, als sie ihr schönes Spielwerk wieder erblickte, hob es auf und sprang damit fort. „Warte, warte", rief der Frosch, „nimm mich mit, ich kann nicht so laufen wie du." Aber was half ihm, daß er ihr sein quak quak so laut nachschrie, als er konnte! Sie hörte nicht darauf, eilte nach Haus und hatte bald den armen Frosch vergessen, der wieder in seinen Brunnen hinabsteigen mußte.

Am andern Tage, als sie mit dem König und allen Hofleuten sich zur Tafel gesetzt hatte und von ihrem goldenen Tellerlein aß, da kam, plitsch platsch, plitsch platsch, etwas die Marmortreppe heraufgekrochen, und als es oben angelangt war, klopfte es an der Tür und rief „Königstochter, jüngste, mach mir auf." Sie lief und wollte sehen, wer draußen wäre, als sie aber aufmachte, so saß der Frosch davor. Da warf sie die Tür hastig zu, setzte sich wieder an den Tisch, und war ihr ganz angst. Der König sah wohl, daß ihr das Herz gewaltig klopfte, und sprach „mein Kind, was fürchtest du dich, steht etwa ein Riese vor der Tür und will dich holen?" „Ach nein", antwortete sie, „es ist kein Riese, sondern ein garstiger Frosch." „Was will der Frosch von dir?" „Ach lieber Vater, als ich gestern im Wald bei dem Brunnen saß und spielte, da fiel meine goldene Kugel ins Wasser. Und weil ich so weinte, hat sie der Frosch wieder heraufgeholt, und weil er es durchaus verlangte, so versprach ich ihm, er sollte mein Geselle werden, ich dachte aber nimmermehr, daß er aus seinem Wasser heraus könnte. Nun ist er draußen und will zu mir herein." Indem klopfte es zum zweitenmal und rief

> „Königstochter, jüngste,
> mach mir auf,
> weißt du nicht, was gestern
> du zu mir gesagt
> bei dem kühlen Brunnenwasser?
> Königstochter, jüngste,
> mach mir auf."

Da sagte der König „was du versprochen hast, das mußt du auch halten; geh nur und mach ihm auf." Sie ging und öffnete die Türe, da hüpfte der Frosch herein, ihr immer auf dem Fuße nach, bis zu ihrem Stuhl. Da saß er und rief „heb mich herauf zu dir." Sie zauderte, bis es endlich der König befahl. Als der Frosch erst auf dem Stuhl war, wollte er auf den Tisch, und als er da saß, sprach er „nun schieb mir dein goldenes Tellerlein näher, damit wir zusammen essen." Das tat sie zwar, aber man sah wohl, daß sie's nicht gerne tat. Der Frosch ließ sich's gut schmecken, aber ihr blieb fast jedes Bißlein im Halse. Endlich sprach er „ich habe mich satt gegessen und bin müde, nun trag mich in dein Kämmerlein und mach dein seiden Bettlein zurecht, da wollen wir uns schlafen legen." Die Königstochter fing an zu weinen und fürchtete sich vor dem kalten Frosch, den sie nicht anzurühren getraute, und der nun in ihrem schönen reinen Bettlein schlafen sollte. Der König aber ward zornig und sprach „wer dir geholfen hat, als du in der Not warst, den sollst du hernach nicht verachten." Da packte sie ihn mit zwei Fingern, trug ihn hinauf und setzte ihn in eine Ecke. Als sie aber im Bette lag, kam er gekrochen und sprach „ich bin müde, ich will schlafen so gut wie du: heb mich herauf, oder ich sag's deinem Vater." Da ward sie erst bitterböse, holte ihn herauf und warf ihn aus allen Kräften wider die Wand, „nun wirst du Ruhe haben, du garstiger Frosch."

Als er aber herabfiel, war er kein Frosch, sondern ein Königssohn mit schönen freundlichen Augen. Der war nun nach ihres Vaters Willen ihr lieber Geselle und Gemahl. Da erzählte er ihr, er wäre von einer bösen Hexe verwünscht worden, und niemand hätte ihn aus dem Brunnen erlösen können als sie allein, und morgen wollten sie zusammen in sein Reich gehen. Dann schliefen sie ein, und am andern Morgen, als die Sonne sie aufweckte, kam ein Wagen herangefahren mit acht weißen Pferden bespannt, die hatten weiße Straußfedern auf dem Kopf und gingen in goldenen Ketten, und hinten stand der Diener des jungen Königs, das war der treue Heinrich. Der treue Heinrich hatte sich so betrübt, als sein Herr war in einen Frosch verwandelt worden, daß er drei eiserne Bande hatte um sein Herz legen lassen, damit es ihm nicht vor Weh und Traurigkeit zerspränge. Der Wagen aber sollte den jungen König in sein Reich abholen; der treue Heinrich hob beide hinein, stellte sich wieder hinten auf und war voller Freude über die Erlösung. Und als sie ein Stück Wegs gefahren waren, hörte der Königssohn, daß es hinter ihm krachte, als wäre etwas zerbrochen. Da drehte er sich um und rief

„Heinrich, der Wagen bricht."
„Nein, Herr, der Wagen nicht,
es ist ein Band von meinem Herzen,
das da lag in großen Schmerzen,
als Ihr in dem Brunnen saßt,
als Ihr eine Fretsche (Frosch) wast (wart)."

Noch einmal und noch einmal krachte es auf dem Weg, und der Königssohn meinte immer, der Wagen bräche, und es waren doch nur die Bande, die vom Herzen des treuen Heinrich absprangen, weil sein Herr erlöst und glücklich war.

HEINRICH HEINE

Die schlesischen Weber

Im düstern Auge keine Träne,
Sie sitzen am Webstuhl und fletschen die Zähne:
„Deutschland, wir weben dein Leichentuch,
Wir weben hinein den dreifachen Fluch –
Wir weben, wir weben!

Ein Fluch dem Gotte, zu dem wir gebeten
In Winterskälte und Hungersnöten;
Wir haben vergebens gehofft und geharrt,
Er hat uns geäfft und gefoppt und genarrt –
Wir weben, wir weben!

Ein Fluch dem König, dem König der Reichen,
Den unser Elend nicht konnte erweichen,
Der den letzten Groschen von uns erpreßt,
Und uns wie Hunde erschießen läßt –
Wir weben, wir weben!

Ein Fluch dem falschen Vaterlande,
Wo nur gedeihen Schmach und Schande,
Wo jede Blume früh geknickt,
Wo Fäulnis und Moder den Wurm erquickt –
Wir weben, wir weben!

Das Schiffchen fliegt, der Webstuhl kracht,
Wir weben emsig Tag und Nacht –
Altdeutschland, wir weben dein Leichentuch,
Wir weben hinein den dreifachen Fluch,
Wir weben, wir weben!"

HANS CHRISTIAN ANDERSEN

Des Kaisers neue Kleider

Vor vielen Jahren lebte ein Kaiser, der schöne neue Kleider so ungeheuer gern hatte, daß er all sein Geld ausgab, um recht geputzt zu sein. Er machte sich nichts aus seinen Soldaten, machte sich auch nichts aus dem Theater und nichts daraus, in den Wald hinauszufahren, außer um seine neuen Kleider zu zeigen. Er hatte ein Kleid für jede Stunde des Tages, und ebenso wie man von einem König sagt, er sei im Rate, sagte man hier immer: „Der Kaiser ist im Kleiderschrank!"

In der großen Stadt, wo er wohnte, ging es sehr vergnüglich zu. Jeden Tag kamen viele Fremde, eines Tages kamen zwei Betrüger; sie gaben sich für Weber aus und sagten, sie verstünden das schönste Zeug zu weben, das man sich denken könne. Nicht nur die Farben und Muster wären etwas ungewöhnlich Schönes, sondern die Kleider, die von dem Zeug genäht würden, hätten die seltsame Eigenschaft, daß sie für jeden Menschen unsichtbar blieben, der nicht für sein Amt tauge oder auch unerlaubt dumm sei.

Das wären ja prächtige Kleider! dachte der Kaiser. Wenn ich die anhätte, könnte ich dahinterkommen, welche Männer in meinem Reich nicht für das Amt taugen, das sie innehaben. Ich kann die Klugen von den Dummen unterscheiden, ja, das Zeug muß gleich für mich gewoben werden! Und er gab den beiden Betrügern viel Geld im voraus, damit sie mit ihrer Arbeit beginnen sollten.

Sie stellten auch zwei Webstühle auf, taten, als ob sie arbeiteten, aber sie hatten nicht das geringste auf dem Stuhl. Frischweg verlangten sie die feinste Seide und das prächtigste Gold, das steckten sie in ihre eigene Tasche und arbeiteten an den leeren Stühlen, und das bis tief in die Nacht hinein.

Nun möchte ich doch wohl wissen, wie weit sie mit dem Zeug sind! dachte der Kaiser, aber ihm war ordentlich wunderlich ums Herz bei dem Gedanken, daß, wer dumm sei oder sich gar nicht für sein Amt eigne, es nicht sehen könne. Nun glaubte er zwar, daß er für sich selbst nichts zu fürchten brauche; aber er wollte doch erst jemand hinsenden, um zu sehen, wie es damit stünde. Alle Menschen in der ganzen Stadt wußten, welche sonderbare Kraft das Zeug habe, und alle waren begierig zu sehen, wie schlecht oder dumm der Nachbar sei.

Ich will meinen alten, ehrlichen Minister zu den Webern senden! dachte der Kaiser, er kann am besten sehen, wie sich das Zeug ausnimmt; denn er hat Verstand, und niemand versieht sein Amt besser als er!

Nun ging der alte, gutmütige Minister in den Saal hinein, wo die beiden Betrüger saßen und an den leeren Webstühlen arbeiteten. Gott bewahr uns! dachte der alte Minister und riß die Augen auf, ich kann ja nichts sehen! Aber das sagte er nicht.

Beide Betrüger baten ihn, so gut zu sein und näherzutreten und fragten, ob es nicht ein schönes Muster und herrliche Farben seien. Dann zeigten sie auf den leeren Webstuhl, und der arme, alte Minister fuhr fort die Augen aufzureißen, aber er konnte nichts sehen, denn es war nichts da. Herr Gott! dachte er, sollte ich dumm sein? Das hätte ich niemals geglaubt, und das darf kein Mensch wissen! Sollte ich für mein Amt nicht taugen? Nein, es geht nicht an, daß ich erzähle, ich könne das Zeug nicht sehen!

„Nun, Sie sagen nichts dazu?" fragte der eine, der webte.

„Oh, es ist reizend, ganz allerliebst!" antwortete der alte Minister und sah durch seine Brille, „dieses Muster und diese Farben! – Ja, ich werde dem Kaiser sagen, daß es mir außerordentlich gefällt!"

„Nun, das freut uns!" sagten beide Weber, und nun nannten sie die Farben mit Namen und erklärten das seltsame Muster. Der alte Minister paßte gut auf, damit er dasselbe sagen könne, wenn er heim zum Kaiser käme, und das tat er.

Nun verlangten die Betrüger mehr Geld, mehr Seide und Gold, das müßten sie für das Weben brauchen. Sie steckten alles in ihre eigenen Taschen, auf den Webstuhl kam keine Faser; aber sie fuhren fort, wie bisher an dem leeren Webstuhl zu arbeiten.

Der Kaiser sandte bald wieder einen andern gutmütigen Beamten hin, um zu sehen, wie es mit dem Weben stünde und ob das Zeug bald fertig sei. Es erging ihm wie dem Minister, er schaute und schaute, aber weil nichts da war außer den leeren Webstühlen, so konnte er nichts sehen.

„Ja, ist es nicht ein schönes Stück Zeug!" sagten beide Betrüger und zeigten und erklärten das herrliche Muster, das gar nicht da war.

Dumm bin ich nicht! dachte der Mann, es ist also mein gutes Amt, für das ich nicht tauge. Das ist sonderbar genug, aber das darf man sich nicht merken lassen! Und dann lobte er das Zeug, das er nicht sah, und versicherte ihnen seine Freude über die schönen Farben und das herrliche Muster. „Ja, es ist ganz allerliebst!" sagte er zum Kaiser.

Alle Menschen in der Stadt sprachen von dem prächtigen Zeug. Nun wollte der Kaiser es selbst sehen, während es noch auf dem Webstuhl war. Mit einer ganzen Schar ausgesuchter Männer, unter denen auch die beiden alten, gutmütigen Beamten waren, die schon früher dort gewesen, ging er zu den beiden listigen Betrügern hin, die nun aus allen Kräften woben, aber ohne Faser oder Faden.

„Ja, ist es nicht magnifique!" sagten die beiden gutmütigen Beamten. „Wollen Ihre Majestät sehen – welches Muster, welche Farben!" und sie zeigten auf den leeren Webstuhl, denn sie glaubten, daß die andern das Zeug sicherlich sehen konnten.

Was ist das! dachte der Kaiser, ich sehe nichts! Das ist ja entsetzlich! Bin ich dumm? Tauge ich nicht dazu, Kaiser zu sein? Das war das Schrecklichste, was mir begegnen konnte! „Oh, es ist sehr schön!" sagte der Kaiser, „es hat meinen allerhöchsten Beifall!" Und er nickte zufrieden und betrachtete den leeren Webstuhl; er wollte nicht sagen, daß er nichts sehen konnte. Das ganze Gefolge, das er mit sich hatte, schaute und schaute; aber sie bekamen nicht mehr dabei heraus als alle die andern, doch sie sagten ebenso wie der Kaiser: „Oh, es ist sehr schön!" und sie rieten ihm, Kleider aus diesem neuen, prächtigen Zeug das erste Mal bei der großen Prozession, die bevorstand, zu tragen. „Es ist magnifique! reizend, excellent!" ging es von Mund zu Mund, und sie waren allesamt so innig zufrieden damit. Der Kaiser gab jedem der Betrüger einen Ritterorden in das Knopfloch zu hängen, und den Titel eines Weberjunkers.

Die ganze Nacht vor dem Morgen, an dem die Prozession sein sollte, blieben die Betrüger auf und hatten mehr als sechzehn Lichter angezündet. Die Leute konnten sehen, daß sie Eile hatten, mit des Kaisers neuen Kleidern fertig zu werden. Sie taten, als nähmen sie das Zeug vom Webstuhl, sie schnitten in der Luft mit großen Scheren, sie nähten mit Nähnadeln ohne Faden und sagten zuletzt: „Seht, nun sind die Kleider fertig!"

Der Kaiser mit seinen vornehmsten Kavalieren kam selbst dorthin, und beide Betrüger hoben den einen Arm in die Höhe, als ob sie etwas hielten, und sagten: „Seht, hier sind die Beinkleider! Hier ist der Rock! Hier ist der Mantel!" und so weiter fort. „Es ist so leicht wie Spinngewebe! Man sollte glauben, man hätte nichts auf dem Leibe, aber das ist just die Tugend dabei!"

„Ja!" sagten alle Kavaliere, aber sie konnten nichts sehen, denn es war nichts da.

„Wollen nun Ihre Kaiserliche Majestät allergnädigst belieben, die Kleider abzulegen!" sagten die Betrüger, „dann werden wir Ihnen die neuen hier vor dem großen Spiegel anziehen!"

Der Kaiser legte alle seine Kleider ab, und die Betrüger gebärdeten sich so, als gäben sie ihm jedes Stück von den neuen, die hätten genäht werden sollen, und sie faßten ihn um die Taille und banden scheinbar etwas fest, das war die Schleppe, und der Kaiser wendete und drehte sich vor dem Spiegel.

„Gott, wie sie gut kleiden! Wie sie schön sitzen!" sagten sie alle zusammen. „Welches Muster! Welche Farben! Das ist eine kostbare Tracht!" –

„Draußen stehen sie mit dem Thronhimmel, der während der Prozession über Ihrer Majestät getragen werden soll!" sagte der Oberzeremonienmeister.

„Ja, ich bin ja fertig!" sagte der Kaiser. „Sitzt es nicht gut?" Und dann wendete er sich noch einmal vor dem Spiegel, denn es sollte nun scheinen, als betrachte er so recht seinen Staat.

Die Kammerherren, die die Schleppe tragen sollten, tasteten mit den Händen über den Fußboden hin, als ob sie die Schleppe aufhöben; sie gingen und hielten etwas in der Luft, sie wagten nicht, sich anmerken zu lassen, daß sie nichts sehen konnten.

Und dann ging der Kaiser in der Prozession unter dem prächtigen Thronhimmel, und alle Menschen auf der Straße und an den Fenstern sagten: „Gott, wie unvergleichlich des Kaisers neue Kleider sind! Welch schöne Schleppe er an seinem Kleid hat! Wie himmlisch es sitzt!" Keiner wollte sich anmerken lassen, daß er nichts sah, denn sonst hätte er ja nicht für sein Amt getaugt oder wäre sehr dumm gewesen. Keines von des Kaisers Kleidern hatte solchen Erfolg gehabt.

„Aber er hat ja nichts an!" sagte ein kleines Kind. „Herr Gott, hört des Unschuldigen Stimme!" sagte der Vater, und der eine flüsterte es dem andern zu, was das Kind sagte.

„Er hat nichts an, sagt da ein kleines Kind, er hat nichts an!"

„Er hat ja nichts an!" rief zuletzt das ganze Volk. Und das kroch in den Kaiser, denn ihm schien, sie hätten recht, aber er dachte: Jetzt muß ich während der Prozession durchhalten. Und dann hielt er sich noch stolzer, und die Kammerherren gingen und trugen die Schleppe, die gar nicht da war.

KARL SIMROCK

Der Rattenfänger

Zu Hameln fechten Mäus' und Ratzen
am hellen Tage mit den Katzen;
der Hungertod ist vor der Tür:
was tut der weise Rat dafür?
  Im ganzen Land
  macht er's bekannt:
  wer von den Räubern
  die Stadt kann säubern,
des Bürgermeisters Töchterlein,
die soll zum Lohn sein eigen sein.

Am dritten Tage hört man's klingen
wie wenn im Lenz die Schwalben singen;
der Rattenfänger zieht heran –
o seht den bunten Jägersmann!
   Er blickt so wild
   und singt so mild,
   die Ratten laufen
   ihm zu in Haufen;
er lockt sie nach mit Wunderschall,
ertränkt sie in der Weser all.

Die Bürger nach den Kirchen wallen,
zum Dankgebet die Glocken schallen:
des Bürgermeisters Töchterlein
muß nun des Rattenfängers sein.
   Der Vater spricht:
   „Ich duld' es nicht!
   So hoher Ehren
   mag ich entbehren.
Mit Sang und Flötenspiel gewinnt
man keines Bürgermeisters Kind."

In seinem bunten Jägerstaate
erscheint der Spielmann vor dem Rate.
Sie sprechen all aus einem Ton
und weigern den bedungnen Lohn:
   „Das Mägdelein?
   Es kann nicht sein;
   Herr Rattenfänger,
   müht Euch nicht länger!
Eur Flötenspiel ist eitel Dunst
und kam wohl von des Satans Kunst."

Am andern Morgen hört man's klingen,
wie wenn die Nachtigallen singen.
Ein Flöten- und ein Liedersang,
so süß vertraut, so liebebang!
  Da zieht heran
  der Jägersmann,
  der Rattenfänger,
  der Wundersänger,
und Kinder, Knaben, Mägdelein
in hellen Scharen hinterdrein.

Und hold und holder hört man's klingen,
wie wenn die lieben Englein singen,
und vor des Bürgermeisters Tür,
da tritt sein einzig Kind herfür.
  Das Mägdelein
  muß in den Reihn;
  die Mäuschen laufen
  ihm zu in Haufen.
Er lockt sie nach mit Wunderschall,
und nach der Weser zogen all.

Die Eltern liefen nach den Toren,
doch jede Spur war schon verloren.
Kein Eckart hatte sie gewarnt,
des Jägers Netz hält sie umgarnt.
  Zwei kehrten um,
  eins blind, eins stumm.
  Aus ihrem Munde
  kommt keine Kunde.
Da hob der Mütter Jammer an.
So rächte sich der Wundermann.

Rudyard Kipling

Wie das Nashorn zu seiner Haut kam

Es lebte einmal auf einer unbewohnten Insel, nicht weit von der Küste des Roten Meeres, ein Parse, in dessen Mütze die Sonnenstrahlen sich in mehr als orientalischem Glanz spiegelten. Und der Parse lebte im Roten Meer und besaß nichts als seine Mütze und sein Messer und einen Küchenofen von jener Art, die du nie anrühren darfst. Und eines Tages nahm er Mehl und Wasser und Rosinen und Zucker und was sonst noch dazu gehört und machte sich einen Kuchen, der einen halben Meter breit und einen ganzen Meter dick war. Das war tatsächlich eine erhabene Speise – das Rezept ist eine Zauberformel – und er schob sie in den Ofen, denn ihm war es erlaubt, auf diesem Ofen zu kochen, und er buk sie und buk sie, bis sie schön braun war und sehr gefühlvoll duftete. Doch gerade, als er sich daran machen wollte, sie zu verspeisen, da kam aus dem völlig unbewohnten Innern ein Rhinozeros an den Strand hinunter, mit einem Horn auf seiner Nase, zwei Schweinsaugen und sehr wenig Manieren. In jenen Tagen saß dem Rhinozeros die Haut ganz stramm und enganliegend am Leib. Da gab es nirgends die kleinste Falte. Es sah genau so aus wie das Nashorn aus der Arche Noah, aber natürlich viel größer. Wie dem auch sei, es hatte damals keine Manieren, und es hat heute keine Manieren, und es wird niemals Manieren haben. Es sagte: „Bau!", und der Parse ließ seinen Kuchen im Stich und kletterte auf die Spitze einer Palme, ohne irgendein anderes Kleidungsstück als seine Mütze, in der die Sonnenstrahlen sich in mehr als orientalischem Glanz spiegelten. Und das Nashorn warf mit seiner Nase den Petroleumofen um, und der Kuchen rollte über den Sand, und es spießte den Kuchen auf sein Horn und fraß ihn, und dann ging es schweifwedelnd davon in das wüste und gänzlich unbewohnte Innere, das an die Insel Mazanderan und Sokotra und die Vorgebirge der Größeren Tag- und Nachtgleiche stößt. Dann aber kam der Parse von seiner Palme heruntergestiegen, stellte den Ofen wieder auf die Beine und sagte den folgenden Spruch auf, den du noch nie gehört hast, und den ich dir darum nicht vorenthalten will:

> Wer den Kuchen klaut,
> Den der Parse gebraut,
> Dem geht's an die Haut!

und darin steckte viel mehr, als du glauben würdest. Denn fünf Wochen später gab es im Roten Meer eine Hitzwelle, und jedermann zog alle Kleider aus, die er nur hatte. Der Parse nahm seinen Hut ab, aber das Rhinozeros zog sich die Haut aus und trug sie über die Schulter, als es jetzt zum Strand kam, um zu baden. In jenen Tagen wurde die Haut mit drei Knöpfen zugeknöpft und sah aus wie ein Regenmantel. Von dem Kuchen sagte das Nashorn nichts, denn es hatte ihn ganz und gar aufgefressen; und es hatte niemals Manieren, weder damals noch jetzt noch in Zukunft. Es ließ seine Haut auf dem Strand liegen, watschelte geradeaus ins Wasser und blies Blasen durch seine Nase.

Da kam gerade der Parse vorbei und fand die Haut, und er lächelte ein Lächeln, das zweimal rund um sein Gesicht lief. Und dann tanzte er dreimal rund um die Haut herum und rieb sich die Hände. Dann ging er zu seinem Zelt und füllte seinen Hut mit Kuchenkrümeln, denn der Parse aß niemals etwas anderes als Kuchen und fegte sein Zelt niemals sauber. Er hob die Haut und schob die Haut und faltete die Haut und füllte die Haut mit alten, trockenen, kitzelnden, kratzenden Kuchenkrümeln und verbrannten Rosinen, so viel nur hineinging. Dann kletterte er auf die Spitze der Palme und wartete, bis das Rhinozeros aus dem Wasser kam und die Haut wieder anzog.

Und das tat das Rhinozeros auch. Es knöpfte sie mit den drei Knöpfen zu, und sie kitzelte wie Kuchenkrümel im Bett. Und da wollte es sich kratzen, aber das machte die Sache nur noch schlimmer; und dann legte es sich in den Sand und rollte sich und rollte sich und rollte sich, und jedesmal, wenn es sich rollte, kitzelten die Kuchenkrümel es schlimmer und schlimmer und schlimmer. Dann lief es zu der Palme und rieb sich und rieb sich und rieb sich dagegen. Es rieb sich so fest und so stark, daß seine Haut eine große Falte über den Schultern bildete, und eine andere Falte unten, wo gewöhnlich die Knöpfe waren – aber die Knöpfe rieb es sich auch ab – und es rieb sich noch ein paar Falten in die Beine. Und seine ganze gute Laune war weg, aber das war den Kuchenkrümeln recht gleichgültig. Sie waren in seiner Haut drin, und sie kitzelten unaufhörlich. Da ging es denn schrecklich wütend und immerfort kratzend nach Hause. Und von jenem Tage bis auf den heutigen hat jedes Nashorn große Falten in seiner Haut und ist sehr schlecht gelaunt, und das alles wegen der Kuchenkrümel.

Der Parse aber stieg von seiner Palme hinunter, die Mütze auf dem Kopf, in der die Sonnenstrahlen sich in mehr als orientalischem Glanz spiegelten, nahm seinen Küchenofen auf den Rücken und verzog sich in die Richtung von Orotavo, Amygdala, nach den Hochebenen von Anantarivo und den Sümpfen von Sonaput.

HANS MAGNUS ENZENSBERGER

Vorschlag zur Strafrechtsreform

Wegen staatsgefährdender Störung in Tateinheit mit
  schwerem Forstwiderstand wird bestraft

wer Gegenstände zur Verschönerung öffentlicher Wege
  böswillig verschleiert
wer eine Frau zur Gestattung des Beischlafs verleitet oder
  einen andern Irrtum in ihr erregt
wer die Überwachung von Fernmeldeanlagen stört
wer vorsätzlich Süßstoff herstellt

wer den Gebrauch gewisser Beteuerungsformeln unterläßt
wer ohne Erlaubnis der zuständigen Behörde an Syphilis
  gelitten hat
wer auf einer Wasserstraße Gegenstände hinterlegt
wer länger als drei volle Kalendertage abwesend ist

wer auf einem Eisenbahnhofe mittels Abschneidens ein
wichtiges Glied einer Amtsperson verringert
wer es unternimmt Luftfahrer auszubilden
wer Witwenkassen errichtet
wer Orden in verkleinerter Form trägt

wer nach gewissenhafter Prüfung die Obrigkeit verächtlich
macht
wer an einer Zusammenrottung teilnimmt
wer von den Reisewegen abweicht
wer eine Tatsache behauptet

wer ein männliches Tier zur Besamung verwendet
wer sich kein Unterkommen verschafft hat
wer Befehle böswillig abreißt
wer die Schlagkraft gefährdet
wer ein Zeichen der Hoheit beschädigt
wer sich dem Müßiggang hingibt
wer Einrichtungen beschimpft
wer seine Richtung ändern will

wer sich mit Wort und Tat auflehnt
wer einen Haufen bildet
wer Widerstand leistet
wer sich nicht unverzüglich entfernt

wer ohne Vorwissen der Behörde oder seines Vorteils wegen oder
vorsätzlich oder als Landstreicher oder um unzüchtigen Verkehr
herbeizuführen oder mittelst arglistiger Verschweigung oder gegen
Entgelt oder wissentlich oder durch Drohung mit einem empfindli-
chen Übel oder gröblich oder grobfahrlässig oder fahrlässig oder
böswillig oder ungebührlicherweise oder auf Grund von Rechtsvor-
schriften oder ganz oder teilweise oder an besuchten Orten oder
unter Benutzung des Leichtsinns oder nach sorgfältiger Abwägung
oder mit gemeiner Gefahr oder durch Verbreitung von Schallauf-
nahmen oder auf die vorbezeichnete Weise oder unbefugt oder

öffentlich oder durch Machenschaften oder vor einer Menschen-
menge oder in einer Sitte und Anstand verletzenden Weise oder in
der Absicht den Bestand der Bundesrepublik Deutschland zu beeinträchtigen oder mutwillig oder nach der dritten Aufforderung oder
als Rädelsführer oder Hintermann oder in der Absicht Aufzüge zu
sprengen oder wider besseres Wissen oder mit vereinten Kräften oder
zur Befriedigung des Geschlechtstriebs oder als Deutscher oder auf
andere Weise

eine Handlung herbeiführt oder abwendet
oder vornimmt oder unterläßt
oder verursacht oder erschwert
oder betreibt oder verhindert
oder unternimmt oder verübt oder bewirkt oder begeht
oder befördert *oder* beeinträchtigt
oder befördert *und* beeinträchtigt
oder befördert *und nicht* beeinträchtigt
oder beeinträchtigt *und nicht* befördert
oder *weder* befördert *noch* beeinträchtigt.

Das Nähere regelt die Bundesregierung.

Martin Luther King

Brief aus dem Stadtgefängnis von Birmingham vom 16. April 1963

Meine lieben Amtsbrüder!

Hier im Gefängnis von Birmingham kam mir Ihr Schreiben in die Hände, in dem Sie unsere augenblicklichen Aktionen als „unklug und zeitlich ungelegen" bezeichnen. Ich halte mich selten – wenn überhaupt – damit auf, kritische Äußerungen über mein Tun und Denken zu beantworten. ... Da ich aber glaube, daß Sie Männer guten Willens sind, und da Sie Ihre Kritik offen und ehrlich ausgesprochen haben, möchte ich versuchen, Ihnen ohne Empfindlichkeit eine sachliche Antwort zu geben.

Zunächst will ich Ihnen erklären, warum ich mich in Birmingham aufhalte; denn Sie scheinen auch der Meinung zu sein, daß ich hier ein „Eindringling" sei ... Ich bin wegen meiner organisatorischen Aufgabe hier. Außerdem bin ich in Birmingham, weil hier die Ungerechtigkeit herrscht. Wie die Propheten des achten vorchristlichen Jahrhunderts ihre Dörfer verließen, um das Wort des Herrn weit über die Grenzen ihres Heimatortes hinauszutragen; wie der Apostel Paulus Tarsus verließ, um die Frohe Botschaft von Jesus Christus in allen Dörfern und Städten der griechisch-römischen Welt zu verkünden, so drängt es auch mich, denen, die außerhalb meiner Heimatstadt leben, das Evangelium von der Freiheit zu bringen. Wie Paulus, so muß auch ich immer wieder dem mazedonischen Ruf um Hilfe folgen.

Zudem weiß ich um die engen Beziehungen, die zwischen allen Städten und Staaten bestehen. Ich kann nicht untätig in Atlanta herumsitzen, ohne mich darum zu kümmern, was in Birmingham geschieht. Wenn irgendwo Unrecht geschieht, ist überall die Gerechtigkeit in Gefahr. Wir sind in einem Netz wechselseitiger Beziehungen gefangen, aus dem wir nicht mehr entrinnen können. Uns alle hüllt dasselbe Gewand des Schicksals ein. Was den einen unmittelbar berührt, berührt mittelbar auch alle anderen. Wir können es uns heute nicht mehr leisten, in einer so engherzigen, altmodischen Vorstellung wie der vom „fremden Agitator" befangen zu sein. Wer in den Vereinigten Staaten lebt, kann in diesem Land nirgends als „Fremdling" angesehen werden. Sie bedauern die Demonstrationen, die augenblicklich in Birmingham stattfinden. Aber leider bedauern Sie nicht auch die Umstände, die zu diesen Demonstrationen führten. Sie wollen sich doch gewiß alle über den Stand eines oberflächlichen Sozialanalytikers erheben, der nur auf die Wirkungen sieht, sich aber mit ihren Ursachen nicht auseinandersetzt. Ich gebe ohne weiteres zu, daß es eine unglückselige Sache ist, daß sogenannte Demonstrationen in Birmingham stattfinden. Aber noch unglückseliger finde ich es, daß die Vormachtstellung der Weißen in dieser Stadt den Negern keine andere Wahl ließ.

Bei jedem gewaltlosen Feldzug gibt es grundsätzlich vier Stufen:

1. Sammlung von Tatsachenmaterial zur Feststellung von Ungerechtigkeiten;
2. Verhandlung;
3. Selbstreinigung;
4. Direct action.

In Birmingham haben wir diese vier Stufen durchlaufen. Niemand kann leugnen, daß die Rassenungerechtigkeit diese Stadt dem Abgrund zutreibt. Birmingham ist wahrscheinlich die Stadt in den Vereinigten Staaten, in der die Rassentrennung am vollkommensten durchgeführt wird. Im ganzen Lande weiß man, daß sie den häßlichen Rekord an polizeilicher Brutalität hält. Die ungerechte Behandlung der Neger durch ihre Gerichte ist berüchtigt. In Birmingham hat es mehr unaufgeklärte Bombenanschläge auf Negerhäuser und -kirchen gegeben als in irgendeiner anderen Stadt. Das sind die harten, unglaublichen Tatsachen....

Sie zeigen sich sehr besorgt darüber, daß wir die Absicht haben, Gesetze zu brechen. Das ist bestimmt eine berechtigte Sorge. Da wir die Leute so eifrig auffordern, dem Beschluß des Obersten Bundesgerichts vom Jahre 1954 zu gehorchen und die Rassentrennung in den öffentlichen Schulen aufzuheben, ist es ziemlich merkwürdig und paradox, daß Sie nun in uns bewußte Gesetzesbrecher finden. Sie werden vielleicht fragen: „Wie können Sie es rechtfertigen, einige Gesetze zu übertreten und anderen zu gehorchen?" Das liegt einfach daran, daß es zwei Arten von Gesetzen gibt, gerechte und ungerechte. Ich möchte mit Augustin sagen: „Ein ungerechtes Gesetz ist kein Gesetz." Wo liegt nun der Unterschied zwischen beiden? Wie kann man erkennen, ob ein Gesetz gerecht oder ungerecht ist? Ein gerechtes Gesetz ist ein von Menschen gemachtes Gesetz, das mit dem Gesetz der Moral oder dem Gesetz Gottes übereinstimmt. Ein ungerechtes Gesetz dagegen ist ein Gesetz, das mit dem Gesetz der Moral nicht harmoniert. Um mit Thomas von Aquin zu sprechen: „Ein ungerechtes Gesetz ist ein menschliches Gesetz, das nicht im Gesetz des Ewigen und der Natur verwurzelt ist. Jedes Gesetz, das die menschliche Persönlichkeit erniedrigt, ist ungerecht." Alle Rassentrennungsgesetze sind ungerecht, weil die Rassentrennung der Seele und dem Charakter des Menschen Schaden zufügt. Sie gibt ihren Verfechtern ein falsches Gefühl der Überlegenheit und ihren Opfern ein falsches Gefühl der Minderwertigkeit. Martin Buber, der große jüdische Philosoph, sagt, daß die Segregation an Stelle der Ich-Du-Beziehung eine Ich-Es-Beziehung setzt und schließlich den Menschen zu einer Sache herabwürdigt. Die Rassentrennung ist also nicht nur vom politischen, wirtschaftlichen und soziologischen Standpunkt aus ungesund, sie ist moralisch falsch und sündhaft. Paul Tillich hat einmal gesagt, Sünde sei Absonderung. Ist nicht die Segregation ein sichtbarer Ausdruck der tragischen Absonderung des Menschen, ein Ausdruck seiner furchtbaren Entfremdung, seiner schrecklichen Sündhaftigkeit? So kann ich die Menschen auffordern, dem Beschluß des Obersten Bundesgerichtes vom Jahre 1954 zu gehorchen, weil er moralisch richtig ist, und ich kann sie auffordern, die Segregationsbestimmungen nicht zu befolgen, weil sie moralisch falsch sind.

Wir wollen uns einmal einem konkreteren Beispiel für gerechte und ungerechte Gesetze zuwenden. Ein ungerechtes Gesetz ist ein Gesetz, das eine Mehrheit einer Minderheit auferlegt und an das sie sich selbst nicht gebunden fühlt. Damit wird die *unterschiedliche* Behandlung von Menschen legalisiert. Ein gerechtes Gesetz ist ein Gesetz, das eine Mehrheit einer Minderheit auferlegt und das sie selbst zu befolgen gewillt ist. Damit wird die *gleiche* Behandlung von Menschen legalisiert.

Lassen Sie mich noch eine andere Erklärung geben. Ein ungerechtes Gesetz ist ein einer Minderheit diktiertes Gesetz, an dem diese Minderheit nicht mitwirken konnte, weil sie nicht das Recht hatte zu wählen. Wer wollte behaupten, die gesetzgebende Körperschaft von Alabama, die die Rassentrennungsgesetze aufstellte, wäre demokratisch gewählt? Im Staate Alabama duldet man stillschweigend alle möglichen Methoden, um die Neger daran zu hindern, sich in die Wahllisten eintragen zu lassen. Und es gibt Wahlkreise, in denen nicht ein einziger Neger registriert ist, obwohl die Mehrzahl der Bevölkerung Neger sind. Kann denn in solch einem Staat irgendein Gesetz demokratisch genannt werden?

Das sind nur ein paar Beispiele für ungerechte und gerechte Gesetze. Es gibt Fälle, wo ein Gesetz gerecht zu sein scheint, in seiner praktischen Anwendung aber ungerecht ist. So wurde ich zum Beispiel am Freitag verhaftet, weil ich für unsere Demonstration keine Genehmigung eingeholt hatte. Nun ist an einer Vorschrift, nach der für eine Demonstration eine Genehmigung erforderlich ist, durchaus nichts Unrechtes. Wenn diese Vorschrift aber dazu benutzt wird, die Rassentrennung aufrechtzuerhalten und Staatsbürgern das ihnen durch die Verfassung gewährleistete Recht friedlicher Versammlung und friedlichen Protestes zu verweigern, dann ist sie ungerecht.

Ich hoffe, Ihnen den Unterschied, um den es mir geht, deutlich gemacht zu haben. Ich will mich nicht etwa wie ein wütender Verfechter der Rassentrennung dafür einsetzen, daß man Gesetze umgeht oder sich ihnen widersetzt. Das würde unweigerlich zur Anarchie führen. Wer ein ungerechtes Gesetz brechen will, muß es offen, in brüderlicher Liebe tun und in der Bereitschaft, die Strafe dafür auf sich zu nehmen. Ich behaupte, daß der die größte Hochachtung vor dem Gesetz zeigt, der ein Gesetz bricht, das ihm vor seinem Gewissen ungerecht erscheint, und bereitwillig die Strafe auf sich nimmt und ins Gefängnis geht, um damit das Gewissen seiner

Mitbürger wachzurütteln und ihnen die Augen für die Ungerechtigkeit dieses Gesetzes zu öffnen.

...

Sie bezeichneten unser Vorgehen in Birmingham als extremistisch. Zuerst war ich ziemlich enttäuscht, daß Amtsbrüder meine gewaltlosen Bemühungen für die eines Extremisten ansahen ... Als ich aber weiter darüber nachdachte, erfüllte es mich mit einer gewissen Genugtuung, ein Extremist genannt zu werden. War nicht Jesus ein Extremist der Liebe? „Liebet eure Feinde; segnet, die euch fluchen; tut wohl denen, die euch hassen." War nicht Amos ein Extremist der Gerechtigkeit? „Es soll aber das Recht offenbart werden wie Wasser und die Gerechtigkeit wie ein starker Strom." War nicht Paulus ein Extremist der Lehre Jesu Christi? „Ich trage die Malzeichen Jesu an meinem Leibe." War nicht Martin Luther ein Extremist? „Hier stehe ich, ich kann nicht anders, Gott helfe mir." War nicht John Bunyan ein Extremist? „Ehe ich aus meinem Gewissen eine Mördergrube mache, will ich lieber bis ans Ende meiner Tage im Gefängnis bleiben." War nicht Abraham Lincoln ein Extremist? „Diese Nation kann nicht weiterleben – zur Hälfte Sklaven, zur Hälfte Freie." Und war nicht auch Thomas Jefferson ein Extremist? „Wir halten es für selbstverständlich, daß alle Menschen gleich geschaffen sind." Es geht also nicht darum, ob wir Extremisten sind, sondern was für Extremisten wir sind. Sind wir Extremisten des Hasses oder der Liebe? Sind wir Extremisten, die die Ungerechtigkeit aufrechterhalten wollen, oder sind wir Extremisten der Gerechtigkeit?

...

Eines Tages werden die Südstaaten erkennen, wer ihre wahren Helden sind. Das werden Menschen wie James Meredith sein, die mutig und zielbewußt den Hohn des feindlich gesinnten Mobs und die qualvolle Einsamkeit, die das Leben des Pioniers kennzeichnet, auf sich nehmen. Das werden alte, unterdrückte und zerschlagene Negerinnen sein wie jene 72jährige alte Frau in Montgomery, die sich entschlossen hatte, ebenso wie ihre Brüder und Schwestern die Busse nicht zu benutzen, und auf die Frage, ob sie müde sei, mit Würde antwortete: „Meine Füße sind müde, aber meine Seele ist ausgeruht." Das werden die jungen Oberschüler und Studenten sein, die jungen Prediger des Evangeliums und viele ihrer Kirchenältesten, die mutig und ohne gewalttätig zu sein, in Imbißstuben in den Sitzstreik traten und bereit waren, um ihres Gewissens willen ins Gefängnis zu gehen. Eines Tages wird der Süden erkennen, daß sich diese enterbten Kinder Gottes, als sie sich in den Imbißstuben niedersetzten, in Wirklichkeit für den amerikanischen Traum und für die heiligsten Werte unseres jüdisch-christlichen Erbes erhoben; und daß sie so unsere ganze Nation zu den reichen Brunnen der Demokratie zurückführten, die die Gründerväter in der Verfassung und der Unabhängigkeitserklärung gegraben haben.

...

Wir wollen alle hoffen, daß die dunklen Wolken des Rassenvorurteils bald vorüberziehen, daß sich der dichte Nebel gegenseitigen Nichtverstehens bald von unsren verängstigten Gemeinden hebt und daß in nicht allzu ferner Zukunft die strahlenden Sterne der Liebe und Brüderlichkeit mit all ihrer funkelnden Schönheit über unsrer großen Nation leuchten.

Um des Friedens und der Brüderlichkeit willen
Ihr
Martin Luther King.

Über Mut, Tapferkeit und Zivilcourage

*F*olgt *man gängigen Stichwortlexika und Zitatensammlungen, dann gehören Mut und Tapferkeit zu den meistgenannten Tugenden von der Antike bis zur Gegenwart. Mut und Tapferkeit durchziehen Geschichte wie Geschichten. Mut und Tapferkeit begleiten uns vom bewußten Eintritt ins Leben bis an dessen Ende und stehen in der meistgebrauchten Form schlichtweg für Überwindung von Ängsten.*

Die antiken Helden zogen „mutig" in den Kampf und zeichneten sich daselbst durch große „Tapferkeit" aus, ein Motiv, das sich bis in unsere Tage erhalten hat. Das „tapfere" Schneiderlein gehört zu den ersten Vorlese- oder Leseerlebnissen eines jeden Kindes. Der Aufenthalt in dunklen Räumen oder Wäldern wird von Jüngeren als „Mut"probe angesehen, der Schmerz beim Zahnarzt „tapfer" ertragen. Dem „Mutigen" gehört die Welt.

Ein Urtugendpaar scheint hier zu stehen, anwendbar auf einen breiten Möglichkeitsfächer. Die Zahl der Beispiele ließe sich beliebig und schier unbegrenzt fortsetzen.

Nur für Zivilcourage fehlen in dieser Aufzählung die Belege. Gehört sie nicht in diese Reihe? Ist sie hier vielleicht doch willkürlich angehängt, in Ermanglung eines besseren Zusammenhanges etwa?

Ein jüdisches Sprichwort soll uns auf den Zusammenhang bringen, allerdings abseits der Wortpaare Mut – Angst, Tapferkeit – Feigheit. Dann werden wir erkennen, wie sehr Mut, Tapferkeit und Zivilcourage durchaus einander bedingen. Mehr noch: Diese drei Tugenden erscheinen dann als Glieder einer Kette. Heißt es doch in diesem Sprichwort: „Mut verloren – Klugheit verloren."

Wertehaltungen erreichen wir kommunikativ und nicht autoritär. Im Umgang miteinander legen wir fest, welche Haltung in welcher Situation an Bedeutung gewinnt. So kann die Tapferkeit vor dem Freund in bestimmten Situationen ungleich wichtiger sein als die Tapferkeit vor dem Feind. Tapferkeit und Mut im offenen Kampfe sind ebensowenig angeborene Tugenden wie die offene und ehrliche Auseinandersetzung im Kreise Gleichgesinnter. Beides entwickelt sich im Umgang miteinander, also kommunikativ. Beides bedingt Klugheit und Wahrhaftigkeit. Ist es Mut, durch ein offenes Feuer zu laufen oder den Sprung in eine ungewisse Tiefe zu wagen? Waren die japanischen Kamikaze besonders tapfer, wenn sie sich „todesmutig" mit ihren Flugzeugen auf den Gegner stürzten, wohl wissend, daß ihr Leben damit beendet ist? Es ist überliefert, daß dabei Überlebende aus Scham den Selbstmord wählten, um ihre Ehre wieder herzustellen. Mut und Tapferkeit wird nicht selten mit Verzweiflung und Leichtsinn verwechselt und dessen Ergebnis heroisiert.

Kann man die Deutschen als Volk von Feiglingen und Ängstlichen bezeichnen, wenn wir uns eingestehen müssen, daß die Zahl derer, die bis zum 8. Mai 1945 dem Hitler-Faschismus aktiv widerstanden haben, unter 2 (zwei!!) Prozent lag? Wie hoch lag die Mutlatte der Dissidenten in den autoritären Regimen, die vor allem Europa nach dem Zweiten Weltkrieg in zwei scheinbar unüberwindliche Lager teilte? Wer darf sich das Recht nehmen, die Mehrheit der Passiven und Mitläufer moralisch und juristisch zu verurteilen, wenn ihre einzige Schuld in Schweigen und Dulden bestand? Alles Fragen, die nicht in das Mut – Angst – Tapfer – Feige – Schema passen und sich damit schon gar nicht beantworten lassen. Im Gegensatz zu den von der Geschichte mystifizierten „mutigen" und „tapferen" Kriegsheroen, deren Taten in Gesängen und Epen bejubelt werden, erwarten den Tapferen und Mutigen unserer Tage oder der jüngsten Vergangenheit an einem Ehrentag bestenfalls Blumen und halbherzige Gedenkreden, deren Wörter sich oft schneller verflüchtigen als der Schall sie tragen kann.

So bedarf heute im gesellschaftlichen wie im privaten Leben Mut und Tapferkeit der Paarung mit Klugheit und Zivilcourage. Das Erkennen der Zusammenhänge und Ursachen, Schwächen und Stärken, des Guten wie des Bösen ist die Analyse des Seins. Klugheit ist nötig, richtige Wege zu finden, die mutig und tapfer erfochten, erstritten und schließlich erreicht oder durchgesetzt werden, selbst um den Preis des Verlustes der persönlichen Freiheit. Damit Verhältnisse, deren gewaltsames oder friedliches Ende vor fünfzig beziehungsweise sechs Jahren nicht wieder

tödliche Konsequenzen für den Mutigen und Tapferen bringen können,
braucht unsere Demokratie Zivilcourage.

Politik wird heute vielfach mit veröffentlichten Politbarometern ge-
macht. Auch in Demokratien orientieren wir uns normalerweise an der
Mehrheit. Sie tut aber manchmal mit großer Verve genau das Falsche.
Die Entscheidung über den Gang zur Wahlurne wird nicht selten mit
der Bemerkung abgetan, daß die einzelne Stimme ja doch nichts ändern
könne. Oder daß Prognosen den deutlichen Sieg der einen Gruppe
vorhersagen, so daß die persönliche Entscheidung an Verhältnissen
nichts mehr ändern würde.

Rechtzeitig das Richtige zu tun, die Klugheit und den Mut zu haben,
sich selber dafür ganz einzubringen und zu riskieren, auch das ist
Zivilcourage. Wer das indes um des Selbstzweckes willen tut, gerät sehr
schnell in ein Querulantentum.

Wer den Mut verliert, sich den Dingen zu stellen, der hat die
Klugheit verloren, Veränderungen anzustreben, im Kleinen wie im
Großen, im Täglichen wie im Strategischen. Ihm wird die Tapferkeit
fehlen, mit Zivilcourage auch lange Täler zu durchschreiten. Und so
gehören Mut, Tapferkeit und Zivilcourage durchaus in eine Tugend-
kette.

Allein an diesem Zusammenhang wird auch sichtbar, daß Tugenden
und Werte durchaus nicht immer mit den gleichen Inhalten verbunden
sein müssen. In einer Zeit, in der Tapferkeit vor dem Freund ein
ungleich größeres Gewicht für Entwicklungen hat, tritt die Tapferkeit
vor dem Feind zurück. So beruhen unsere Tugenden, auch die hier
diskutierten, auf zeitgebundenen Vereinbarungen, die etwas Selbstver-
ständliches bekommen.

Drittes Kapitel

Mut – Tapferkeit – Zivilcourage

❖ ❖ ❖

HOMER

Odyssee

9. Gesang: Odysseus bei den Kyklopen.
Kampf gegen Polyphem

Als wir das nahe Gestad' erreichten, sahn wir von ferne
Eine Felsenhöhl' am Meer in der Spitze des Landes,
Hochgewölbt und umschattet mit Lorbeerbäumen. Hier pflegten
Viele Ziegen und Schafe des Nachts zu ruhen; und ringsum
War ein hohes Gehege von Felsenstücken gebauet,
Von erhabenen Fichten und himmelanwehenden Eichen.
Allda wohnt' auch ein Mann von Riesengröße, der einsam
Stets auf entlegene Weiden sie trieb und nimmer mit andern
Umging, sondern für sich auf arge Tücke bedacht war.
Gräßlich gestaltet war das Ungeheuer, wie keiner,
Welchen der Halm ernährt; er glich dem waldichten Gipfel
Hoher Kettengebirge, der einsam vor allen emporsteigt.

Eilend befahl ich jetzo den übrigen lieben Gefährten,
An dem Gestade zu bleiben und unser Schiff zu bewahren;
Und ging selber mit zwölf der Tapfersten, die ich mir auskor,
Einen ziegenledernen Schlauch auf der Achsel, voll schwarzes
Süßes Weines, den mir einst Maron, der Sohn Euanthes',
Schenkte, der Priester Apollons, der über Ismaros waltet. . . .

Eilig wanderten wir zur Höhl', und fanden den Riesen
Nicht daheim; er weidete schon auf der Weide die Herden.
Und wir gingen hinein und besahen wundernd die Höhle.
Alle Körbe strotzten von Käse; Lämmer und Zicklein
Drängeten sich in den Ställen, und jede waren besonders
Eingesperrt; die Frühling' allein, allein auch die Mittlern,
Und die zarten Spätling' allein. Es schwammen in Molken
Alle Gefäße, die Wannen und Eimer, worinnen er melkte.
Anfangs baten mich zwar die Freunde mit dringenden Worten,
Nur von den Käsen zu nehmen und wegzuschleichen; dann wieder,
Hurtig zu unserm Schiff aus den Ställen die Lämmer und Zicklein
Wegzutreiben und über die salzigen Fluten zu steuern.
Aber ich hörete nicht (ach besser, hätt ich gehöret!),
Um ihn selber zu sehn, und seiner Bewirtung zu harren:
Ach, für meine Gefährten ein unerfreulicher Anblick!

Und wir zündeten Feuer und opferten, nahmen dann selber
Von den Käsen und aßen, und setzten uns voller Erwartung,
Bis er kam mit der Herd'. Er trug eine mächtige Ladung
Trockenes Scheiterholz, das er zum Mahle gespaltet.
Und in der Höhle stürzt' er es hin: da krachte der Felsen;
Und wir erschraken und flohn in den innersten Winkel der Höhle.
Aber er trieb in die Kluft die fetten Ziegen und Schafe
Alle zur Melke herein; die Widder und bärtigen Böcke
Ließ er draußen zurück im hochummaurten Gehege.
Hochauf schwenkt' er und setzte das große Spund vor den Eingang:
Fürchterlich groß! die Gespanne von zweiundzwanzig starken
Und vierrädrigen Wagen, sie schleppten ihn nicht von der Stelle,
Jenen gewaltigen Fels, den das Ungeheuer emporhub.
Jetzo saß er und melkte die Schaf' und meckernden Ziegen,
Nach der Ordnung, und legte den Müttern die Säugling' ans Euter;
Ließ von der weißen Milch die Hälfte gerinnen und setzte
Sie zum Trocknen hinweg in dichtgeflochtnen Körben;
Und die andere Hälfte verwahrt' er in weiten Gefäßen,
Daß er beim Abendschmause den Durst mit dem Tranke sich
löschte.

Und nachdem er seine Geschäft' in Eile verrichtet,
Zündet' er Feuer an und sah uns stehen und fragte:

Fremdlinge, sagt, wer seid ihr? Von wannen trägt euch die Woge?
Habt ihr wo ein Gewerb, oder schweift ihr ohne Bestimmung
Hin und her auf der See, wie küstenumirrende Räuber,
Die ihr Leben verachten, um fremden Völkern zu schaden?

Also sprach der Kyklop. Uns brach das Herz vor Entsetzen
Über das rauhe Gebrüll und das scheußliche Ungeheuer.
Dennoch ermannt ich mich und gab ihm dieses zur Antwort:

Griechen sind wir und kommen von Trojas fernem Gestade,
Über das große Meer von mancherlei Stürmen geschleudert . . .
Siehe wir preisen uns Völker von Atreus' Sohn Agamemnon,
Welchen der größte Ruhm itzt unter dem Himmel verherrlicht,
Weil er die mächtige Stadt und so viele Völker vertilgt hat!
Jetzo fallen wir dir zu Füßen und flehen in Demut:
Reich uns eine geringe Bewirtung oder ein andres
Kleines Geschenk, wie man gewöhnlich den Fremdlingen anbeut!
Scheue doch, Bester, die Götter! Wir Armen flehn dir um Hilfe!
Und ein Rächer ist Zeus den hilfeflehenden Fremden,
Zeus, der Gastliche, welcher die heiligen Gäste geleitet!

Also sprach ich; und drauf versetzte der grausame Wütrich:
Fremdling, du bist ein Narr oder kommst auch ferne von hinnen!
Mir befiehlst du, die Götter zu fürchten, die Götter zu ehren?
Wir Kyklopen kümmern uns nicht um den König des Himmels,
Noch um die seligen Götter; denn wir sind besser als jene! . . .
Sage mir an: wo bist du mit deinem Schiffe gelandet?
Irgendwo in der Fern' oder nahe? damit ich es wisse!

Also sprach er voll Tück'; allein ich kannte dergleichen.
Eilend erwidert ich ihm die schlauersonnenen Worte:

Ach, mein Schiff hat der Erderschüttrer Poseidaon
Mir an den Klippen zerschmettert, indem er ans schroffe Gestade
Eures Landes es warf, und der Sturm aus dem Meer es verfolgte!
Ich nur und diese Gefährten entflohn dem Schreckenverhängnis!

Also sprach ich; und nichts versetzte der grausame Wütrich,
Sondern fuhr auf und streckte nach meinen Gefährten die Händ'
Deren er zween anpackt' und wie junge Hund' auf den Boden [aus,
Schmetterte: blutig entspritzt' ihr Gehirn und netzte den Boden.
Dann zerstückt' er sie Glied vor Glied und tischte den Schmaus auf,
Schluckte darein, wie ein Leu des Felsengebirgs, und verschmähte
Weder Eingeweide, noch Fleisch, noch die markichten Knochen.
Weinend erhuben wir die Hände zum Vater Kronion,
Als wir den Jammer sahn, und starres Entsetzen ergriff uns.
Doch kaum hatte der Riese den großen Wanst sich gestopfet
Mit dem Fraße von Menschenfleisch und dem lauteren Milchtrunk,
Siehe, da lag er im Fels weithingestreckt bei dem Viehe.
Jetzo stieg der Gedank' in meine zürnende Seele:
Näher zu gehn, das geschliffene Schwert von der Hüfte zu reißen,
Und ihm die Brust zu durchgraben, wo Zwerchfell und Leber sich
    treffen,
Mit nachbohrender Faust; doch ein andrer Gedanke verdrängt' ihn.
Denn so hätt ich uns selbst dem schrecklichen Tode geopfert;
Unsere Hände vermochten ja nicht, von der hohen Pforte
Abzuwälzen den mächtigen Fels, den der Riese davorschob.
Drum erwarteten wir mit Seufzen die heilige Frühe.

Als die dämmernde Frühe mit Rosenfingern erwachte,
Zündet' er Feuer an und melkte die Ziegen und Schafe,
Nach der Ordnung, und legte den Müttern die Säugling' ans Euter.
Und nachdem er seine Geschäft' in Eile verrichtet,
Packt' er abermal zween und tischte die Stücke zum Schmaus auf.
Nach dem Frühstück trieb er die feiste Herd' aus der Höhle.
Spielend enthob er die Last des großen Spundes, und spielend
Setzt' er sie vor, als setzt' er auf seinen Köcher den Deckel.
Und nun trieb der Kyklop mit gellendem Pfeifen die Herde

Auf das Gebirg. Ich blieb in der Höhle mit tausend Entwürfen,
Rache zu üben, wenn mir Athene Hilfe gewährte.
Aber von allen Entwürfen gefiel mir dieser am besten.

Neben dem Stalle lag des Kyklopen gewaltige Keule,
Grün, aus Olivenholze gehaun. Zum künftigen Stabe
Dorrte sie hier an der Wand, und kam uns vor nach dem Ansehn,
Wie der ragende Mast des zwanzigrudrichten Lastschiffs,
Welches mit breitem Bauch auf dem großen Wasser dahinfährt:
Diesem schien sie an Läng', und diesem an Dicke zu gleichen.
Und ich haute davon, so viel die Klafter umspannet,
Reichte meinen Gefährten den Pfahl und hieß ihn mir glätten;
Und sie schabten ihn glatt. Ich selber schärfte die Spitze
Oben und härtete sie in der lodernen Flamme des Feuers.
Drauf verbarg ich den Knüttel bedachtsam unter dem Miste,
Welcher dick und breit durch die ganze Höhle gesät war.
Jetzo befahl ich den andern, durchs heilige Los zu entscheiden,
Wer sich wagen sollte, mit mir den gehobenen Knüttel
Jenem ins Auge zu drehn, sobald ihn der Schlummer befiele.
Und es traf gerade das Los, die ich heimlich mir wünschte,
Vier von meinen Gefährten, ich selbst war der fünfte mit ihnen.

Und am Abende kam er mit seiner gemästeten Herde
Und trieb schnell in die weite Kluft die Ziegen und Schafe,
Mütter und Böcke zugleich, und ließ nichts draußen im Vorhof:
Weil er etwas besorgt' oder Gott es also geordnet.
Hochauf schwenkt' er und setzte das große Spund vor den Eingang.
Und nun saß er und melkte die Schaf' und meckernden Ziegen,
Nach der Ordnung, und legte den Müttern die Säugling' ans Euter.
Und nachdem er seine Geschäft' in Eile verrichtet,
Packt' er abermal zween und tischte die Stücke zum Schmaus auf.
Jetzo trat ich näher und sagte zu dem Kyklopen,
Einen hölzernen Becher voll schwarzes Weines in Händen:

Nimm, Kyklop, und trink eins; auf Menschenfleisch ist der Wein gut!
Daß du doch lernst, welch ein Trunk in unserem Schiffe ruhte!

Diesen rettet ich dir zum Opfer, damit du erbarmend
Heim mich sendetest. Aber du wütest ja ganz unerträglich!
Böser Mann, wer wird dich hinfort von den Erdebewohnern
Wieder besuchen wollen? Du hast nicht billig gehandelt!

Also sprach ich. Er nahm und trank und schmeckte gewaltig
Nach dem süßen Getränk, und bat, noch einmal zu füllen:

Lieber, schenk mir noch eins, und sage mir gleich, wie du heißest,
Daß ich dich wieder bewirt' und deine Seele sich labe!
Wiß, auch uns Kyklopen gebiert die fruchtbare Erde
Wein in geschwollenen Trauben, und Gottes Regen ernährt ihn.
Aber der ist ein Saft von Ambrosia oder von Nektar!

Also sprach er; ich bracht ihm von neuem des funkelnden Weines.
Dreimal schenkt ich ihn voll, und dreimal leerte der Dumme.
Aber da jetzo der geistige Trank in das Hirn des Kyklopen
Stieg, da schmeichelt ich ihm mit glatten Worten und sagte:

Meinen berühmten Namen, Kyklop? Du sollst ihn erfahren.
Aber vergiß mir auch nicht die Bewirtung, die du verhießest!
Niemand ist mein Name; denn Niemand nennen mich alle,
Meine Mutter, mein Vater und alle meine Gesellen.

Also sprach ich; und drauf versetzte der grausame Wütrich:
Niemand will ich zuletzt nach seinen Gesellen verzehren;
Alle die andern zuvor! Dies sei die verheißne Bewirtung!

Sprach's und streckte sich hin, fiel rücklings, und lag mit gesenktem
Feistem Nacken im Staub, und der allgewaltige Schlummer
Überwältiget' ihn; dem Rachen entstürzten mit Weine
Stücke von Menschenfleisch, die der schnarchende Trunkenbold
     ausbrach.
Und nun hielt ich die Spitze des Knüttels in glimmende Asche,
Bis sie Feuer fing, und stärkte mit herzhaften Worten
Meine Gefährten, daß keiner sich feig im Winkel verkröche.

Aber da eben jetzo der Ölbaumknüttel im Feuer
Drohte zu brennen, so grün er auch war, und fürchterlich glühte,
Zog ich ihn eilend zurück aus dem Feuer, und meine Gefährten
Standen um mich; und ein Himmlischer haucht' uns Mut in die Seele
Und sie faßten den spitzen Olivenknüttel und stießen
Ihn dem Kyklopen ins Aug, und ich, in die Höhe mich reckend,
Drehete. Wie wenn ein Mann, den Bohrer lenkend, ein Schiffholz
Bohrt; die unteren ziehn an beiden Enden des Riemens,
Wirbeln ihn hin und her, und er flieget in dringender Eile:
Also hielten auch wir in das Auge den glühenden Knüttel,
Drehten, und heißes Blut umquoll die dringende Spitze.
Alle Wimpern und Augenborsten versengte die Lohe
Seines entflammten Sterns; es prasselten brennend die Wurzeln.
Wie wenn ein kluger Schmied die Holzaxt oder das Schlichtbeil
Aus der Ess' in den kühlenden Trog, der sprudelnd emporbraust,
Wirft und härtet; denn dieses ersetzt die Kräfte des Eisens:
Also zischte das Aug um die feurige Spitze des Ölbrands.
Fürchterlich heult' er auf, daß rings die dumpfige Kluft scholl.
Und wir erschraken und flohn in den innersten Winkel. Doch jener
Riß aus dem Auge den Knüttel, mit vielem Blute besudelt,
Schleudert' ihn ferne von dannen mit ungebärdigem Grimme;
Und nun rief er mit Zetergebrüll den andern Kyklopen,
Welche ringsum die Klüfte des stürmischen Felsen bewohnten.
Und sie vernahmen das Brüllen und drängten sich dorther und daher,
Standen rund um die Höhl' und fragten, was ihn betrübte:

Was geschah dir für Leid, Polyphemos, daß du so brülltest
Durch die ambrosische Nacht und uns vom Schlummer erwecktest?
Raubt der Sterblichen einer dir deine Ziegen und Schafe?
Oder würgt man dich selbst, arglistig oder gewaltsam?

Ihnen erwiderte drauf aus der Felsenkluft Polyphemos:
Niemand würgt mich, ihr Freund', arglistig! und Keiner gewaltsam!

Drauf antworteten sie und schrien die geflügelten Worte:
Wenn dir denn Keiner Gewalt antut in der einsamen Höhle;

Gegen Schmerzen, die Zeus dir schickt, ist kein anderes Mittel:
Flehe zu deinem Vater, dem Meerbeherrscher Poseidon!

Also schrien sie und gingen. Mir lachte die Seele vor Freude,
Daß sie mein falscher Name getäuscht und mein trefflicher Einfall.
Aber ächzend vor Qual, mit jammervollem Gewinsel
Tappte der blinde Kyklop und nahm den Stein von der Pforte,
Setzte sich dann in die Pforte mit ausgebreiteten Händen,
Tastend, ob nicht vielleicht mit den Schafen einer entwischte.
So einfältig hielt mich in seinem Herzen der Riese.
Aber ich sann umher, das sicherste Mittel zu finden,
Wie ich meine Gefährten und mich von dem schrecklichen Tode
Rettete. Tausend Entwürf' und Listen wurden ersonnen;
Denn es galt das Leben, und fürchterlich drang die Entscheidung!
Doch von allen Entwürfen gefiel mir dieser am besten.

Seine Widder waren sehr feist, dickbuschichter Vliese,
Groß und stattlich von Wuchs, mit brauner Wolle bekleidet.
Diese band ich geheim mit schwanken Ruten zusammen,
Wo der Kyklop auf schlief, das gottlose Ungeheuer!
Drei und drei: der mittelste Bock trug einen der Männer,
Und zween gingen beiher und schirmten meine Gefährten.
Also trugen jeglichen Mann drei Widder. Ich selber
Wählte mir einen Bock, den trefflichsten unter der Herde.
Diesen ergriff ich schnell beim Rücken, wälzte mich nieder
Unter den wollichten Bauch und lag mit duldendem Herzen,
Beide Hände fest im Gekräusel der Flocken verwickelt.
Also erwarteten wir mit Seufzen die heilige Frühe.

Als die dämmernde Frühe mit Rosenfingern erwachte,
Eilten die Männer der Herde mit Ungestüm auf die Weide.
Aber es blökten am Stalle die ungemelkten Mütter;
Denn die Euter strotzten von Milch. Der grausame Wütrich
Saß von Schmerzen gefoltert und tastete sorgsam die Rücken
Aller steigenden Widder, und ahndete nicht in der Dummheit,
Daß ich sie unter die Brust der wollichten Böcke gebunden.

Langsam folgte nun der übrigen Herde mein Widder,
Schwerbeladen mit Wolle und mir, der mancherlei dachte.
Streichelnd betastet' auch ihn das Ungeheuer und sagte:

Süßes Böckchen, wie gehts? Du kommst zuletzt aus der Höhle?
Ei, du pflegst mir ja sonst nicht hinter der Herde zu bleiben!
Trabst ja so hurtig voran und pflückst dir zuerst auf der Weide
Gräschen und Blümelein, eilst auch zuerst in die Wellen der Flüsse,
Trachtest auch immer zuerst in den Stall zu kommen des Abends!
Nun der letzte von allen? Ach, geht dir etwa das Auge
Deines Herren so nah? Der Bösewicht hat mirs entrissen,
Er samt seinem Gesindel, indem er mit Wein mich berauschte,
Niemand! Ich mein, er ist mir noch nicht dem Verderben entronnen!
Hättest du nur Gedanken wie ich und verstündest die Sprache,
Daß du mir sagtest, wo jener vor meiner Stärke sich hinbirgt!
Ha! Auf den Boden geschmettert, wie sollte sein Hirn durch die Höhle
Hiehin und dahin zerspritzen! Wie würde mein Herz von dem Jammer
Sich erlaben, den mir der Taugenichts machte, der Niemand!

Also sprach er und ließ den Widder von sich hinausgehn.
Als wir uns von der Höhl' und dem Hof ein wenig entfernet,
Macht ich zuerst vom Widder mich los und löste die andern.
Eilend trieben wir jetzo die wohlgemästeten großen
Hochgeschenkelten Böcke durch mancherlei Krümmen zum Schiffe.
Und mit herzlicher Freud empfingen die lieben Gefährten
Uns Entflohne des Todes und klagten schluchzend die andern.
Aber ich ließ es nicht zu; ich deutete jedem mit Blicken,
Nicht zu weinen; befahl dann, die schöne wollichte Herde
Hurtig ins Schiff zu werfen und über die Wogen zu steuern.
Und sie traten ins Schiff und setzten sich hin auf die Bänke,
Saßen in Reihn und schlugen die graue Woge mit Rudern.
Als ich so weit nun war, wie die Stimme des Rufenden schallet,
Da begann ich und rief dem Kyklopen mit schmähenden Worten:

Ha, Kyklope, so recht! Nicht eines Feigen Gefährten
Hast du, wütiger Ries, in der dunkeln Höhle gefressen!

Lange hattest du das mit deinen Sünden verschuldet!
Grausamer, weil du die Gäste nicht scheutest in deiner Behausung
Aufzuschlucken; drum strafte dich Zeus und die übrigen Götter!

Also rief ich. Noch wütender tobte der blinde Kyklope,
Riß herunter und warf den Gipfel des hohen Gebirges.
Aber er fiel jenseits des blaugeschnäbelten Schiffes
Nieder, und wenig gefehlt, so traf er die Spitze des Steuers.
Hochauf wogte das Meer von dem stürzenden Felsen; und plötzlich
Raffte mit Ungestüm der strudelnde Schwall der Gewässer,
Landwärts flutend, das Schiff und warf es zurück an das Ufer.
Aber ich nahm mit den Händen geschwind eine mächtige Stange,
Stieß es vom Land, und trieb und ermahnete meine Gefährten,
Hurtig die Ruder zu regen, daß wir dem Verderben entrönnen,
Deutend und nickend; sie flogen ans Werk und ruderten keuchend.

Als wir nun doppelt so weit in das hohe Meer uns gerettet,
Siehe, da rief ich von neuem dem Wüterich. Aber die Freunde
Sprangen umher und schweigten mich alle mit freundlichen Worten:

Waghals! willst du noch mehr den grausamen Riesen erbittern,
Welcher mit seinem Geschoß in die See hinspielet und eben
Wieder ans Ufer uns warf, wo Tod und Verderben uns drohte?
Hätt er von dir nur ein Wort, nur eine Stimme vernommen,
Wahrlich, mit Einem geschleuderten Fels hätt er unsere Schädel
Samt den Balken des Schiffes zerschellt! Er versteht sich aufs
    Schleudern!
Aber sie strebten umsonst, mein edles Herz zu bewegen
Und ich rief dem Kyklopen von neuem mit zürnender Seele:

Hör, Kyklope! Sollte dich einst von den sterblichen Menschen
Jemand fragen, wer dir dein Auge so schändlich geblendet,
Sag ihm: Odysseus, der Sohn Laërtes', der Städteverwüster,
Der in Ithaka wohnt, der hat mein Auge geblendet!

David und Goliath

Die Philister sammelten ihre Heere zum Streit und lagerten sich zu Socho in Juda. Saul aber und die Männer Israels lagerten sich im Eichgrunde und rüsteten sich zum Streit gegen die Philister. Die Philister standen auf einem Berge jenseits und die Israeliten auf einem Berge diesseits, so daß ein Tal zwischen ihnen war. Da trat aus dem Lager der Philister ein Zweikämpfer hervor mit Namen Goliath, von Gath, sechs Ellen und eine Hand breit hoch; er hatte einen ehernen Helm auf seinem Haupt und einen Schuppenpanzer an, eherne Beinschienen an seinen Schenkeln und einen ehernen Wurfspeer auf seinen Schultern. Der Schaft seines Speeres war wie ein Weberbaum, und die Spitze desselben hatte sechshundert Lot Eisen. Sein Schildträger ging vor ihm her. Und er trat vor und rief zu dem Heere Israels hinüber: Was seid ihr ausgezogen, euch zum Streit zu rüsten? Bin ich nicht ein Philister, und ihr seid Sauls Knechte? Erwählet einen unter euch, der zu mir herabkomme. Vermag er wider mich zu streiten und schlägt mich, so wollen wir eure Knechte sein; vermag ich aber obzusiegen und schlage ihn, so sollt ihr unsere Knechte sein. Da Saul und ganz Israel diese Rede des Philisters hörten, entsetzten sie sich und fürchteten sich sehr. So stellte sich der Philister morgens und abends vierzig Tage lang dar.

Auch die drei ältesten Söhne Isais waren mit Saul in den Krieg gezogen. David aber ging ab und zu von Saul, um die Schafe seines Vaters in Bethlehem zu hüten. Und Isai sprach zu David: Nimm für deine Brüder dieses Epha geröstetes Korn und diese zehn Brote und bringe es eilends ins Lager zu seinen Brüdern. Diese zehn frischen Käse aber bringe dem Hauptmann, besuche deine Brüder, siehe, ob es ihnen wohl gehe, und bringe mir ein Zeichen von ihnen. Da machte sich David des Morgens frühe auf und ließ die Schafe einem Hüter, ging hin, wie Isai ihm geboten hatte, und kam zur Wagenburg. Das Heer war ausgezogen und hatte sich gerüstet, und man schrie zum Streit. Da überließ David das Gefäß, das er trug, dem Hüter der Geräte, lief zum Heere und grüßte seine Brüder. Und als er noch mit ihnen redete, siehe, da trat Goliath heran und redete wie vorhin, und

David hörte es. Und jedermann in Israel sprach: Habt ihr den Mann gesehen herantreten? Er kommt, um Israel Hohn zu sprechen. Wer ihn schlägt, den will der König sehr reich machen und ihm seine Tochter geben und will seines Vaters Haus steuerfrei machen in Israel. Da sprach David zu den Männern, die bei ihm standen: Was wird man dem geben, der diesen Philister schlägt und die Schande von Israel wendet? denn wer ist der Philister, dieser Heide, der das Heer des lebendigen Gottes höhnt? Da wiederholte das Volk dieselben Worte. Eliab aber, sein ältester Bruder, hörte ihn mit den Männern reden, ergrimmte wider David und sprach: Warum bist du herabgekommen? Wem hast du die wenigen Schafe dort in der Wüste gelassen? Ich kenne deine Vermessenheit wohl und deines Herzens Bosheit. Du bist herabgekommen, den Streit anzusehen. David antwortete: Was habe ich denn getan? es war ja nur ein Wort! und wandte sich von ihm zu einem andern und sprach wie vorhin. Da sie nun die Worte hörten, die David sagte, verkündigten sie es Saul, und er ließ ihn holen. Und David sprach zu Saul: Es entfalle doch keinem Menschen das Herz um dieses Philisters willen. Dein Knecht will hingehen und mit ihm streiten. Saul antwortete: Du kannst nicht hingehen, mit diesem Philister zu streiten. Denn du bist ein Knabe; er aber ist ein Kriegsmann von seiner Jugend auf. David aber sprach: Dein Knecht hütete die Schafe seines Vaters, und es kam ein Löwe und ein Bär und trug ein Schaf von der Herde weg. Ich aber lief ihm nach, schlug ihn und errettete es aus seinem Rachen. Und da er sich über mich hermachte, ergriff ich ihn bei seiner Mähne, schlug ihn und tötete ihn. So hat dein Knecht beide erschlagen, den Löwen und den Bären. Also soll auch diesem Philister, diesem Heiden, geschehen, gleichwie deren einem; denn er hat das Heer des lebendigen Gottes beschimpft. Der Herr, der mich von dem Löwen und Bären errettet hat, der wird mich auch von diesem Philister erretten. Saul sprach zu David: Gehe hin, der Herr sei mit dir! Und er zog ihm seine Kleider an, setzte ihm einen ehernen Helm auf sein Haupt und legte ihm einen Panzer an. Auch gürtete David Sauls Schwert über seine Kleider und fing an zu gehen, denn er hatte es nie versucht. Da sprach er zu Saul: Ich kann nicht darin gehen, denn ich bin es nicht gewohnt. Er legte es von sich, nahm seinen Stab in die Hand, wählte fünf glatte Steine aus dem Bach und tat sie in die Hirtentasche, nahm die Schleuder in die Hand und ging auf den Philister zu. Der Philister aber ging auch auf David zu und sein Schildträger vor ihm her. Da nun der Philister hinschaute und David ansah, verachtete er ihn; denn er war ein Knabe, bräunlich und schön. Der Philister sprach zu David: Bin ich denn ein Hund, daß du mit einem Stecken zu mir kommst? und fluchte David bei seinem Gott und sprach zu ihm: Komm her zu mir, ich will dein Fleisch den Vögeln unter dem Himmel und den Tieren auf dem Felde geben. David aber sprach zu dem Philister: Du kommst zu mir mit Schwert, Spieß und Wurfspeer; ich aber komme zu dir im Namen des Herrn Zebaoth, des Gottes des Heeres Israels, das du gehöhnt hast. Heute wird dich der Herr in meine Hand überantworten, daß ich dich schlage. Ich werde dir das Haupt abhauen und die Leichen des Heeres der Philister den Vögeln unter dem Himmel geben und dem Wild auf Erden, daß alles Land inne werde, daß Israel einen Gott hat. Und diese ganze Gemeinde soll erfahren, daß der Herr nicht durch Schwert noch Spieß hilft; denn der Streit ist des Herrn, und er wird euch in unsere Hände geben. Da sich nun der Philister aufmachte, lief David ihm entgegen, griff mit seiner Hand in die Tasche und nahm einen Stein daraus, schleuderte und traf den Philister an seine Stirn, daß der Stein in die Stirne fuhr und er zur Erde fiel auf sein Angesicht. So überwand David den Philister mit der Schleuder und mit dem Stein, schlug ihn und tötete ihn. Und da er kein Schwert in seiner Hand hatte, lief er und trat zu dem Philister, nahm dessen Schwert, zog es aus der Scheide und hieb ihm den Kopf damit ab. Als aber die Philister sahen, daß ihr Stärkster tot war, flohen sie. Und die Männer Israels und Judas machten sich auf, riefen und jagten den Philistern nach mit Geschrei, und die Erschlagenen der Philister lagen auf dem Wege bis zu den Toren von Gath und Ekron. Dann kehrten die Kinder Israels um vom Verfolgen der Philister und beraubten ihr Lager.

(1. Buch Samuel)

PLATON

Sokrates über Furcht und Tapferkeit

SOKRATES: Zu welcher Art von Tätigkeit für die Stadt rufst du mich nun auf? Bestimme mir das: dazu, bei den Athenern durchzusetzen, daß sie möglichst gut werden, wie es ein Arzt tut, oder wie ein Diener, der so mit ihnen umgeht, wie es ihnen gefällig ist? Sag mir die Wahrheit, Kallikles; denn du bist verpflichtet, mir so freimütig, wie du begonnen hast, deine Meinung bis zum Ende mitzuteilen. Sprich also offen und aufrichtig!

KALLIKLES: So sage ich denn: wie ein Diener.

SOKRATES: Du forderst mich also auf, mein Edelster, ein Schmeichler zu werden.

KALLIKLES: Sage meinetwegen: ein Myser, Sokrates; denn wenn du kein Diener werden willst ...

SOKRATES: Wiederhole nicht, was du schon oft gesagt hast: daß mich dann jeder töten werde, dem es beliebt; sonst müßte auch ich wieder antworten, daß dann ein Schlechter einen Guten tötet. Und sage auch nicht, daß er mir wegnehmen wird, was ich besitze, sonst muß ich antworten: „Ja, aber wenn er es weggenommen hat, dann wird er nicht wissen, was er damit anfangen soll, sondern wie er es mir widerrechtlich geraubt hat, so wird er es auch ungerecht gebrauchen, wenn aber ungerecht, dann auch häßlich, und wenn häßlich, dann auch schlecht."

KALLIKLES: Wie fest scheinst du mir daran zu glauben, Sokrates, daß dir auch gar nichts von dem widerfahren kann, als ob du ganz abseits wohntest und nicht vor Gericht geführt werden könntest, vielleicht von einem ganz üblen und schlechten Menschen.

SOKRATES: Dann bin ich also wahrhaft unverständig, Kallikles, wenn ich nicht daran glaube, daß in dieser Stadt einem jeden alles widerfahren kann, was nur möglich ist. Das indes weiß ich: wenn ich je vor Gericht komme und es steht dabei so etwas auf dem Spiele, wie du sagst, dann muß mein Ankläger ein schlechter Mensch sein; denn kein Redlicher wird einen Unschuldigen vor

Gericht bringen. Es wäre auch gar kein Wunder, wenn ich sterben müßte. Soll ich dir sagen, warum ich das erwarte?

KALLIKLES: Ja.

SOKRATES: Ich glaube, einer der wenigen Athener – um nicht zu sagen der einzige – zu sein, der sich um die wahre Staatskunst bemüht, und der einzige unter meinen Zeitgenossen, der für das Staatswohl tätig ist. Denn ich richte meine Worte jeweils nicht danach, daß sie Gefallen finden, sondern bezwecke damit das möglichst Gute, nicht das möglichst Angenehme, und all die herrlichen Dinge, zu denen du mich ermunterst, will ich nicht tun; darum werde ich auch vor Gericht nichts zu sagen wissen. Dabei kommt mir der Ausspruch in den Sinn, den ich zu Polos getan habe: Ich werde so gerichtet werden wie ein Arzt, wenn Kinder über ihn zu Gericht säßen und ein Koch der Ankläger wäre. Überlege dir, was so ein Mann zu seiner Verteidigung sagen könnte, wenn er vor einem solchen Gerichtshof stände und ihn dann einer mit folgenden Worten anklagte: „Liebe Kinder, viel Übles hat dieser Mann euch zugefügt, und sogar die Jüngsten unter euch richtet er mit seinem Schneiden und Brennen zugrunde, bringt sie mit Magerkuren und Brechmitteln zur Verzweiflung; er gibt euch die bittersten Tränklein und läßt euch hungern und dürsten – anders als ich, der ich euch mit vielen angenehmen Dingen aller Art bewirte." Was meinst du, daß ein Arzt wohl sagen kann, wenn er in so eine Lage kommt? Oder wenn er die Wahrheit sagte: „Dies alles, liebe Kinder, tat ich um eurer Gesundheit willen" – was meinst du, daß dann solche Richter für ein Geschrei erheben würden? Doch ein großes?

KALLIKLES: Vermutlich; das läßt sich ja denken.

SOKRATES: Du glaubst also auch, er werde in der größten Verlegenheit sein, was er sagen soll?

KALLIKLES: Gewiß.

SOKRATES: Gerade so, ich weiß wohl, würde es auch mir ergehen, wenn ich vor Gericht käme. Ich werde keine Vergnügungen aufzählen können, die ich ihnen bereitet habe und die sie als Wohltaten und Vorteile anerkennen, aber ich beneide weder die, die ihnen solche verschaffen können, noch die, denen sie zuteil werden. Wenn aber einer behauptet, ich verdürbe die Jugend, indem ich sie in Zweifel stürze, oder ich beschimpfte die Alten, indem ich in kleinem Kreise oder öffentlich bittere Reden führe, dann werde ich weder die Wahrheit sagen können, nämlich: „Mit Recht sage ich das alles, ihr Richter, und habe damit ja euren Vorteil im Auge", noch sonst irgend etwas; und so werde ich vermutlich, wie es auch kommt, mein Schicksal erleiden müssen.

KALLIKLES: Glaubst du nun, Sokrates, es stehe gut um einen Mann in der Stadt, der sich in einer solchen Lage befindet und sich selber nicht helfen kann?

SOKRATES: Ja, Kallikles, wenn er nur das eine besitzt, was du oftmals anerkannt hast: wenn er sich so hat helfen können, daß er niemals, weder gegen Menschen noch gegen Götter, irgend etwas Unrechtes gesagt oder getan hat. Wir haben ja immer wieder zusammen festgestellt, daß dies die beste Hilfe für ihn bedeutet. Wenn mir nun jemand nachweist, daß ich nicht imstande sei, weder mir selber noch einem anderen diese Hilfe zu bringen, so würde ich mich schämen, ob mir das nun in der Gegenwart von vielen oder von wenigen oder nur unter vier Augen bewiesen würde. Müßte ich infolge dieses Unvermögens sterben, dann würde ich mich darüber kränken; wenn ich aber deswegen sterben müßte, weil mir die schmeichlerische Redekunst fehlt, so könntest du, wie ich sicher weiß, sehen, wie leicht ich den Tod ertrüge. Denn das Sterben selbst fürchtet doch niemand, der nicht ganz unvernünftig und unmännlich ist; aber das Unrechttun fürchtet man. Denn wenn die Seele mit vielen begangenen Ungerechtigkeiten beladen in den Hades kommt, dann ist das das schlimmste von allen Übeln.

FRIEDRICH VON LOGAU

Der Mittel-Weg

In Gefahr und großer Not
Bringt der Mittel-Weg den Tod.

WILLIAM SHAKESPEARE

König Heinrich V.
Rede des Königs in der Schlacht bei Agincourt

WESTMORELAND. O hätten wir nun hier
Nur ein Zehntausend von dem Volk in England,
Das heut ohn Arbeit ist!
KÖNIG HEINRICH. Wer wünschte so?
Mein Vetter Westmoreland? – Nein, bester Vetter:
Zum Tode ausersehn, sind wir genug
Zu unsers Lands Verlust; und wenn wir leben,
Je kleinre Zahl, je größres Ehrenteil.
Wie Gott will! Wünsche nur nicht *einen* mehr!
Beim Zeus, ich habe keine Gier nach Gold
Noch frag ich, wer auf meine Kosten lebt;
Mich kränkts nicht, wenn sie meine Kleider tragen;
Mein Sinn steht nicht auf solche äußre Dinge:
Doch wenn es Sünde ist, nach Ehre geizen,
Bin ich das schuldigste Gemüt, das lebt.
Nein, Vetter, wünsche keinen Mann von England;
Bei Gott! ich geb um meine beste Hoffnung
Nicht soviel Ehre weg, als *ein* Mann mehr
Mir würd entziehn. O wünsch nicht *einen* mehr!
Ruf lieber aus im Heere, Westmoreland,
Daß jeder, der nicht Lust zu fechten hat,
Nur hinziehn mag; man stell ihm seinen Paß
Und stecke Reisegeld in seinen Beutel:
Wir wollen nicht in des Gesellschaft sterben,
Der die Gemeinschaft scheut mit unserm Tode.
Der heutge Tag heißt Crispianus' Fest:
Der, so ihn überlebt und heim gelangt,
Wird auf den Sprung stehn, nennt man diesen Tag,
Und sich beim Namen Crispianus rühren.
Wer heut am Leben bleibt und kommt zu Jahren,

Der gibt ein Fest am heilgen Abend jährlich
Und sagt: „Auf morgen ist Sankt Krispian!"
Streift dann den Ärmel auf, zeigt seine Narben
Und sagt: „Am Krispinstag empfing ich die."
Die Alten sind vergeßlich; doch wenn alles
Vergessen ist, wird er sich noch erinnern
Mit manchem Zusatz, was er an dem Tag
Für Stücke tat: dann werden unsre Namen,
Geläufig seinem Mund wie Alltagsworte:
Heinrich der König, Bedford, Exeter,
Warwick und Talbot, Salisbury und Gloster,
Bei ihren vollen Schalen frisch bedacht!
Der wackre Mann lehrt seinem Sohn die Märe,
Und nie von heute bis zum Schluß der Welt
Wird Krispin-Krispian vorübergehn,
Daß man nicht uns dabei erwähnen sollte,
Uns wen'ge, uns beglücktes Häuflein Brüder:
Denn welcher heut sein Blut mit mir vergießt,
Der wird mein Bruder; sei er noch so niedrig,
Der heutge Tag wird adeln seinen Stand.
Und Edelleut in England, jetzt im Bett,
Verfluchen einst, daß sie nicht hier gewesen,
Und werden kleinlaut, wenn nur jemand spricht,
Der mit uns focht am Sankt Crispinustag.

HEINRICH VON KLEIST

Anekdote aus dem letzten preußischen Kriege

In einem bei Jena liegenden Dorf erzählte mir, auf einer Reise nach Frankfurt, der Gastwirt, daß sich mehrere Stunden nach der Schlacht[1], um die Zeit, da das Dorf schon ganz von der Armee des Prinzen von Hohenlohe verlassen und von Franzosen, die es für besetzt gehalten, umringt gewesen wäre, ein einzelner preußischer Reiter darin gezeigt hätte; und versicherte mir, daß, wenn alle Soldaten, die an diesem Tage mitgefochten, so tapfer gewesen wären, wie dieser, die Franzosen hätten geschlagen werden müssen, wären sie auch noch dreimal stärker gewesen, als sie in der Tat waren. Dieser Kerl, sprach der Wirt, sprengte, ganz von Staub bedeckt, vor meinen Gasthof, und rief: „Herr Wirt!" und da ich frage: was gibt's? „ein Glas Branntwein!" antwortet er, indem er sein Schwert in die Scheide wirft; „mich dürstet." Gott im Himmel! sag' ich, will Er machen, Freund, daß Er wegkömmt? Die Franzosen sind ja dicht vor dem Dorf! „Ei, was!" spricht er, indem er dem Pferde den Zügel über den Hals legt. „Ich habe den ganzen Tag nichts genossen!" Nun Er ist, glaub' ich, vom Satan besessen –! He! Liese! rief ich, und schaff' ihm eine Flasche Danziger herbei, und sage: da! und will ihm die ganze Flasche in die Hand drücken, damit er nur reite. „Ach, was!" spricht er, indem er die Flasche wegstößt, und sich den Hut abnimmt; „wo soll ich mit dem Quark hin?" Und: „Schenk' Er ein!" spricht er, indem er sich den Schweiß von der Stirn abtrocknet; „denn ich habe keine Zeit!" Nun Er ist ein Kind des Todes, sag' ich. Da! sag' ich, und schenk' ihm ein; da! trink' Er und reit' Er! Wohl mag's ihm bekommen! „Noch eins!" spricht der Kerl; während die Schüsse schon von allen Seiten ins Dorf prasseln. Ich sage: Noch eins? Plagt Ihn –! „Noch eins!" spricht er, und streckt mir das Glas hin. – „Und gut gemessen", spricht er, indem er sich den Bart wischt, und sich vom Pferde herab schneuzt; „denn es wird bar bezahlt!" Ei, mein Seel', so wollt ich doch, daß Ihn –! Da! sag' ich, und schenk' ihm noch, wie er verlangt, ein zweites, und schenk' ihm, da er getrunken, noch ein

drittes ein, und frage: Ist Er nun zufrieden? „Ach!" – schüttelt sich
der Kerl. „Der Schnaps ist gut! – Na!" spricht er, und setzt sich den
Hut auf, „was bin ich schuldig?" Nichts! nichts! versetz' ich.
Pack' Er sich, in's Teufels Namen; die Franzosen ziehen augenblicklich ins
Dorf! „Na!" sagt er, indem er in seinen Stiefel greift, „so soll's ihm
Gott lohnen", und holt, aus dem Stiefel, einen Pfeifenstummel
hervor, und spricht, nachdem er den Kopf ausgeblasen: „Schaff' Er
mir Feuer!" Feuer? sag' ich; plagt Ihn –? „Feuer, ja!" spricht er; „denn
ich will mir eine Pfeife Tabak anmachen." Ei, den Kerl reiten Legionen –! He, Liese! ruf' ich das Mädchen, und während der Kerl sich
die Pfeife stopft, schafft das Mensch ihm Feuer. „Na!" sagt der Kerl,
die Pfeife, die er sich angeschmaucht, im Maul, „nun sollen doch die
Franzosen die Schwerenot² kriegen!" Und damit, indem er sich den
Hut in die Augen drückt, und zum Zügel greift, wendet er das Pferd
und zieht von Leder. Ein Mordkerl! sag' ich; ein verfluchter, ver-
wetterter Galgenstrick! Will Er sich in's Henkers Namen scheren, wo
er hingehört? Drei Chasseurs³ – sieht Er nicht? halten ja schon vor
dem Tor! „Ei was!" spricht er, indem er ausspuckt; und faßt die drei
Kerls blitzend ins Auge. „Wenn ihrer zehen wären, ich fürcht' mich
nicht." Und in dem Augenblick reiten auch die drei Franzosen schon
ins Dorf. „Bassa Manelka!⁴" ruft der Kerl, und gibt seinem Pferde die
Sporen und sprengt auf sie ein; sprengt, so wahr Gott lebt, auf sie ein,
und greift sie, als ob er das ganze Hohenlohische Korps hinter sich
hätte, an; dergestalt, daß, da die Chasseurs, ungewiß, ob nicht noch
mehr Deutsche im Dorf sein mögen, einen Augenblick, wider ihre
Gewohnheit, stutzen, er, mein Seel', ehe man noch eine Hand
umkehrt, alle drei vom Sattel haut, die Pferde, die auf dem Platz
herumlaufen, aufgreift, damit bei mir vorbeisprengt, und: „Bassa
Teremtetem!" ruft, und „Sieht Er wohl, Herr Wirt?" und „Adies!"
und „Auf Wiedersehn!" und „hoho! hoho! hoho!" – – So einen Kerl,
sprach der Wirt, habe ich zeit meines Lebens nicht gesehen.

1 14. Oktober 1806.
2 Aus Amerika nach Europa eingeschleppte syphilitische Erkrankung.
3 Jäger.
4 Soldatenfluch aus den Türkenkriegen.

JOHANN WOLFGANG VON GOETHE

Beherzigung

Feiger Gedanken
bängliches Schwanken,
weibisches Zagen,
ängstliches Klagen
wendet kein Elend,
macht dich nicht frei.

Allen Gewalten
zum Trutz sich erhalten,
nimmer sich beugen,
kräftig sich zeigen
rufet die Arme
der Götter herbei.

FRIEDRICH VON SCHILLER

Don Carlos
König Philipp II. und Marquis Posa

MARQUIS.   Ich höre, Sire, wie klein,
Wie niedrig Sie von Menschenwürde denken,
Selbst in des freien Mannes Sprache nur
Den Kunstgriff eines Schmeichlers sehen, und
Mir deucht, ich weiß, wer Sie dazu berechtigt.
Die Menschen zwangen Sie dazu; *die* haben
Freiwillig ihres Adels sich begeben,
Freiwillig sich auf diese niedre Stufe
Herabgestellt. Erschrocken fliehen sie
Vor dem Gespenste ihrer innern Größe,

Gefallen sich in ihrer Armut, schmücken
Mit feiger Weisheit ihre Ketten aus,
Und Tugend nennt man, sie mit Anstand tragen.
So überkamen Sie die Welt. So ward
Sie ihrem großen Vater überliefert.
Wie könnten Sie in dieser traurigen
Verstümmlung – Menschen ehren?

KÖNIG.   Etwas Wahres
Find ich in diesen Worten.

MARQUIS.   Aber schade!
Da Sie den Menschen aus des Schöpfers Hand
In Ihrer Hände Werk verwandelten
Und dieser neugegoßnen Kreatur
Zum Gott sich gaben – da versahen Sie's
In etwas nur: Sie blieben selbst noch Mensch –
Mensch aus des Schöpfers Hand. *Sie* fuhren fort,
Als Sterblicher zu leiden, zu begehren;
Sie brauchen Mitgefühl – und einem Gott
Kann man nur opfern – zittern – zu ihm beten!
Bereuenswerter Tausch! Unselige
Verdrehung der Natur! – Da Sie den Menschen
Zu Ihrem Saitenspiel herunterstürzten,
Wer teilt mir Ihnen Harmonie?

KÖNIG.   (Bei Gott,
Er greift in meine Seele!)

MARQUIS.   Aber Ihnen
Bedeutet dieses Opfer nichts. Dafür
Sind Sie auch einzig – Ihre eigne Gattung –
Um diesen Preis sind Sie ein Gott. – Und schrecklich,
Wenn das *nicht* wäre – wenn für diesen Preis,
Für das zertretne Glück von Millionen,
Sie nichts gewonnen hätten! wenn die Freiheit,
Die Sie vernichteten, das einzge wäre,
Das Ihre Wünsche reifen kann? – Ich bitte,
Mich zu entlassen, Sire. Mein Gegenstand
Reißt mich dahin. Mein Herz ist voll – der Reiz

140

Zu mächtig, vor dem Einzigen zu stehen,
Dem ich es öffnen möchte.

...

KÖNIG.   Vollendet!
Ihr hattet mir noch mehr zu sagen.
MARQUIS.   Sire!
Jüngst kam ich an von Flandern und Brabant. –
So viele reiche, blühende Provinzen!
Ein kräftiges, ein großes Volk – und auch
Ein gutes Volk – und Vater dieses Volkes!
Das, dacht ich, das muß göttlich sein! – Da stieß
Ich auf verbrannte menschliche Gebeine –
*(Hier schweigt er still; seine Augen ruhen auf dem König,
der es versucht, diesen Blick zu erwidern, aber betroffen
und verwirrt zur Erde sieht)*
Sie haben recht. *Sie* müssen. Daß Sie *können*,
Was Sie zu müssen eingesehn, hat mich
Mit schauernder Bewunderung durchdrungen.
O schade, daß, in seinem Blut gewälzt,
Das Opfer wenig dazu taugt, dem Geist
Des Opferers ein Loblied anzustimmen!
Daß Menschen nur – nicht Wesen höhrer Art –
Die Weltgeschichte schreiben! – Sanftere
Jahrhunderte verdrängen Philipps Zeiten;
Die bringen milde Weisheit; Bürgerglück
Wird dann versöhnt mit Fürstengröße wandeln,
Der karge Staat mit seinen Kindern geizen,
Und die Notwendigkeit wird menschlich sein.
KÖNIG. Wann, denkt Ihr, würden diese menschlichen
Jahrhunderte erscheinen, hätt ich vor
Dem Fluch des jetzigen gezittert? Sehet
In meinem Spanien Euch um. Hier blüht
Des Bürgers Glück in nie bewölktem Frieden;
Und *diese Ruhe* gönn ich den Flamändern.
MARQUIS. Die Ruhe eines Kirchhofs! Und Sie hoffen

Zu endigen, was Sie begannen? hoffen,
Der Christenheit gezeitigte Verwandlung,
Den allgemeinen Frühling aufzuhalten,
Der die Gestalt der Welt verjüngt? *Sie* wollen
Allein in ganz Europa – sich dem Rade
Des Weltverhängnisses, das unaufhaltsam
In vollem Laufe rollt, entgegenwerfen?
Mit Menschenarm in seine Speichen fallen?
Sie werden nicht! Schon flohen Tausende
Aus Ihren Ländern froh und arm. Der Bürger,
Den Sie verloren für den Glauben, war
Ihr edelster. Mit offnen Mutterarmen
Empfängt die Fliehenden Elisabeth,
Und fruchtbar blüht durch Künste unsres Landes
Britannien. Verlassen von dem Fleiß
Der neuen Christen, liegt Grenada öde,
Und jauchzend sieht Europa seinen Feind
An selbstgeschlagnen Wunden sich verbluten.
Sie wollen pflanzen für die Ewigkeit,
Und säen Tod? Ein so erzwungnes Werk
Wird seines Schöpfers Geist nicht überdauern.
Dem Undank haben Sie gebaut – umsonst
Den harten Kampf mit der Natur gerungen,
Umsonst ein großes königliches Leben
Zerstörenden Entwürfen hingeopfert.
Der Mensch ist mehr, als Sie von ihm gehalten.
Des langen Schlummers Bande wird er brechen
Und wiederfordern sein geheiligt Recht.
Zu einem *Nero* und *Busiris* wirft
Er Ihren Namen, und – das schmerzt mich; denn
Sie waren gut.
KÖNIG.   Wer hat Euch dessen so
Gewiß gemacht?
MARQUIS.   Ja, beim Allmächtigen!
Ja – ja – ich wiederhol es. Geben Sie,
Was Sie uns nahmen, wieder! Lassen Sie,

Großmütig wie der Starke, Menschenglück
Aus Ihrem Füllhorn strömen – Geister reifen
In Ihrem Weltgebäude! Geben Sie,
Was Sie uns nahmen, wieder. Werden Sie
Von Millionen Königen ein König.
O, könnte die Beredsamkeit von allen
Den Tausenden, die dieser großen Stunde
Teilhaftig sind, auf meinen Lippen schweben,
Den Strahl, den ich in diesen Augen merke,
Zur Flamme zu erheben! – Geben Sie
Die unnatürliche Vergöttrung auf,
Die uns vernichtet. Werden Sie uns Muster
Des Ewigen und Wahren. Niemals – niemals
Besaß ein Sterblicher so viel, so göttlich
Es zu gebrauchen. Alle Könige
Europens huldigen dem spanschen Namen.
Gehn Sie Europens Königen voran.
Ein Federzug von dieser Hand, und neu
Erschaffen wird die Erde. Geben Sie
Gedankenfreiheit. – ...
                    Sehen Sie sich um
In seiner herrlichen Natur! Auf Freiheit
Ist sie gegründet – und wie reich ist sie
Durch Freiheit! Er, der große Schöpfer, wirft
In einen Tropfen Tau den Wurm, und läßt
Noch in den toten Räumen der Verwesung
Die Willkür sich ergetzen – *Ihre* Schöpfung,
Wie eng und arm! Das Rauschen eines Blattes
Erschreckt den Herrn der Christenheit – *Sie* müssen
Vor jeder Tugend zittern. *Er* – der Freiheit
Entzückende Erscheinung nicht zu stören –
Er läßt des Übels grauenvolles Heer
In seinem Weltall lieber toben – ihn,
Den Künstler, wird man nicht gewahr, bescheiden
Verhüllt er sich in ewige Gesetze;
Die sieht der Freigeist, doch nicht *ihn*. Wozu

143

Ein Gott? sagt er; die Welt ist sich genug.
Und keines Christen Andacht hat ihn mehr
Als dieses Freigeists Lästerung gepriesen.
KÖNIG. Und wollet Ihr es unternehmen, dies
Erhabne Muster in der Sterblichkeit
In meinen Staaten nachzubilden?
MARQUIS.   Sie,
Sie können es. Wer anders? Weihen Sie
Dem Glück der Völker die Regentenkraft,
Die – ach so lang – des Thrones Größe nur
Gewuchert hatte – stellen Sie der Menschheit
Verlornen Adel wieder her. Der Bürger
Sei wiederum, was er zuvor gewesen,
Der Krone Zweck – ihn binde keine Pflicht
Als seiner Brüder gleich ehrwürdge Rechte.
Wenn nun der Mensch, sich selbst zurückgegeben,
Zu seines Werts Gefühl erwacht – der Freiheit
Erhabne, stolze Tugenden gedeihen –
Dann, Sire, wenn Sie zum glücklichsten der Welt
Ihr eignes Königreich gemacht – dann ist
Es Ihre Pflicht, die Welt zu unterwerfen.
KÖNIG *(nach einem großen Stillschweigen).*
Ich ließ Euch bis zu Ende reden – Anders,
Begreif ich wohl, als sonst in Menschenköpfen
Malt sich in diesem Kopf die Welt – auch will
Ich fremdem Maßstab Euch nicht unterwerfen.
Ich bin der Erste, dem Ihr Euer Innerstes
Enthüllt. Ich glaub es, weil ichs weiß. Um dieser
Enthaltung willen, solche Meinungen,
Mit solchem Feuer doch umfaßt, verschwiegen
Zu haben bis auf diesen Tag – um dieser
Bescheidnen Klugheit willen, junger Mann,
Will ich vergessen, daß ich sie erfahren,
Und wie ich sie erfahren. Stehet auf.
Ich will den Jüngling, der sich übereilte,
Als Greis und nicht als König widerlegen.

Ich will es, weil ichs will – Gift also selbst,
Find ich, kann in gutartigen Naturen
Zu etwas Besserm sich veredeln – Aber
Flieht meine Inquisition. – Es sollte
Mir leid tun –

JOHANN PETER HEBEL

Die Besatzung von Oggersheim

Zu Oggersheim, gegenüber von Mannheim, um die Wahl etwas
weiter oben oder unten, je nachdem man sich stellt, als im Dreißigjährigen Krieg unversehens die Spaniolen vor Oggersheim anrück-
ten, flohen fast alle Einwohner nach Mannheim. Nur zwanzig Haus-
väter blieben zurück und hatten das Herz, die Zugbrücke aufzuzie-
hen und die Tore zu schließen. Es gehört nicht viel Herz zum
Schließen, aber zum Öffnen. Denn als der spanische Feldhauptmann
Don Gonsalva hineintrompeten ließ: „Wenn ihr bis morgen um
diese Zeit den Platz nicht übergebt", ließ er hineintrompeten, „alsdenn gebt acht, wer am Leben bleibt, wenn ich den spanischen
Sturmmarsch schlagen lasse und doch hineinkomme", da sahen die
Helden einander an und sagten: „Der Weg nach Mannheim ist doch
der sicherste." Nur einer dachte: „Was soll ich tun? Meine Frau steht
an ihrem Ziel. Soll sie unterwegs oder gar auf dem Rhein ins Kind-
bett kommen? In Gottes Namen, ich bleibe da." Als nun die andern
alle sich geflüchtet hatten und er noch allein in dem Städtlein war,
trat er mit einem weißen Fähnlein auf die Stadtmauer und rief in das
spanische Lager: „Kund und zu wissen sei euch im Namen des Herrn
Kommandanten von Oggersheim, der Garnison und der ehrsamen
Bürgerschaft! Ihr sollt uns versprechen, das Eigentum zu schonen
und die protestantische Religion unangefochten zu lassen. Wenn ihr
dieses tut und halten wollt, so sollen euch in einer Stunde die
Stadttore geöffnet werden. Ich, der Trompeter." – Da sahen der
Feldhauptmann und seine Leute einander an. Ja, Nein – Nein, Ja.
„Was sollen wir katholisches Blut vergießen lassen", sagte endlich der

Feldhauptmann, „um einen ketzerischen Altar umzuwerfen, oder was werden wir in diesem Bauernstädtlein für Schätze finden?" und rief mit lauter Stimme: „Akkordiert!" Nach einer Stunde, als der Feind mit geschlossenen Reihen und Gliedern, mit fliegenden Fahnen und klingendem Spiel einzog, am äußern Tor war niemand. – „Sie werden am innern sein." Am innern Tor war auch niemand. – „Sie werden auf dem Platz sein." Auf dem Platz stand mutterseelenallein mit dem weißen Fähnlein der herzhafte Bürgersmann. – „Was soll das heißen? Wo ist der Kommandant und die Besatzung, wo ist der Bürgermeister und der Rat?" Da fiel der Bürgersmann vor dem Feldhauptmann auf die Knie nieder: „Gnädiger Herr, ich bin der einzige, der sich Eurer Großmut anvertraut hat. Die andern sind nach Eurer Aufforderung alle nach Mannheim geflohen. Nur meine Frau ist noch bei mir im Städtlein, aber ein ellenlanger Rekrut wird nächster Tagen eintreffen. Unterdessen bin ich mein eigener Kommandant und mein Trompeter, mein Gemeiner und mein Profos[1]. Wenn ich seit gestern hätte desertieren wollen, ich hätte mich selber wieder einfangen und Spießruten jagen müssen." Da lächelte der Feldhauptmann und hieß ihn aufstehn, und obgleich die Spanier zur Zeit des Dreißigjährigen Kriegs keinen Spaß verstanden, so leistete er doch, was er versprochen hatte, und noch mehr. Denn als den andern Morgen der brave Bürgersmann wieder zu dem Feldhauptmann kam, „Ihre Gnaden", sagte er, „wolltet Ihr mir nicht auf eine Viertelstunde Euern Feldpater leihen, wenn er evangelisch taufen kann? Der ellenlange Rekrut ist angekommen und schon einquartiert", da sagte der Feldhauptmann: „Ja, braver Kamerad, und ich will Gevattermann sein und dein Kind zur Taufe halten." Also hielt der General das Kind zur Taufe und schenkte ihm ein spanisches Goldstück zum Andenken. Am folgenden Tag zogen die Spaniolen wieder weiter.

---

1 Verwalter der Militärgerichtsbarkeit.

BRÜDER GRIMM

Hänsel und Gretel

Vor einem großen Walde wohnte ein armer Holzhacker mit seiner Frau und seinen zwei Kindern; das Bübchen hieß Hänsel und das Mädchen Gretel. Er hatte wenig zu beißen und zu brechen, und einmal, als große Teuerung ins Land kam, konnte er auch das tägliche Brot nicht mehr schaffen. Wie er sich nun abends im Bette Gedanken machte und sich vor Sorgen herumwälzte, seufzte er und sprach zu seiner Frau „was soll aus uns werden? wie können wir unsere armen Kinder ernähren, da wir für uns selbst nichts mehr haben?" „Weißt du was, Mann", antwortete die Frau, „wir wollen morgen in aller Frühe die Kinder hinaus in den Wald führen, wo er am dicksten ist: da machen wir ihnen ein Feuer an und geben jedem noch ein Stückchen Brot, dann gehen wir an unsere Arbeit und lassen sie allein. Sie finden den Weg nicht wieder nach Haus, und wir sind sie los." „Nein, Frau", sagte der Mann, „das tue ich nicht; wie sollt' ich's übers Herz bringen, meine Kinder im Walde allein zu lassen, die wilden Tiere würden bald kommen und sie zerreißen." „O du Narr", sagte sie, „dann müssen wir alle viere Hungers sterben, du kannst nur die Bretter für die Särge hobeln", und ließ ihm keine Ruhe, bis er einwilligte. „Aber die armen Kinder dauern mich doch", sagte der Mann.

Die zwei Kinder hatten vor Hunger auch nicht einschlafen können und hatten gehört, was die Stiefmutter zum Vater gesagt hatte. Gretel weinte bittere Tränen und sprach zu Hänsel „nun ist's um uns geschehen." „Still, Gretel", sprach Hänsel, „gräme dich nicht, ich will uns schon helfen." Und als die Alten eingeschlafen waren, stand er auf, zog sein Röcklein an, machte die Untertüre auf und schlich sich hinaus. Da schien der Mond ganz helle, und die weißen Kieselsteine, die vor dem Haus lagen, glänzten wie lauter Batzen. Hänsel bückte sich und steckte so viel in sein Rocktäschlein als nur hinein wollten. Dann ging er wieder zurück, sprach zu Gretel „sei getrost, liebes Schwesterchen, und schlaf nur ruhig ein, Gott wird uns nicht verlassen", und legte sich wieder in sein Bett.

Als der Tag anbrach, noch ehe die Sonne aufgegangen war, kam schon die Frau und weckte die beiden Kinder, „steht auf, ihr Faulenzer, wir wollen in den Wald gehen und Holz holen." Dann gab sie jedem ein Stückchen Brot und sprach „da habt ihr etwas für den Mittag, aber eßt's nicht vorher auf, weiter kriegt ihr nichts." Gretel nahm das Brot unter die Schürze, weil Hänsel die Steine in der Tasche hatte. Danach machten sie sich alle zusammen auf den Weg nach dem Wald. Als sie ein Weilchen gegangen waren, stand Hänsel still und guckte nach dem Haus zurück und tat das wieder und immer wieder. Der Vater sprach „Hänsel, was guckst du da und bleibst zurück, hab acht und vergiß deine Beine nicht." „Ach, Vater", sagte Hänsel, „ich sehe nach meinem weißen Kätzchen, das sitzt oben auf dem Dach und will mir Ade sagen." Die Frau sprach „Narr, das ist dein Kätzchen nicht, das ist die Morgensonne, die auf den Schornstein scheint." Hänsel aber hatte nicht nach dem Kätzchen gesehen, sondern immer einen von den blanken Kieselsteinen aus seiner Tasche auf den Weg geworfen.

Als sie mitten in den Wald gekommen waren, sprach der Vater „nun sammelt Holz, ihr Kinder, ich will ein Feuer anmachen, damit ihr nicht friert." Hänsel und Gretel trugen Reisig zusammen, einen kleinen Berg hoch. Das Reisig ward angezündet, und als die Flamme recht hoch brannte, sagte die Frau „nun legt euch ans Feuer, ihr Kinder, und ruht euch aus, wir gehen in den Wald und hauen Holz. Wenn wir fertig sind, kommen wir wieder und holen euch ab."

Hänsel und Gretel saßen am Feuer, und als der Mittag kam, aß jedes sein Stücklein Brot. Und weil sie die Schläge der Holzaxt hörten, so glaubten sie, ihr Vater wäre in der Nähe. Es war aber nicht die Holzaxt, es war ein Ast, den er an einen dürren Baum gebunden hatte und den der Wind hin- und herschlug. Und als sie so lange gesessen hatten, fielen ihnen die Augen vor Müdigkeit zu, und sie schliefen fest ein. Als sie endlich erwachten, war es schon finstere Nacht. Gretel fing an zu weinen und sprach „wie sollen wir nun aus dem Wald kommen!" Hänsel aber tröstete sie, „wart nur ein Weilchen, bis der Mond aufgegangen ist, dann wollen wir den Weg schon finden." Und als der volle Mond aufgestiegen war, so nahm Hänsel sein Schwesterchen an der Hand und ging den Kieselsteinen nach, die schimmerten wie neu geschlagene Batzen und zeigten ihnen den Weg. Sie gingen die ganze Nacht hindurch und kamen bei anbrechendem Tag wieder zu ihres Vaters Haus. Sie klopften an die Tür, und als die Frau aufmachte und sah, daß es Hänsel und Gretel waren, sprach sie „ihr bösen Kinder, was habt ihr so lange im Wald geschlafen, wir haben geglaubt, ihr wolltet gar nicht wiederkommen." Der Vater aber freute sich, denn es war ihm zu Herzen gegangen, daß er sie so allein zurückgelassen hatte.

Nicht lange danach war wieder Not in allen Ecken, und die Kinder hörten, wie die Mutter nachts im Bette zu dem Vater sprach „alles ist wieder aufgezehrt, wir haben noch einen halben Laib Brot, hernach hat das Lied ein Ende. Die Kinder müssen fort, wir wollen sie tiefer in den Wald hineinführen, damit sie den Weg nicht wieder herausfinden; es ist sonst keine Rettung für uns." Dem Mann fiel's schwer aufs Herz und er dachte „es wäre besser, daß du den letzten Bissen mit deinen Kindern teiltest." Aber die Frau hörte auf nichts, was er sagte, schalt ihn und machte ihm Vorwürfe. Wer A sagt, muß auch B sagen, und weil er das erstemal nachgegeben hatte, so mußte er es auch zum zweitenmal.

Die Kinder waren aber noch wach gewesen und hatten das Gespräch mitangehört. Als die Alten schliefen, stand Hänsel wieder auf, wollte hinaus und Kieselsteine auflesen wie das vorige Mal, aber die Frau hatte die Tür verschlossen, und Hänsel konnte nicht heraus. Aber er tröstete sein Schwesterchen und sprach „weine nicht, Gretel, und schlaf nur ruhig, der liebe Gott wird uns schon helfen."

Am frühen Morgen kam die Frau und holte die Kinder aus dem Bette. Sie erhielten ihr Stückchen Brot, das war aber noch kleiner als das vorige Mal. Auf dem Wege nach dem Wald bröckelte es Hänsel in der Tasche, stand oft still und warf ein Bröcklein auf die Erde. „Hänsel, was stehst du und guckst dich um", sagte der Vater, „geh deiner Wege." „Ich sehe nach meinem Täubchen, das sitzt auf dem Dache und will mir Ade sagen," antwortete Hänsel. „Narr", sagte die Frau, „das ist dein Täubchen nicht, das ist die Morgensonne, die auf den Schornstein oben scheint." Hänsel aber warf nach und nach alle Bröcklein auf den Weg.

Die Frau führte die Kinder noch tiefer in den Wald, wo sie ihr

Lebtag noch nicht gewesen waren. Da ward wieder ein großes Feuer angemacht, und die Mutter sagte „bleibt nur da sitzen, ihr Kinder, und wenn ihr müde seid, könnt ihr ein wenig schlafen: wir gehen in den Wald und hauen Holz, und abends, wenn wir fertig sind, kommen wir und holen euch ab." Als es Mittag war, teilte Gretel ihr Brot mit Hänsel, der sein Stück auf den Weg gestreut hatte. Dann schliefen sie ein, und der Abend verging, aber niemand kam zu den armen Kindern. Sie erwachten erst in der finsteren Nacht, und Hänsel tröstete sein Schwesterchen und sagte „wart nur, Gretel, bis der Mond aufgeht, dann werden wir die Brotbröcklein sehen, die ich ausgestreut habe, die zeigen uns den Weg nach Haus." Als der Mond kam, machten sie sich auf, aber sie fanden kein Bröcklein mehr, denn die viel tausend Vögel, die im Walde und im Felde umherfliegen, die hatten sie weggepickt. Hänsel sagte zu Gretel „wir werden den Weg schon finden", aber sie fanden ihn nicht. Sie gingen die ganze Nacht und noch einen Tag von Morgen bis Abend, aber sie kamen aus dem Wald nicht heraus, und waren so hungrig, denn sie hatten nichts als die paar Beeren, die auf der Erde standen. Und weil sie so müde waren, daß die Beine sie nicht mehr tragen wollten, so legten sie sich unter einen Baum und schliefen ein.

Nun war's schon der dritte Morgen, daß sie ihres Vaters Haus verlassen hatten. Sie fingen wieder an zu gehen, aber sie gerieten immer tiefer in den Wald, und wenn nicht bald Hilfe kam, so mußten sie verschmachten. Als es Mittag war, sahen sie ein schönes schneeweißes Vöglein auf einem Ast sitzen, das sang so schön, daß sie stehenblieben und ihm zuhörten. Und als es fertig war, schwang es seine Flügel und flog vor ihnen her, und sie gingen ihm nach, bis sie zu einem Häuschen gelangten, auf dessen Dach es sich setzte, und als sie ganz nah herankamen, so sahen sie, daß das Häuslein aus Brot gebaut war und mit Kuchen gedeckt; aber die Fenster waren von hellem Zucker. „Da wollen wir uns dranmachen", sprach Hänsel, „und eine gesegnete Mahlzeit halten. Ich will ein Stück vom Dach essen, Gretel, du kannst vom Fenster essen, das schmeckt süß." Hänsel reichte in die Höhe und brach sich ein wenig vom Dach ab, um zu versuchen, wie es schmeckte, und Gretel stellte sich an die Scheiben und knupperte daran. Da rief eine feine Stimme aus der Stube heraus

„knupper, knupper, kneischen,
wer knuppert an meinem Häuschen?"

Die Kinder antworteten

„der Wind, der Wind,
das himmlische Kind",

und aßen weiter, ohne sich irremachen zu lassen. Hänsel, dem das
Dach sehr gut schmeckte, riß sich ein großes Stück davon herunter,
und Gretel stieß eine ganze runde Fensterscheibe heraus, setzte sich
nieder und tat sich wohl damit. Da ging auf einmal die Türe auf, und
eine steinalte Frau, die sich auf eine Krücke stützte, kam heraus-
geschlichen. Hänsel und Gretel erschraken so gewaltig, daß sie fallen
ließen, was sie in den Händen hielten. Die Alte aber wackelte mit
dem Kopfe und sprach „ei, ihr lieben Kinder, wer hat euch hierher
gebracht? kommt nur herein und bleibt bei mir, es geschieht euch
kein Leid." Sie faßte beide an der Hand und führte sie in ihr
Häuschen. Da ward gutes Essen aufgetragen, Milch und Pfanneku-
chen mit Zucker, Äpfel und Nüsse. Hernach wurden zwei schöne
Bettlein weiß gedeckt, und Hänsel und Gretel legten sich hinein und
meinten, sie wären im Himmel.

Die Alte hatte sich nur so freundlich angestellt, sie war aber eine
böse Hexe, die den Kindern auflauerte, und hatte das Brothäuslein
bloß gebaut, um sie herbeizulocken. Wenn eins in ihre Gewalt kam,
so machte sie es tot, kochte es und aß es, und das war ihr ein Festtag.
Die Hexen haben rote Augen und können nicht weit sehen, aber sie
haben eine feine Witterung, wie die Tiere, und merken's, wenn
Menschen herankommen. Als Hänsel und Gretel in ihre Nähe kamen, da lachte sie boshaft und sprach höhnisch „die habe ich, die
sollen mir nicht wieder entwischen." Frühmorgens, ehe die Kinder
erwacht waren, stand sie schon auf, und als sie beide so lieblich
ruhen sah, mit den vollen roten Backen, so murmelte sie vor sich hin
„das wird ein guter Bissen werden." Da packte sie Hänsel mit ihrer
dürren Hand und trug ihn in einen kleinen Stall und sperrte ihn mit
einer Gittertüre ein: er mochte schreien, wie er wollte, es half ihm
nichts. Dann ging sie zu Gretel, rüttelte sie wach und rief „steh auf,

Faulenzerin, trag Wasser und koch deinem Bruder etwas Gutes, der sitzt draußen im Stall und soll fett werden. Wenn er fett ist, so will ich ihn essen." Gretel fing an bitterlich zu weinen, aber es war alles vergeblich, sie mußte tun, was die böse Hexe verlangte.

Nun ward dem armen Hänsel das beste Essen gekocht, aber Gretel bekam nichts als Krebsschalen. Jeden Morgen schlich die Alte zu dem Ställchen und rief „Hänsel, streck deine Finger heraus, damit ich fühle, ob du bald fett bist." Hänsel streckte ihr aber ein Knöchlein heraus, und die Alte, die trübe Augen hatte, konnte es nicht sehen, und meinte, es wären Hänsels Finger, und verwunderte sich, daß er gar nicht fett werden wollte. Als vier Wochen herum waren und Hänsel immer mager blieb, da übernahm sie die Ungeduld, und sie wollte nicht länger warten. „Heda, Gretel", rief sie dem Mädchen zu, „sei flink und trag Wasser: Hänsel mag fett oder mager sein, morgen will ich ihn schlachten und kochen." Ach, wie jammerte das arme Schwesterchen, als es das Wasser tragen mußte, und wie flossen ihm die Tränen die Backen herunter! „Lieber Gott, hilf uns doch", rief sie aus, „hätten uns nur die wilden Tiere im Wald gefressen, so wären wir doch zusammen gestorben." „Spar nur dein Geplärre", sagte die Alte, „es hilft dir alles nichts."

Frühmorgens mußte Gretel heraus, den Kessel mit Wasser aufhängen und Feuer anzünden. „Erst wollen wir backen", sagte die Alte, „ich habe den Backofen schon eingeheizt und den Teig geknetet!" Sie stieß das arme Gretel hinaus zu dem Backofen, aus dem die Feuerflammen schon herausschlugen. „Kriech hinein", sagte die Hexe, „und sieh zu, ob recht eingeheizt ist, damit wir das Brot hineinschießen können." Und wenn Gretel darin war, wollte sie den Ofen zumachen, und Gretel sollte darin braten, und dann wollte sie's auch aufessen. Aber Gretel merkte, was sie im Sinn hatte, und sprach „ich weiß nicht, wie ich's machen soll; wie komm' ich da hinein?" „Dumme Gans", sagte die Alte, „die Öffnung ist groß genug, siehst du wohl, ich könnte selbst hinein", krabbelte heran und steckte den Kopf in den Backofen. Da gab ihr Gretel einen Stoß, daß sie weit hineinfuhr, machte die eiserne Tür zu und schob den Riegel vor. Hu! da fing sie an zu heulen, ganz grauselig; aber Gretel lief fort, und die gottlose Hexe mußte elendiglich verbrennen.

Gretel aber lief schnurstracks zum Hänsel, öffnete sein Ställchen und rief „Hänsel, wir sind erlöst, die alte Hexe ist tot!" Da sprang Hänsel heraus, wie ein Vogel aus dem Käfig, wenn ihm die Türe aufgemacht wird. Wie haben sie sich gefreut, sind sich um den Hals gefallen, sind herumgesprungen und haben sich geküßt! Und weil sie sich nicht mehr zu fürchten brauchten, so gingen sie in das Haus der Hexe hinein, da standen in allen Ecken Kasten mit Perlen und Edelsteinen. „Die sind noch besser als Kieselsteine", sagte Hänsel und steckte in seine Taschen, was hinein wollte, und Gretel sagte „ich will auch etwas mit nach Haus bringen", und füllte sich sein Schürzchen voll. „Aber jetzt wollen wir fort", sagte Hänsel, „damit wir aus dem Hexenwald herauskommen." Als sie aber ein paar Stunden gegangen waren, gelangten sie an ein großes Wasser. „Wir können nicht hinüber", sprach Hänsel, „ich seh' keinen Steg und keine Brücke." „Hier fährt auch kein Schiffchen", antwortete Gretel, „aber da schwimmt eine weiße Ente, wenn ich die bitte, so hilft sie uns hinüber." Da rief sie

„Entchen, Entchen,
da steht Gretel und Hänsel.
Kein Steg und keine Brücke,
nimm uns auf deinen weißen Rücken."

Das Entchen kam auch heran, und Hänsel setzte sich auf und bat sein Schwesterchen, sich zu ihm zu setzen. „Nein", antwortete Gretel, „es wird dem Entchen zu schwer, es soll uns nacheinander hinüberbringen." Das tat das gute Tierchen, und als sie glücklich drüben waren und ein Weilchen fortgingen, da kam ihnen der Wald immer bekannter und immer bekannter vor, und endlich erblickten sie von weitem ihres Vaters Haus. Da fingen sie an zu laufen, stürzten in die Stube hinein und fielen ihrem Vater um den Hals. Der Mann hatte keine frohe Stunde gehabt, seitdem er die Kinder im Walde gelassen hatte, die Frau aber war gestorben. Gretel schüttete sein Schürzchen aus, daß die Perlen und Edelsteine in der Stube herumsprangen, und Hänsel warf eine Handvoll nach der anderen aus seiner Tasche dazu. Da hatten alle Sorgen ein Ende, und sie lebten in lauter Freude zusammen. Mein Märchen ist aus, dort läuft eine Maus, wer sie fängt, darf sich eine große, große Pelzkappe daraus machen.

RALPH WALDO EMERSON

Selbstvertrauen

Vertraue dir selbst: Jedes Herz vibriert mit dieser eisernen Saite. Nimm die Stelle ein, die die göttliche Vorsehung für dich gefunden hat; die Gesellschaft deiner Zeitgenossen, die Verknüpfung von Ereignissen. Große Menschen haben dies immer getan und sich wie Kinder dem Genius ihres Zeitalters anvertraut und damit ihre Wahrnehmung dessen bewiesen, daß das absolut Vertrauenswürdige in ihrem Herzen wohnte, durch ihre Hände wirkte, in ihrem ganzen Wesen vorherrschend war. Und wir sind jetzt Menschen und müssen in dem höchsten Geiste dieselbe transzendente Bestimmung annehmen; und nicht als Minderjährige und Invalide in der geschützten Ecke sitzen, nicht Feiglinge sein, die vor einer Revolution fliehen, sondern Führer, Erlöser und Wohltäter, die dem Allmächtigen Bestreben gehorchen und gegen Chaos und Finsternis voranschreiten.

Welch schöne Orakel gibt uns die Natur zu diesem Text im Antlitz und Gebaren von Kindern, Säuglingen und auch der Tiere. Jenen geteilten und rebellischen Geist, jenes Mißtrauen gegen eine Empfindung, da unsere Arithmetik die Stärke und die Mittel errechnet hat, die unserer Absicht entgegenstehen, haben diese nicht. Ihr Geist ist noch ein Ganzes, ihr Auge ist noch nicht bezwungen, und wenn wir in ihre Gesichter blicken, sind wir verlegen. Die Kindheit paßt sich niemandem an: alle passen sich ihr an, so daß auf einen Säugling gewöhnlich vier oder fünf Erwachsene kommen, die mit ihm plappern und spielen. So hat Gott die Jugend, die Pubertät, die Mannheit mit ihrer eigenen Würze und einem Zauber ausgestattet und sie beneidenswert und anmutig gemacht, so daß ihre Ansprüche nicht beiseite geschoben werden, wenn sie fest zu sich selbst stehen.

Glaube nicht, der junge Mann habe keine Gewalt, weil er nicht zu dir oder mir sprechen kann. Horcht! Im Nebenzimmer ist seine Stimme ausreichend klar und ausdrucksvoll. Es scheint, als wisse er, wie er zu seinen Zeitgenossen sprechen muß. Schüchtern oder beherzt, er wird wissen, wie er uns Ältere sehr unnötig macht.

ARTHUR SCHOPENHAUER

Über Tapferkeit und Mut

Die ... TAPFERKEIT, oder genauer der ihr zum Grunde liegende MUT (denn Tapferkeit ist nur der Mut im Kriege), verdient noch eine nähere Untersuchung. Die Alten zählten den Mut den Tugenden, die Feigheit den Lastern bei: dem christlichen Sinne, der auf Wohlwollen und Dulden gerichtet ist und dessen Lehre alle Feindseligkeit, eigentlich sogar den Widerstand, verbietet, entspricht dies nicht; daher es bei den Neuern weggefallen ist. Dennoch müssen wir zugeben, daß Feigheit uns mit einem edlen Charakter nicht wohl verträglich scheint; schon wegen der übergroßen Besorglichkeit um die eigene Person, welche sich darin verrät. Der Mut nun aber läßt sich auch darauf zurückführen, daß man den im gegenwärtigen Augenblicke drohenden Übeln willig entgegengeht, um dadurch größeren, in der Zukunft liegenden, vorzubeugen; während die Feigheit es umgekehrt hält. Nun ist jenes erstere der Charakter der GEDULD, als welche eben in dem deutlichen Bewußtsein besteht, daß es noch größere Übel als die eben gegenwärtigen gibt und man durch heftiges Fliehen oder Abwehren dieser jene herbeiziehn könnte. Demnach wäre denn der Mut eine Art GEDULD, und weil eben diese es ist, die uns zu Entbehrungen und Selbstüberwindungen jeder Art befähigt; so ist, mittelst ihrer, auch der Mut wenigstens der Tugend verwandt.

Doch läßt er vielleicht noch eine höhere Betrachtungsweise zu. Man könnte nämlich alle Todesfurcht zurückführen auf einen Mangel an derjenigen natürlichen, daher auch bloß gefühlten Metaphysik, vermöge welcher der Mensch die Gewißheit in sich trägt, daß er in allen, ja in allem, ebensowohl existiert wie in seiner eigenen Person, deren Tod ihm daher wenig anhaben kann. Eben aus dieser Gewißheit hingegen entspränge demnach der heroische Mut, folglich ... aus derselben Quelle mit den Tugenden der Gerechtigkeit und der Menschenliebe. Dies heißt nun freilich, die Sache gar weit oben anfassen: jedoch ist außerdem nicht wohl zu erklären, weshalb Feigheit verächtlich, persönlicher Mut hingegen edel und erhaben erscheint; da von keinem niedrigeren Standpunkt aus sich absehn läßt, weshalb ein endliches Individuum, welches sich selber alles, ja, sich selber die Grundbedingung zum Dasein der übrigen Welt ist, nicht der Erhaltung dieses Selbst alles andere nachsetzen sollte. Daher wird eine ganz immanente, also rein empirische Erklärung, indem sie nur auf der Nützlichkeit des Mutes fußen könnte, wohl nicht ausreichen. Hieraus mag es entsprungen sein, daß CALDERON einmal eine skeptische, aber beachtenswerte, Ansicht über den Mut ausspricht, ja, eigentlich die Realität desselben leugnet; und zwar tut er dies aus dem Munde eines alten, weisen Ministers, seinem jungen Könige gegenüber:

„Denn obwohl die natürliche Furcht in allen auf gleiche Weise wirksam ist; so ist man dadurch, daß man sie nicht sehn läßt, tapfer, und dieses eben macht die Tapferkeit aus."

(Die Tochter der Luft)

Hinsichtlich der oben berührten Verschiedenheiten zwischen der Geltung des Mutes als Tugend bei den Alten und bei den Neuern, ist jedoch in Erwägung zu ziehn, daß die Alten unter Tugend, *virtus*, jede Trefflichkeit, jede an sich selbst lobenswerte Eigenschaft verstanden, sie mochte moralisch, oder intellektuell, ja, allenfalls bloß körperlich sein. Nachdem aber das Christentum die Grundtendenz des Lebens als eine moralische nachgewiesen hatte, wurden unter dem Begriff der Tugend nur noch die moralischen Vorzüge gedacht. Inzwischen findet man den früheren Sprachgebrauch noch bei den älteren Latinisten, wie auch im Italienischen, wo ihn zudem der bekannte Sinn des Wortes *virtuoso* bezeugt.

HEINRICH MANN

Mut

Ministerpräsident Hodža hat den Preis des Mutes erobert. Nach seiner Rede wurde in Frankreich gesagt: das tschechische Volk ist das tapferste Europas.

Den Eindruck machen eine Nation und ein Minister heute einfach damit, daß sie niemandem erlauben, sie mit der Peitsche des Tierbändigers zu behandeln. Wer einfach sagt: hier ist keine Menagerie, und werden wir angegriffen, dann wehren wir uns, – der hat Mut.

Soweit ist es gekommen. Früher war es selbstverständlich, daß jeder sich verteidigte. Darauf wird kaum mehr gerechnet. Sondern der Angreifer gilt für so fürchterlich, daß seine Drohungen genügen. Zum Angriff kommt es nicht erst; man bricht vorher in die Knie.

Der Angreifer ist bankrott. Der Angreifer hat sein eigenes Land soweit er konnte zu Grunde gerichtet. Sein Volk ist unfrei, es hungert, es glaubt an die Führung des Staates nicht; und käme der Krieg, dann zweifelt das Volk wenig daran, daß seine Unterdrücker ihn verlieren würden. Es ist eine Frage des Temperaments, ob dies den Unterdrückten unerwünscht wäre.

Gleichviel, in einer mutlosen Welt gilt der Angreifer für fürchterlich. Diese mutlose Welt legt alles zu seinen Gunsten aus. Diplomatische Erfolge, die aber gar keine sind. Internationale Gewalthandlungen, die nach Krieg aussehen möchten, aber man hütet sich, den Krieg zu erklären; nur Bomben fallen zu lassen auf Wehrlose, das wagt man. Aber es genügt, damit die Welt vor Schrecken erstarrt.

Dieselbe Welt schreit vor Schrecken Heil und Sieg, wenn einer seine eigene Armee säubern, unterwerfen, gleichschalten muß, und das nach fünf Jahren uneingeschränkter Herrschaft. Sie war durchaus nicht uneingeschränkt, wie man sieht. Der Gewalthaber hat weder das Volk noch hat er das Heer. Die Welt erschrickt, sie findet ihn immer fürchterlicher, je öfter er seine Schwäche verrät.

Das alles, weil er große Worte macht. Weil er vor seinen bezahlten

Statisten drei Stunden lang brüllt – gegen fremde Regierungen, die er nicht dulden wird, gegen Völker, die er in die Tasche stecken wird. Schön. Er duldet nicht. Er wischt weg und steckt ein. Aber tut er es wirklich? Er droht. Darauf allgemeine Erweichung der Knie, Minister fliegen. Um Verhandlungen wird gebettelt.

Man hat Angst, was begreiflich ist. Eine Welt ohne Angst hat es niemals gegeben, das Leben ist eine Angstpartie, besonders die Politik. Immer hat einer den anderen gefürchtet. Wer etwas zu verteidigen hatte, beging Fehler über Fehler aus bloßer Furcht: daraus erklärt sich das traurige Ende des großen Kaisers Napoleon.

Dieser hatte wirklich die Welt erobert, was man nicht von jedem sagen kann. Trotzdem hatte vor ihm die Welt nicht entfernt die Furcht wie heute vor dem, der nichts, aber gar nichts erobert hat. Da der menschliche Mut ein Produkt der menschlichen Angst ist, fand damals Europa den Mut, sich gegen Napoleon zu wehren, und besiegte endlich den, der alle geängstigt hatte, bis er selbst vor Furcht den Kopf verlor.

Es darf erwartet werden, daß auch diesmal die Welt nach ihrem Anfall von Angst einen ebenso starken Anfall von Mut bekommt. Nur Geduld. Man weiß schon längst: der Angreifer hat mehr zu fürchten als alle anderen. Er droht, weil er muß. Er verbreitet Furcht und Schrecken, je besser er selbst mit der Furcht und dem Schrecken bekannt ist. Sein schwerster Albdruck ist, daß jemand mobilisieren und wirklich kämpfen könnte – gleichgültig, ob ein großes oder ein kleines Heer. Das österreichische wär' ihm schon zuviel.

*

Was hilft es. Das kleine Heer ist nicht einmal mobilisiert worden. Die wenigen Truppen wurden von der Grenze in das Innere zurückgezogen, damit es nicht zum Vergießen deutschen Blutes käme. Welches deutschen Blutes? Das Blut des kleinen Volkes, das sich überfallen ließ, wird reichlich fließen. Nur der Angreifer steht, seiner Taten froh, im Lande und nennt seinen Überfall, wie er die ganze Pest, die er verbreitet, immer und überall nennen wird: eine deutsche Revolution.

Wie viele Länder, klein und groß, wollen den Angreifer, der sehr wohl die Angst kennt und nur die Scham nicht, über sich kommen lassen? Zehn kriegsstarke Regimenter, die wirklich schießen, hätten ein giftiges, aber feiges Reptil in sein Loch zurückgejagt.

FABIAN VON SCHLABRENDORFF

Das Attentat vom 13. März 1943

... Es muß hier festgehalten werden, daß das Attentat in politischen Gründen seine Rechtfertigung nur dann findet, wenn außergewöhnliche Umstände es erfordern. Im Zweifel muß an der ethischen Unerlaubtheit des Attentats festgehalten werden. Ähnliches gilt von dem Grundsatz des militärischen Gehorsams. Im Regelfall ist Gehorsam zu fordern und zu leisten. Es gibt aber Fälle, in denen Ungehorsam geboten ist. Das ist gerade in Preußen innerhalb des Heeres rechtlich und tatsächlich unbestritten gewesen. Der sogenannte blinde Gehorsam ist hitlerischen Ursprungs. Seine ethische und militärische Unhaltbarkeit ist ohne Zweifel. Wer Herr ist, wird und muß sich einen letzten Vorbehalt ausbedingen, der ihn selbst entscheiden läßt, ob Gehorsam oder Ungehorsam Pflicht ist.

Es lag auf der Hand, daß die Tötung Adolf Hitlers nur die Initialzündung für den geplanten Staatsstreich sein konnte. Der zweite Schritt mußte die Inbesitznahme der wichtigsten Punkte der Reichshauptstadt Berlin durch militärische Kräfte sein. Durch unmittelbar anschließenden Einsatz von ausgesuchten Persönlichkeiten an allen Schlüsselpunkten der Regierung und Verwaltung sollten vollendete Fakten geschaffen werden, um ein Gespräch mit den Weltmächten zu ermöglichen. Es kam ja nicht nur darauf an, im Regierungszentrum des Deutschen Reiches das alte System zu stürzen, sondern es galt, ein neues System zu konstituieren. Die Initialzündung hatte nur Sinn, wenn es möglich erschien, den zweiten Schritt unmittelbar dem ersten folgen zu lassen. Unter den um die Jahreswende 1942/43 obwaltenden Verhältnissen war die Ingangsetzung der Initialzündung Aufgabe des Feldheeres. Wie schon hervorgehoben, liefen in den Händen von Hans Oster alle Fäden zusammen. Er trug dem Haupt der Bewegung, Generaloberst Beck, die wichtigen Fragen vor und empfing von ihm die Entscheidung. Seine Aufgabe war es, mit General Olbricht, dem Chef des Allgemeinen Heeresamtes beim Befehlshaber des Ersatzheeres, alle Schritte vorzubereiten, um die Inbesitznahme von Berlin zu gewährleisten.

Olbricht und Oster sind die beiden Männer, die während des Krieges die ersten Pläne zur Ergreifung der Macht innerhalb des Reiches mit Ernst und Nachdruck erwogen und gefaßt haben. Sie suchten nach dem Mann innerhalb des Feldheeres, der in der Lage war, die Initialzündung in Gang zu setzen, um ihnen dadurch das Zeichen für die Ausführung ihrer Pläne zu geben. Dieser Mann hatte sich in Henning von Tresckow gefunden. Mit ihm erhielt die bisherige Arbeit erst ihre Zuspitzung und Schärfe. Anders ausgedrückt: Aus mehr oder weniger verbindlichen Teegesprächen waren Pläne entstanden, die den Charakter blutigen Ernstes trugen. Oster und Tresckow haben sich niemals gesehen oder gesprochen. Es gehörte zu meinen Obliegenheiten, die Verbindung zwischen beiden herzustellen und dafür zu sorgen, daß diese Verbindung nicht abriß. Nur wer selbst während des Krieges in Deutschland gelebt hat, weiß, welche Vorsichtsmaßnahmen angesichts der Tätigkeit der Gestapo zu beobachten waren, um eine vorherige Aufdeckung der Staatsstreichpläne zu verhüten. . . .

Bei der letzten Besprechung zwischen Olbricht und Tresckow Ende 1942 bat sich Olbricht noch 8 Wochen aus, um in Zusammenarbeit mit Oster den Plan zur Inbesitznahme von Berlin, Köln, München und Wien vorzubereiten. Nach Ablauf dieser Zeit hatte ich im Auftrag Tresckows noch einmal eine Besprechung mit Olbricht, in der er das denkwürdige Wort prägte: „Wir sind fertig. Die Initialzündung kann in Gang gesetzt werden." Um über alle Einzelheiten Klarheit zu schaffen und um den Ablauf der Ereignisse möglichst reibungslos zu gestalten, war noch einmal eine Besprechung zwischen uns im Osten und unseren Verbündeten in Berlin notwendig. Diesmal fand die Besprechung nicht wie sonst immer in Berlin, sondern in Rußland, in Smolensk, im Hauptquartier der Heeresgruppe Mitte statt. Zu diesem Zweck organisierte Admiral Canaris einen Dienstflug von Berlin nach Rußland. Er kam mit vielen Herren seiner Umgebung zu uns und hatte, damit der eigentliche Grund nach außen nicht auffiel, eine Zusammenkunft der Nachrichtenoffiziere anberaumt. Die wirklich entscheidende Besprechung aber fand fern von allem Getriebe in einem kleinen anspruchslosen Raum statt, der normalerweise dem Kriegstagebuchführer als Dienstzimmer diente. Hier fanden sich General von Tresckow und Reichsgerichtsrat von Dohnanyi zu später Stunde zusammen. Tresckow unterrichtete Dohnanyi von unserer Absicht, in aller Kürze etwas Entscheidendes zu unternehmen, vergewisserte sich über die Vorbereitungen in Berlin und besprach dann den Weg und die Mittel, deren wir uns zur gegenseitigen Verständigung zu bedienen hatten. Wir legten einen Code fest, der nur den unmittelbar Beteiligten verständlich war. Dann trennten wir uns. Der Abend endete mit einem Umtrunk im größeren Kreise. Hierbei erzählte Admiral Canaris, er müsse am folgenden Tage ins Hauptquartier fliegen, weil er etwas mit Himmler zu besprechen habe. Wie so häufig, handelte es sich auch diesmal um Persönlichkeiten, die der Gestapo ins Garn gegangen waren und die Canaris unter einem Abwehrvorwand von Himmler frei erbitten wollte. Nur der Eingeweihte weiß, wieviel Menschen Canaris durch seine geschickte Unterhaltungsführung auf diese Weise den Fängen der Gestapo entrissen hat. Als Canaris von seiner Absicht, mit Himmler zu sprechen, erzählte, erklärten ihm die Offiziere seiner Umgebung, dann würden sie ihm nicht mehr die Hand geben können. Wer mit einem solchen „Schweinehund" wie Himmler einen Händedruck getauscht habe, dessen Hände könne man nicht wieder berühren, ohne sich selbst zu beschmutzen. Canaris nahm diese Äußerung schmunzelnd zur Kenntnis, freute er sich doch insgeheim über die klare und ehrenhafte Gesinnung seiner Mitarbeiter. Aber er ließ sich in seinem Vorhaben, Himmler zu sprechen, nicht irremachen.

...

In der Zwischenzeit war Tresckow nicht untätig geblieben. Auf der einen Seite hatte er seine Bemühungen verdoppelt, seinen Oberbefehlshaber, Generalfeldmarschall von Kluge, für den Gedanken der

Beseitigung Adolf Hitlers reif zu machen. Kluge als Oberbefehlshaber einer Heeresgruppe sollte sich – so war der Grundgedanke – von Anfang an auf die Seite des Staatsstreiches stellen. Dadurch hätte er auf alle schwankenden Befehlshaber an der Front und auf das Ersatzheer einen gewaltigen Druck ausgeübt. Gleichzeitig sollte er mit der immer wieder vom Generalstab geforderten, aber von Hitler verweigerten Rücknahme der Ostfront in eine kürzere und darum besser zu verteidigende rückwärtige Stellung beginnen, ein Unternehmen, dem sich alle anderen Heeresgruppen zwangsläufig hätten anschließen müssen.

Außerdem war Tesckow bemüht, auch die sachliche Voraussetzung für die von ihm geplante Initialzündung zu schaffen. Diese sachliche Voraussetzung bestand in folgendem: Hitler mußte veranlaßt werden, sein Hauptquartier in Ostpreußen zu verlassen und den Stab der Heeresgruppe Mitte zu besuchen, der damals in einem Waldlager unmittelbar westlich Smolensk untergebracht war. Tresckow wollte Hitler auf ein ihm fremdes und uns vertrautes Parkett bringen, um vor allem dadurch die Atmosphäre zu schaffen, die der Initialzündung günstig war. Bei seinen Bemühungen kam Tresckow seine langjährige Bekanntschaft mit dem Chefadjutanten Hitlers, General Schmundt, zustatten. Schmundt war ein überzeugter Anhänger Hitlers. Aber er war nicht klug genug, um zu durchschauen, daß Tresckows Bitte, er möge Hitler veranlassen, Kluge in seinem Hauptquartier zu besuchen, nur ein militärischer Vorwand war, um eine politische Tat allergrößter Tragweite in Gang zu setzen. So kam es, daß Hitler für die ersten Tage des Monats März 1943 Generalfeldmarschall von Kluge seinen Besuch in Smolensk in Aussicht stellte. Vorerst blieb es bei der Ankündigung.

Hitler machte es wie so oft in solchen Fällen. Er kündigte seinen Besuch an, um ihn kurz vor dem verabredeten Zeitpunkt wieder abzusagen. So war es mehrere Male hin- und hergegangen, bis Hitler am 13. März 1943 mit dem Flugzeug in Smolensk eintraf. Wäre Kluge damals bereit gewesen, seiner richtigen Erkenntnis folgend zu handeln, so wäre im März 1943 der Tyrann beseitigt worden. Im Einverständnis mit Kluge wäre die Beseitigung Hitlers nicht allzu schwierig gewesen. Hatte doch die Heeresgruppe ein Kavallerieregiment aufgestellt, dessen Kommandeur, Freiherr von Boeselager, zu den unseren zählte. Das Offizierskorps war entsprechend ausgewählt, so daß Boeselager, der militärische Umsicht mit tollkühnem Draufgängertum in sich vereinigte, hätte handeln können. Aber Kluge hatte wohl die Erkenntnis, nicht aber den Willen. Mit einem Wort: er schwankte. Immer wieder wandte er ein, weder die Welt, noch das deutsche Volk, noch der deutsche Soldat würden in diesem Zeitpunkt eine solche Tat verstehen. Man müsse warten, bis die Ereignisse die Beseitigung Hitlers von selbst nahelegten. Es war also nicht möglich, von Anfang an den Befehlsapparat der Heeresgruppe für das geplante Attentat einzusetzen.

Deshalb entschloß sich Tresckow, nicht mehr zu fackeln, sondern selbst Hand anzulegen. Wir hofften, daß nach vollzogenem Attentat Kluge sich nicht mehr weigern, sondern – vor vollendete Tatsachen gestellt – seiner im Grunde richtigen Erkenntnis Folge geben werde. Um ihm und dem gesamten militärischen Befehlsstab ihr Handeln zu erleichtern, faßte Tresckow folgenden Plan: Er wollte Hitler nicht erschießen, sondern ihn mittels einer in sein Flugzeug geschmuggelten Bombe während des Fluges beseitigen, um dadurch das Odium des Attentats zu vermeiden und ein Flugzeugunglück vorzutäuschen. Zu diesem Zwecke hatte sich Tresckow schon seit Monaten die notwendigen Materialien durch Gersdorff beschafft. Dieser konnte infolge seiner Dienststellung Sprengstoff beschaffen, ohne dadurch Aufsehen zu erregen. Gersdorff war zu dem damaligen Zeitpunkt noch nicht in die Staatsstreichpläne eingeweiht. Aber seine Persönlichkeit war so integer, daß wir alle Bedenken ausschalteten.

Bei der Auswahl des Sprengstoffes erkannten wir bald, daß deutscher Sprengstoff ungeeignet war. Dieser konnte nur mittels einer Zündschnur in Gang gesetzt werden. Hierdurch entstand ein leises Zischen, das unter Umständen einem aufmerksamen Beobachter auffallen und die vorherige Entdeckung der Tat ermöglichen konnte. Wir wählten deshalb englischen Sprengstoff und englische Zünder. Beides wurde damals vielfach von englischen Flugzeugen über deutschem Gebiet abgeworfen. Hierbei war die Absicht vorherrschend, durch englische Agenten Sabotageakte durchführen zu lassen. Natürlich geriet ein großer Teil dieses Sprengmaterials nicht in die Hand von Agenten, sondern wurde von den zuständigen Stellen des Heeres gesammelt. Dieser englische Sprengstoff hatte zwei große Vorteile. Er war von geringem Umfang, aber von großer Wirkung. Er war nicht größer als ein dickes Buch und war imstande, alles, was innerhalb eines mäßig großen Zimmers war, zu zerreißen. Außerdem besaßen die Zünder eine besondere kunstvoll eingerichtete Konstruktion. Bei den Zündern waren drei verschiedene Arten zu unterscheiden. Die einen wirkten nach einigen Minuten, die anderen nach einem längeren Zeitraum und wiederum andere nach zwei Stunden. Man war also in der Lage, denjenigen Zünder zu wählen, der einem nach dem mutmaßlich notwendigen Zeitraum geeignet erschien. Schließlich entfiel während der Zeitdauer der Zündung jedes Geräusch. Durch einfachen Druck auf den Kopf des Zünders wurde eine kleine Flasche zerbrochen. Dieser Flasche entströmte eine ätzende Flüssigkeit. Sie zerfraß einen Draht, der eine Feder und den Schlagbolzen hielt. Nach der Zersetzung des Drahtes schnellte der Schlagbolzen nach vorn und entzündete das Zündhütchen. Dieses wiederum entzündete die Sprengladung.

Tresckow und ich hielten es für unsere erste Aufgabe, uns mit der Handhabung des Sprengmittels so vertraut zu machen, daß jeder Griff saß und im Schlaf gelingen mußte. Wir machten viele Versuche, die, von wenigen Ausnahmen abgesehen, gelangen. Die Wirkung war erstaunlich. Wir haben sowohl Versuche im Freien wie im geschlossenen Raum unternommen. Die Hauptschwierigkeit bestand darin, bei den mißlungenen Sprengversuchen hinter die Ursache des Versagens zu kommen, da wir beide nicht über pioniertechnische Vorkenntnisse verfügten. Auch das gelang. Soweit die Sprengungen nicht geglückt waren, handelte es sich ausschließlich um Sprengungen im Freien. Das Mißlingen der Sprengungen bestand nicht in einem Unterbleiben der Explosion überhaupt, sondern in einer uns zunächst unerklärlichen Verzögerung der Sprengzeit. Durch unverfängliche Rücksprachen mit Pionieren konnten wir feststellen, daß hierfür die russische Kälte verantwortlich war. Bei hohen Kältetemperaturen wurde der Draht innerhalb der Zündung durch die ätzende Flüssigkeit später als zu dem vorgesehenen Zeitpunkt zerfressen.

Nachdem wir unsere Versuche mit Erfolg abgeschlossen hatten, betrieben wir nun die unmittelbaren Vorbereitungen selbst. Hierfür hatte Tresckow folgenden Plan: Wir nahmen, um der Wirkung ganz sicher zu sein, nicht einen, sondern zwei Sprengkörper, machten aus ihnen ein Paket, das seiner Form nach zwei angeblichen Cognacflaschen glich. Dabei mußten wir das Paket so anfertigen, daß es möglich war, ohne die Verpackung zu zerstören, mit der Hand den Zünder zu bedienen. Das so vorbereitete Paket nahm ich am 13. März 1943 zu mir und verschloß es in einer nur mir zugänglichen Kiste. Währenddessen fuhren Kluge und Tresckow zum Flugplatz Smolensk und holten Hitler ab.

Hitler erschien wie immer mit einem unwahrscheinlich großen Gefolge. In seiner Begleitung befanden sich sein Arzt und sein Koch. Die Besprechung mit Hitler fand im Zimmer des Generalfeldmarschalls von Kluge statt. Außer Tresckow waren die Armeeführer der Heeresgruppe Mitte anwesend. Es wäre ein Leichtes gewesen, die vorbereitete Bombe in das Besprechungszimmer hineinzubringen. Aber mit einem Attentat an dieser Stelle hätten wir nicht nur Hitler, sondern auch den Feldmarschall von Kluge und die Armeeführer ums Leben gebracht. Dadurch wäre der gesamte uns zur Verfügung stehende militärische Befehlsapparat ausgefallen. Wir hätten also uns selber um den Erfolg betrogen. Nach der Besprechung fand im Kasino des Oberkommandos der Heeresgruppe Mitte ein Essen statt. Für diese Zusammenkunft galt die gleiche Erwägung wie für die vorhergehende Besprechung bei Kluge. Auch hier hätte die Sprengbombe nicht nur Hitler, sondern auch viele Persönlichkeiten beseitigt, die wir dringend benötigten, um den Staatsstreich gelingen zu lassen.

Hitler nahm ein gesondertes Essen zu sich, das ihm von seinem mitgebrachten Koch zubereitet wurde und das vor seinen Augen von seinem Arzt, Professor Morell, abgeschmeckt werden mußte. Der Vorgang mutete an, als ob man einen orientalischen Despoten der Vorzeit vor sich gehabt hätte. Hitler essen zu sehen, war ein höchst widerwärtiger Anblick. Die linke Hand stützte er auf den Oberschenkel, während er mit der rechten Hand sein aus vielerlei Gemüsesorten bestehendes Essen in sich hineinlöffelte. Dabei führte er nicht etwa den rechten Arm zum Munde, sondern ließ ihn während des ganzen Essens auf dem Tisch liegen und neigte statt dessen seinen Mund zum Essen. Zwischendurch trank er verschiedene vor seinem Teller aufgestellte nichtalkoholische Flüssigkeiten. Auf Befehl Hitlers hatte das Rauchen nach dem Essen zu unterbleiben.

Während des Essens sprach Tresckow einen der Begleiter Hitlers an und fragte ihn, ob er bereit sei, ein kleines, aus zwei Flaschen Cognac bestehendes Paketchen, das an General Stieff im Oberkommando des Heeres adressiert sei, auf dem Rückwege zum Hauptquartier mitzunehmen. Der Begleiter Hitlers bejahte. Am frühen Vormittag rief ich verabredungsgemäß den mir von Oster bestimmten Mitarbeiter, Hauptmann Gehre, in Berlin an und gab ihm das Stichwort, das die unmittelbar bevorstehende Initialzündung enthielt. Dieser Weg war vereinbart worden. Er lief über Gehre zu Dohnanyi und von diesem zu Oster. Beider Aufgabe war es, die für den zweiten Schritt unmittelbar notwendigen Vorbereitungen zu treffen.

Nach dem Mittagessen in Smolensk begab sich Hitler, von Kluge und Tresckow begleitet, zum Flugplatz zurück. Etwa zur gleichen Zeit nahm ich die Sprengbombe und brachte sie ebenfalls zum Flugplatz. Hier wartete ich, bis Hitler die Offiziere der Heeresgruppe Mitte verabschiedet hatte und im Begriff war, sein Flugzeug zu besteigen. In diesem Augenblick betätigte ich die Zündung und gab das Paket auf einen Wink Tresckows an Oberst Brandt. Auch dieser stieg in das gleiche Flugzeug wie Hitler. Kurz darauf starteten das Flugzeug Hitlers und das Flugzeug seiner weiteren Umgebung in Begleitung mehrerer Jäger in Richtung Ostpreußen. Wir fuhren in unser Quartier zurück. Von dort rief ich erneut Gehre in Berlin an und gab ihm das weitere Stichwort, das Dohnanyi und Oster über die Ingangsetzung der Initialzündung in Kenntnis setzte.

Es war uns bekannt, daß das Flugzeug Hitlers eine besondere Sicherung besaß. Es bestand aus mehreren abgeschlossenen Kabinen. Der Platz Hitlers war gepanzert und besaß eine Vorrichtung, mit deren Hilfe ein unmittelbarer Fallschirmabsprung möglich war. Nach unserer Auffassung mußte die Sprengladung genügen, um das ganze Flugzeug zu zerreißen. Sollte das wider Erwarten nicht geschehen, so mußte auf jeden Fall ein so wesentliches Stück des Flugzeuges durch Explosion herausgerissen werden, daß es abstürzte.

Nach den Zeitberechnungen erwarteten wir den Absturz des Flugzeuges, kurz bevor es Minsk erreichen würde, und wir nahmen an, daß einer der Begleitjäger den Absturz seiner Luftwaffendienststelle melden würde. Statt dessen geschah nichts.

Nach mehr als zwei Stunden traf die Nachricht ein, Hitler sei auf dem Flugplatz Rastenburg glatt gelandet und habe sein Hauptquartier erreicht. Damit stand fest, daß das geplante Attentat mißglückt war.

Wir wußten nicht, worauf dieses Mißlingen zurückzuführen war. Erneut rief ich Gehre an und gab ihm das Stichwort über das Mißlingen des Attentats. Dann berieten Tresckow und ich, was zu tun sei. Wir befanden uns in einer großen Erregung. War es schon schlimm genug, daß das Attentat selbst mißglückt war, so mußte durch die Entdeckung der Bombe unsere Entlarvung die Folge sein.

Nach reiflicher Überlegung entschloß sich Tresckow, Oberst Brandt anzurufen. Er bat ihn, das Paket nicht an General Stieff auszuhändigen, sondern es bis zum nächsten Tag aufzubewahren, da eine Verwechslung unterlaufen sei. Aus der Antwort ersahen wir, daß die als Cognacflasche getarnte Bombe noch nicht entdeckt war. Die Weitergabe an General Stieff mußten wir auch deswegen verhindern, weil dieser damals noch nicht Mitglied des Komplotts war.

Unter einem militärischen Vorwand flog ich am folgenden Tag in dem üblichen Kurierflugzeug zum Hauptquartier, suchte dort Oberst Brandt in der Operationsabteilung auf und tauschte das Paket mit der Sprengbombe gegen ein anderes Paket aus, das nun wirklich zwei Flaschen Cognac für General Stieff enthielt. Ein eigentümliches Gefühl empfand ich, als mir der Begleiter Hitlers, nicht ahnend, was er in der Hand hatte, lächelnd die Bombe überreichte und dabei das Paket so heftig bewegte, daß man hätte fürchten können, die Bombe werde noch nachträglich explodieren, da die Zündung ja in Gang gesetzt war. Mit gespielter Ruhe nahm ich die Bombe an mich und fuhr unmittelbar darauf mit einem Wagen nach dem benachbarten Eisenbahnknotenpunkt Korschen. Von dort fuhr gegen Abend ein Sonderschlafwagenzug des Oberkommandos des Heeres nach Berlin. In Korschen angekommen, bestieg ich das für mich bestellte Abteil, schloß die Tür hinter mir ab und öffnete mit einer Rasierklinge das Paket. Nachdem ich die Umhüllung entfernt hatte, stellte ich fest, daß der Zustand der beiden Ladungen unverändert war. Sorgfältig entschärfte ich die Bombe und nahm den Zünder heraus. Als ich ihn untersuchte, ergab sich folgendes Bild: Infolge der Betätigung der Zündung war die Flasche mit der ätzenden Flüssigkeit zerbrochen. Die Flüssigkeit hatte den Draht zersetzt. Der Schlagbolzen war nach vorne geschlagen. Aber das Zündhütchen hatte sich nicht entzündet. Enttäuschung und Freude zugleich erfüllte mich. Enttäuschung empfand ich darüber, daß infolge dieses unvorhersehbaren Zufalls das Attentat mißglückt war. Freude empfand ich darüber, daß wir die Entdeckung des Attentats und die sich daraus ergebenden Folgen verhindern konnten. Nach durchfahrener Nacht suchte ich im Laufe des 15. März in Berlin Gehre, Dohnanyi und Oster auf, um ihnen über das Mißlingen des Attentats Bericht zu erstatten. Hierbei nahm ich als Beweisstück den Zünder mit, um an ihm zu demonstrieren, welch unglücklicher Zufall unseren Plan zunichte gemacht hatte. Kein Wort des Vorwurfs entschlüpfte Oster. Mit Ruhe und Gelassenheit nahm er den Bericht entgegen.

Wenige Tage später fand in Berlin unter Anwesenheit Hitlers die sich alljährlich wiederholende Gefallenenehrung statt, die mit einer Ausstellung über die in Rußland vorgefundenen Waffengattungen im Zeughaus verbunden war. Zu ihr war durch Zufall vom Oberkommando der Heeresgruppe Oberst Freiherr von Gersdorff kommandiert worden. Tresckow hatte diese Kommandierung als einen Wink des Schicksals aufgefaßt. Er ließ Gersdorff gegenüber die letzte Maske fallen und gewann ihn dadurch für unsere Sache. In dieser Stunde erbot sich Gersdorff, einen zweiten Attentatsversuch zu unternehmen. Von diesen Vorgängen ließ mich Tresckow durch das von der Heeresgruppe Mitte in Berlin unterhaltene Nachkommando unterrichten. Die Mitteilung erfolgte selbstverständlich in einer für Dritte unverständlichen Codeform. Sie erreichte mich erst am späten Abend. Am frühen Morgen des folgenden Tages suchte ich Gersdorff im Hotel Eden auf und überreichte ihm die Bombe. Große Schwierigkeiten bereitete die Beschaffung eines kurzfristigen Zünders. Gersdorff fand eine Lösung, konnte aber das Sprengmittel nicht zünden, weil Hitler wohl zu der Veranstaltung erschien, sie aber nach einer kurzen Ansprache gleich wieder verließ.

Welch eine Wendung hätte der Krieg und damit das Schicksal der Welt genommen, wenn schon im März 1943 Hitler einem Attentat zum Opfer gefallen wäre! So schmerzlich die Enttäuschung für Nächstbeteiligte war, so hatte sie doch ein Gutes: Olbricht hatte festgestellt, daß seine bisherigen Vorbereitungen in Berlin nicht zureichend waren. Jetzt war Gelegenheit, diese Vorbereitungen zu verbessern und nachzuholen, was versäumt war. Als ich kurz darauf wieder bei Tresckow saß, sah ich keinen Verzagten, sondern einen Mann, der gewillt war, auf dem Wege fortzuschreiten, den er einmal betreten hatte. Er war von der richtigen Erkenntnis erfüllt, daß Schwierigkeiten nur da sind, um überwunden zu werden.

DIETRICH BONHOEFFER

Civilcourage?

Was steckt eigentlich hinter der Klage über die mangelnde Civilcourage? Wir haben in diesen Jahren viel Tapferkeit und Aufopferung, aber fast nirgends Civilcourage gefunden, auch bei uns selbst nicht. Es wäre eine zu naive Psychologie, diesen Mangel einfach auf persönliche Feigheit zurückzuführen. Die Hintergründe sind ganz andere. Wir Deutschen haben in einer langen Geschichte die Notwendigkeit und die Kraft des Gehorsams lernen müssen. In der Unterordnung aller persönlichen Wünsche und Gedanken unter den uns gewordenen Auftrag sahen wir Sinn und Größe unseres Lebens. Unsere Blicke waren nach oben gerichtet, nicht in sklavischer Furcht, sondern im freien Vertrauen, das im Auftrag einen Beruf und im Beruf eine Berufung sah. Es ist ein Stück berechtigten Mißtrauens gegen das eigene Herz, aus dem die Bereitwilligkeit entsteht, lieber dem Befehl von „oben" als dem eigenen Gutdünken zu folgen. Wer wollte dem Deutschen bestreiten, daß er im Gehorsam, im Auftrag, im Beruf immer wieder das Äußerste an Tapferkeit und Lebenseinsatz vollbracht hat? Seine Freiheit aber wahrte der Deutsche darin – und wo ist in der Welt leidenschaftlicher von der Freiheit gesprochen worden als in Deutschland von Luther bis zur Philosophie des Idealismus? –, daß er sich vom Eigenwillen zu befreien suchte im Dienst am Ganzen. Beruf und Freiheit galten ihm als zwei Seiten derselben Sache. Aber er hatte damit die Welt verkannt; er hatte nicht damit gerechnet, daß seine Bereitschaft zur Unterordnung, zum Lebenseinsatz für den Auftrag mißbraucht werden könnte zum Bösen. Geschah dies, wurde die Ausübung des Berufes selbst fragwürdig, dann mußten alle sittlichen Grundbegriffe des Deutschen ins Wanken geraten. Es mußte sich herausstellen, daß eine entscheidende Grunderkenntnis dem Deutschen noch fehlte: die von der Notwendigkeit der freien, verantwortlichen Tat auch gegen Beruf und Auftrag. An ihre Stelle trat einerseits verantwortungslose Skrupellosigkeit, andererseits selbstquälerische Skrupelhaftigkeit, die nie zur Tat führte. Civilcourage aber kann nur aus der freien Verantwortlichkeit des freien Mannes erwachsen. Die Deutschen fangen erst heute an zu entdecken, was freie Verantwortung heißt. Sie beruht auf einem Gott, der das freie Glaubenswagnis verantwortlicher Tat fordert und der dem, der darüber zum Sünder wird, Vergebung und Trost zuspricht.

Viertes Kapitel

Besonnenheit – Gelassenheit – Beharrlichkeit Standhaftigkeit

❖ ❖ ❖

ÄSOP

Der Hase und die Schildkröte

Was für ein faules, langsames Geschöpf ist diese Schildkröte, sagte ein Hase. Und gleichwohl versetzte die Schildkröte, will ich mit dir um die Wette laufen. Die Wette ward geschlossen, und der Fuchs sollte Richter sein. Sie machten sich zugleich auf, und die Schildkröte kroch immer ihren Weg fort, bis sie das vorgesteckte Ziel erreichte. Der Hase hingegen wollte zeigen, wie sehr er seinen Mitwerber verachte, und hüpfte bald da, bald dort hin, bis er ganz ermüdet war und sich ungefähr auf der Hälfte des Weges unbekümmert niederlegte, um ein wenig auszuschlafen; denn, dachte er, ich kann ja die Schildkröte einholen, sobald als ich will. Allein er verschlief die rechte Zeit; denn als er aufwachte und nun aus allen Kräften zu laufen anfing, war die Schildkröte schon an dem Ziele und hatte die Wette gewonnen.

LEHRE: Auf und arbeite! ist ein erbaulicher Zuruf. Denn die Tätigkeit ist die Seele unsers Lebens, und wir dürfen uns nicht versprechen, beizeiten ans Ziel zu kommen, wenn wir uns unter Weges ruhig aufs Ohr legen.

BETRACHTUNG: Diese Fabel zeigt auf der einen Seite an dem Hasen die Torheit der Vermessenheit. Wer hätte glauben sollen, daß eine Schildkröte mit einem Hasen um die Wette laufen und die Wette gewinnen könne? Doch der törichte Hase verließ sich allzusehr auf seine natürlichen Vorzüge, und da er seinen Gegner für so gering ansah, verlor er die Wette durch hüpfenden Mutwillen und allzugroße Sicherheit. Auf der andern Seite wird an dem sich immer gleichen Schritte der Schildkröte, welche zuerst an das Ziel kam, der Nutzen der Geduld, des Fleißes und der Beharrlichkeit gezeigt, welche, aller Ungleichheit und allem Anscheine zum Trotz, bei der Mitbewerbung den Preis gewinnen und den Segen davontragen müssen.

MICHEL DE MONTAIGNE

Von der Standhaftigkeit

Das Gesetz der Entschlossenheit und Standhaftigkeit verbietet nicht, uns nach allem Vermögen gegen die uns drohenden Übel und Gefahren zu sichern; und verbietet folglich auch nicht zu fürchten, daß solche uns überraschen könnten: vielmehr sind nicht nur alle ehrlichen Mittel, sich vor Übeln zu schützen, erlaubt, sondern anzupreisen: und was hauptsächlich an der Standhaftigkeit gerühmt zu werden verdient, ist, daß sie unvermeidliche Übel mit unerschüttertem Mut erträgt. Daher tadeln wir auch keine Art von Behendigkeit des Körpers oder Führung der Waffen in unseren Händen, wenn wir uns dadurch vor einem Streiche sichern können, der uns gefährlich werden könnte.

Verschiedene sehr kriegerische Nationen bedienten sich in ihren Gefechten der Flucht als eines Hauptvorteils und wurden ihren Feinden gefährlicher, wenn sie ihnen den Rücken als wenn sie ihnen das Gesicht zukehrten. Die Türken haben noch etwas davon beibehalten. Und beim Plato spottet Sokrates über den Laches, welcher die Standhaftigkeit darein gesetzt hatte, sich gegen den Feind fest in Reih und Glied zu halten. Wie, sagte er, so wärs also Feigheit, ihn zu schlagen, indem man ihm Platz machte? Und führte ihm den Homer an, welcher an Aeneas die Kunst zu fliehen lobt. Und da Laches sich besinnt und den Skythen diese Gewohnheit einräumt und endlich überhaupt aller Reiterei: so führt er ihm noch das Beispiel des spartanischen Fußvolkes an (diese Nation war vorzüglich dafür berühmt, in keinem Treffen zu weichen), welches, als es in der Schlacht bei Plataeae den persischen Phalanx nicht brechen konnte, darauf verfiel, sich selbst zu öffnen und zurückzuziehen, um durch diese vermeinte Flucht den Feind zu verleiten, seine tiefe Masse zu teilen und sie zu verfolgen: wodurch dann die Lakedaemonier den Sieg errangen.

FRIEDRICH VON LOGAU

Beharren

Der Ofen wärmt die Stube,
tut solches unbereut,
Ob gleich eine alte Mutter
die Hinter-Stirn ihm beut.
Wer recht geht, gehe weiter
und frage nichts darnach,
Ob Hasser oder Spötter
braucht List, Verleumdung, Schmach.

JOHANN PETER HEBEL

Unverhofftes Wiedersehen

In Falun in Schweden küßte vor guten fünfzig Jahren und mehr ein junger Bergmann seine junge, hübsche Braut und sagte zu ihr: „Auf St. Luciä wird unsere Liebe von des Priesters Hand gesegnet. Dann sind wir Mann und Weib und bauen uns ein eigenes Nestlein."

– „Und Friede und Liebe soll darin wohnen", sagte die schöne Braut
mit holdem Lächeln, „denn du bist mein Einziges und Alles, und
ohne dich möchte ich lieber im Grab sein, als an einem andern Ort."
Als sie aber vor St. Luciä der Pfarrer zum zweiten Male in der Kirche
ausgerufen hatte: „So nun jemand Hindernis wüßte anzuzeigen,
warum diese Personen nicht möchten ehelich zusammenkommen",
da meldete sich der Tod. Denn als der Jüngling den andern Morgen
in seiner schwarzen Bergmannskleidung an ihrem Haus vorbeiging,
der Bergmann hat sein Totenkleid immer an, da klopfte er zwar noch
einmal an ihrem Fenster und sagte ihr guten Morgen, aber keinen
guten Abend mehr. Er kam nimmer aus dem Bergwerk zurück, und
sie saumte vergeblich selbigen Morgen ein schwarzes Halstuch mit
rotem Rand für ihn zum Hochzeitstag, sondern als er nimmer kam,
legte sie es weg und weinte um ihn und vergaß ihn nie. Unterdessen
wurde die Stadt Lissabon in Portugal durch ein Erdbeben zerstört,
und der Siebenjährige Krieg ging vorüber, und Kaiser Franz der Erste
starb, und der Jesuitenorden wurde aufgehoben und Polen geteilt,
und die Kaiserin Maria Theresia starb, und der Struensee wurde
hingerichtet, Amerika wurde frei, und die vereinigte französische und
spanische Macht konnte Gibraltar nicht erobern. Die Türken schlossen den General Stein in der Veteraner Höhle in Ungarn ein, und der
Kaiser Joseph starb auch. Der König Gustav von Schweden eroberte
russisch Finnland, und die Französische Revolution und der lange
Krieg fing an, und der Kaiser Leopold der Zweite ging auch ins Grab.
Napoleon eroberte Preußen, und die Engländer bombardierten Ko-
penhagen, und die Ackerleute säten und schnitten. Der Müller
mahlte, und die Schmiede hämmerten, und die Bergleute gruben
nach den Metalladern in ihrer unterirdischen Werkstatt. Als aber die
Bergleute in Falun im Jahr 1809 etwas vor oder nach Johannis
zwischen zwei Schachten eine Öffnung durchgraben wollten, gute
dreihundert Ellen tief unter dem Boden, gruben sie aus dem Schutt
und Vitriolwasser den Leichnam eines Jünglings heraus, der ganz mit
Eisenvitriol durchdrungen, sonst aber unverwest und unverändert
war, also daß man seine Gesichtszüge und sein Alter noch völlig
erkennen konnte, als wenn er erst vor einer Stunde gestorben oder
ein wenig eingeschlafen wäre an der Arbeit. Als man ihn aber zu Tag

ausgefördert hatte, Vater und Mutter, Gefreundte und Bekannte waren schon lange tot, kein Mensch wollte den schlafenden Jüngling kennen oder etwas von seinem Unglück wissen, bis die ehemalige Verlobte des Bergmanns kam, der eines Tages auf die Schicht gegangen war und nimmer zurückkehrte. Grau und zusammengeschrumpft kam sie an einer Krücke an den Platz und erkannte ihren Bräutigam; und mehr mit freudigem Entzücken als mit Schmerz sank sie auf die geliebte Leiche nieder, und erst als sie sich von einer langen heftigen Bewegung des Gemüts erholt hatte, „es ist mein Verlobter", sagte sie endlich, „um den ich fünfzig Jahre lang getrauert hatte und den mich Gott noch einmal sehen läßt vor meinem Ende. Acht Tage vor der Hochzeit ist er auf die Grube gegangen und nimmer gekommen." Da wurden die Gemüter aller Umstehenden von Wehmut und Tränen ergriffen, als sie sahen die ehemalige Braut jetzt in der Gestalt des hingewelkten kraftlosen Alters und den Bräutigam noch in seiner jugendlichen Schöne, und wie in ihrer Brust nach fünfzig Jahren die Flamme der jugendlichen Liebe noch einmal erwachte; aber er öffnete den Mund nimmer zum Lächeln oder die Augen zum Wiedererkennen; und wie sie ihn endlich von den Bergleuten in ihr Stüblein tragen ließ, als die einzige, die ihm angehöre und ein Recht an ihn habe, bis sein Grab gerüstet sei auf dem Kirchhof. Den andern Tag, als das Grab gerüstet war auf dem Kirchhof und ihn die Bergleute holten, schloß sie ein Kästlein auf, legte sie ihm das schwarzseidene Halstuch mit roten Streifen um und begleitete ihn in ihrem Sonntagsgewand, als wenn es ihr Hochzeitstag und nicht der Tag seiner Beerdigung wäre. Denn als man ihn auf dem Kirchhof ins Grab legte, sagte sie: „Schlafe nun wohl, noch einen Tag oder zehen im kühlen Hochzeitbett, und laß dir die Zeit nicht lang werden. Ich habe nur noch wenig zu tun und komme bald, und bald wird's wieder Tag. Was die Erde einmal wiedergegeben hat, wird sie zum zweiten Male auch nicht behalten", sagte sie, als sie fortging und noch einmal umschaute.

ARTHUR SCHOPENHAUER

Über Beschränkung, Besonnenheit und Selbstgenügsamkeit

ALLE BESCHRÄNKUNG BEGLÜCKT. Je enger unser Gesichts-, Wirkungs- und Berührungskreis, desto glücklicher sind wir: je weiter, desto öfter fühlen wir uns gequält, oder geängstigt. Denn mit ihm vermehren und vergrößern sich die Sorgen, Wünsche und Schrecknisse. Darum sind sogar Blinde nicht so unglücklich, wie es uns a *priori* scheinen muß: dies bezeugt die sanfte, fast heitere Ruhe in ihren Gesichtszügen. Auch beruht es zum Teil auf dieser Regel, daß die zweite Hälfte des Lebens trauriger ausfällt, als die erste. Denn im Laufe des Lebens wird der Horizont unsrer Zwecke und Beziehungen immer weiter. In der Kindheit ist er auf die nächste Umgebung und die engsten Verhältnisse beschränkt; im Jünglingsalter reicht er schon bedeutend weiter; im Mannesalter umfaßt er unsern ganzen Lebenslauf, ja, erstreckt sich oft auf die entferntesten Verhältnisse, auf Staaten und Völker; im Greisenalter umfaßt er die Nachkommen. – Jede Beschränkung hingegen, sogar die geistige, ist unserm Glücke förderlich. Denn je weniger Erregung des Willens, desto weniger Leiden: und wir wissen, daß das Leiden das Positive, das Glück bloß negativ ist. Beschränktheit des Wirkungskreises benimmt dem Willen die äußeren Veranlassungen zur Erregung; Beschränktheit des Geistes die innern. Nur hat letztere den Nachteil, daß sie der Langeweile die Türe öffnet, welche mittelbar die Quelle unzähliger Leiden wird, indem man, um nur sie zu bannen, nach allem greift, also Zerstreuung, Gesellschaft, Luxus, Spiel, Trunk u.s.w. versucht, welche jedoch Schaden, Ruin und Unglück jeder Art herbeiziehn. *Difficilis in otio quies.* Wie sehr hingegen die ÄUSSERE Beschränkung dem menschlichen Glücke, so weit es gehn kann, förderlich, ja, notwendig sei, ist daran ersichtlich, daß die einzige Dichtungsart, welche glückliche Menschen zu schildern unternimmt, das Idyll, sie stets und wesentlich in höchst beschränkter Lage und Umgebung darstellt. Das Gefühl der Sache liegt auch unserm Wohlgefallen an den sogenannten

Genre-Bildern zum Grunde. – Imgleichen wird auch die Einförmig-
keit der Lebensweise, so lange sie nicht Langeweile erzeugt, be-
glücken; weil sie das Leben selbst, folglich auch die ihm wesentliche
Last, am wenigsten spüren läßt: es fließt dahin, wie ein Bach, ohne
Wellen und Strudel.

...

Um mit vollkommener Besonnenheit zu leben und aus der eigenen Erfahrung alle Belehrung, die sie enthält, herauszuziehn, ist
erfordert, daß man oft zurückdenke und was man erlebt, getan,
erfahren und dabei empfunden hat rekapituliere, auch sein ehemaliges Urteil mit seinem gegenwärtigen, seinen Vorsatz und Streben
mit dem Erfolg und der Befriedigung durch denselben vergleiche.
Dies ist die Repetition des Privatissimums, welches jedem die Erfahrung liest. Auch läßt die eigene Erfahrung sich ansehn, als der Text;
Nachdenken und Kenntnisse als der Kommentar dazu. Viel Nachdenken und Kenntnisse, bei wenig Erfahrung, gleicht den Ausgaben,
deren Seiten zwei Zeilen Text und vierzig Zeilen Kommentar dar-
bieten. Viel Erfahrung, bei wenig Nachdenken und geringen Kennt-
nissen, gleicht den bipontinischen Ausgaben, ohne Noten, welche
vieles unverstanden lassen.

Auf die hier gegebene Anempfehlung zielt auch die Regel des
Pythagoras, daß man abends, vor dem Einschlafen, durchmustern
solle was man den Tag über getan hat. Wer im Getümmel der
Geschäfte, oder Vergnügungen, dahinlebt, ohne je seine Vergangenheit zu ruminieren, vielmehr nur immerfort sein Leben abhaspelt,
dem geht die klare Besonnenheit verloren: sein Gemüt wird ein
Chaos, und eine gewisse Verworrenheit kommt in seine Gedanken,
von welcher alsbald das Abrupte, Fragmentarische, gleichsam Klein-
gehackte seiner Konversation zeugt. Dies ist um so mehr der Fall, je
größer die äußere Unruhe, die Menge der Eindrücke, und je geringer
die innere Tätigkeit seines Geistes ist.

Hierher gehört die Bemerkung, daß, nach längerer Zeit und nachdem die Verhältnisse und Umgebungen, welche auf uns einwirkten,
vorübergegangen sind, wir nicht vermögen, unsere damals durch sie
erregte Stimmung und Empfindung uns zurückzurufen und zu er-

neuern: wohl aber können wir unserer eigenen, damals von ihnen hervorgerufenen ÄUSSERUNGEN uns erinnern. Diese nun sind das Resultat, der Ausdruck und der Maßstab derselben. Daher sollte das Gedächtnis, oder das Papier, dergleichen, aus denkwürdigen Zeitpunkten, sorgfältig aufbewahren. Hierzu sind Tagebücher sehr nützlich.

. . .

GANZ ER SELBST SEIN darf jeder nur so lange er allein ist: wer also nicht die Einsamkeit liebt, der liebt auch nicht die Freiheit: denn nur wenn man allein ist, ist man frei: Zwang ist der unzertrennliche Gefährte jeder Gesellschaft. Demgemäß wird jeder in genauer Proportion zum Werte seines eigenen Selbst die Einsamkeit fliehen, ertragen, oder lieben. Denn in ihr fühlt der Jämmerliche seine ganze Jämmerlichkeit, der große Geist seine ganze Größe, kurz, jeder sich als was er ist. Ferner, je höher einer auf der Rangliste der Natur steht, desto einsamer steht er, und zwar wesentlich und unvermeidlich. Dann aber ist es eine Wohltat für ihn, wenn die physische Einsamkeit der geistigen entspricht: widrigenfalls dringt die häufige Umgebung heterogener Wesen störend, ja, feindlich auf ihn ein, raubt ihm sein Selbst und hat nichts als Ersatz dafür zu geben.

Sodann, während die Natur zwischen Menschen die weiteste Verschiedenheit, im Moralischen und Intellektuellen, gesetzt hat, stellt die Gesellschaft, diese für nichts achtend, sie alle gleich, oder vielmehr sie setzt an ihre Stelle die künstlichen Unterschiede und Stufen des Standes und Ranges, welche der Rangliste der Natur sehr oft diametral entgegen laufen. Bei dieser Anordnung stehen sich die, welche die Natur niedrig gestellt hat, sehr gut; die wenigen aber, welche sie hoch stellte, kommen dabei zu kurz; daher diese sich der Gesellschaft zu entziehen pflegen und in jeder, sobald sie zahlreich ist, das Gemeine vorherrscht. Die sogenannte gute Sozietät läßt Vorzüge aller Art gelten, nur nicht die geistigen: diese sind sogar Konterbande. Sie verpflichtet uns, gegen jede Torheit, Narrheit, Verkehrtheit, Stumpfheit, grenzenlose Geduld zu beweisen; persönliche Vorzüge hingegen sollen sich Verzeihung erbetteln, oder sich verbergen.

Demnach hat die Gesellschaft, welche man die gute nennt, nicht nur den Nachteil, daß sie uns Menschen darbietet, die wir nicht loben und lieben können, sondern sie läßt auch nicht zu, daß wir selbst seien, wie es unsrer Natur angemessen ist; vielmehr nötigt sie uns, des Einklanges mit den anderen wegen, einzuschrumpfen, oder gar uns selbst zu verunstalten. Oft müssen wir daher, mit schwerer Selbstverleugnung, 3/4 unsrer selbst aufgeben, um uns den andern zu verähnlichen. Dafür haben wir dann freilich die andern: aber je mehr eigenen Wert einer hat, desto mehr wird er finden, daß hier der Gewinn den Verlust nicht deckt und das Geschäft zu seinem Nachteil ausschlägt. Dazu kommt noch, daß die Gesellschaft, um die echte, d.i. die geistige Überlegenheit, welche sie nicht verträgt und die auch schwer zu finden ist, zu ersetzen, eine falsche, konventionelle, auf willkürlichen Satzungen beruhende und traditionell unter den höhern Ständen sich fortpflanzende, auch, wie die Parole, veränderliche Überlegenheit, beliebig angenommen hat: diese ist, was der gute Ton, *bon ton, fashionableness* genannt wird. Wenn sie jedoch einmal mit der echten in Kollision gerät, zeigt sich ihre Schwäche.

Überhaupt aber kann jeder IM VOLLKOMMENSTEN EINKLANGE nur mit sich selbst stehn; nicht mit seinem Freunde, nicht mit seiner Geliebten: denn die Unterschiede der Individualität und Stimmung führen allemal eine, wenn auch geringe, Dissonanz herbei. Daher ist der wahre, tiefe Friede des Herzens und die vollkommene Gemütsruhe allein in der Einsamkeit zu finden. Ist dann das eigene Selbst groß und reich; so genießt man den glücklichsten Zustand, der auf dieser armen Erde gefunden werden mag. Ja, es sei herausgesagt: so eng auch Freundschaft, Liebe und Ehe Menschen verbinden; GANZ EHRLICH meint jeder es am Ende doch nur mit sich selbst und höchstens noch mit seinem Kinde.

Aus diesem allen nun folgt, daß der am besten daran ist, der nur auf sich selbst gerechnet hat und sich selber alles in allem sein kann. Zudem, je mehr einer an sich selber hat, desto weniger kann er außerhalb finden. Ein gewisses Gefühl von Allgenugsamkeit ist es, welches die Leute von innerm Wert und Reichtum abhält, der Gemeinschaft mit andern die bedeutenden Opfer, welche sie verlangt, zu bringen, geschweige dieselbe, mit merklicher Selbstverleugnung, zu suchen. Das Gegenteil hiervon macht die gewöhnlichen Leute so gesellig und akkommodant: es wird ihnen nämlich leichter, andere zu ertragen, als sich selbst. Hinzu kommt noch, daß das, was wirklichen Wert hat in der Welt, nicht geachtet wird, und was geachtet wird, keinen Wert hat. Hiervon ist die Zurückgezogenheit jedes Würdigen und Ausgezeichneten der Beweis und die Folge. Diesem allen nach wird es in dem, der etwas Rechtes an sich selber hat, echte Lebensweisheit sein, wenn er, erforderlichenfalls, seine Bedürfnisse einschränkt, um nur seine Freiheit zu wahren, oder zu erweitern, und demnach mit seiner Person, da sie unvermeidliche Verhältnisse zur Menschenwelt hat, so kurz wie möglich sich abfindet.

Hans Christian Andersen

Der standhafte Zinnsoldat

Es waren einmal fünfundzwanzig Zinnsoldaten, die waren alle Brüder; denn sie waren von einem alten Zinnlöffel geboren worden. Das Gewehr hielten sie im Arm, das Gesicht richteten sie geradeaus; rot und blau, so recht schön war ihre Uniform. Das allererste, was sie in dieser Welt hörten, als der Deckel von der Schachtel, in der sie lagen, genommen wurde, war das Wort: „Zinnsoldaten!" Das rief ein kleiner Knabe und klatschte in die Hände. Er hatte sie bekommen, weil es sein Geburtstag war, und nun stellte er sie auf den Tisch. Ein Soldat glich leibhaftig dem andern, nur ein einziger war ein wenig verschieden; er hatte nur ein Bein, denn er war zuletzt gegossen worden, und da war nicht mehr Zinn genug; doch stand er ebenso fest auf seinem einen wie die andern auf ihren zweien, und gerade er war es, der etwas Besonderes wurde.

Auf dem Tisch, wo sie aufgestellt wurden, stand viel anderes Spielzeug; aber das, was am meisten in die Augen fiel, war ein schönes Schloß aus Papier. Durch die kleinen Fenster konnte man direkt in die Säle hineinsehen. Draußen standen kleine Bäume rings um einen kleinen Spiegel, der einen See vorstellen sollte. Schwäne aus Wachs schwammen auf ihm und spiegelten sich. Es war alles reizend; aber das reizendste war doch eine kleine Jungfrau, die mitten in der offenen Schloßtür stand. Sie war auch aus Papier geschnitten; aber sie hatte einen Rock an aus feinstem Linon und ein kleines, schmales, blaues Band über der Schulter, gerade wie ein Gewand; mitten darin saß eine glänzende Paillette, gerade so groß wie ihr ganzes Gesicht. Die kleine Jungfrau streckte ihre beiden Arme aus, denn sie war eine Tänzerin, und dann hob sie ihr eines Bein so hoch in die Höhe, daß der Zinnsoldat es gar nicht finden konnte und glaubte, sie habe nur ein Bein, ebenso wie er.

Das wäre eine Frau für mich! dachte er; aber sie ist sehr vornehm, sie wohnt in einem Schloß, ich habe nur eine Schachtel, und in der sind wir unser fünfundzwanzig, das ist kein Ort für sie! Doch ich muß schauen, ihre Bekanntschaft zu machen! Und dann legte er sich, so lang er war, hinter eine Schnupftabakdose, die auf dem Tisch stand; dort konnte er so recht die kleine, feine Dame ansehen, die fortfuhr, auf einem Bein zu stehen, ohne aus der Balance zu kommen.

Als es Abend wurde, kamen alle andern Zinnsoldaten in ihre Schachtel, und die Leute im Haus gingen zu Bett. Nun fing das Spielzeug an zu spielen, sowohl ‚auf Besuch kommen', als auch ‚Krieg führen' und ‚Ball geben'. Die Zinnsoldaten rasselten in der Schachtel, denn sie wollten mit dabei sein, aber sie konnten den Deckel nicht aufheben. Der Nußknacker schlug Purzelbäume, und der Griffel machte Jux auf der Tafel; es war so ein Spektakel, daß der Kanarienvogel erwachte und anfing mitzusprechen, und zwar in Versen. Die zwei einzigen, die sich nicht von der Stelle rührten, waren der Zinnsoldat und die kleine Tänzerin; sie hielt sich ganz gerade auf der Zehenspitze und beide Arme ausgestreckt; er war ebenso standhaft auf seinem einen Bein, seine Augen wandte er keinen Augenblick von ihr.

Jetzt schlug es zwölf Uhr, und klatsch, da sprang der Deckel von der Schnupftabakdose; aber es war kein Tabak darin, sondern ein kleiner, schwarzer Troll, das war so ein Kunststück.

„Zinnsoldat!" sagte der Troll, „willst du wohl deine Augen im Zaum halten!"

Aber der Zinnsoldat tat, als ob er nichts hörte.

„Ja, warte nur bis morgen!" sagte der Troll.

Als es nun Morgen wurde, und die Kinder aufstanden, wurde der Zinnsoldat ans Fenster gestellt, und ob es nun der Troll oder der Zugwind war – auf einmal flog das Fenster auf und der Soldat fiel Hals über Kopf aus dem dritten Stock. Es war eine schreckliche Fahrt, er streckte das Bein gerade in die Luft und blieb auf der Mütze stehen, mit dem Bajonett unten zwischen den Pflastersteinen.

Das Dienstmädchen und der kleine Knabe kamen sofort herunter, um zu suchen; aber obschon sie nahe daran waren auf ihn zu treten, konnten sie ihn doch nicht sehen. Hätte der Zinnsoldat gerufen: „Hier bin ich!", so würden sie ihn wohl gefunden haben, aber er fand es nicht passend, laut zu schreien, weil er in Uniform war.

Nun begann es zu regnen, ein Tropfen fiel schneller als der andere, es wurde ein richtiger Platzregen. Als er vorüber war, kamen zwei Gassenbuben.

„Schau du!" sagte der eine, „da liegt ein Zinnsoldat! Der soll raus und segeln!"

Und dann machten sie ein Boot aus einer Zeitung, setzten den Zinnsoldaten mitten hinein, und nun segelte er den Rinnstein hinunter; beide Buben liefen nebenher und klatschten in die Hände. Bewahr uns wohl! was für Wellen gingen in dem Rinnstein, und welch ein Strom war da! es hatte aber auch gegossen. Das Papierboot wippte auf und nieder, und zwischenhinein drehte es sich rundum, so daß der Zinnsoldat im Innern erbebte; aber er blieb standhaft, veränderte keine Miene, sah geradeaus und hielt das Gewehr im Arm.

Mit einemmal trieb das Boot unter ein langes Rinnsteinbrett; es wurde ebenso dunkel, als ob er in seiner Schachtel wäre.

Wo komme ich wohl jetzt hin? dachte er, ja, ja, daran ist der Troll schuld! Ach, säße doch die kleine Jungfrau hier im Boot, dann dürfte es hier gerne noch einmal so dunkel sein!

Im gleichen Augenblick kam eine große Wasserratte, die unter dem Rinnstein wohnte.

„Hast du einen Paß?" fragte die Ratte, „her mit dem Paß!"

Aber der Zinnsoldat schwieg still und hielt sein Gewehr noch fester. Das Boot fuhr drauf los und die Ratte hinterher. Hu! wie sie die Zähne fletschte und den Hölzchen und dem Stroh zurief: „Haltet ihn! Haltet ihn! Er hat den Zoll nicht bezahlt! Er hat den Paß nicht gezeigt!"

Aber der Strom wurde stärker und stärker, der Zinnsoldat konnte vorne, wo das Brett aufhörte, schon den hellen Tag erblicken; aber er hörte auch einen brausenden Ton, der wohl einen tapferen Mann erschrecken konnte. Denkt doch: Der Rinnstein mündete, wo das Brett aufhörte, direkt in einen großen Kanal; das würde für ihn genauso gefährlich sein wie für uns, einen großen Wasserfall hinunterzufahren.

Jetzt war er schon so nahe daran, daß er nicht mehr anhalten konnte. Das Boot fuhr hinaus, der arme Zinnsoldat hielt sich so steif er konnte, niemand sollte ihm nachsagen, daß er mit den Augen zwinkerte. Das Boot surrte drei, vier Male herum und war bis an den Rand mit Wasser gefüllt, es mußte sinken. Der Zinnsoldat stand bis an den Hals im Wasser, und tiefer und tiefer sank das Boot; mehr und mehr löste das Papier sich auf; nun ging das Wasser über den Kopf des Soldaten hinweg – da dachte er an die kleine, reizende Tänzerin, die er nie mehr zu sehen bekommen sollte, und es klang in des Zinnsoldaten Ohren:

„Fahre, fahre, Kriegsmann!
Den Tod mußt du erleiden!"

Jetzt ging das Papier entzwei, und der Zinnsoldat stürzte hindurch – wurde aber im gleichen Augenblick von einem großen Fisch verschluckt.

Nein, wie war es doch dunkel da drinnen! Es war noch schlimmer als unter dem Rinnsteinbrett, und dann war es so eng; aber der Zinnsoldat war standhaft und lag, so lang er war, mit dem Gewehr im Arm.

Der Fisch sauste umher, er machte die allerschrecklichsten Bewegungen; endlich wurde er ganz still, es fuhr wie ein Lichtstrahl durch ihn hindurch, das Licht schien ganz klar, und jemand rief laut: „Zinnsoldat!" Der Fisch war gefangen, auf den Markt gebracht, verkauft worden und in die Küche hinaufgekommen, wo das Mädchen ihn mit einem großen Messer aufschnitt. Sie nahm mit ihren beiden Fingern den Soldaten mitten um den Leib und trug ihn in die Stube, wo sie alle zusammen einen so merkwürdigen Mann sehen wollten, der im Magen eines Fisches herumgereist war; aber der Zinnsoldat war gar nicht stolz. Sie stellten ihn auf den Tisch und dort – nein, wie kann es in der Welt doch wunderlich zugehen! Der Zinnsoldat stand in derselben Stube, in der er früher gewesen war; er sah dieselben Kinder, und das Spielzeug stand auf dem Tisch: das schöne Schloß mit der reizenden, kleinen Tänzerin. Sie hielt sich immer noch auf dem einen Bein und hatte das andere hoch in der Luft, sie war auch standhaft. Das rührte den Zinnsoldaten, er war nahe daran, Zinn zu weinen, aber es gehörte sich nicht. Er sah sie an, und sie sah ihn an, aber sie sagten nichts.

In diesem Augenblick nahm der eine der kleinen Knaben den Zinnsoldaten und warf ihn hinein in den Kachelofen, und er gab gar keinen Grund dafür an; es war bestimmt der Troll in der Dose, der schuld daran war.

Der Zinnsoldat stand ganz beleuchtet und fühlte eine Hitze, die furchtbar war; aber ob es vom wirklichen Feuer oder von der Liebe kam, das wußte er nicht. Die Farben waren ganz von ihm abgegangen, ob es auf der Reise oder aus Kummer geschehen war, konnte niemand sagen. Er sah auf die kleine Jungfrau, sie sah auf ihn, und er fühlte, daß er schmolz, aber noch stand er standhaft mit dem Gewehr im Arm. Da ging eine Tür auf, der Wind erfaßte die Tänzerin, und sie flog wie eine Sylphide gerade hinein in den Kachelofen zum Zinnsoldaten, loderte auf in einer Flamme und war fort. Da schmolz der Zinnsoldat zu einem Klecks, und als das Mädchen am nächsten Tag die Asche herausnahm, fand sie ihn als kleines Zinnherz; von der Tänzerin hingegen war nur die Paillette da, und die war kohlschwarz gebrannt.

Abraham Lincoln

Rede auf dem Schlachtfeld von Gettysburg

Vor siebenundachtzig Jahren schufen unsere Väter auf diesem Kontinent eine neue Nation, geboren in Freiheit und geweiht der Idee, daß alle Menschen gleich erschaffen seien. Heute sind wir in einen großen Bürgerkrieg verwickelt, der die Probe liefern soll, ob diese Nation oder ob irgendeine, in dem gleichen Sinn verstandene Nation ein langes Leben haben kann. Wir haben uns auf einem großen Schlachtfelde dieses Krieges zusammengefunden. Wir sind gekommen, diesen Platz des Feldes der Ehre zur letzten Ruhestätte derer zu weihen, die ihr Leben dahingegeben haben, damit die Nation weiterlebe. Pflicht und Brauch ist es, daß wir dies tun. In einem höheren Sinne aber können nicht wir diesen Boden weihen und heiligen, sondern die tapferen Krieger, die lebenden wie die toten, haben ihn geheiligt, und weit ginge es über unsere schwachen Kräfte, wollten wir etwas hinzufügen oder wegnehmen. Die Welt wird sich wenig kümmern und bald vergessen, was wir hier reden; immer aber wird sie sich dessen erinnern, was diese Helden hier getan haben. Aber unsere, der Lebenden, Aufgabe ist es, dem unvollendeten Werk uns zu weihen, das die Männer, die hier gekämpft, so edelmütig gefördert haben. Uns ist die Aufgabe verblieben, das große Werk zu vollenden. Möge das Beispiel der auf dem Felde der Ehre Gefallenen uns begeistern zu gesteigerter Hingabe an die Sache, für die sie das letzte, für die sie alles hingegeben haben! Laßt uns hier den Schwur leisten: Diese Toten sollen nicht vergeblich gestorben sein! Möge unsere Nation mit Gottes Hilfe in Freiheit neu erstehen, möge unsere Regierung des Volkes, durch das Volk und für das Volk, nicht von der Erde verschwinden!

ALPHONSE DAUDET

Meister Cornilles Geheimnis

Francet Mamaï, ein alter Querpfeifenbläser, der mich von Zeit zu Zeit am Feierabend besucht und Wein aus eingekochtem Most bei mir trinkt, hat mir neulich ein kleines ländliches Drama erzählt, dessen Zeuge meine Mühle vor ungefähr zwanzig Jahren gewesen ist. Die Geschichte des alten Mannes hat mich gerührt, und ich will versuchen, sie Euch so zu wiederholen, wie ich sie gehört habe.

Stellt Euch schnell einmal vor, liebe Leser, daß Ihr vor einer Kanne voll duftenden Weines sitzt und daß es ein alter Querpfeifer ist, der zu Euch spricht.

Unsere Gegend, mein lieber Herr, war nicht immer so tot und stumm wie heute. Früher blühte hier das Müllerhandwerk, und von zehn Meilen in der Runde brachten uns die Leute von den Höfen ihr Getreide zu mahlen ... Rings um das Dorf standen Windmühlen auf den Hügeln. Rechts und links sah man nichts als Windmühlenflügel, die sich über den Kiefern im Mistral drehten, lange Reihen von kleinen Eselchen stiegen, mit Säcken beladen, die Wege hinauf und wieder herab; und die ganze Woche war es eine wahre Lust, auf den Höhen oben das Peitschenknallen, das Knattern der Leinwand an den Flügeln und das Hü und Hott der Müllerburschen zu hören ... Sonntags gingen wir in Scharen zu den Mühlen hinauf. Da oben ließen die Müller für uns den Muskateller fließen. Die Müllerinnen waren schön wie Königinnen mit ihren Spitzentüchern und den goldenen Kreuzen. Ich selber nahm meine Querpfeife mit, und bis in die dunkle Nacht tanzte man die Farandole. Die Mühlen, sehen Sie, waren Freude und Reichtum unseres Landes.

Zu unserem Unglück hatten ein paar Franzosen aus Paris den Einfall, an der Straße nach Tarascon eine Dampfmühle zu bauen. Der Reiz des Neuen! Die Leute gewöhnten sich daran, ihr Korn zu den Dampfmüllern zu bringen, und die armen Windmühlen waren ohne Arbeit. Eine Zeitlang versuchten sie sich zu behaupten, aber der Dampf war stärker als der Wind, und eine nach der andern mußten

sie alle schließen, die armen Dinger!... Man sah keine kleinen Esel-
chen mehr kommen ... Die schönen Müllerinnen verkauften ihre
goldenen Kreuze ... Kein Muskateller mehr, keine Farandole!... Der
Mistral konnte blasen, soviel er wollte, die Flügel standen still ...
Und dann eines schönen Tages ließ die Gemeinde all diese alten
Gemäuer herunterreißen, und man säte Wein und Ölbäume an ihrer
Statt.

Eine einzige Mühle aber hatte inmitten des Zusammenbruchs
standgehalten und drehte sich weiterhin tapfer auf ihrem Hügelchen,
den Dampfmüllern vor der Nase. Das war die Mühle von Meister
Cornille, dieselbe, in der wir jetzt eben unseren Feierabendschwatz
halten.

Meister Cornille war ein alter Müller, lebte seit sechzig Jahren
zwischen den Mehlsäcken und war mit Leidenschaft bei seinem
Beruf. Die Errichtung der Dampfmühlen hatte ihn fast wahnsinnig
gemacht. Acht Tage lang sah man ihn durchs Dorf laufen, alles um
sich zusammenrottend und aus allen Kräften schreiend, mit dem
Mehl aus den Dampfmühlen wolle man die Provence vergiften.
„Geht nicht dort hinunter“, sagte er. „Um uns Brot zu bereiten,
benutzen diese Banditen den Dampf, und der ist eine Erfindung des
Teufels; ich dagegen, ich arbeite mit dem Mistral und der Tra-
montana, und sie sind der Atem des lieben Gottes ...“ Und so fand
er eine Menge schöner Worte wie diese zum Lob der Windmühlen,
aber niemand hörte sie an.

Da vergrub sich der Alte in wütendem Grimm in seine Mühle und
lebte ganz einsam wie ein wildes Tier. Er wollte nicht einmal seine
Enkelin Vivette bei sich behalten, ein Mädchen von fünfzehn Jahren,
das seit dem Tode seiner Eltern keinen Menschen als den Großvater
auf der weiten Welt hatte. Das arme Kind mußte sich sein Brot selbst
verdienen und überall auf den Höfen mal hier, mal dort sich ver-
dingen, zur Getreidemahd, für die Seidenwürmer oder die Oliven-
ernte. Und doch schien der Großvater sie sehr liebzuhaben, die
Kleine. Oft überkam es ihn, daß er seine vier Meilen zu Fuß in der
glühenden Sonne wanderte, um sie auf dem Gut, wo sie arbeitete, zu
besuchen, und wenn er bei ihr war, verbrachte er Stunden und
Stunden damit, sie anzusehen und zu weinen ...

In der Gegend dachte man, der alte Müller habe Vivette aus Geiz fortgeschickt; und es brachte ihm wenig Ehre, die Enkeltochter so von Hof zu Hof ziehen zu lassen, den Roheiten der Knechte ausgesetzt und allen Drangsalen, in die solch ein junges Blut in der Gesindekammer geraten kann. Man mißbilligte es auch sehr, daß ein Mann von Meister Cornilles Ansehen und der bis dahin auf sich gehalten hatte, jetzt in den Straßen umherging wie ein richtiger Zigeuner, barfuß, mit zerrissener Mütze und zerschlissenem Leibgürtel ... Ja, wenn wir ihn sonntags zur Messe in die Kirche treten sahen, schämten wir uns wirklich und wahrhaftig für ihn, wir anderen Alten; und Cornille fühlte das so gut, daß er sich nicht mehr auf die Bank für die Kirchenvorsteher zu setzen wagte. Immer blieb er ganz hinten, beim Weihwasserkessel, wo die Armen stehen.

In Meister Cornilles Leben war etwas, das man nicht verstand. Längst brachte ihm keiner aus dem Dorf mehr Getreide, und doch gingen die Flügel seiner Mühle weiter wie zuvor ... Abends traf man den alten Müller unterwegs, wie er seinen mit dicken Mehlsäcken beladenen Esel vor sich hertrieb.

„Grüß Gott, Meister Cornille!" riefen die Landleute ihm dann zu. „Es geht also gut mit dem Mehlhandel?" „Immer, Nachbarn", antwortete der Alte mit munterer Miene. „Gottlob, an Arbeit fehlt es uns nicht."

Wenn man ihn darauf fragte, woher zum Teufel so viel Arbeit kommen könne, legte er den Finger auf die Lippen und antwortete bedeutsam: „Pst! Ich arbeite für den Export ..." Niemals konnte man mehr aus ihm herausbringen.

Die Nase in die Mühle zu stecken – daran war nicht zu denken. Die kleine Vivette selbst traute sich nicht hinein ... Ging man draußen an der Mühle vorbei, so sah man die Tür stets geschlossen, die großen Flügel stets in Bewegung, den alten Esel Gras auf der Plattform zupfen und eine große magere Katze, die sich in der Sonne auf dem Fenstersims wärmte und einen mit bösen Augen ansah.

All das roch, als ob etwas dahintersteckte, und gab Anlaß zu viel Geschwätz unter den Leuten. Jeder erklärte sich Meister Cornilles Geheimnis auf seine Weise, aber allgemein ging das Gerücht, es gäbe in dieser Mühle mehr Säcke voll Taler als Säcke voll Mehl.

Mit der Zeit aber kam alles ans Licht; und das war so: Eines schönen Tages, als ich mit meiner Querpfeife dem jungen Volk zum Tanz aufspielte, entdeckte ich, daß mein Ältester und die kleine Vivette sich ineinander verliebt hatten. Im Grunde meines Herzens war ich nicht böse darüber, denn der Name Cornille stand schließlich doch in Ehren bei uns, und dann hätte es mir Spaß gemacht, das hübsche kleine Spätzchen, die Vivette, in meinem Hause herumhüpfen zu sehen. Nur hatten unsere Liebesleute oft Gelegenheit, beisammen zu sein, und deshalb wollte ich, aus Angst vor unliebsamen Zwischenfällen, die Sache gleich ins reine bringen und stieg zur Mühle hinauf, um zwei Worte im Vertrauen mit dem Großvater zu reden... Ah, der alte Hexenmeister! Stellen Sie sich vor, wie er mich empfing! Keine Macht der Welt hätte ihn dazu bringen können, seine Tür zu öffnen. Ich erklärte ihm meine Gründe, so gut ich konnte, durchs Schlüsselloch; und solange ich sprach, saß das dürre Katzenvieh über meinem Kopfe und fauchte wie der Teufel.

Der Alte ließ mir nicht Zeit, zu Ende zu kommen; er brüllte mich sackgrob an, ich sollte mich nach Hause scheren zu meiner Flöte, und wenn ich Eile hätte, meinen Jungen zu verheiraten, könnte ich mir ja Mädchen aus der Dampfmühle holen... Sie können sich denken, daß das Blut mir zu Kopfe stieg bei so argen Worten; aber ich blieb trotzdem besonnen genug, um an mich zu halten. Ich ließ den alten Narren bei seinem Mühlstein und ging, den Kindern mein Mißgeschick zu erzählen... Die armen Lämmer konnten es nicht fassen; sie baten es sich als eine Gnade von mir aus, daß sie beide zusammen zur Mühle hinaufgehen dürften, um mit dem Großvater zu sprechen... Ich hatte nicht den Mut, nein zu sagen, und hui! sind meine Liebesleutchen auf und davon.

Genau als sie oben ankamen, war Meister Cornille eben fortgegangen. Die Tür war doppelt abgeschlossen; aber der alte Freund hatte beim Weggehen seine Leiter draußen gelassen, und sogleich kamen die Kinder auf den Einfall, durchs Fenster hineinzuklettern und sich ein bißchen umzusehen, was in der berühmten Mühle eigentlich los sei...

Seltsam! Die Mahlkammer war leer... Nicht ein Sack, nicht ein

Körnchen Getreide; kein bißchen Mehl an den Wänden und auf den Spinnweben ... Man roch nicht einmal den guten warmen Duft des zermahlenen Weizens, der sonst die Luft in den Mühlen würzt ... Die Flügelwelle war mit Staub bedeckt, und der große dürre Kater schlief darauf.

Der untere Raum bot dasselbe Bild von Elend und Verlassenheit: ein dürftiges Bett, ein paar Lumpen, ein Stück Brot auf einer Treppenstufe, und in einem Winkel dann noch drei oder vier aufgerissene Säcke, aus denen Schutt und weiße Tonerde quoll.

Das also war Meister Cornilles Geheimnis! Gips war es, Gips, was er abends in den Straßen umherführte, um die Ehre der Mühle zu retten und um glauben zu machen, dort werde Mehl gemahlen ... Arme Mühle! Armer Cornille! Längst hatten die Dampfmüller ihnen den letzten Kunden abspenstig gemacht. Die Flügel kreisten immerfort, aber der Mühlstein drehte sich leer.

Die Kinder kamen ganz in Tränen zurück und erzählten mir, was sie gesehen hatten. Mir ging es durchs Herz, als ich sie hörte ... Ohne eine Minute zu verlieren, lief ich zu den Nachbarn, ich erklärte ihnen die Sache in zwei Worten, und wir kamen überein, daß auf der Stelle aller Weizen, der in den Häusern war, in Cornilles Mühle gebracht werden müsse ... Gesagt, getan. Das ganze Dorf macht sich auf, und wir kommen oben an mit einer Prozession von Eseln, die das Korn hinaufschleppen – und das ist echtes Korn! Die Mühle stand weit offen ... Vor der Tür saß Meister Cornille auf einem Sack Gips und weinte, den Kopf in den Händen. Als er heimkam, hatte er entdeckt, daß während seiner Abwesenheit jemand bei ihm eingedrungen war und sich in sein trauriges Geheimnis geschlichen hatte.

„Ich Armer!" sagte er. „Nun bleibt mir nichts als zu sterben ... Die Mühle ist entehrt."

Und er schluchzte, daß es einem die Seele zerriß, nannte seine Mühle mit allen möglichen Kosenamen und sprach zu ihr wie zu einem wirklichen lebendigen Wesen.

In diesem Augenblick erscheinen wir mit unseren Eseln auf der Plattform, und wir alle heben aus vollem Halse zu rufen an, wie in der guten alten Zeit der Müller:

„Hallo! Mühle!... Hallo! Meister Cornille!"

Und da häufen sich die Säcke vor der Tür, und das schöne rotbraune Korn läuft auf den Boden, nach allen Seiten hin ...

Meister Cornille machte große Augen. Er hatte ein paar Körner in seine alte Hand gefaßt, und lachend und weinend zugleich sagte er: „Weizen!... Herrgott im Himmel! ... Guter echter Weizen! ... Laßt mich, ich muß ihn mir ansehen."

Und dann zu uns:

„Ah, ich wußte wohl, daß ihr wieder zu mir kommen würdet... Die in der Dampfmühle sind alle Spitzbuben."

Wir wollten ihn im Triumph ins Dorf hinuntertragen.

„Nein, nein Kinder; vor allem muß ich meiner Mühle zu essen geben ... Denkt doch! Wie lange hat sie nichts zwischen den Zähnen gehabt!"

Und wir alle hatten Tränen in den Augen, als wir den armen Alten bald rechts und bald links geschäftig sahen, wie er jetzt die Säcke aufschlitzte, dann auf die Mühlsteine aufpaßte, während sie das Getreide zermalmten und der feine Weizenstaub zur Decke aufflog.

Das eine muß man uns lassen: von diesem Tag an hat es dem alten Müller niemals an Arbeit gefehlt. Eines Morgens dann starb Meister Cornille, und die Flügel unserer letzten Mühle standen still, diesmal für immer... Nachdem Cornille tot war, hat niemand seine Nachfolge angetreten. Das ist nun einmal so, Herr!... Alles in dieser Welt hat ein Ende, und wir müssen glauben, daß die Zeit der Windmühlen ebenso vorüber war wie die der Marktschiffe auf der Rhône, der Königlichen Gerichte und der großgeblümten Männerröcke.

ARTHUR SCHNITZLER

Boxeraufstand (Fragment)

Er war damals Oberleutnant.

Boxeraufstand in China, gefährlich, unnachsichtig. Seine Majestät hatte befohlen, daß kein Pardon gegeben werde. Es nützte nicht viel. Nationalistische Bewegung. Freiheitsbewegung. Doch wir wollen nicht von Politik reden.

Überall in Städten, in Dörfern, auf dem Land Aufruhr, da und dort wurde er niedergeschlagen, Hunderte, Tausende wurden gehängt, füsiliert.

Wir waren in einem kleinen Dorf, zwei Stunden von Peking. Dort wurde ein Trupp von siebzehn verurteilt. Drei Wochen früher waren dreißig hingerichtet worden. Man ließ den Verurteilten drei Stunden Zeit. Sie waren alle gefaßt; ich machte innerlich eine Statistik, wie beinahe jedesmal. Die Psychologie der Chinesen interessierte mich.

Einer weinte, das fiel mir auf, es kam selten vor. Drei redeten miteinander sehr ernsthaft und wichtig, zwei erhielten Besuch von Familienmitgliedern, einer schien zu beten, zwei schrieben Briefe, denn nicht alle waren aus diesem Dorf, es schien vielmehr absichtlich eine Art von Tausch stattzufinden von Verschwörern von Dorf zu Dorf...

Das waren sechzehn; der siebzehnte las, ich dachte zuerst in einem Andachtsbuch, doch es war ein Roman. Zuerst sprach ich nichts. Er las immer weiter, sah gelegentlich flüchtig auf, das dauerte fast eine Stunde lang. Ich hatte unterdessen auch mit einigen andern meiner Kameraden zu sprechen. Es lagen noch anderthalb Stunden vor ihm. Bei den andern merkte man doch eine wachsende Unruhe, so schien es mir wenigstens. Er las weiter. Endlich fragte ich ihn; zuerst hatte ich das Wort an einen andern gerichtet, damit es nicht auffiel. Ich fragte ihn, was er lese. Er nannte mir ruhig den Titel des Romans. Ich verstand ein wenig chinesisch. Er las weiter. Ich ging hin und her, ich nahm Briefe der andern in Empfang, die an ihre Angehörigen schrieben. Dann wandte ich mich wieder zu ihm zurück. Es war sonderbar. Endlich sprach ich ihn an. „Weißt du nicht, daß du zum Tod verurteilt bist?" fragte ich ihn. Er nickte. *Sie werden es takt-los finden.* Meine Frage war nicht grausam. Ich fragte weiter. „Weißt du nicht, daß du in anderthalb Stunden zusammen mit deinen Ka-meraden erschossen wirst?" Er erwiderte: „Wir sollen wohl erschossen werden, aber es ist doch nicht ganz sicher, daß es geschehen wird."

Es lag keine Frechheit in seinem Ton. Es war eine ganz ruhige Bemerkung. Er setzte hinzu: „Es ist nie ganz sicher, was in der nächsten Stunde geschieht."

„Immerhin", sagte ich, „die Wahrscheinlichkeit spricht doch sehr dafür. Ich glaube nicht, daß man euch noch befreien wird, und auf Begnadigung ist nicht zu hoffen." Er nickte. Ich hatte die deutliche Empfindung, daß meine Fragen ihn ein wenig störten. Ich deutete ihm ohne Verlegenheit an, daß er nur ruhig weiter lesen solle und er las. Ich entfernte mich von ihm, mußte doch wieder hin. „Ist das ein schöner Roman, den Sie lesen?" fragte ich. Seine Miene drückte aus, ganz leidlich. „Möchten Sie nicht lieber etwas anderes lesen als einen Roman?" Er sah mich einigermaßen verwundert an. Ich scherzte. Sie werden es mit Recht etwas taktlos finden, aber ich befand mich in einem so seltsamen Seelenzustand. „Es wäre ja immerhin möglich, daß Sie nicht zum Schluß kommen." – „Ich glaube doch", sagte er, „ich habe ja noch mehr als eine Stunde Zeit." Ich sagte etwas erregt: „Und Sie wissen in dieser Stunde wirklich nichts anderes zu tun als einen Roman zu lesen?"

„Warum sollt' ich nicht?" fragte er. „Ich habe nichts anderes zu tun. *Noch nie habe ich so viel Zeit gehabt.*" Ich hatte nun den festen Vorsatz ihn in Ruhe zu lassen. Es gelang mir nicht. Ich trat wieder zu ihm. „Was sind Sie?" fragte ich. Er erwiderte sehr höflich, daß er ein Drexlerhandwerk betreibe, und zwar in Peking selbst. Er habe eine Frau, zwei Kinder, die er seit fünfviertel Jahren nicht gesehen habe. „Möchten Sie ihnen nicht schreiben?" fragte ich erregt. „Sie werden es schon erfahren", sagte er. „Vielleicht glauben sie sogar, daß es schon längst geschehen ist." „Haben Sie noch Verwandte?" fragte ich. „Ja", sagte er etwas ablehnend. Ich wandte mich verlegen um, er las sofort weiter. Ich ertrug es nicht. Ich fand es ungeheuerlich, daß man diesen Menschen erschießen sollte, am Ende gar ehe er den Roman zu Ende gelesen. Ja, das dachte ich wirklich. Das Los der sechzehn andern war mir eigentlich gleichgültig. Sie taten mir leid, nein, kaum das. Nun waren die meisten andern fertig mit Briefen und sonstigen Vorbereitungen, einige lagen auf dem Boden mit geschlossenen Augen. Die meisten hockten da und starrten vor sich hin. In einigen Augen glaubte ich Todesangst zu sehen. Es mag auch Irrtum gewesen sein.

Ich schwinge mich in den Sattel, eigentlich ohne es in der Sekunde vorher gewußt zu haben, übergebe einem Kameraden das Kommando, der Stab des Regiments lag eine halbe Stunde weit in einem andern Dorf. Ich ritt hin, es war ein glühend heißer Sommertag, ich meldete mich beim Obersten, der eine gewisse Sympathie für mich hatte. Ich wußte das. Er war ein entfernter Verwandter meiner Mutter. Sonst hätte ich es vielleicht nicht gewagt. Außerdienstlich duzten wir uns sogar. Ich trug ihm meine Bitte vor. Ich wünschte, daß er einen der siebzehn begnadige. Ich sagte ihm meine Gründe. Ich merkte gleich, daß es eigentlich keine Gründe waren. Ich redete sogar einigen Unsinn. Ich gab vor zu vermuten, daß man aus diesem Menschen noch irgend was herausbringen könne. Seine Schuld war nicht einmal ganz erwiesen. Der Oberst schüttelte den Kopf. Ich wurde endlich aufrichtig. Ich erzählte ihm das Ganze. Der Oberst lachte. „Der Kerl hat dich durchschaut“, sagte er. „Es sind feine Leute, glaub mir. Der Dümmste ist noch immer schlauer als wir.“ Ich replizierte fast heftig. Der Oberst wurde aufmerksamer. Er sagte: „Es ist ein ausdrücklicher Befehl Seiner Majestät, daß kein Pardon gegeben werde.“ Ich erinnerte ihn, daß es doch schon zweimal der Fall gewesen war aus ganz unbeträchtlichen Gründen. Ein paar hundert waren schon hingerichtet worden. Es kam auf einen mehr oder weniger nicht an. Der Oberst sagte endlich: „Also dir zuliebe. Ich nehm's auf mich für diesmal.“ *Er stellte mir's schriftlich aus.*

Ich sprengte zurück. Zwölf lagen schon tot da. Nun sollten die letzten fünf dran kommen. Von Salve zu Salve gab es immer eine kleine Pause von zehn Minuten. Mein Chinese hockte noch immer da (im Hof, der freie Himmel über ihm) und las. Ja, ich merkte sogar von weitem, daß er an die Seite kleine Bleistiftzeichen eintrug. Er sah mich nicht; er mußte sich für verloren halten. Er mußte wissen, daß er in fünf Minuten drankam. Ringsum die Soldaten. Als ich mein

Pferd zum Stehen brachte, wandte er sich um, betrachtete mich diesmal sogar mit einiger Neugier. Ich winkte meinen Kameraden herbei. Ich teilte ihm mit, daß ich eine Begnadigung für den einen Chinesen brächte. Ich durfte vorläufig dienstlich nicht mehr sagen. Vielleicht wäre es mir gelungen noch einen oder den andern freizubekommen. Die Soldaten, die dazu bestimmt waren, die letzten fünf zu füsilieren, traten vor. Auf ein Zeichen erhoben sich die fünf Chinesen, sie schienen alle ganz ruhig, nur einer lachte schrill auf und sah sich dann erschreckt um. Ich trat auf meinen Chinesen zu, legte die Hand auf seine Schulter, eine törichte Bewegung, und sagte mit etwas heiserer Stimme: „Sie sind begnadigt." Er sah mich an, ein bißchen fragend, er lächelte ein wenig. Das Buch hielt er in der Hand und steckte es mechanisch in die Tasche seiner weiten weißen Jacke. Die vier andern machten große Augen. Vielleicht hofften sie. Mein Chinese blickte mich an. „Nun was hab ich gesagt", meinte er, „man kann nie wissen." Auf einen von den Vieren trat er zu, drückte ihm die Hand. Dann wandte er sich wieder zu mir. „Darf ich gehen?" fragte er. Ich hatte gesagt: „Sie sind frei." War ich dazu eigentlich berechtigt gewesen? Er hatte ja noch wichtige Aussagen zu machen. Nun nahm ich es auf mich. „Sie sind frei", sagte ich mit einiger Schärfe. Er nickte. Indeß hatten sich die vier andern an die Wand gestellt und die Soldaten warteten auf das Kommando. Ich hatte das Kommando zu geben. Mein Chinese entfernte sich langsam, ich wollte ihm eigentlich nach. Ich wartete mit dem Kommando, bis mein Chinese in der Toreinfahrt des Gebäudes verschwunden war, dann kommandierte ich. *Schuß ... Er zuckte ganz leise, aber er wandte sich nicht um.* Da sah ich ihn eben aus dem Tor auf die Straße verschwinden. Sie werden mich fragen, was in mir vorgegangen. Ich schämte mich. Keineswegs hatte ich das Gefühl eine edle Tat begangen zu haben. Von nun an hätte jeder von ihnen seinen Roman in der Tasche haben können, es hätte keinem geholfen. Nun, glücklicherweise war es das letzte Mal, daß ich bei so einer Sache dabei war. Kein Zufall. Der Oberst verfügte das. Im übrigen hatte mir der Chinese keineswegs imponiert, ich hatte ihn auch nicht bewundert, ich weiß nur eins, von allen Menschen, denen ich je auf der Welt begegnet, war er derjenige, der mir an fremdesten war.

BERTOLT BRECHT

Maßnahmen gegen die Gewalt

Als Herr Keuner, der Denkende, sich in einem Saale vor vielen gegen die Gewalt aussprach, merkte er, wie die Leute vor ihm zurückwichen und weggingen. Er blickte sich um und sah hinter sich stehen – die Gewalt.

„Was sagtest du?" fragte ihn die Gewalt.

„Ich sprach mich für die Gewalt aus", antwortete Herr Keuner.

Als Herr Keuner weggegangen war, fragten ihn seine Schüler nach seinem Rückgrat. Herr Keuner antwortete: „Ich habe kein Rückgrat zum Zerschlagen. Gerade ich muß länger leben als die Gewalt."

Und Herr Keuner erzählte folgende Geschichte:

In die Wohnung des Herrn Egge, der gelernt hatte, nein zu sagen, kam eines Tages in der Zeit der Illegalität ein Agent, der zeigte einen Schein vor, welcher ausgestellt war im Namen derer, die die Stadt beherrschten, und auf dem stand, daß ihm gehören solle jede Wohnung, in die er seinen Fuß setzte; ebenso sollte ihm auch jeder Mann dienen, den er sähe.

Der Agent setzte sich in einen Stuhl, verlangte Essen, wusch sich, legte sich nieder und fragte mit dem Gesicht zur Wand vor dem Einschlafen: „Wirst du mir dienen?"

Herr Egge deckte ihn mit einer Decke zu, vertrieb die Fliegen, bewachte seinen Schlaf, und wie an diesem Tage gehorchte er ihm sieben Jahre lang. Aber was immer er für ihn tat, eines zu tun hütete er sich wohl: das war, ein Wort zu sagen. Als nun die sieben Jahre herum waren und der Agent dick geworden war vom vielen Essen, Schlafen und Befehlen, starb der Agent. Da wickelte ihn Herr Egge in die verdorbene Decke, schleifte ihn aus dem Haus, wusch das Lager, tünchte die Wände, atmete auf und antwortete: „Nein."

WINSTON CHURCHILL

Aus der Rede im Unterhaus
am 4. Juni 1940

Obgleich große Gebiete von Europa und viele alte, ruhmreiche Staaten unter das Joch der Gestapo und der scheußlichen Naziherrschaft gefallen sind oder noch fallen mögen, werden wir nicht wanken noch weichen. Wir werden bis ans Ende durchhalten. Wir werden in Frankreich kämpfen, wir werden auf den Meeren und Ozeanen kämpfen, wir werden mit wachsendem Vertrauen und wachsender Kraft in der Luft kämpfen; wir werden unsere Insel verteidigen, was es auch kosten mag, wir werden an den Küsten kämpfen, wir werden auf den Landungsplätzen kämpfen, wir werden auf den Feldern und in den Straßen kämpfen, wir werden auf den Hügeln kämpfen; wir werden uns niemals ergeben; und wenn selbst, was ich keinen Augenblick glaube, diese Insel oder ein großer Teil von ihr unterjocht und ausgehungert werden sollte, dann würde unser Reich jenseits des Meeres, bewaffnet und beschützt von der britischen Flotte, den Kampf fortsetzen, bis, zur gottgewollten Stunde, die Neue Welt mit all ihrer Macht und Kraft zur Hilfe und Befreiung der Alten Welt auftritt.

WILLIAM FAULKNER

Rede zur Verleihung des Literaturnobelpreises

Ich habe das Gefühl, daß dieser Preis nicht mir gilt, einem Menschen, sondern meinem Werk – einem Lebenswerk aus Schmerz und Mühsal menschlichen Geistes; getan nicht für Ruhm und erst recht nicht für Geld, sondern um aus dem Stoff menschlichen Geistes etwas zu schaffen, das vorher nicht war. So habe ich diesen Preis nur zu treuen Händen genommen. Es wird nicht schwer sein, die damit verbundene Summe im Sinne des Stifters zu verwenden. Aber dasselbe möchte ich auch mit dem Lob tun, indem ich diesen Augenblick als Podest benutze, um zu den jungen Menschen zu sprechen, die sich jetzt derselben mühevollen Arbeit widmen, und unter denen bereits der ist, der eines Tages da stehen wird, wo ich stehe.

Unsere Tragödie heute ist eine allgemeine und weltumfassende physische Angst, die nun schon so lange auf uns lastet, daß wir sie zu ertragen gelernt haben. Alle geistigen Fragen sind verdrängt von der Frage: Wann werde ich in die Luft gesprengt? Deshalb hat der junge Mensch, der heute schreibt, das Problem vergessen, das allein für gutes Schreiben bürgt, das allein Schmerz und Mühsal des Schreibens wert ist: das menschliche Herz im Widerstreit mit sich selbst.

Das muß er wieder lernen. Er muß sich lehren, daß Angst das Erbärmlichste ist. Und wenn er das begriffen hat, muß er die Angst für immer vergessen, und in seinem Werk wird nur Platz sein für die alten, überall gültigen Wahrheiten und Wirklichkeiten des menschlichen Herzens, ohne die jede Geschichte totgeboren ist: Liebe und Ehre und Mitleid und Stolz und Erbarmen und Opfer. Und solang er das nicht tut, lastet ein Fluch auf seiner Arbeit. Er schreibt nicht von Liebe, sondern von Lust; von Niederlagen, bei denen niemand etwas von Wert verliert; von Siegen ohne Hoffnung; und, was das schlimmste ist, ohne Mitleid und Erbarmen. Er trifft nicht den Nerv der Welt, er hinterläßt keine Narben. Er schreibt nicht mit dem Herzen, sondern mit den Drüsen.

Solang er das nicht wieder lernt, wird er schreiben als Mensch unter Menschen, deren Untergang er zusieht. Ich weigere mich, den Untergang der Menschen hinzunehmen. Es ist einfach zu sagen, der Mensch sei unsterblich, einfach weil er überleben wird: daß, wenn der letzte Gongschlag des Jüngsten Gerichts ertönt, um am letzten sinn- und zeitlos im letzten ersterbenden Abendrot ragenden Felsen zu zerschellen, daß selbst dann noch ein Ton zu hören sein wird: der seiner unermüdlichen Stimme, die immer noch spricht. Ich weigere mich, das hinzunehmen. Ich glaube, der Mensch wird nicht nur überleben, er wird siegen. Er ist unsterblich, nicht weil er allein unter den Geschöpfen eine unermüdliche Stimme hat, sondern weil er eine Seele, einen Geist hat, fähig zu Mitleid und Opfer und Ausdauer. Es

ist Aufgabe des Dichters, des Schriftstellers, über diese Dinge zu
schreiben. Es ist sein Privileg, dem Menschen beim Ausharren zu
helfen, indem er ihm das Herz erhebt, ihn erinnert an Mut und Ehre
und Hoffnung und Stolz und Erbarmen und Mitleid und Opfer – an
den Ruhm seiner Vergangenheit. Die Stimme des Dichters ist nicht
nur ein Zeugnis vom Menschen, sie kann auch eine der Stützen und
Pfeiler sein, die ihm helfen auszuharren und zu siegen.

Hans Magnus Enzensberger

Anweisung an Sisyphos

Was du tust, ist aussichtslos. Gut:
du hast es begriffen, gib es zu,
aber finde dich nicht damit ab,
Mann mit dem Stein. Niemand
dankt dir; Kreidestriche,
der Regen leckt sie gelangweilt auf,
markieren den Tod. Freu dich nicht
zu früh, das Aussichtslose
ist keine Karriere. Mit eigner
Tragik duzen sich Wechselbälge,
Vogelscheuchen, Auguren. Schweig,
sprich mit der Sonne ein Wort,
während der Stein rollt, aber
lab dich an deiner Ohnmacht nicht,
sondern vermehre um einen Zentner
den Zorn in der Welt, um ein Gran.
Es herrscht ein Mangel an Männern,
das Aussichtslose tuend stumm,
ausraufend wie Gras die Hoffnung,
ihr Gelächter, die Zukunft, rollend
rollend ihren Zorn auf die Berge.

Fünftes Kapitel

Glaubensstärke – Gottvertrauen

❖ ❖ ❖

Die Sintflut

Noah, ein Nachkomme Seths, war ein frommer Mann, unsträflich, und führte ein göttliches Leben zu seinen Zeiten. Er hatte drei Söhne: Sem, Ham und Japhet.

Die Erde aber war vor Gottes Augen verderbt und voll Frevel: denn alles Fleisch auf Erden hatte seinen Wandel verderbt. Da sprach Gott zu Noah: Das Ende alles Fleisches ist bei mir beschlossen; denn die Erde ist voll des Frevels, den sie begehen; darum siehe, ich will sie verderben samt der Erde. So mache dir nun eine Arche von Tannenholz und mache Kammern darin und verpiche sie mit Pech inwendig und auswendig. Und mache sie also: dreihundert Ellen sei die Länge, fünfzig Ellen die Weite und dreißig Ellen die Höhe. Oben mache ein Fenster, eine Elle weit; die Türe aber setze an ihre Seite. Und drei Stockwerke soll sie haben. Denn siehe, ich will eine Wasserflut auf Erden kommen lassen, um alle Wesen unter dem Himmel, die lebendigen Odem haben, zu verderben. Alles, was auf Erden ist, soll untergehen. Aber mit dir will ich einen Bund aufrichten; du sollst in die Arche gehen, du und deine Söhne, dein Weib und deiner Söhne Weiber mit dir. Auch sollst du in die Arche tun allerlei Tiere, von allem Fleisch je ein Paar, Männchen und Weibchen, daß sie bei dir das Leben erhalten; von den Vögeln nach ihrer Art, von dem Vieh nach seiner Art und von allerlei Gewürm auf Erden nach seiner Art; von denen allen soll je ein Paar zu dir hineingehen, daß sie leben bleiben. Und du sollst allerlei Speisen zu dir nehmen und sollst sie bei dir sammeln, daß sie dir und ihnen zur Nahrung da seien. Noah tat alles, was ihm Gott gebot.

Da sprach der Herr zu Noah: Gehe in die Arche, du und dein ganzes Haus; denn dich habe ich vor mir gerecht gefunden zu dieser Zeit. Denn nach sieben Tagen will ich regnen lassen auf Erden vierzig Tage und vierzig Nächte und vertilgen auf dem Erdboden alle Wesen, die ich geschaffen habe. Und Noah tat, was ihm der Herr geboten, und ging in die Arche, er und seine Söhne, sein Weib und seiner Söhne Weiber. Von allem Wild und allem Vieh, von den Vögeln und allem Gewürm auf Erden ging auch je ein Paar zu ihm in die Arche. Als aber die sieben Tage vergangen waren, kam die Wasserflut auf Erden. Es war im sechshundertsten Lebensjahre Noahs am siebenzehnten Tag des zweiten Monats, da brachen alle Brunnen der großen Tiefe auf, und des Himmels Fenster öffneten sich; und ein Regen kam auf Erden vierzig Tage und vierzig Nächte. Und die Wasser wuchsen und hoben die Arche auf, daß sie hoch über der Erde war. Also nahmen die Wasser überhand und wuchsen so sehr auf Erden, daß alle hohen Berge unter dem ganzen Himmel bedeckt wurden. Da starb alles Fleisch, das sich auf Erden regte, und es ward alles vertilgt, was auf dem Erdboden war, vom Menschen an bis auf das Vieh und das Gewürm und die Vögel unter dem Himmel. Nur Noah blieb übrig, und was mit ihm in der Arche war. Die Wasser aber nahmen zu auf Erden hundertundfünfzig Tage.

*

Da gedachte Gott an Noah und an alle Tiere und an alles Vieh, das mit ihm in der Arche war, und ließ einen Wind wehen über die Erde, und die Wasser fielen; die Brunnen der Tiefe und die Fenster des Himmels wurden verschlossen; dem Regen vom Himmel ward gewehrt, und die Wasser verliefen sich von der Erde mehr und mehr. Am siebenzehnten Tage des siebenten Monats ließ sich die Arche auf dem Gebirge Ararat nieder. Und die Wasser fielen noch immer bis zum zehnten Monat. Am ersten Tage des zehnten Monats schauten die Spitzen der Berge hervor. Nach vierzig Tagen tat Noah das Fenster auf an der Arche und ließ einen Raben ausfliegen; der flog hin und her, bis die Wasser auf Erden vertrockneten.

Darnach ließ er eine Taube ausfliegen, zu sehen, wie tief die Wasser auf der Erde gefallen wären. Da aber die Taube nicht fand, wo ihr Fuß ruhen konnte, kam sie wieder zu ihm in die Arche; denn die Wasser waren noch auf dem ganzen Erdboden. Da streckte er die Hand heraus und nahm sie zu sich in die Arche. Darauf harrte er noch sieben Tage und ließ abermal eine Taube aus der Arche fliegen; die kam auf den Abend zu ihm zurück, und siehe, sie hatte ein frisches Oelblatt in ihrem Schnabel. Da merkte Noah, daß die Wasser auf Erden gefallen waren. Aber er harrte noch weitere sieben Tage und ließ eine Taube ausfliegen; die kam nicht wieder zu ihm.

Im sechshundertundersten Lebensjahre Noahs am ersten Tage des ersten Monats waren die Wasser auf Erden vertrocknet. Da tat Noah das Dach von der Arche und sah, daß der Erdboden trocken wurde. Und am siebenundzwanzigsten Tage des zweiten Monats war die Erde ganz trocken geworden.

Da ging Noah hinaus mit seinen Söhnen und seinem Weibe und seiner Söhne Weibern, dazu alle die Tiere, die mit ihm gewesen. Und Noah baute dem Herrn einen Altar und opferte Brandopfer darauf. Und der Herr sprach in seinem Herzen: Ich will die Erde hinfort nicht mehr verfluchen um der Menschen willen; denn das Dichten des menschlichen Herzens ist böse von Jugend auf. Und ich will hinfort nicht mehr schlagen alles, was da lebt, wie ich getan habe. Solange die Erde steht, soll nicht aufhören Saat und Ernte, Frost und Hitze, Sommer und Winter, Tag und Nacht.

Gottes Bund mit Noah

Und Gott segnete Noah und seine Söhne und sprach: Seid fruchtbar und mehret euch und erfüllet die Erde. Vor euch sollen sich fürchten und erschrecken alle Tiere auf Erden, alle Vögel unter dem Himmel und alles, was auf dem Erdboden kriecht, und alle Fische im Meere; sie seien in eure Hände gegeben. Alles, was sich regt und lebt, das sei eure Speise; wie das grüne Kraut habe ich euch alles gegeben. Nur esset das Fleisch nicht, solange noch Leben und Blut in ihm ist. Euer Blut und Leben jedoch will ich rächen; ich will des Menschen Leben rächen an jedem Menschen, als an seinem Bruder. Wer Menschenblut vergießt, des Blut soll auch durch Menschen vergossen werden; denn den Menschen hat Gott zu seinem Bilde gemacht.

Weiter sprach Gott zu Noah und seinen Söhnen: Siehe, ich mache einen Bund mit euch und euern Nachkommen und mit allen lebendigen Tieren bei euch, daß hinfort keine Wasserflut mehr kommen soll, die Erde zu verderben. Das ist aber das Zeichen des Bundes, den ich zwischen mir und euch auf ewige Zeiten mache: Meinen Bogen habe ich in die Wolken gesetzt, der soll das Zeichen des Bundes zwischen mir und der Erde sein; und wenn es nun geschieht, daß ich Wolken über die Erde führe und man meinen Bogen in den Wolken sieht, alsdann will ich meines Bundes gedenken.

Die Söhne Noahs aber, die aus der Arche gingen, sind diese: Sem, Ham, Japhet; von diesen ist die ganze Erde besetzt.

(*1. Buch Moses*)

Daniel in der Löwengrube

Darius aus Medien ward König und fand für gut, über das ganze Königreich 120 Statthalter zu setzen. Über diese setzte er drei Fürsten, deren einer Daniel war; diesen sollten jene Statthalter Rechnung ablegen, damit der König keinen Schaden litte. Daniel aber übertraf die Fürsten und Statthalter alle, denn es war ein hoher Geist in ihm: darum gedachte der König, ihn über das ganze Königreich zu setzen. Deshalb trachteten die Fürsten und Statthalter darnach, wie sie an Daniel wegen Sachen des Reiches eine Schuld fänden, konnten aber keine Schuld noch Übeltat finden; denn er war treu. Da sprachen die Männer: Wir werden nichts wider Daniel finden als seinen Gottesdienst. Und die Fürsten und Statthalter liefen zum König und sprachen zu ihm: Der König Darius lebe ewiglich! Es haben die Fürsten des Königreichs, die Statthalter, Räte und Amtleute alle gedacht, man sollte einen königlichen Befehl ausgehen lassen, daß, wer in dreißig Tagen etwas bitten wird von irgend einem Gott oder Menschen außer von dir allein, o König, solle zu den Löwen in die Grube geworfen werden. Darum, lieber König, wollest du solches Gebot bestätigen und dich unterschreiben. Also unterschrieb sich König Darius.

Als nun Daniel erfuhr, daß dieses Gebot unterschrieben wäre, ging er hinauf in sein Haus (er hatte aber in seinem Sommerhause offene Fenster gegen Jerusalem); und er fiel des Tages dreimal auf seine Kniee, lobte und dankte seinem Gott, wie er auch vorher zu tun pflegte. Da stürmten diese Männer herein und fanden Daniel, wie er betete und flehte vor seinem Gott. Sie gingen hin und sprachen zum König: Hast du nicht ein Gebot unterschrieben, daß, wer in dreißig Tagen etwas bitten würde von irgend einem Gott oder Menschen außer von dir allein, o König, solle zu den Löwen in die Grube geworfen werden? Der König antwortete: Es ist wahr, und das Gesetz der Meder und Perser soll niemand aufheben. Sie sprachen zum König: Daniel, einer der Gefangenen aus Juda, der achtet weder dich noch dein Gebot, das du erlassen hast; denn er betet des Tages dreimal. Da der König solches hörte, ward er sehr betrübt und wandte großen Fleiß an, Daniel zu erlösen, und mühte sich, bis die Sonne unterging, ihn zu erretten. Aber die Männer stürmten auf den König ein und sprachen zu ihm: Du weißt, o König: es ist bei den Medern und Persern Gesetz, daß alle Gebote und Befehle, die der König erlassen hat, unverändert bleiben sollen. Da befahl der König, daß man Daniel herbrächte; und sie warfen ihn zu den Löwen in die Grube. Der König aber sprach zu Daniel: Dein Gott, dem du ohne Unterlaß dienest, der helfe dir! Und sie brachten einen Stein und legten ihn vor die Türe der Grube; den versiegelte der König mit seinem eigenen Ring und mit dem Ring seiner Gewaltigen. Dann ging der König weg in seinen Palast und brachte die Nacht unter Fasten zu, konnte auch nicht schlafen.

Des Morgens früh, da der Tag anbrach, stand der König auf, ging eilends zur Löwengrube und rief Daniel mit betrübter Stimme: Daniel, du Knecht des lebendigen Gottes, hat dich auch dein Gott, dem du ohne Unterlaß dienest, von den Löwen erretten können? Daniel aber antwortete: Mein Gott hat seinen Engel gesandt, der den Löwen den Rachen zugehalten hat, daß sie mir kein Leid getan haben; denn vor ihm bin ich unschuldig erfunden; so habe ich auch wider dich, mein König, nichts getan. Da ward der König sehr froh und ließ Daniel aus der Grube ziehen. Und es ward kein Schaden an ihm gefunden; denn er hatte seinem Gott vertrauet. Da ließ der

König die Männer, die Daniel verklagt hatten, herbringen und in die Löwengrube werfen samt ihren Kindern und Weibern. Und ehe sie auf den Boden hinab kamen, wurden sie von den Löwen ergriffen und alle ihre Gebeine zermalmt.

Da ließ der König Darius allen Völkern, Nationen und Zungen auf der ganzen Welt schreiben: Viel Frieden zuvor! Das ist mein Befehl, daß man in der ganzen Herrschaft meines Königreichs den Gott Daniels fürchten und scheuen soll. Denn er ist der lebendige Gott, der ewiglich bleibet; sein Königreich ist unvergänglich, und seine Herrschaft hat kein Ende. Er ist ein Erlöser und Nothelfer und tut Zeichen und Wunder, beides, im Himmel und auf Erden. Der hat Daniel von den Löwen erlöst.

(Buch Daniel, Kap. 6)

Der 23. Psalm
Ein Psalm Davids.

Der Herr ist mein Hirte,
  Mir wird nichts mangeln.
Er weidet mich auf grünen Auen
  Und führet mich zu frischem Wasser.
Er erquicket meine Seele,
  Er führet mich auf rechter Straße
  Um seines Namens willen.
Und ob ich schon wanderte im finstern Tal,
  Fürchte ich kein Unglück;
  Denn du bist bei mir,
  Dein Stecken und Stab trösten mich.
Du bereitest vor mir einen Tisch
  Im Angesicht meiner Feinde;
  Du salbst mein Haupt mit Oel
  Und schenkest mir den Becher voll ein.

Ja, Gutes und Barmherzigkeit werden mir folgen mein Leben lang,
  Und ich werde bleiben im Hause des Herrn immerdar.

Die Heilung des Lahmen

Nach etlichen Tagen ging Jesus wieder nach Kapernaum, und es ward ruchbar, daß er zu Hause war. Da versammelten sich alsbald viele, so daß sie nicht Raum hatten, auch nicht draußen vor der Türe; und er predigte ihnen das Wort. Es kamen aber etliche zu ihm, die brachten einen Gelähmten, von Vieren getragen. Da sie aber nicht zu ihm kommen konnten vor dem Volk, deckten sie das Dach ab, wo er war, rissen es auf und ließen das Bett, worauf der Gelähmte lag, hinab. Als nun Jesus ihren Glauben sah, sprach er zu dem Gelähmten: Mein Sohn, deine Sünden sind dir vergeben. Es saßen aber etliche Schriftgelehrte da, die dachten in ihren Herzen: Wie redet dieser solches? Er lästert Gott. Wer kann Sünden vergeben denn allein Gott? Jesus erkannte alsbald in seinem Geiste, daß sie bei sich selber also dachten, und sprach zu ihnen: Was denket ihr solches in euern Herzen? Welches ist leichter, zu dem Gelähmten zu sagen: dir sind deine Sünden vergeben! oder: stehe auf, nimm dein Bett und wandle? Auf daß ihr aber wisset, daß des Menschen Sohn Macht hat, auf Erden Sünden zu vergeben, sprach er zu dem Gelähmten: Ich sage dir, stehe auf, nimm dein Bett und gehe heim! Und alsbald stand er auf, nahm sein Bett und ging hinaus vor allen, so daß sie sich alle entsetzten und Gott priesen und sprachen: Wir haben solches nie gesehen.

(Markus-Evangelium, Kap. 2)

Gottes Wille geschicht

Der König von Frankreich führte Krieg mit dem Grafen von Flandern; zwei Schlachten waren schon geschlagen, in denen viel gute Ritter und eine große Menge Volks von beiden Seiten den Tod gefunden, gewöhnlich aber der König den kürzern gezogen hatte. Um diese Zeit pflegten zwei Blinde auf der Straße vor Paris zu stehen, um Almosen zu ihrem Lebensunterhalt zu sammeln. Unter diesen entspann sich ein lebhafter Streit: den ganzen Tag sprachen sie über den König von Frankreich und den Grafen von Flandern. Einer sagte zu dem andern: „Höre, was sagst du? Ich sage, der König wird siegen." Der andere erwiderte: „Nein, der Graf"; und er setzte dann hinzu: „Es wird geschehen, was Gott gefällt." So stritten sie jeden Tag über den Ausgang der Kriegsbegebenheiten.

Ein Edelmann vom Hofe, der mit seinen Leuten jene Straße ging, blieb eines Tages stehen, um den Streit der Blinden mit anzuhören; dann begab er sich an den Hof zurück und erzählte dem König zu großer Belustigung der Anwesenden, wie die beiden Blinden den ganzen Tag über ihn und den Grafen in Streit lägen. Der König lachte und schickte einen Edelknecht ab, um dem Streit zuzuhören und sich zu merken, wer von beiden das eine und wer das andere behaupte. Dieser ging, horchte genau auf und stattete dem König Bericht ab.

Alsbald berief der König seinen Seneschall und befahl ihm, zwei große Brote aus feinem Mehl backen zu lassen. Bevor sie in den Ofen kämen, solle er in das eine zehn Goldstücke in geraumer Entfernung voneinander verbergen, in das andere aber nichts: wenn sie dann gar seien, solle der Edelknecht sie den beiden Blinden um Gottes willen schenken, und zwar das mit dem Gelde demjenigen, der den Sieg des Königs von Frankreich behaupte, das andere dem, der der Meinung sei, Gottes Wille werde geschehen.

Der Edelknecht tat nach des Königs Befehl. Als der Abend kam, kehrten die Blinden nach Hause; der, welchem das Brot ohne das Geld zuteil geworden war, sprach zu seiner Frau: „Gott hat uns heute wohlbedacht: genießen wir seiner Gaben!" Sie setzten sich und aßen das Brot rein auf, so wohl schmeckte es ihnen. Der andere Blinde, der das goldbeschwerte Brot erhalten hatte, sprach am Abend zu seinem Weibe: „Frau, laß uns dieses Brot aufbewahren und morgen verkaufen, damit wir etwas Bargeld in die Hände bekommen: wir können ja heute von den Brotscheiben zehren, die wir erbettelt haben."

Am Morgen standen sie auf, und jeder begab sich mit seiner Frau dahin, wo sie gewohnt waren, zu stehen und die Vorübergehenden anzusprechen. Als sie dahin kamen, sprach der eine, der sein Brot verzehrt hatte, zu seinem Weibe: „Frau, unser Gefährte dort, der wie wir von Almosen lebt und mit dem ich immer streite, hat doch auch ein Brot von dem Edelknecht des Königs erhalten?" – „Allerdings", antwortete die Frau. – „Nun wohlan", fuhr jener fort, „so gehe doch zu seiner Frau und höre, ob sie es verkaufen wollen? Du kannst schon etwas daran wenden: das unsrige schien mir sehr schmackhaft." – „Denkst du denn", entgegnete die Frau, „sie werden es nicht ebenso gut wie wir zu essen verstanden haben?" – „Wer weiß?" entgegnete der Blinde; „vielleicht haben sie es aufbewahrt, um einige Batzen dafür zu lösen, und sich nicht getraut, es zu verzehren, wie wir taten, weil es so schön war und so groß und weiß."

Da die Frau den Willen des Mannes vernahm, ging sie zu der Frau des andern und fragte, ob sie das Brot, das ihr der Edelknecht des Königs geschenkt, schon verzehrt hätten, und wenn es noch da sei, ob sie gewillt wären, es zu verkaufen? „Wir haben es noch", gab jene zur Antwort, „ich werde fragen, ob mein Mann es verkaufen will, wie er gestern abend sagte."

Gleich darauf kehrte sie zurück und erklärte, sie wolle es verkaufen, allein nur für vier Silberbatzen Pariser Geld, die es wohl wert sei. Der Handel ward richtig, und sie kehrte mit dem erkauften Brote zu ihrem Manne zurück, der sich freute, als er es hörte. „Heute abend", sagte er, „werden wir wieder so gut leben wie gestern."

Der Tag verging, die Blinden begaben sich nach Hause. „Laß uns zu Nacht speisen", sagte der eine, der das Brot gekauft hatte, zu seiner Frau. Sie nahm ein Messer, um das Brot anzuschneiden: schon bei der ersten Scheibe fiel ihr ein Goldstück vor die Füße; sie schnitt weiter, und jede Scheibe enthielt eine Goldmünze. Der Blinde hörte den Klang und fragte, was das sei, was er klingen höre, und die Frau erzählte ihm, was sie gefunden. Der Blinde bat sie weiterzuschneiden, und als alles zerschnitten und jede Scheibe durchsucht war, fanden sich die zehn Goldstücke, welche der König befohlen hatte einzubacken. Der Blinde wußte sich vor Freude kaum zu lassen: „Siehst du nun", sprach er zu seiner Frau, „daß ich die Wahrheit sagte, daß Gottes Wille geschehen muß und daß es nicht anders sein kann? Nun weißt du doch, daß unser Gefährte täglich mit mir streitet und sagt, der König werde siegen; ich aber sage, Gottes Wille wird geschehen." Darauf begaben sie sich zur Ruhe.

Am Morgen standen sie auf, um ihrem Gefährten die Nachricht

von dem Glücksfunde mitzuteilen. Aber der König hatte schon beizeiten hingesandt, um zu erfahren, wie es mit dem goldbeschwerten Brote gegangen sei; denn tags zuvor hatte er nicht nachforschen lassen, weil er dachte, sie würden es noch nicht verzehrt haben. Der Edelknecht verbarg sich hinter einem Pfeiler, um von den Frauen nicht gesehen zu werden. Als nun die Blinden an die Stelle kamen, wo sie gewohnt waren, ihren Stand zu haben, begann der eine, der das Brot erkauft hatte, den andern beim Namen zu rufen: „Noch immer behaupte ich", fuhr er dann fort, „es wird geschehen, was Gottes Wille ist. Gestern kaufte ich ein Brot für vier Pariser Silberbatzen; darin fand ich zehn Goldstücke von gutem Gepräge, und so hatte ich einen guten Abend und werde auch ein gutes Jahr haben." Wie dies der andere hörte, erschrak er heftig und beteuerte, nicht länger mit ihm streiten zu wollen, denn das Recht sei zu offenbar auf des Gegners Seite, und Gottes Wille müsse geschehen.

Dies hörte der Edelknecht, kehrte eiligst an den Hof zurück und hinterbrachte dem Könige seine Neuigkeiten und was die beiden Blinden unter sich gesprochen hätten. Darauf ließ sie der König vor sich kommen und sich den ganzen Hergang von ihnen erzählen: wie jeder das ihm bestimmte Brot von dem Edelknecht erhalten und der eine das seinige dem andern verkauft habe; wie sie vorher lange Zeit miteinander gestritten und der, welcher behauptet, der König werde siegen, das Geld nicht erhalten, sondern der andere, der der Meinung gewesen, Gottes Wille müsse geschehen.

Daran ergötzte sich der König weidlich mit seinen Baronen und Edelleuten: „Wahrlich", rief er aus, „dieser Blinde hat recht: der Wille Gottes muß geschehen, und alles Volk der Erde kann kein Tüttelchen daran ändern."

Michel de Montaigne

Man sollte nicht dreist über Gottes Fügungen urteilen

Für einen Christen ist es hinlänglich, zu glauben, Gott schicke ihm alles zu, und alles mit Danksagung gegen seine göttliche unerforschliche Weisheit anzunehmen; aber auch als Zeichen der Liebe anzunehmen, unter was für Gestalt sie ihm auch zugeschickt werden.

Ich kann aber keineswegs billigen, was ich so im Schwange gehen sehe, daß man unsre Religion durch den glücklichen Fortgang unsrer Unternehmungen zu bestätigen und zu unterstützen sucht. Unser Glaube beruht an sich schon auf sicheren Gründen, ohne bestimmter Begebenheiten zur Bekräftigung zu bedürfen. Denn wird das Volk an solche Beweisarten gewöhnt, denen es ohnehin sehr zuneigt, so ist Gefahr, daß es auch in seinem Glauben wankend werde, wenn nun die Ereignisse wieder widerwärtig und nachteilig ausfallen; wie in den Kriegen, worin wir jetzt der Religion wegen verwickelt sind, wenn da diejenigen, welche in dem Treffen bei Roche l'Abeille[1] die Oberhand behielten, darüber große Freudenfeste anstellen und dies gute Glück für eine zuverlässige Erklärung des Himmels für ihre Partei ausgeben; und dann wieder ihr widriges Schicksal bei Montcontour und bei Jarnac[2] damit entschuldigen, daß sie es für väterliche Zuchtruten annehmen: so müßten sie den Verstand des Volks ganz und gar in ihrer Gewalt haben, aber es wird bald genug bemerkt, daß das aus einem Sacke zweierlei Mehl nehmen und kalt und warm aus einem Munde blasen heißt. Es wäre besser, man sagte ihm die reinen Gründe der Wahrheit.

1 Im Mai 1569 fand die Schlacht von Roche l'Abeille zwischen dem Admiral Coligny und dem Herzog von Anjou statt.
2 Der Herzog von Anjou gewann die Schlacht bei Jarnac im März 1569, die bei Montcontour im Oktober d. J.

Martin Luther

Ein feste Burg ist unser Gott

Ein feste Burg ist unser Gott,
ein gute Wehr und Waffen.
Er hilft uns frei aus aller Not,
die uns jetzt hat betroffen.
Der alt böse Feind,
mit Ernst er's jetzt meint,
groß Macht und viel List
sein grausam Rüstung ist,
auf Erd ist nicht seins gleichen.

Mit unser Macht ist nichts getan,
wir sind gar bald verloren.
Es streit für uns der rechte Mann,
den Gott hat selbst erkoren.
Fragst du, wer der ist?
Er heißt Jesus Christ,
der Herr Zebaoth
und ist kein ander Gott,
das Feld muß er behalten.

Und wenn die Welt voll Teufel wär'
und wollt' uns gar verschlingen,
so fürchten wir uns nicht zu sehr,
es soll uns doch gelingen.
Der Fürst dieser Welt,
wie saur er sich stellt,
tut er uns doch nicht,
das macht, er ist gericht,
ein Wörtlein kann ihn fällen.

Das Wort sie sollen lassen stahn
und kein Dank dazu haben.
Er ist bei uns wohl auf dem Plan
mit seinem Geist und Gaben.
Nehmen sie den Leib,
Gut, Ehr, Kind und Weib:
Laß fahren dahin,
sie haben's kein Gewinn,
das Reich muß uns doch bleiben.

Aus tiefer Not schrei' ich zu dir

Aus tiefer Not schrei' ich zu dir,
Herr Gott! erhör mein Rufen.
Dein gnädig Ohren kehr zu mir
und meiner Bitt' sie öffne.
Denn so du willst das sehen an,
was Sünd' und Unrecht ist getan,
wer kann, Herr, vor dir bleiben?

Bei dir gilt nichts denn Gnad und Gunst,
die Sünden zu vergeben.
Es ist doch unser Tun umsonst
auch in dem besten Leben.
Vor dir niemand sich rühmen kann,
des muß dich fürchten jedermann
und deiner Gnaden leben.

Darum auf Gott will hoffen ich,
auf mein Verdienst nicht bauen.
Auf ihn mein Herz soll lassen sich
und seiner Güte trauen,
die mir zusagt sein wertes Wort,
das ist mein Trost und treuer Hort,
des will ich allzeit harren.

Mitten wir im Leben

Mitten wir im Leben sind
mit dem Tod umfangen.
Wen suchen wir, der Hilfe tu,
daß wir Gnad erlangen?
Das bist du, Herr, alleine.
Uns reuet unsre Missetat,
die dich, Herr, erzürnet hat.
Heiliger Herre Gott,
heiliger starker Gott,
heiliger barmherziger Heiland,
du ewiger Gott!
Laß uns nicht versinken
in des bittern Todes Not,
Kyrie Eleison!

PAUL GERHARDT

Passionslied

O Haupt voll Blut und Wunden,
voll Schmerz und voller Hohn;
o Haupt, zu Spott gebunden
mit einer Dornenkron';
o Haupt, sonst schön gezieret
mit höchster Ehr' und Zier,
jetzt aber hoch schimpfieret,
gegrüßet seist du mir!

Du edles Angesichte,
davor sonst schrickt und scheut
das große Weltgewichte,
wie bist du so bespeit?
Wie bist du so erbleichet?
Wer hat dein Augenlicht,
dem sonst kein Licht mehr gleichet,
so schändlich zugericht't?

Die Farbe deiner Wangen,
der roten Lippen Pracht
ist hin und ganz vergangen:
Des blassen Todes Macht
hat alles hingenommen,
hat alles hingerafft,
und daher bist du kommen
von deines Leibes Kraft.

Nun, was du, Herr, erduldet,
ist alles meine Last;
ich hab' es selbst verschuldet,
was du getragen hast.
Schau her! hier steh' ich Armer,
der Zorn verdienet hat:
Gib mir, o mein Erbarmer,
den Anblick deiner Gnad'!

Wenn ich einmal soll scheiden,
so scheide nicht von mir;
wenn ich den Tod soll leiden,
so tritt du dann herfür.
Wenn mir am allerbängsten
wird um das Herze sein,
so reiß mich aus den Ängsten
kraft deiner Angst und Pein!

Erscheine mir zum Schilde,
zum Trost in meinem Tod,
und laß mich sehn dein Bilde
in deiner Kreuzesnot!
Da will ich nach dir blicken,
da will ich glaubensvoll
dich fest an mein Herz drücken:
Wer so stirbt, der stirbt wohl.

MATTHIAS CLAUDIUS

Abendlied

Der Mond ist aufgegangen,
die goldnen Sternlein prangen
am Himmel hell und klar;
der Wald steht schwarz und schweiget,
und aus den Wiesen steiget
der weiße Nebel wunderbar.

Wie ist die Welt so stille
und in der Dämmrung Hülle
so traulich und so hold!
Als eine stille Kammer,
wo ihr des Tages Jammer
verschlafen und vergessen sollt.

Seht ihr den Mond dort stehen?
Er ist nur halb zu sehen
und ist doch rund und schön!
So sind wohl manche Sachen,
die wir getrost belachen,
weil unsre Augen sie nicht sehn.

Wir stolze Menschenkinder
sind eitel arme Sünder
und wissen gar nicht viel;
wir spinnen Luftgespinste
und suchen viele Künste
und kommen weiter von dem Ziel.

Gott, laß uns dein Heil schauen,
auf nichts Vergänglichs trauen,
nicht Eitelkeit uns freun!
Laß uns einfältig werden
und vor dir hier auf Erden
wie Kinder fromm und fröhlich sein.

Wollst endlich sonder Grämen
aus dieser Welt uns nehmen
durch einen sanften Tod!
Und wenn du uns genommen,
laß uns in' Himmel kommen,
du, unser Herr und unser Gott!

So legt euch denn, ihr Brüder,
in Gottes Namen nieder!
Kalt ist der Abendhauch.
Verschon uns, Gott, mit Strafen
und laß uns ruhig schlafen!
Und unsern kranken Nachbar auch!

JOHANN PETER HEBEL

Nützliche Lehren

Gott grüßt manchen, der ihm nicht dankt. Z. B. wenn dich früh die Sonne zu einem neuen, kräftigen Leben weckt, so bietet er dir: Guten Morgen. Wenn sich abends dein Auge zum erquicklichen Schlummer schließt: Gute Nacht. Wenn du mit gesundem Appetit dich zur Mahlzeit setzst, sagt er: Wohl bekomm's. Wenn du eine Gefahr noch zu rechter Zeit entdeckst, so sagt er: Nimm dich in acht, junges Kind, oder altes Kind, und kehre lieber wieder um! Wenn du am schönen Maitag im Blütenduft und Lerchengesang spazieren gehst, und es ist dir wohl, sagt er: Sei willkommen in meinem Schloßgarten. Oder du denkst an nichts, und es wird dir auf einmal wunderlich im Herzen und naß in den Augen, und denkst, ich will doch anders werden, als ich bin, so sagt er: Merkst du, wer bei dir ist? Oder du gehst an einem offnen Grab vorbei und es schauert dich, so denkt er just nicht daran, daß du lutherisch oder reformiert bist, und sagt: Gelobt sei Jesus Christ! Also grüßt Gott manchen, der ihm nicht antwortet und nicht dankt.

JOSEPH FREIHERR VON EICHENDORFF

Vier geistliche Gedichte

Der Wächter

Nächtlich macht der Herr die Rund,
Sucht die Seinen unverdrossen,
Aber überall verschlossen
Trifft er Tür und Herzensgrund,
Und er wendet sich voll Trauer:
Niemand ist, der mit mir wacht. –

Nur der Wald vernimmts mit Schauer,
Rauschet fromm die ganze Nacht.

Waldwärts durch die Einsamkeit
Hört ich über Tal und Klüften
Glocken in den stillen Lüften,
Wie aus fernem Morgen weit –
An die Tore will ich schlagen,
An Palast und Hütten: Auf!
Flammend schon die Gipfel ragen,
Wachet auf, wacht auf, wacht auf!

Nachtgruß

Weil jetzo alles stille ist
Und alle Menschen schlafen,
Mein Seel das ewge Licht begrüßt,
Ruht wie ein Schiff im Hafen.

Der falsche Fleiß, die Eitelkeit,
Was keinen mag erlaben,
Darin der Tag das Herz zerstreut,
Liegt alles tief begraben.

Ein andrer König wunderreich
Mit königlichen Sinnen,
Zieht herrlich ein im stillen Reich,
Besteigt die ewgen Zinnen.

Morgenlied

Kein Stimmlein noch schallt von allen
In frühester Morgenstund,
Wie still ists noch in den Hallen
Durch den weiten Waldesgrund.

Ich stehe hoch überm Tale
Stille vor großer Lust,
Und schau nach dem ersten Strahle,
Kühl schauernd in tiefster Brust.

Wie sieht da zu dieser Stunde
So anders das Land herauf,
Nichts hör ich da in der Runde
Als von fern der Ströme Lauf.

Und ehe sich alle erhoben
Des Tages Freuden und Weh,
Will ich, Herr Gott, Dich loben
Hier einsam in stiller Höh. –

Nun rauschen schon stärker die Wälder,
Morgenlicht funkelt herauf,
Die Lerche singt über den Feldern,
Schöne Erde, nun wache auf!

Mondnacht

Es war, als hätt der Himmel
Die Erde still geküßt,
Daß sie im Blütenschimmer
Von ihm nun träumen müßt.

Die Luft ging durch die Felder,
Die Ähren wogten sacht,
Es rauschten leis die Wälder,
So sternklar war die Nacht.

Und meine Seele spannte
Weit ihre Flügel aus,
Flog durch die stillen Lande,
Als flöge sie nach Haus.

FRIEDRICH RÜCKERT

Mit meinem Meister

Mit meinem Meister ging ich pilgern über Land,
  Wir wählten einen Baum zur Rast im Mittagsbrand.
Ein wilder Tiger kam vom Wald daher im Lauf,
  Besinnungslose Furcht trieb mich den Baum hinauf.
Ich sah von obenher, wie jener drunten saß,
  Und seinen Grimm vor ihm das wilde Tier vergaß.
Es wedelte geschmiegt alswie ein Hündlein zahm,
  Und wandelte zurück zum Wald, aus dem es kam.
Ich stieg beschämt herab, wir aber zogen weiter,
  Ein Obdach suchten wir bei Nacht als müde Schreiter.
Da war's nach Mitternacht, als eine Mücke stach
  Den Meister, daß er stöhnt', und ich verwundert sprach:
Ein Tigerrachen ließ dich gestern unverletzt,
  Wie nun verwundet dich ein Mückenstachel jetzt?
Er aber sprach: Das Herz hat zwei verschiedne Stände;
  O glücklich, wenn es stets in einem sich befände.
Am Tage gestern war mein Herz im bessern Stand,
  Es stand in Gottes, nun steht es in meiner Hand!

ALFRED DELP S. J.

Nach der Verurteilung

Was will der Herrgott mit alledem? Ist es Erziehung zur ganzen
Freiheit und vollen Hingabe? Will er den ganzen Kelch bis zum
letzten Tropfen und gehören dazu diese Stunden des Wartens und
eigenartigen Advents? Oder will er die Glaubensprobe? ...
  Die Atmosphäre ist hier so verdorben für mich, daß auch ein
Gnadengesuch überhaupt keine Aussicht hat. Ist es nun Torheit,

noch zu hoffen, oder Einbildung oder Feigheit oder Gnade? Ich sitze oft da vor dem Herrn und schaue ihn nur fragend an.

Auf jeden Fall muß ich mich innerlich gehörig loslassen und mich hergeben. Es ist die Zeit der Aussaat, nicht der Ernte. Gott sät; einmal wird er auch wieder ernten. Um das eine will ich mich mühen: wenigstens als fruchtbares und gesundes Saatkorn in die Erde zu fallen. Und in des Herrgotts Hand. Und mich gegen den Schmerz und die Wehmut wehren, die mich manchmal anfallen wollen. Wenn der Herrgott diesen Weg will – und alles Sichtbare deutet darauf hin – dann muß ich ihn freiwillig und ohne Erbitterung gehen. Es sollen einmal andere besser und glücklicher leben dürfen, weil wir gestorben sind.

Ich bitte auch die Freunde, nicht zu trauern, sondern für mich zu beten und mir zu helfen, solange ich der Hilfe bedarf. Und sich nachher darauf zu verlassen, daß ich geopfert wurde, nicht erschlagen ... Ehrlich und gerade: ich würde gerne noch weiterleben und gern und jetzt erst recht weiter schaffen und viele neue Worte und Werte verkünden, die ich jetzt erst entdeckt habe. Es ist anders gekommen. Gott halte mich in der Kraft, ihm und seiner Fügung und Zulassung gewachsen zu sein.

. . .

So lebt denn wohl. Mein Verbrechen war, daß ich an Deutschland glaubte, auch über eine mögliche Not- und Nachtstunde hinaus. Daß ich an jene simple und anmaßende Drei-Einigkeit des Stolzes und der Gewalt nicht glaubte. Und daß ich dies tat als katholischer Christ und als Jesuit. Das sind die Werte, für die ich hier stehe am äußersten Rande und auf den warten muß, der mich hinunterstößt: Deutschland über das Heute hinaus als immer neu sich gestaltende Wirklichkeit – Christentum und Kirche als die geheime Sehnsucht und die stärkende und heilende Kraft dieses Landes und Volkes – der Orden als die Heimat geprägter Männer, die man haßt, weil man sie nicht versteht und kennt in ihrer freien Gebundenheit oder weil man sie fürchtet als Vorwurf und Frage in der eigenen anmaßenden, pathetischen Unfreiheit.

HERMANN LANGBEIN

Die Tat des Maximilian Kolbe

Am bekanntesten wurde die Tat von Maximilian Rajmund Kolbe, der der Lagerführung die Macht nahm, selbstherrlich über Leben und Tod zu bestimmen.

Kolbe, ein katholischer Geistlicher, war am 28. Mai 1941 nach Auschwitz eingeliefert worden. Als im Juli desselben Jahres einem Häftling die Flucht gelang, ordnete die Lagerführung die zu dieser Zeit bei Fluchten übliche Repressalie an: Die Häftlinge des Blocks, in dem der Flüchtling untergebracht war, mußten nach dem Abendappell stehen bleiben. Der Lagerführer Karl Fritzsch suchte aus ihnen fünfzehn aus. Es war bekannt, daß diese im Bunker in eine Dunkelzelle eingeschlossen werden, wo sie ohne Nahrung und Wasser bleiben, bis entweder der Flüchtige gefaßt oder die Eingeschlossenen gestorben waren. Als der junge Pole Franz Gajowniczek von Fritzsch zu den für den Bunker Bestimmten gewiesen wurde, stöhnte er: „Meine arme Frau, meine Kinder, was wird aus meiner Familie?" Der Pole Dr. Franz Wlodarski, der ebenfalls in Reih und Glied angetreten war, beschreibt, was folgte:

„Nach der Wahl der fünfzehn Gefangenen trat Maximilian Kolbe aus der Reihe heraus, nahm die Mütze vom Haupt und stellte sich stramm vor den Schutzhaftlagerführer. Überrascht wandte sich dieser ihm zu: ‚Was will dieses polnische Schwein?‘

Kolbe zeigte mit der Hand auf den schon zum Tode bestimmten Gajowniczek und erwiderte: ‚Ich bin ein katholischer Priester aus Polen. Ich möchte seine Stelle einnehmen, weil er Frau und Kinder hat.‘

Vor Betroffenheit schien der Lagerführer nicht sprechen zu können. Nach einem Augenblick gab er mit der Hand ein Zeichen. Er sagte nur ein Wort: ‚Weg!‘ Auf diese Weise nahm Maximilian Kolbe den Platz des Verurteilten ein. Gajowniczek erhielt den Befehl, in die Reihe zurückzukehren." Kolbe und seine Leidensgefährten mußten fast drei Wochen in der Dunkelzelle zubringen. Am 14. August erlöste eine tödliche Injektion den Mann, dessen Haltung bis zuletzt den Respekt der Aufsicht führenden SS-Männer herausgefordert hat. Gajowniczek konnte das Lager überleben.

Teddy Pietrzykowski erinnert sich an Kolbe, der mit ihm und anderen Polen in der Birkenallee – einer Straße im rückwärtigen Teil des Lagers – nach der Arbeit spazierengegangen und von seiner Missionarstätigkeit in Japan erzählt hatte. Teddy schlug einmal einen Häftling, der Kolbe Brot gestohlen hatte. Als Kolbe das sah, sagte er, Teddy dürfe nicht mehr zu ihm kommen, wenn er einen Mitgefangenen schlage.

STEPHAN HERMLIN

Ballade von der Dame Hoffnung

Herrin des strengen Traumes, der Schafotte
Erhabene Gefährtin, Testament
Der Habenichtse, letztes Lied der Rotte,
Oberstes Scheit, das auf dem Holzstoß brennt,
Name, den jeder tote Mund noch nennt:
Im Qualm der Frühe stehst du an den Türen,
Dort, wo unwärmbar unsre Herzen frieren,
Licht der Beschatteten, aufs Rad gespannt,
Magische Finger, die die Spindel rühren:
Von den Bedrängten Hoffnung bist genannt.

Süßes Phantom im schwarzen Schlangenhag,
Geblendete an nassen Straßenecken,
Wohltätige Ohnmacht nach dem zwölften Schlag,
Feld, das die Schloßen meiner Schmerzen decken,
Schweißtuch der Kreuzgeweihten, Tränenbecken –
Ich bin versehrt und klag dir meine Not:
Gläsern Gespinst, meerblau und abendrot.
Der letzte Halm knistert im Dünensand.
Von jenen, die vertraut nur mit dem Tod,
Von den Bedrängten Hoffnung bist genannt.

Krug für die Dürstenden, erhabne Nahrung,
Schlüssel, der fugenlose Wände sprengt,
Hohes Gemisch aus Ahnung und Erfahrung,
Wahrheit gepfählt, gespießt, gewürgt, gehängt,
Mein Wappen, in dem Lieb und Haß verschränkt,
Bettlerin sehr verachtet an den Toren,
Östliches Licht schrägt auf dem Plan der Horen,
Verwehter Hahnenschrei im Dämmerland,
Stets wiederauferstanden, stets verloren:
Von den Bedrängten Hoffnung bist genannt.

Zueignung

Fürstin der Welt, die unserm Dienst erkoren,
Wüstenversengt, im grünen Eis gefroren,
Gewisse Gegenwart hinter der Wand,
Verbotner Brunnen du, nach dem wir bohren:
Von den Bedrängten Hoffnung bist genannt.

Von christlichen Werten, Freundschaft und Treue

*D*as Bild vom barmherzigen Samariter durchzieht wie kein zweites die Geschichte der christlich geprägten Welt und taucht in Variationen immer wieder auf. Es nahm und nimmt Einfluß auf das Verhalten der Menschen im Umgang mit anderen. Barmherzigkeit wird deshalb nicht zu Unrecht als eine Urtugend von Menschen christlichen Glaubens bezeichnet. Aber mehr noch: Es ist eine der Tugenden, die nicht nur an ein Glaubensbekenntnis gebunden sind, die vielmehr von jedermann beherzigt werden sollte und beherzigt werden kann. Von Kaiser Karl V. soll die Mahnung stammen, daß der Sieg nie ohne Übung der Barmherzigkeit sein solle, eine Tugend, die Feldherren späterer Jahrhunderte und Siegern in den heutigen Tagen anscheinend abhanden gekommen ist.

Aus der Barmherzigkeit erwächst ihre Schwester, die Solidarität oder die Mitmenschlichkeit. Beide zusammen erst machen das aus, was die christliche Religion ihren Anhängern auferlegt. Guten Gewissens kann sich dem jeder anschließen, egal, ob das Kruzifix in seinem Leben einen festen Platz hat oder nicht. Beispiele dafür finden sich in den Texten der folgenden Kapitel, und der Leser wird dabei überraschende Erkenntnisse machen können.

Viele Tugenden und Werte, die in unserem Leben heute ihren durchaus berechtigten Platz haben, uns leiten und lenken und helfen, gefährliche Klippen zu umfahren, haben ihren Ursprung im Christentum. Freilich sind Um- und Neubewertungen nicht ausgeblieben, wie auch die Kirche selbst sich immer wieder dem Leben stellen sollte. Das ist keineswegs unstrittig. Und was im Widerstreit der Meinungen noch nicht gelöst ist, kann an dieser Stelle auch nicht Lösungen liefern.

Wie verhält es sich nun mit Treue und Freundschaft, Tugenden, die uns allzuleicht von den Lippen gehen und in vielen Situationen herangezogen oder als Vehikel genutzt werden. Da schwört ein Paar vor dem Altar sich Treue, bis daß der Tod sie scheide. Und lange Zeit vor dem beschworenen Ende werden Nichtigkeiten Anlaß für unüberwind-

*liche Zerwürfnisse. Da werden Treueschwüre in Situationen abverlangt,
wo ein offenes Wort, eine klärende Aussprache viel angebrachter wäre.
Vasallentreue wird gefordert, was nichts anderes bedeutet, als die Aufgabe des Eigenen zu akzeptieren oder den Untergang in Kauf zu
nehmen, je nachdem, auf welcher Seite man steht. Treue kann auch
eingeklagt werden. Aber wem hilft das?*

*Freundschaften werden enttäuscht, mißbraucht oder finden erst gar
nicht statt.*

*Können in einer auf individuellen Erfolg ausgerichteten Gesellschaft
solche zumindest zwei Seiten erfordernde Tugenden überhaupt noch
funktionieren? Halten wir an ihnen nicht aus Tradition oder Konven-
tion fest?*

*Auch hier helfen die ausgewählten Texte aus dem großen Erfahrungs-
schatz der Menschheit bei der Suche nach den Bojen unseres Lebens.*

*Freundschaft wie Treue setzt gleiche Partner voraus. Beides funk-
tioniert in der Gleichberechtigung. Freundschaft und Treue wächst bei
gleichen Interessen und gegenseitiger Achtung, was auch bedeutet, daß
der eine den Mut aufbringt, den anderen gutmeinend kritisieren zu
dürfen, was eine Verletzung des anderen aber ausschließen muß. Daß
Gleichheit die Seele der Freundschaft ist, wissen wir von Aristoteles, daß
wir Freundschaft mit des Menschen Güte, nicht aber mit seinem Gut
schließen sollen, lehrt eine chinesische Weisheit. Hierin liegen die Wurzeln wahrer Freundschaft. So einfach das klingt, so schwer ist Freundschaft zu erreichen. Es bedarf großer Anstrengungen, sie herzustellen
und nicht weniger Arbeit, sie zu erhalten. Glücklich kann derjenige sein,
der Freundschaft erlebt. Und es ist zweifellos nicht vermessen, Freundschaft den höchsten Wert zu nennen, das schönste und reichste Erlebnis
im Leben.*

*Die meisten Eltern wissen, wie schwer die Wahl von Freunden für
ihre Kinder ist. Freundschaften in der Kindheit geben nicht selten
Aufschluß darüber, welche Wege Kinder für die Zukunft einschlagen
werden. Gute Freunde bringen sie voran, schlechte lassen sie in der
Zukunft nicht selten straucheln. Freunde sollten auch für Kinder die
besten Verbündeten sein, wobei das Alter des Freundes nicht unbedingt*

eine Rolle spielen muß. Der Gleichaltrige kann es genauso sein wie Mutter oder Vater, hier idealerweise doch beide zusammen. Mancher erinnert sich nur zu gern an eine harmonische Kindheit, mit den Eltern als Freunden und Partner, als Beratern wie Ratgebern, als Gleichen. Die Freundschaft zwischen Eltern und Kindern ist dann vollkommen, wenn sie mit Vertrauen gepaart ist, wenn das Kind auch in schwierige Themen einbezogen wird, selbst dann, wenn der Erfahrungsschatz für eine Mitsprache noch nicht ausreicht.

Freundschaft verträgt und erträgt auch Belastungen. Erst dann zeigt sich, ob man einen Freund hat. Die vermeintliche Weisheit, daß kleine Geschenke die Freundschaft erhalten, ist ebenso unsinnig wie der Versuch, mit einem Blumenstrauß Untreue vergessen zu machen. Freundschaft wie Treue beruhen auf einem gegenseitigen Geben wie Nehmen, im materiellen wie im ideellen Sinne. Freundschaften wie Treue erkaufen zu wollen steht schon im Widerspruch zu sich selbst. Natürlich können auch über Geschenke, ja selbst über kostbare und teure, tiefe Gefühle zum Ausdruck gebracht werden. Sie dürfen aber niemals zu einem Anspruch werden.

Wenn auch nicht alle Lehren des griechischen Philosophen Epikur von Samos die Zeiten überdauert haben, so können wir uns doch dem Folgenden wohl bedenkenlos anschließen und die Erkenntnis in uns aufnehmen:

„Von allen Geschenken, die uns eine weise Voraussicht gewährt, um das Leben völlig beglückend zu gestalten, ist Freundschaft das Schönste."

Sechstes Kapitel

Nächstenliebe – Mitleid – Erbarmen Mitmenschlichkeit

❖ ❖ ❖

Moses Geburt und Rettung

Als Joseph gestorben war und alle seine Brüder und alle, die zu jener Zeit gelebt hatten, wuchsen die Kinder Israels, mehrten sich und wurden sehr mächtig, und das Land ward voll von ihnen. Da kam ein neuer König in Ägypten auf; der wußte nichts von Joseph und sprach zu seinem Volke: Siehe, das Volk der Kinder Israels ist zahlreicher und stärker denn wir. Wohlan, wir wollen List wider sie gebrauchen, daß ihrer nicht so viel werden. Denn wenn sich ein Krieg erhöbe, möchten sie sich zu unsern Feinden schlagen und wider uns streiten und aus dem Lande wegziehen. Da setzte man Fronvögte über sie, die sie mit schweren Diensten drücken sollten; denn man baute dem Pharao Vorratsstädte, Pithom und Ramses. Aber je mehr sie das Volk drückten, desto mehr wuchs es und breitete sich aus, daß ihnen vor den Kindern Israels graute. Und die Ägypter zwangen die Kinder Israels mit Unbarmherzigkeit zum Dienst und machten ihnen das Leben sauer mit schwerer Arbeit in Ton und Ziegeln, mit allerlei Frondienst auf dem Felde und mit allerlei Arbeit, die sie mit Unbarmherzigkeit ihnen auflegten.

Und Pharao gebot seinem ganzen Volke und sprach: Alle Söhne, die ihnen geboren werden, werfet in den Nil, alle Töchter aber lasset leben. Es ging aber ein Mann vom Hause Levis hin und nahm eine Tochter Levis zum Weibe. Sie gebar einen Sohn; und da sie sah, daß er ein feines Kind war, verbarg sie ihn drei Monate. Da sie ihn aber nicht länger verbergen konnte, machte sie ein Kästchen von Rohr, verklebte es mit Erdharz und Pech, legte den Knaben hinein und setzte es in das Schilf am Ufer des Stromes. Aber seine Schwester stand von ferne, zu erfahren, wie es ihm gehen würde. Da kam die Tochter Pharaos herab an den Nil, um zu baden, und ihre Jungfrauen gingen an den Rand des Stromes. Als sie das Kästlein im Schilf sah, sandte sie ihre Magd hin und ließ es holen, und da sie es auftat, sah sie das Kind; und siehe, das Knäblein weinte. Da jammerte es sie, und sie sprach: Es ist eines der hebräischen Kindlein. Da sprach seine Schwester zu der Tochter Pharaos: Soll ich hingehen und eines der hebräischen Weiber rufen, daß sie dir das Kindlein pflege? Die Tochter Pharaos sprach zu ihr: Gehe hin. Die Jungfrau ging hin und rief des Kindes Mutter. Da sprach Pharaos Tochter zu ihr: Nimm das Kindlein und pflege mir's, ich will dir's lohnen. Das Weib nahm das Kind und pflegte es. Als aber das Kind groß war, brachte sie es der Tochter Pharaos, und es ward ihr Sohn, und sie hieß ihn Moses (denn sie sprach: Ich habe ihn aus dem Wasser gezogen).

(2. Buch Moses)

ÄSOP

Der Löwe und die Maus

Einem großmütigen Löwen war eine arme Maus in die Klauen geraten; auf ihre demütige Bitte aber ließ er sie wieder los. Wenige Tage darauf sah sich der Löwe im Garn verwickelt und erntete den Nutzen seiner vorigen Gnade; denn ebendieselbe Maus erinnerte sich, bei seinem Unglücke, der von ihm genossenen Wohltaten, machte sich über das Garn, zerknaufelte die Schlingen und befreite auf diese Weise ihren Erhalter.

LEHRE: Es gilt durch die ganze Kette der Schöpfung, daß der Große und der Kleine, einer den andern, brauchen.

BETRACHTUNG: Nichts ist so klein, ein Großer, er mag noch so groß sein, kann es einmal nötig haben; und also muß Klugheit und Vorsicht bei Begnadigungen ebensowohl stattfinden als bei der Gerechtigkeit. *Tue, wie du willst, daß man dir tue.* Und die Verbindlichkeit wird desto stärker, je mehr Ehre man mit der Dankbarkeit einlegen kann. Die Großmut des Löwen und die Erkenntlichkeit der Maus, die Gewalt und erhabne Würde des einen und die Niedrigkeit der andern tragen alle das Ihrige dazu bei, diese Fabel zu einer von den allerlehrreichsten zu machen. Denn auf der einen Seite wird sowohl die Gnade als die Klugheit angepriesen, indem der Löwe, da er die Maus beim Leben ließ, sein eigen Leben errettete, und auf der andern wird das dankbare kleine Tier viele undankbare Menschen beschämen. Überhaupt ist kein Mensch so groß, der nicht auch einmal in den Fall kommen könnte, in welchem wir den Löwen hier sehen.

Das Gleichnis vom barmherzigen Samariter

Und siehe, da stand ein Schriftgelehrter auf, ihn zu versuchen, und sprach: Meister, was muß ich tun, daß ich das ewige Leben ererbe? Er aber sprach zu ihm: Was steht im Gesetz geschrieben? wie liesest du? Er antwortete: „Du sollst den Herrn, deinen Gott, lieben von ganzem Herzen, von ganzer Seele, mit aller Kraft und von ganzem Gemüte"[1] und „deinen Nächsten wie dich selbst."[2] Jesus aber sprach zu ihm: Du hast recht geantwortet; tue das, so wirst du leben. Er aber wollte sich selbst rechtfertigen und sprach zu Jesus: Wer ist denn mein Nächster? Da antwortete Jesus und sprach: Es war ein Mensch, der ging von Jerusalem hinab nach Jericho und fiel unter die Räuber; die zogen ihn aus und schlugen ihn, gingen davon und ließen ihn halb tot liegen. Es begab sich aber von ungefähr, daß ein Priester dieselbe Straße hinabzog, der sah ihn und ging vorüber. Desgleichen auch ein Levit, der an den Ort kam, sah ihn und ging vorüber. Ein Samariter aber, der auf der Reise war, kam dahin, und da er ihn sah, jammerte ihn seiner; er ging zu ihm , verband ihm seine Wunden und goß Öl und Wein darein, hob ihn auf sein Tier und führte ihn in eine Herberge und pflegte ihn. Des andern Tages zog er zwei Denare heraus, gab sie dem Wirte und sprach: Verpflege ihn; und was du mehr aufwenden wirst, das will ich dir bezahlen, wenn ich wiederkomme. Welcher von diesen dreien dünkt dich, sei der Nächste gewesen dem, der unter die Räuber gefallen war? Er sprach: Der die Barmherzigkeit an ihm tat. Da sprach Jesus zu ihm: So gehe hin und tue desgleichen!

(Evangelium des Lukas, Kap. 10/11)

1 5 Moses 6, 5.
2 3 Moses 19, 18.

GIOVANNI BOCCACCIO

Der Falke

Als die Königin bemerkte, daß sie an der Reihe war, die Runde zu unterhalten, sagte sie: „Ich will euch eine Geschichte erzählen, um euch zu lehren, daß ihr nicht allezeit dem Glück und dem Geschick die Führung überlassen dürft, sondern zuweilen auch selber aus freien Stücken eure Gunst verschenken könnt.

In unserer Stadt lebte ein sehr würdiger und geachteter Mann namens Coppo di Borghese Domenichi, der durch den Adel seines Blutes und mehr noch durch seine Tugendhaftigkeit sich ewigen Nachruhm erworben hat. Als er schon hoch bei Jahren war, pflegte er noch oft mit seinen Nachbarn zu plaudern und verstand seine Rede so geschickt zu setzen, wie kein anderer es vermochte. Unter andern schönen Dingen pflegte er zu erzählen, daß in Florenz einst ein Jüngling gelebt habe namens Federigo, an Waffentüchtigkeit und feiner Lebensart allen andern toskanischen Jünglingen überlegen. Dieser Jüngling verliebte sich in ein Edelfräulein, das Giovanna hieß und die liebreizendste Jungfrau war, die man zu jener Zeit in Florenz finden konnte. Um ihre Liebe zu erringen, stellte er Turniere und Feste an und verschenkte und verschwendete sein Hab und Gut ohne Überlegen. Doch die Jungfrau war ebenso tugendsam wie schön und kümmerte sich weder um ihn noch um das, was er für sie tat. Da nun

Federigo unmäßige Verschwendung trieb und nichts hinzu erwarb, schwanden, wie es nicht anders sein konnte, seine Reichtümer schnell hin, und er ward ganz arm, so daß ihm nichts blieb als ein kleiner Landsitz, von dessen Einkünften er kärglich lebte, und ein Falke, wie man keinen bessern auf der Welt hatte. Da er nun doch kein Städter mehr sein konnte, wie es sich für ihn schickte, so ging er nach Campi, wo seine Besitzung lag, und lebte hier ganz bescheiden vom Vogelfang, ohne von jemandem etwas zu verlangen. Während nun Federigo seine Armut geduldig auf sich nahm, erkrankte Giovannas Gemahl, und da er seinen Tod nahen fühlte, machte er sein Testament und setzte seine Frau, die er sehr geliebt hatte, zur Erbin seines großen Vermögens ein, falls sein Sohn ohne Erben sterben sollte.

Als nun Giovanna Witwe geworden war, ging sie, wie es die Gewohnheit unserer Frauen ist, mit ihrem Sohn aufs Land auf eins ihrer Güter, das Federigos Besitzung benachbart war. So kam es, daß der Knabe sich mit Federigo anfreundete und sich an seinen Vögeln und Hunden sehr ergötzte. Und da er oftmals den Falken Federigos hatte aufsteigen sehen, gefiel er ihm über die Maßen, und er wünschte von ganzem Herzen, ihn zu besitzen, wagte aber doch nicht, Federigo um den Vogel zu bitten, weil er sah, wie teuer er ihm war. So standen die Dinge, als der Knabe erkrankte; seine Mutter war darüber tief betrübt, denn er war ihr einziger Sohn, und sie war den ganzen Tag um ihn und fragte ihn wieder und immer wieder, ob er auch irgendeinen Wunsch habe, den sie ihm erfüllen könne. Schließlich sagte der Knabe: ,Liebe Mutter, wenn Ihr mir den Falken Federigos verschaffen könnt, werde ich schnell gesund werden.' Als die Dame das hörte, überlegte sie, was sie tun könne. Sie wußte, daß Federigo sie lange geliebt hatte, ohne jemals einen einzigen Lohn zu empfangen. Deshalb dachte sie bei sich: ,Wie, ich sollte zu ihm schicken oder selber zu ihm gehen und ihn um diesen Falken bitten, das einzige, was ihm geblieben ist, und durch den allein er sein Leben fristet? Wie könnte ich so roh sein, einem Edelmann sein einziges und letztes Vermögen zu nehmen?' Und da sie wohl wußte, daß er ihre Bitte nicht abschlagen werde, gab sie dem Sohn keine Antwort, schließlich aber siegte ihre Liebe zu dem Kinde, und sie beschloß, um ihn zufriedenzustellen, selber zu Federigo zu gehen und ihn um den Falken zu bitten, was auch daraus entstehen möge. Sie versprach also dem Sohn, am nächsten Tage hinzugehen und ihm den Falken zu erbitten. Der Knabe war hierüber sehr fröhlich, und seine Gesundheit besserte sich noch am gleichen Tage ein wenig. Am nächsten Morgen machte sie sich mit einer Begleiterin auf den Weg und gelangte an Federigos kleines Haus. Da gerade zum Vogelfangen nicht die Zeit war, weilte er in seinem Garten, wo allerlei kleine Arbeiten ausgeführt wurden. Als er hörte, daß Giovanna nach ihm fragte, geriet er in großes Staunen und eilte fröhlich zu ihr. Als sie ihn kommen sah, ging sie anmutig auf ihn zu, und nachdem er sie achtungsvoll begrüßt hatte, sagte sie: ‚Ich hoffe, daß es dir gutgeht, Federigo. Aber ich bin gekommen, um dir den Schaden zu ersetzen, den du durch mich gehabt hast, da du mich mehr liebtest als für dich gut war. Und mein Ersatz besteht darin, daß ich mit meiner Begleiterin bei dir ganz vertraulich zu Mittag speisen möchte.‘ Darauf entgegnete Federigo in aller Demut: ‚Edle Frau, ich weiß von keinem Schaden, der mir durch Euch erwachsen wäre, weiß nur, daß ich alles durch die Liebe zu Euch und durch Eure Tugend wurde. Und wenngleich Ihr jetzt zu einem gar armen Wirt gekommen seid, ist Euer Besuch mir lieber, als könnte ich noch einmal von vorn anfangen, das Meine zu verschwenden.‘ Und mit diesen Worten führte er sie verschämt in sein Haus und in seinen Garten und bat sie, hier so lange zu verweilen, bis er den Tisch bestellt habe. Aber so groß auch seine Armut war, hatte er doch noch niemals so sehr wie eben jetzt empfunden, wie dürftig seine Lage geworden war, weil er seine Reichtümer so sinnlos verschwendet hatte. Weil er aber gar nicht wußte, was er der Dame vorsetzen konnte, der zu Liebe er doch so viele Menschen hoch geehrt hatte, verwünschte er sein Geschick und lief außer sich bald hierhin, bald dorthin, fand jedoch weder Geld noch irgendeinen Wertgegenstand. Schon war es spät, und sein Wunsch, der geliebten Frau etwas vorsetzen zu können, wurde immer größer. Da fiel ihm sein guter Falke in die Augen, der im Zimmer auf der Stange saß. Weil dies seine einzige Zuflucht war, packte er ihn, denn er war fett und schien ihm würdig, der Dame als Speise zu dienen. Ohne noch weiter zu überlegen, drehte er ihm den Hals um, ließ ihn von seiner Magd rupfen und am Spieß mit aller Sorgfalt zubereiten. Dann deckte er den Tisch mit dem weißesten Tischtuch, kehrte mit heiterem Gesicht zu der Dame in den Garten zurück und meldete ihr, daß jetzt das Mahl bereit sei.

Als die Dame und ihre Begleiterin sich mit ihm zu Tisch gesetzt und sie alle gemeinsam den Falken verspeist hatten, ohne zu wissen, was sie aßen, schien, nach längerem Plaudern, der Dame die Zeit gekommen, ihr Anliegen vorzubringen. Deshalb wandte sie sich zu Federigo und sagte freundlich: ‚Federigo, wenn ich an dein vergangenes Leben und an meine Tugend denke, die du gewiß für Härte und Grausamkeit gehalten hast, zweifle ich nicht, daß du dich gar sehr über meine Anmaßung verwundern wirst. Hättest du aber jemals Kinder gehabt, würdest du wissen, eine wie große Liebe man für sie hegen kann, und würdest gewiß meine Bitte entschuldigen. Ich habe ein Kind und kann mich dem allgemeinen Gesetz der Mütter nicht entziehen und muß daher wider meinen Willen und gegen die Schicklichkeit dich um ein Geschenk bitten, das, wie ich weiß, dir selber mit Recht sehr teuer ist, da dir dein unglückseliges Geschick keinen andern Trost, keine andere Zerstreuung gelassen hat. Ich bitte dich, mir deinen Falken zu schenken, an den mein Knabe so sehr sein Herz gehängt hat, daß ich, wenn ich ihm den Falken nicht bringe, fürchten muß, daß seine Krankheit einen schlimmen Ausgang nehmen wird. Deshalb bitte ich dich, nicht bei deiner Liebe zu mir, denn sie verpflichtet dich zu nichts, sondern bei deinem Edelmut, der größer ist als der anderer Menschen, mir ihn zu schenken, damit ich durch diese Gabe das Leben meines Kindes erhalten kann und es nur dir zu verdanken habe.‘

Als Federigo die Bitte der Dame hörte und sie doch nicht erfüllen konnte, da er ihr den Falken zum Essen vorgesetzt hatte, begann er in ihrer Gegenwart zu weinen, ohne doch ein einziges Wort hervorbringen zu können. Die Dame glaubte zuerst, er weine vor Schmerz, sich von seinem Falken trennen zu sollen, und war schon im Begriff, ihm zu sagen, daß sie ihn nicht haben wolle. Doch wartete sie noch auf Federigos Antwort, und endlich sagte dieser: ‚Edle Frau, seit es Gott gefallen hat, mir die Liebe zu Euch ins Herz zu flößen, habe ich oft gemerkt, daß das Schicksal mir feindlich war, doch alle Widrigkeiten sind mir leicht geworden im Vergleich zu dieser. Jetzt grolle ich meinem Schicksal, wenn ich bedenke, wie Ihr zu mir in meine arme Hütte kommt, während Ihr doch einst mein reiches Haus verschmähtet, und daß Ihr ein kleines Geschenk von mir erbittet, das ich Euch doch nicht geben kann. Und weshalb ich es Euch nicht geben kann, will ich Euch kurz erzählen. Als ich hörte, daß Ihr mir die Gnade erweisen wolltet, bei mir zu speisen, glaubte ich Euch eine kostbarere Speise vorsetzen zu müssen, als man sie für gewöhnlich ißt, und da mir der Falke einfiel, hielt ich ihn für ein würdiges Gericht und setzte ihn Euch vor. Doch nun Ihr ihn auf andere Art von mir verlangt, ist es mir so schmerzlich, ihn Euch nicht geben zu können, daß ich mich wohl nimmermehr darüber trösten kann.' Und zum Beweise seiner Worte ließ er ihr Füße, Schnabel und Federn des Falken bringen.

Als die Dame das hörte, tadelte sie ihn erst, daß er, um einer Dame etwas zu essen vorzusetzen, einen solchen Falken getötet habe, in ihrem Herzen aber pries sie die Größe seiner Seele, die auch durch die Armut nicht kleiner geworden war. Doch weil sie sich in ihrer Hoffnung getäuscht sah, den Falken zu bekommen und durch ihn vielleicht ihrem Kinde zu helfen, nahm sie ganz trübsinnig Abschied und kehrte zu ihrem Sohn zurück. Es dauerte jedoch nicht lange, bis dieser aus dem Leben schied, sei es aus Trauer, daß er den Falken nicht bekommen hatte, sei es, daß seine Krankheit auch sonst zu diesem Ziele geführt hätte. Seine Mutter trauerte in bitterem Schmerz um seinen Tod, da sie aber nun sehr reich und noch jung war, drangen ihre Brüder oftmals in sie, sich wieder zu verheiraten. Obschon sie anfangs wenig dazu geneigt war, erinnerte sie sich schließlich doch Federigos und seiner letzten hochherzigen Tat, als er ihr zu Ehren seinen Falken getötet hatte, und sagte zu ihren Brüdern: ,Wenn es euch gefiele, würde ich lieber unvermählt bleiben, doch wenn ich euch zu Liebe einen neuen Gatten nehmen soll, so will ich keinen andern als Federigo degli Alberighi.' Die Brüder verspotteten sie sehr und sagten: ,Du Närrin, was redest du? Warum willst du ihn zum Mann, der nichts in der Welt hat?' Darauf entgegnete sie: ,Liebe Brüder, ich weiß wohl, daß es so ist, aber ich will lieber einen Mann, der des Reichtums bedarf, als Reichtümer, die des Mannes bedürfen.'

Da die Brüder daraus ihre Gesinnung erkannten und wußten, daß Federigo ein tüchtiger Mann war, gaben sie sie ihm mit allen ihren Reichtümern zum Weibe, so wie sie es wollte. Und so bekam er zur Gattin die Frau, die er so sehr geliebt hatte, und wurde zudem durch sie sehr reich. Drum lebte er, jetzt ein besserer Hausherr als früher, bis an das Ende seiner Tage mit ihr in großer Fröhlichkeit."

WILLIAM SHAKESPEARE

Der Kaufmann von Venedig

PORZIA. Von wunderlicher Art ist euer Handel,
    Doch in der Form, daß das Gesetz Venedigs
    Euch nicht anfechten kann, wie ihr verfahrt. –
    Ihr seid von ihm gefährdet, seid ihr nicht?
ANTONIO. Ja, wie er sagt.
PORZIA.   Den Schein erkennt ihr an?
ANTONIO. Ja.
PORZIA. So muß der Jude Gnad' ergehen lassen.
SHYLOCK. Wodurch genötigt, muß ich? Sagt mir das.
PORZIA. Die Art der Gnade weiß von keinem Zwang,
    Sie träufelt, wie des Himmels milder Regen,
    Zur Erde unter ihr; zwiefach gesegnet:
    Sie segnet den, der gibt, und den, der nimmt;
    Am mächtigsten in Mächt'gen, zieret sie
    Den Fürsten auf dem Thron mehr wie die Krone:
    Der Zepter zeigt die weltliche Gewalt,
    Das Attribut der Würd' und Majestät,
    Worin die Furcht und Scheu der Kön'ge sitzt,
    Doch Gnad' ist über dieser Zeptermacht,
    Sie thronet in dem Herzen der Monarchen,
    Sie ist ein Attribut der Gottheit selbst,
    Und ird'sche Macht kommt göttlicher am nächsten,
    Wenn Gnade bei dem Recht steht; darum, Jude,

Suchst du um Recht schon an, erwäge dies:
Daß nach dem Lauf des Rechtes unser keiner
Zum Heile käm'; wir beten all' um Gnade,
Und dies Gebet muß uns der Gnade Taten
Auch üben lehren. Dies hab' ich gesagt,
Um deine Forderung des Rechts zu mildern;
Wenn du darauf bestehst, so muß Venedigs
Gestrenger Hof durchaus dem Kaufmann dort
Zum Nachteil einen Spruch tun.
SHYLOCK.   Meine Taten
Auf meinen Kopf! Ich fordre das Gesetz,
Die Buße und Verpfändung meines Scheins.

ALEXIS DE TOCQUEVILLE

Wie mit dem gesellschaftlichen Ausgleich die Sitten sanfter werden

Haben alle in einem Volke fast den gleichen Rang, so kann, da alle Menschen ungefähr gleich denken und fühlen, jeder sofort die Empfindungen aller anderen erschließen; er wirft einen raschen Blick auf sich selbst; das genügt ihm. Es gibt demnach kein Elend, das er nicht mühelos verstünde und dessen Umfang ihm nicht ein geheimer Instinkt erschlösse. Ob es sich um Freunde oder Feinde handelt: die Einbildungskraft versetzt ihn alsbald an deren Stelle. In sein Mitleid mischt sich persönliches Erleben, und es läßt ihn selbst leiden, während man den Leib seines Mitmenschen zerreißt.

In den demokratischen Zeitaltern opfern sich die Menschen selten füreinander auf; aber sie bekunden ein allgemeines Mitgefühl für alle Angehörigen des Menschengeschlechts. Man sieht sie keine unnützen Leiden zufügen, und wenn sie, ohne sich selber viel zu schaden, die Schmerzen anderer lindern können, so tun sie es gern; sie sind nicht uneigennützig, aber sie sind mild.

Obwohl die Amerikaner die Selbstsucht sozusagen in eine soziale und philosophische Lehre gebracht haben, erweisen sie sich dennoch dem Mitleid nicht weniger stark zugänglich.

...

Wenn die Menschen gegenseitig natürliches Mitgefühl mit ihren Leiden hegen und durch angenehme und häufige Beziehungen miteinander verbunden sind, ohne daß irgendeine Empfindlichkeit sie trennt, so ist leicht zu verstehen, daß sie sich nach Bedarf gegenseitig Hilfe leisten. Erbittet ein Amerikaner den Beistand seiner Mitmenschen, so verweigern diese ihn höchst selten, und ich habe oft beobachtet, daß sie ihn aus eigenem Antrieb mit großem Eifer gewähren.

Ereignet sich auf der Straße unerwartet ein Unfall, so eilt man von allen Seiten dem Opfer zu Hilfe; trifft irgendein unvermutetes großes Unglück eine Familie, dann öffnen sich die Geldbeutel zahlloser Unbekannter bereitwillig; bescheidene, aber sehr zahlreiche Gaben stehen ihrer Not bei.

Bei den gesittetsten Völkern der Welt kommt es häufig vor, daß ein Unglücklicher inmitten der Menge so allein ist wie der Wilde in seinen Wäldern; in den Vereinigten Staaten sieht man so etwas kaum. Die Amerikaner, die in ihrem Benehmen immer kühl und oft rauh sind, zeigen sich fast nie gefühllos, und wenn sie sich auch nicht beeilen, ihre Dienste anzubieten, so verweigern sie diese nicht.

All das steht nicht im Gegensatz zu dem, was ich früher über den Individualismus sagte. Ich sehe sogar, daß diese Dinge, weit entfernt, sich zu widersprechen, miteinander im Einklang sind.

Wie die Gleichheit der gesellschaftlichen Bedingungen die Menschen ihre Unabhängigkeit spüren läßt, so zeigt sie ihnen gleichzeitig ihre Schwäche; sie sind frei, aber unzähligen Zufällen ausgesetzt, und die Erfahrung lehrt sie bald, daß fast immer, obwohl sie üblicherweise kein Bedürfnis nach mitmenschlicher Hilfe haben, irgendein Augenblick kommt, wo sie deren nicht entraten können.

In Europa sehen wir jeden Tag, daß Menschen eines gleichen Berufs sich willig beistehen; sie sind alle den gleichen Übeln ausgesetzt; das genügt, damit sie einander davor zu bewahren trachten, mögen sie sonst noch so hartherzig und selbstsüchtig sein. Wenn also einer von ihnen in Gefahr ist und die andern ihn durch ein kleines vorübergehendes Opfer oder in plötzlicher Aufwallung daraus befreien können, so werden sie es gewiß versuchen. Nicht daß sie an seinem Los tiefen Anteil nähmen; sind nämlich ihre Hilfeleistungen zufällig nutzlos, so vergessen sie ihn alsbald und wenden sich wieder sich selbst zu; aber es hat sich zwischen ihnen eine Art schweigender und fast unwillkürlicher Übereinkunft gebildet, wonach jeder dem andern eine zeitweilige Hilfe schuldet, die er seinerseits für sich selber wird in Anspruch nehmen können.

Überträgt man, was ich von einer Klasse allein sage, auf ein Volk, so wird man meine Gedanken verstehen.

In der Tat gibt es unter allen Bürgern einer Demokratie eine gleiche Übereinkunft wie die erwähnte; alle fühlen sich der gleichen Schwäche und den gleichen Gefahren unterworfen, und ihr Vorteil ebenso wie ihr Mitfühlen macht es ihnen zum Gebot, sich wenn nötig gegenseitig Hilfe zu gewähren.

Je mehr die gesellschaftlichen Bedingungen sich ausgleichen, um so mehr zeigen die Menschen diese Bereitschaft zu wechselseitigem Beistand.

In den Demokratien, wo man keine großen Wohltaten erweist, leistet man sich beständig gute Dienste. Selten zeigt sich da ein Mensch aufopfernd, alle aber sind dienstbereit.

Das bucklige Männlein

Will ich in mein Gärtlein gehn,
Will mein Zwiebeln gießen;
Steht ein bucklicht Männlein da,
Fängt als an zu niesen.

Will ich in mein Küchel gehn,
Will mein Süpplein kochen;

Steht ein bucklicht Männlein da,
Hat mein Töpflein brochen.

Will ich in mein Stüblein gehn,
Will mein Müslein essen,
Steht ein bucklicht Männlein da,
Hat's schon halber gessen.

Will ich auf mein Boden gehn,
Will mein Hölzlein holen,
Steht ein bucklicht Männlein da,
Hat mir's halber gstohlen.

Will ich in mein Keller gehn,
Will mein Weinlein zapfen,
Steht ein bucklicht Männlein da,
Tut mirn Krug wegschnappen.

Setz ich mich ans Rädlein hin,
Will mein Fädlein drehen,
Steht ein bucklicht Männlein da,
Läßt mirs Rad nicht gehen.

Geh ich in mein Kämmerlein,
Will mein Bettlein machen,
Steht ein bucklicht Männlein da,
Fängt als an zu lachen.

Wenn ich an mein Bänklein knie,
Will ein bißchen beten,
Steht ein bucklicht Männlein da,
Fängt als an zu reden:

„Liebes Kindlein, ach, ich bitt,
Bet fürs bucklicht Männlein mit!"

Der Zwerg auf Herbergssuche

Eines Nachts tobte ein fürchterlicher Sturm in den Schweizer Bergen. Es goß in Strömen. Da kam auf einmal ein Zwerg, der auf der Wanderschaft war, in ein kleines, einsames Dorf. Tropfend vor Regen ging er durch die Gassen und klopfte an die Tür jeder Hütte, um Einlaß zu bekommen. Niemand jedoch erbarmte sich seiner, niemand öffnete ihm die Tür; ja die Dörfler machten sich sogar über ihn lustig.

Doch am Rande des Dorfes, im letzten Haus, wohnten zwei arme, aber fromme Leute, Mann und Frau. Müde und matt schleppte sich der Zwerg zu ihrer Hütte und klopfte dreimal bescheiden an das kleine Fenster. Und sogleich öffnete ihm der Hirt die Tür und bot ihm willig das wenige an, was seine Hütte bot. Die alte Frau brachte etwas Brot, Milch und Käse. Der Zwerg schlürfte einige Tropfen Milch und aß einige Krumen von Brot und Käse. „Ich bin es nicht gewohnt", sagte er darauf lachend, „solch derbe Kost zu essen, aber ich danke euch von ganzem Herzen, und Gott lohne es euch. Nun habe ich mich genug ausgeruht und will weiterziehen." – „Gott bewahre!" rief da die gute Frau. „Ihr wollt doch in der Nacht nicht in diesen tobenden Sturm hinaus. Übernachtet doch hier bei uns. Morgen früh könnt Ihr schon noch weiterziehen."

Aber der Zwerg schüttelte den Kopf und lächelnd erwiderte er: „Ich habe heute nacht noch in den Bergen etwas Dringendes zu schaffen. Morgen früh werdet ihr das schon erkennen und merken, daß ich euch nicht vergessen habe." So sprach er, nahm Abschied, und die beiden Alten legten sich zur Ruhe.

Aber als sie am frühen Morgen aufwachten, brach der Sturm wieder mit doppelter Gewalt los; Blitze zuckten am roten Himmel, und Sturzbäche fluteten von den Bergen und ergossen sich ins Tal. Und ein gewaltiger Felsbrocken, der sich oben im Berg gelöst hatte, donnerte nun ins Tal hinunter zum Dorf und riß Bäume, Steine und Erde mit sich, alles wirbelte durcheinander. Mensch und Vieh, alles, was im Dorf Atem hatte, wurde unter dem Geröll begraben. Schon näherte sich die Flutwelle dem Häuschen der beiden Alten. Zitternd kauerten sie vor ihrer Tür. Da sahen sie auf einmal, daß mitten in der Flutwelle ein großer Felsbrocken sich näherte, und obendrauf hüpfte gar lustig der Zwerg, als ob er den Felsen ritte. Und er lenkte den Fels mit einem großen Fichtenstamm bis zur Hütte der Alten. Der Felsbrocken aber staute das nachstürzende Wasser und lenkte es von der Hütte ab, so daß die Hütte und die beiden Bewohner wohlauf blieben. Der Zwerg indes wuchs immer größer und höher, bis er schließlich zu einem gewaltigen Riesen wurde. Dann löste er sich in Dunst auf, während die beiden Alten niederknieten und Gott für ihre Rettung dankten.

JOHANN GOTTFRIED SEUME

Der Wilde

Ein Kanadier, der noch Europens
übertünchte Höflichkeit nicht kannte,
und ein Herz, wie Gott es ihm gegeben,
von Kultur noch frei, im Busen fühlte,
brachte, was er mit des Bogens Sehne
fern in Quebecs übereisten Wäldern
auf der Jagd erbeutet, zum Verkaufe.
Als er ohne schlaue Rednerkünste,
so wie man ihm bot, die Felsenvögel
um ein Kleines hingegeben hatte,
eilt' er froh mit dem geringen Lohne
heim zu seinen tief verdeckten Horden
in die Arme seiner braunen Gattin.

Aber ferne noch von seiner Hütte
überfiel ihn unter freiem Himmel
schnell der schrecklichste der Donnerstürme.
Aus dem langen rabenschwarzen Haare
troff der Guß herab auf seinen Gürtel,
und das grobe Haartuch seines Kleides

klebte rund an seinem hagern Leibe.
Schaurig zitternd unter kaltem Regen
eilete der gute, wackre Wilde
in ein Haus, das er von fern erblickte.
„Herr, ach laßt mich, bis der Sturm sich leget",
bat er mit der herzlichsten Gebärde
den gesittet feinen Eigentümer,
„Obdach hier in euerm Hause finden!" –
„Willst du, mißgestaltes Ungeheuer",
schrie ergrimmt der Pflanzer ihm entgegen,
„willst du Diebsgesicht mir aus dem Hause!"
Und ergriff den schweren Stock im Winkel.

Traurig schritt der ehrliche Hurone
fort von dieser unwirtbaren Schwelle,
bis durch Sturm und Guß der späte Abend
ihn in seine friedliche Behausung
und zu seiner braunen Gattin brachte.

Kurze Zeit darauf hatt' unser Pflanzer
auf der Jagd im Walde sich verirret.
Über Stock und Stein, durch Tal und Bäche,
stieg er schwer auf manchen jähen Felsen,
um sich umzusehen nach dem Pfade,
der ihn tief in diese Wildnis brachte,
doch sein Spähn und Rufen war vergebens;
nichts vernahm er als das hohle Echo
längs den hohen, schwarzen Felsenwänden.
Ängstlich ging er bis zur zwölften Stunde,
wo er an dem Fuß des nächsten Berges
noch ein kleines schwaches Licht erblickte.
Furcht und Freude schlug in seinem Herzen,
und er faßte Mut und nahte leise.
„Wer ist draußen?", brach mit Schreckenstone
eine Stimme tief her aus der Höhle.
Und ein Mann trat aus der kleinen Wohnung.

„Freund, im Walde hab' ich mich verirret",
sprach der Europäer furchtsam schmeichelnd;
„gönnet mir, die Nacht hier zuzubringen,
und zeigt morgen früh, ich werd' euch danken,
nach der Stadt mir die gewissen Wege."

„Kommt herein", versetzt der Unbekannte,
„wärmt euch; noch ist Feuer in der Hütte!"
Und er führt ihn auf das Binsenlager,
schreitet finster trotzig in den Winkel,
holt den Rest von seinem Abendmahle,
Hummer, Lachs und frischen Bärenschinken,
um den späten Fremdling zu bewirten.
Mit dem Hunger eines Weidmanns speiste,
festlich wie bei einem Klosterschmause,
neben seinem Wirt der Europäer.
Fest und ernsthaft schaute der Hurone
seinem Gaste spähend auf die Stirne,
der mit tiefem Schnitt den Schinken trennte,
und mit Wollust trank vom Honigtranke.
Eine Bärenhaut auf weichem Moose
war des Pflanzers gute Lagerstätte,
und er schlief bis in die hohe Sonne.

Wie der wilden Zone wildster Krieger,
schrecklich stand mit Köcher, Pfeil und Bogen
der Hurone jetzt vor seinem Gaste
und erweckte ihn; der Europäer
griff bestürzt nach seinem Jagdgewehre;
und der Wilde gab ihm eine Schale,
angefüllt mit süßem Morgentranke.
Als er lächelnd seinen Gast gelabet,
bracht' er ihn durch manche lange Windung,
über Stock und Stein durch Tal und Bäche,
durch das Dickicht auf die rechte Straße.
Höflich dankte fein der Europäer;

finster blickend blieb der Wilde stehen,
sahe starr dem Pflanzer in die Augen,
sprach mit voller, fester, ernster Stimme:
„Haben wir vielleicht uns schon gesehen?"
Wie vom Blitz getroffen stand der Jäger,
und erkannte nun in seinem Wirte
jenen Mann, den er vor wenig Wochen
in den Sturmwind aus dem Hause jagte,
stammelte verwirrt Entschuldigungen.
Ruhig lächelnd sagte der Hurone:
„Seht, ihr fremden, klugen, weißen Leute,
seht, wir Wilden sind doch bessre Menschen!"
Und er schlug sich seitwärts in die Büsche.

ARTHUR SCHOPENHAUER

Mitleid, die Basis aller Gerechtigkeit und Menschenliebe

... Man setzte zum letzten Beweggrund einer Handlung, was man wolle; immer wird sich ergeben, daß, auf irgend einem Umwege, zuletzt *das eigene Wohl und Wehe des Handelnden* die eigentliche Triebfeder, mithin die Handlung *egoistisch*, folglich *ohne moralischen Wert* ist. Nur einen einzigen Fall gibt es, in welchem dies nicht Statt hat: nämlich wenn der letzte Beweggrund zu einer Handlung, oder Unterlassung, geradezu und ausschließlich im *Wohl und Wehe* irgend eines dabei passiv beteiligten *Andern* liegt, also der aktive Teil bei seinem Handeln, oder Unterlassen, ganz allein das Wohl und Wehe eines *Andern* im Auge hat und durchaus nichts bezweckt, als daß jener Andere unverletzt bleibe, oder gar Hülfe, Beistand und Erleichterung erhalte. *Dieser Zweck allein* drückt einer Handlung, oder Unterlassung, den Stempel des *moralischen Wertes* auf; welcher demnach ausschließlich darauf beruht, daß die Handlung bloß zu Nutz und Frommen *eines Andern* geschehe, oder unterbleibe. Sobald nämlich dies *nicht* der Fall ist; so kann das *Wohl und Wehe*, welches zu *jeder* Handlung treibt, oder von ihr abhält, nur das *des Handelnden selbst* sein: dann aber ist die Handlung, oder Unterlassung, allemal *egoistisch*, mithin *ohne moralischen Wert*.

Wenn nun aber meine Handlung ganz allein *des Andern wegen* geschehen soll; so muß sein *Wohl und Wehe unmittelbar mein Motiv* sein: so wie bei allen andern Handlungen das *meinige* es ist. Dies bringt unser Problem auf einen engern Ausdruck, nämlich diesen: wie ist es irgend möglich, daß das Wohl und Wehe *eines Andern*, unmittelbar, d. h. ganz so wie sonst nur mein eigenes, meinen Willen bewege, also direkt mein Motiv werde, und sogar es bisweilen in dem Grade werde, daß ich demselben mein eigenes Wohl und Wehe, diese sonst alleinige Quelle meiner Motive, mehr oder weniger nachsetze? – Offenbar nur dadurch, daß jener Andere *der letzte Zweck* meines Willens wird, ganz so wie sonst ich selbst es bin: also dadurch, daß ich ganz unmittelbar *sein* Wohl will und *sein* Wehe nicht will, so unmittelbar, wie sonst nur das *meinige*. Dies aber setzt notwenig voraus, daß ich bei *seinem* Wehe als solchem geradezu mitleide, *sein* Wehe fühle, wie sonst nur meines, und deshalb sein Wohl unmittelbar will, wie sonst nur meines. Dies erfordert aber, daß ich auf irgend eine Weise *mit ihm identifiziert* sei, d. h. daß jener gänzliche *Unterschied* zwischen mir und jedem Andern, auf welchem gerade mein Egoismus beruht, wenigstens in einem gewissen Grade aufgehoben sei. Da ich nun aber doch nicht *in der Haut* des Andern stecke, so kann allein vermittelst der *Erkenntnis*, die ich von ihm habe, d. h. der Vorstellung von ihm in meinem Kopf, ich mich so weit mit ihm identifizieren, daß meine Tat jenen Unterschied als aufgehoben ankündigt. Der hier analysierte Vorgang aber ist kein erträumter, oder aus der Luft gegriffener, sondern ein ganz wirklicher, ja, keineswegs seltener: es ist das alltägliche Phänomen des *Mitleids*, d. h. der ganz unmittelbaren, von allen anderweitigen Rücksichten unabhängigen *Teilnahme* zunächst am *Leiden* eines Andern und dadurch an der Verhinderung oder Aufhebung dieses Leidens, also worin zuletzt alle Befriedigung und alles Wohlsein und Glück besteht. Dieses Mitleid ganz allein ist die wirkliche Basis aller *freien* Gerechtigkeit und aller *echten* Menschenliebe. Nur sofern eine Handlung aus ihm entsprungen ist, hat sie moralischen Wert: und jede aus irgend welchen andern Motiven hervorgehende hat keinen. Sobald dieses Mitleid rege wird, liegt mir das Wohl und Wehe des Andern unmittelbar am Herzen, ganz in der selben Art, wenn auch nicht stets in dem selben Grade, wie sonst allein das meinige: also ist jetzt der Unterschied zwischen ihm und mir kein absoluter mehr.

Allerdings ist dieser Vorgang erstaunenswürdig, ja, mysteriös. Er ist, in Wahrheit, das große Mysterium der Ethik, ihr Urphänomen und der Grenzstein, über welchen hinaus nur noch die metaphysische Spekulation einen Schritt wagen kann. Wir sehen, in jenem Vorgang, die Scheidewand, welche nach dem Lichte der Natur (wie alte Theologen die Vernunft nennen), Wesen von Wesen durchaus trennt, aufgehoben und das Nicht-Ich gewissermaaßen zum Ich geworden.

. . .

Nichts empört so im tiefsten Grunde unser moralisches Gefühl, wie Grausamkeit. Jedes andere Verbrechen können wir verzeihen, nur Grausamkeit nicht. Der Grund hievon ist, daß Grausamkeit das gerade Gegenteil des Mitleids ist. Wenn wir von einer sehr grausamen Tat Kunde erhalten, wie z. B. die ist, welche eben jetzt die Zeitungen berichten, von einer Mutter, die ihren fünfjährigen Knaben dadurch gemordet hat, daß sie ihm siedendes Oel in den Schlund goß, und ihr jüngeres Kind dadurch, daß sie es lebendig begrub; – oder die, welche eben aus Algier gemeldet wird, daß nach einem zufälligen Streit und Kampf zwischen einem Spanier und einem Algierer, dieser, als der stärkere, jenem die ganze untere Kinnlade rein ausriß und als Trophäe davon trug, jenen lebend zurücklassend; – dann werden wir von Entsetzen ergriffen und rufen aus: „Wie ist es möglich, so etwas zu tun?" – Was ist der Sinn dieser Frage? Ist er vielleicht: Wie ist es möglich, die Strafen des künftigen Lebens so wenig zu fürchten? – Schwerlich. – Oder: Wie ist es möglich, nach einer Maxime zu handeln, die so gar nicht geeignet ist, ein allgemeines Gesetz für alle vernünftigen Wesen zu werden? – Gewiß nicht. – Oder: Wie ist es möglich, seine eigene und die fremde Vollkommenheit so sehr zu vernachlässigen? – Eben so wenig. – Der Sinn jener Frage ist ganz gewiß bloß dieser: wie ist es möglich, so ganz ohne Mitleid zu sein?– Also ist es der größte Mangel an Mitleid, der einer Tat den Stempel der tiefsten moralischen Verworfenheit und Abscheulichkeit aufdrückt. Folglich ist Mitleid die eigentliche moralische Triebfeder.

...

Denn grenzenloses Mitleid mit allen lebenden Wesen ist der festeste und sicherste Bürge für das sittliche Wohlverhalten und bedarf keiner Kasuistik. Wer davon erfüllt ist, wird zuverlässig Keinen verletzen, Keinen beeinträchtigen, Keinem wehe tun, vielmehr mit Jedem Nachsicht haben, Jedem verzeihen, Jedem helfen, so viel er vermag, und alle seine Handlungen werden das Gepräge der Gerechtigkeit und Menschenliebe tragen. Hingegen versuche man ein Mal zu sagen: „Dieser Mensch ist tugendhaft, aber er kennt kein Mitleid." Oder: „Es ist ein ungerechter und boshafter Mensch; jedoch ist er sehr mitleidig"; so wird der Widerspruch fühlbar. – Der Geschmack ist verschieden; aber ich weiß mir kein schöneres Gebet, als Das, womit die Alt-Indischen Schauspiele (wie in früheren Zeiten die Englischen mit dem für den König) schließen. Es lautet: „Mögen alle lebende Wesen von Schmerzen frei bleiben."

FRIEDRICH RÜCKERT

Meiner lieben Schwiegertochter Alma
(Weihnachten 1865)

Zeitungsbringerin,
Fliegenwedelschwingerin,
Fehllose Jägerin,
Treffliche Totschlägerin,
Liebe Beleberin,
Kleinmutes Heberin,
Sorgenabwenderin,
Trostredespenderin,

Leidens Abfragerin,
Besserungswahrsagerin,
Leisanschweberin,
Arzeneigeberin,
Stundenmahnerin,
Zeitvertreibsanbahnerin,
Temperaturspürerin,
Feuernachschürerin,
Witterungskünderin,
Lampendochtanzünderin,
Morgenbegrüßerin,
Abendrastversüßerin,
Nachtvorleserin,
Bücheramtsverweserin,
Allzeitunterhalterin,
Gesprächsstoffsentfalterin,
Wunschablauscherin,
Dienstrollentauscherin,
Allesbeschickerin,
Allesüberblickerin,
Allesbestreiterin,
Krankenkostbereiterin,
Festgabebedenkerin,
Weihnachtsentenschenkerin,
Engelverwenderin,
Enkelzuspruchsenderin,
Ordnerin, Schmückerin,
Kopfkissenrückerin,
Pfeifenkopfstopferin,
Flaschenpfropfentpfropferin,
Schlummerbecherfüllerin,
Kalter Knie Umhüllerin,
Nachtruhanwünscherin,
Wenn ich wachensmatt bin,
Heimlich schwach schachmatt bin,
Treue Mitträgerin

Mitpflegerin
Neben deiner Schwägerin,
Schwiegerkind, Söhnerin,
Versöhnerin, Beschönerin,
Unbelohnt Taglöhnerin,
Allzeit frohe Frönerin,
Liebliche Verwöhnerin:
Nimm dies Liebeszeichen hin,
Wie ich dir dankbar bin.

HANS CHRISTIAN ANDERSEN

Das kleine Mädchen mit den Schwefelhölzchen

Es war so gräßlich kalt; es schneite und es begann dunkler Abend zu werden; es war auch der letzte Abend des Jahres, Silvesterabend. In dieser Kälte und in diesem Dunkel ging auf der Straße ein kleines, armes Mädchen mit bloßem Kopf und nackten Füßen; ja, sie hatte freilich Pantoffeln angehabt, als sie von Hause wegging, aber was konnte das helfen! Es waren sehr große Pantoffeln, ihre Mutter hatte sie zuletzt benutzt, so groß waren sie, und die verlor die Kleine, als sie über die Straße eilte, während zwei Wagen so gräßlich schnell vorbeifuhren; der eine Pantoffel war nicht zu finden, und mit dem anderen lief ein Knabe fort; er sagte, den könne er als Wiege brauchen, wenn er selbst einmal Kinder bekomme.

Da ging nun das kleine Mädchen auf den nackten, kleinen Füßen, die rot und blau vor Kälte waren. In einer alten Schürze trug sie eine Menge Schwefelhölzchen, und einen Bund hielt sie in der Hand; niemand hatte ihr den ganzen Tag hindurch etwas abgekauft; niemand hatte ihr einen kleinen Schilling gegeben; hungrig und verfroren ging sie und sah so eingeschüchtert aus, die arme Kleine! Die Schneeflocken fielen in ihr langes, blondes Haar, das sich so schön um den Nacken ringelte, aber an diese Pracht dachte sie wahrlich nicht. Aus allen Fenstern glänzten die Lichter, und dann roch es auf der Straße so herrlich nach Gänsebraten; es war ja Silvesterabend, ja, daran dachte sie!

Drüben in einem Winkel zwischen zwei Häusern, von denen das eine etwas mehr vorsprang als das andere, dort setzte sie sich und kauerte sich zusammen; die kleinen Beine hatte sie unter sich hochgezogen; aber es fror sie noch mehr, und nach Hause zu gehen wagte sie nicht. Sie hatte ja keine Schwefelhölzchen verkauft, nicht einen einzigen Schilling bekommen, ihr Vater würde sie schlagen, und kalt war es auch zu Hause, sie hatten nur das Dach gerade über sich, und da pfiff der Wind herein, obwohl in die größten Spalten Stroh und Lumpen gestopft waren. Ihre kleinen Hände waren beinahe ganz abgestorben vor Kälte. Ach! ein kleines Schwefelhölzchen könnte gut tun. Wagte sie es nur, eines aus dem Bund zu ziehen, es gegen die Wand zu streichen und die Finger zu erwärmen! Sie zog eines heraus, „ritsch!" wie sprühte es, wie brannte es! Es war eine warme, helle Flamme, wie ein kleines Licht, als sie es mit der Hand umschloß. Es war ein seltsames Licht: dem kleinen Mädchen schien es, als säße sie vor einem großen, eisernen Ofen mit blanken Messingkugeln und einem Messingrohr; das Feuer brannte so prächtig, wärmte so gut; nein, was war das! – Die Kleine streckte schon die Füße aus, um auch diese zu wärmen – – da erlosch die Flamme. Der Ofen verschwand, sie saß mit einem kleinen Stück des abgebrannten Schwefelhölzchens in der Hand.

Ein neues wurde angestrichen, es brannte, es leuchtete, und wo der Schein auf die Mauer fiel, wurde diese durchsichtig wie ein Schleier; sie sah gerade in die Stube hinein, wo der Tisch gedeckt stand mit einem blendendweißen Tischtuch, mit feinem Porzellan, und herrlich dampfte die gebratene Gans, gefüllt mit Zwetschgen und Äpfeln; und was noch prächtiger war: die Gans sprang von der Schüssel herunter, watschelte über den Boden, mit Messer und Gabel im Rücken; gerade hin zu dem armen Mädchen kam sie; da erlosch das Schwefelhölzchen, und es war nur die dicke, kalte Mauer zu sehen.

Sie zündete ein neues an. Da saß sie unter dem schönsten Weihnachtsbaum; er war noch größer und schöner geschmückt als der, den sie durch die Glastür bei dem reichen Kaufmann an der letzten

Weihnacht gesehen hatte; tausend Kerzen brannten an den grünen Zweigen, und bunte Bilder, wie die, welche die Schaufenster schmückten, sahen auf sie herab. Die Kleine streckte beide Hände in die Höhe – da erlosch das Schwefelhölzchen; die vielen Weihnachtslichter stiegen höher und höher, sie sah, es waren jetzt die hellen Sterne, einer davon fiel und machte einen langen Feuerstreifen am Himmel.

„Jetzt stirbt jemand!" sagte die Kleine, denn die alte Großmutter, die einzige, die gut gegen sie gewesen, aber nun tot war, hatte gesagt: Wenn ein Stern fällt, geht eine Seele hinauf zu Gott.

Sie strich wieder ein Schwefelhölzchen gegen die Mauer, es leuchtete ringsumher, und in dem Glanz stand die alte Großmutter, so klar, so schimmernd, so mild und lieblich.

„Großmutter!" rief die Kleine, „oh, nimm mich mit! Ich weiß, du bist fort, wenn das Schwefelhölzchen ausgeht, fort, ebenso wie der warme Ofen, der herrliche Gänsebraten und der große, gesegnete Weihnachtsbaum!" – Und sie strich in Hast den ganzen Rest Schwefelhölzchen an, die im Bund waren. Sie wollte Großmutter recht festhalten; und die Schwefelhölzchen leuchteten mit einem solchen Glanz, daß es heller war als der lichte Tag. Großmutter war früher nie so schön, so groß gewesen; sie hob das kleine Mädchen auf ihren Arm, und sie flogen in Glanz und Freude so hoch, so hoch; und dort war keine Kälte, kein Hunger, keine Angst – sie waren bei Gott.

Aber im Winkel beim Hause saß in der kalten Morgenstunde das kleine Mädchen mit roten Wangen, mit einem Lächeln um den Mund – tot, erfroren am letzten Abend des alten Jahres. Der Neujahrsmorgen ging auf über der kleinen Leiche, die mit den Schwefelhölzchen dasaß, von denen ein Bund fast abgebrannt war. Sie hat sich wärmen wollen, sagte man; niemand wußte, was sie Schönes gesehen hatte und in welchem Glanz sie mit der alten Großmutter eingegangen war zur Neujahrsfreude.

THEODOR FONTANE

Herr von Ribbeck auf Ribbeck im Havelland

Herr von Ribbeck auf Ribbeck im Havelland,
ein Birnbaum in seinem Garten stand,
und kam die goldene Herbsteszeit
und die Birnen leuchteten weit und breit,
da stopfte, wenn's Mittag vom Turme scholl,
der von Ribbeck sich beide Taschen voll,
und kam in Pantinen ein Junge daher,
so rief er: „Junge, wiste ne Beer?"
Und kam ein Mädel, so rief er: „Lütt Dirn,
kumm man röwer, ick hebb ne Birn."

So ging es viel Jahre, bis lobesam
der von Ribbeck auf Ribbeck zu sterben kam.
Er fühlte sein Ende, 's war Herbsteszeit,
wieder lachten die Birnen weit und breit;
da sagte von Ribbeck: „Ich scheide nun ab.
Legt mir eine Birne mit ins Grab!"
Und drei Tage drauf, aus dem Doppeldachhaus,
trugen von Ribbeck sie hinaus.
Alle Bauern und Büdner mit Feiergesicht
sangen „Jesus meine Zuversicht!"
Und die Kinder klagten, das Herze schwer:
„He ist dod nu. Wer giwt uns nu ne Beer?"

So klagten die Kinder. Das war nicht recht –
ach, sie kannten den alten Ribbeck schlecht!
Der neue freilich, der knausert und spart,
hält Park und Birnbaum strenge verwahrt.
Aber der alte, vorahnend schon
und voll Mißtraun gegen den eigenen Sohn,
der wußte genau, was damals er tat,

als um eine Birn ins Grab er bat;
und im dritten Jahr aus dem stillen Haus
ein Birnbaumsprößling sproßt' heraus.

Und die Jahre gehen wohl auf und ab,
längst wölbt sich ein Birnbaum über dem Grab,
und in der goldenen Herbsteszeit
leuchtet's wieder weit und breit,
und kommt ein Jung übern Kirchhof her,
so flüstert's im Baume: „Wiste ne Beer?"
Und kommt ein Mädel, so flüstert's: „Lütt Dirn,
kumm man röwer, ick gew di ne Birn!"

So spendet Segen noch immer die Hand
des von Ribbeck auf Ribbeck im Havelland.

GUY DE MAUPASSANT

Madame Baptiste

Als ich den Wartesaal des Bahnhofs von Loubain betrat, ging mein
erster Blick nach der Uhr. Zwei Stunden und zehn Minuten mußte
ich auf den Pariser Schnellzug warten.

... Es war zum Verzweifeln! Was tun? Was in aller Welt anfangen?
Ich sah mich schon dazu verdammt, die ganze Zeit in dem unver-
meidlichen kleinen Café abzusitzen, vor mir ein Glas schales Bier
und in der Hand das zum Gähnen langweilige Lokalblatt, da bog aus
einer Seitenstraße ein Trauergeleit in die Allee ein. Mir war der
Leichenwagen ein Trost. Zehn Minuten waren ausgefüllt!
Ein Umstand erregte meine besondere Aufmerksamkeit. Dem
Sarge folgten nur acht Männer. Einer weinte, die anderen unter-
hielten sich zwanglos. Ein Geistlicher war nicht zu sehen. Ich dachte:
‚Aha! ein weltliches Begräbnis!' Dann überlegte ich, in einer Stadt

wie Loubain müsse es doch mindestens hundert Freidenker geben, und die hätten sich verpflichtet gefühlt, bei solcher Gelegenheit ihre Gesinnung zu bekunden. Jedenfalls ließ der eilige Schritt des Trauergefolges darauf schließen, daß man den Verstorbenen ohne große Feierlichkeit und auch wohl ohne Geistlichen zu Grabe brachte.

Meine Neugier war um so größer, als ich ja nichts zu tun hatte. Ich erging mich in den gewagtesten Vermutungen. Und als der Leichenwagen an mir vorüberfuhr, faßte ich den sonderbaren Gedanken, mich den acht Männern anzuschließen. Da war ich wenigstens eine Stunde lang beschäftigt. Und mit ernster Miene schloß ich mich dem Zuge an.

Die beiden letzten drehten sich erstaunt nach mir um, dann redeten sie leise weiter miteinander. Sicher überlegten sie, ob ich hier in der Stadt zu Hause wäre. Dann befragten sie ihre Vordermänner, die mich darauf auch ins Auge faßten. Die Aufmerksamkeit, die ich erregte, wurde mir unangenehm. Um dem ein Ende zu machen, näherte ich mich meinem Nachbarn, grüßte und sagte: „Entschuldigen Sie, meine Herren, wenn ich Ihre Unterhaltung störe! Aber als ich dieses nicht kirchliche Begräbnis sah, habe ich mich sofort angeschlossen, ohne übrigens den Toten zu kennen, den Sie da zu Grabe geleiten." Einer der Männer sagte betont: „Es ist eine Tote." Etwas überrascht fragte ich: „Aber das ist doch ein ziviles Begräbnis, nicht wahr?" Der andere Herr, der offenbar danach verlangte, mich ins Bild zu setzen, nahm das Wort: „Ja und nein! Die Geistlichkeit hat uns den Zutritt zur Kirche verweigert." Jetzt entfuhr mir ein „Ah!" des Erstaunens. Ich verstand nicht mehr, was vorging.

Mein redseliger Nachbar vertraute mir leise an: „Oh, das ist eine ganze Geschichte! Diese junge Frau hat sich das Leben genommen; deshalb dies Begräbnis ohne alle Feierlichkeit. Der erste vorn, den Sie dort weinen sehen, das ist ihr Mann!"

Zögernd äußerte ich: „Sie setzen mich in Erstaunen, Monsieur, und was Sie sagen, interessiert mich sehr! Würden Sie es für aufdringlich halten, wenn ich Sie bitte, mir die Geschichte zu erzählen? Geht meine Bitte zu weit, dann betrachten Sie sie als nie geäußert."

Er faßte mich vertraulich am Arm: „Ganz und gar nicht; ganz und gar nicht, lassen Sie uns nur etwas zurückbleiben, dann kann ich

Ihnen die Geschichte erzählen! Sie ist sehr traurig. Wir haben Zeit. Die Bäume, die Sie dort oben sehen, gehören zum Friedhof. Aber bis dahinauf haben wir noch tüchtig zu steigen!"

Und dann fing er an: „Sie müssen wissen, diese junge Frau, Madame Paul Hamot, war die Tochter eines reichen Kaufmanns von hier, eines Monsieur Fontanelle. Als sie ein Kind von elf Jahren war, stieß ihr etwas ganz Fürchterliches zu: Sie wurde von einem Wüstling geschändet. Fast wäre sie daran gestorben, so hatte der Verbrecher sie zugerichtet. Es gab einen widerlichen Prozeß, und da kam heraus, daß das arme Ding drei Monate lang das hilflose Opfer des brutalen Lüstlings gewesen war. Er wurde zu lebenslänglicher Zwangsarbeit verurteilt.

Das Mädchen aber wuchs mit dem Makel dieser Schande auf, einsam, ohne Spielgefährtinnen, kaum daß einmal ein Erwachsener es in die Arme schloß; jeder fürchtete, sich schon durch die Berührung zu beflecken.

Für die Stadt wurde das Kind fast eine Art Sehenswürdigkeit, ein abschreckendes Beispiel. Wenn man von ihm sprach, hieß es im Flüsterton: ‚Sie wissen doch, die kleine Fontanelle...!' Auf der Straße wandten sich alle Köpfe nach ihr um, wenn sie vorüberging. Man konnte kaum eine Bonne finden, die sie spazierenführte, und die Kindermädchen der anderen Familien hielten sich ängstlich von ihr fern, wie wenn die Kleine etwas Ansteckendes an sich hätte, das alle bedrohte, die ihr nahe kamen.

Ein Jammer, wenn man das arme Kind nachmittags in den Parkanlagen zu sehen bekam, wo sich die Jungen und Mädel der Stadt zusammenfanden und spielten. Sie blieb immer ganz allein für sich bei ihrer Wärterin und sah mit traurigen Augen zu, wie die anderen sich fröhlich tummelten. Manchmal trieb sie ein unwiderstehliches Verlangen, sich darunterzumischen. Schüchtern machte sie ein paar Schritte und schlich sich zu einer Gruppe, ängstlich, als ob sie fühlte, nicht dazuzugehören. Und sofort kamen auch von allen Bänken Mütter, Tanten und Kindermädchen angelaufen, packten ihre Lieblinge bei der Hand und rissen sie fort. Die kleine Fontanelle stand wieder allein. Sie begriff nicht, was vorging, war unglücklich und fing an zu weinen. Das kleine Herz floß über vor Kummer. Schluchzend lief sie zurück zu ihrer Bonne und barg ihr Gesicht in deren Schürze. So wuchs sie heran, und es wurde noch schlimmer. Man hielt die jungen Mädchen von ihr fern wie von einer Pestkranken. Bedenken Sie: Für das arme Wesen gab es ja nichts mehr kennenzulernen. Sie hatte kein Recht mehr auf die symbolische Myrte. Sie war, fast ehe sie lesen konnte, in das große Geheimnis eingedrungen, das Mütter ihren Töchtern erst am Vorabend der Hochzeit zitternd und mit größter Zurückhaltung enthüllen. Wenn sie durch die Straßen ging, immer in Begleitung der Gouvernante, wie in dauernder Furcht vor einem neuen schrecklichen Abenteuer, wenn sie durch die Straßen ging mit niedergeschlagenen Augen unter dem Druck des Makels, der auf ihr lastete, dann tuschelten die jungen Mädchen miteinander. Sie sind ja nicht so harmlos, wie man meist denkt. Heimlich, mit verstecktem Hohnlächeln sahen sie die Verworfene an und wandten sich mit gleichgültiger Miene ab, wenn sie zufällig einmal zu ihnen hinüberblickte.

Kaum jemand grüßte sie; nur einige ältere Männer zogen vor ihr den Hut. Die Mütter taten, als wäre sie Luft. Die Gassenjungen riefen hinterher: ‚Madame Baptiste!‘ Baptiste hieß der Bursche, der sie entehrt hatte.

Niemand konnte ermessen, welche Seelenqualen sie litt; denn sie redete kaum und lachte nie, gaben sich doch sogar die eigenen Eltern ihr gegenüber förmlich und gezwungen, als müßten sie ihr ewig einen nie wiedergutzumachenden Fehltritt nachtragen.

Ein ehrbarer Mann, nicht wahr, reicht nicht gern einem entlassenen Sträfling die Hand, und wenn es sein eigener Sohn wäre. Und für Monsieur und Madame Fontanelle war die Tochter wie ein Sohn, der eben aus dem Zuchthaus entlassen wurde.

Das Mädchen war hübsch. Das Gesicht von zarter Blässe, die ganze Erscheinung war groß, schlank, vornehm. Wenn die Geschichte nicht gewesen wäre – das Mädchen hätte mir restlos gefallen.

Nun bekamen wir vor achtzehn Monaten einen neuen Unterpräfekten. Er brachte seinen Privatsekretär mit. Das war ein ganz verhauener Bursche, der wohl auch das Quartier Latin gründlich studiert hatte. Er sah Mademoiselle und verliebte sich Knall über Fall in sie bis über beide Ohren. Natürlich bekam er auch zu hören, was die ganze Stadt wußte. Aber er lachte und sagte: ‚Das ist mir eine Garantie für die Zukunft! Mir ist eine solche Geschichte immer noch lieber vorher als nachher. Wenn das meine Frau wird, werde ich meine Nächte unbesorgt schlafen können.‘

Er machte Mademoiselle den Hof, hielt um ihre Hand an und führte die Braut heim. Dreist und unbekümmert, wie er war, machte er auch mit ihr seine Antrittsbesuche, wie wenn nichts vorgefallen wäre. Einige erwiderten sie, andere zeigten sich zunächst zurückhaltend. Aber allmählich fing man an, die ganze Geschichte zu vergessen, und die junge Frau wurde in die Gesellschaft aufgenommen.

Man muß sagen, sie vergötterte ihren Mann. Bedenken Sie, er hatte ihr die Ehre zurückgegeben, er hatte ihr gesellschaftliches Ansehen verschafft. Er hatte der öffentlichen Meinung die Stirn geboten und sich durchgesetzt. Er hatte Schimpf und Schande ausgelöscht, mit einem Wort, eine mutige Tat vollbracht, zu der nur wenige Männer fähig gewesen wären. Da können Sie begreifen, daß ihre Liebe keine Grenzen kannte.

Sie erwartete ein Kind. Als dies bekannt wurde, öffneten sich ihr auch die Türen der in Dingen der Ehre peinlichsten Häuser. Die Mutterschaft nahm den letzten Rest des Makels von ihr. Es klingt sonderbar, aber es ist so.

Alles war in bester Ordnung, bis wir vor wenigen Tagen das Fest unseres Schutzpatrons feierten. Der Präfekt inmitten seines ganzen Stabes und der städtischen Behörden führte beim Wettstreit der Gesangvereine den Vorsitz. Seine Ansprache war vorüber, und nun ging es an die Verteilung der Medaillen. Sein Privatsekretär Paul Hamot hatte sie den Preisträgern auszuhändigen.

Sie wissen, dabei geht's nie ohne Eifersucht und Mißgunst ab, und manchmal verlieren die Leute den letzten Rest von Anstand und Rücksicht.

Auf der Tribüne saßen die Damen der Stadt.

Jetzt war unser Nachbarstädtchen Mormillon an der Reihe. Seine Sänger hatten nur eine Medaille zweiter Klasse errungen. Es kann ja nicht jeder die erste Klasse bekommen, nicht wahr? Als der Vorsitzende die Auszeichnung erhalten hatte, warf er sie dem Sekretär ins Gesicht und schrie: ,Behalt deine Medaille für den Baptiste. Dem schuldest du sogar eine erster Klasse, genau wie mir!'

Da fingen viele in der Menge an zu lachen. Die Menge ist nicht zartfühlend. Alle Augen richteten sich auf die arme Frau. Monsieur, haben Sie schon einmal eine Frau wahnsinnig werden sehen? Nein? – Nun, wir haben das Schauspiel gehabt. Die Frau erhob sich und fiel dreimal wieder zurück auf ihren Sitz, wie wenn sie sich retten wollte und einsähe, daß sie die Masse Menschen, die sie umgab, nicht durchbrechen könnte.

Als mitten aus der Menge eine Stimme brüllte: ,Oha! Madame Baptiste!', da setzte auf einmal ein tosender Lärm ein. Wüste Heiterkeitsausbrüche und entrüstete Zornesrufe tobten durcheinander.

Es gab einen ungeheuren Tumult. Die Köpfe wogten. Überall hörte man den kränkenden Ruf. Wer klein war, hob sich auf die Zehen, um das Gesicht der Unglücklichen zu sehen. Männer stemmten ihre Frauen in die Höhe, damit ihnen nur ja der Anblick nicht entginge. Überall hieß es: ,Welche ist's? – Die im blauen Kleid?' Die Gassenjungen brüllten ,Kikeriki'. Von Gruppe zu Gruppe sprang das Lachen hin und her.

Sie saß zu Tode erschrocken reglos auf ihrem Prachtsessel wie ein zur Schau gestelltes Opfer. Sie konnte nicht davongehen. Sie konnte sich nicht einmal wegwenden und ihr Gesicht verstecken. Ihre Lider zuckten wie in grellem, schmerzendem Licht, ihr Atem ging keuchend wie bei einem abgehetzten Pferd.

Es war herzzerreißend.

Monsieur Hamot war dem rüden Halunken an die Kehle gesprungen und wälzte sich mit ihm am Boden in einem Kreis aufgebrachter Männer.

Die Feier wurde abgebrochen.

Eine Stunde später war man auf dem Nachhauseweg. Seit dem beleidigenden Zuruf hatte die junge Frau kein Wort gesprochen. – Plötzlich, auf der Brücke, sprang sie auf die Brüstung und stürzte sich in den Fluß, ehe ihr Mann zufassen konnte. Das Wasser unter dem Brückenbogen ist tief. Man brauchte zwei Stunden, ehe man sie fand – tot natürlich!"

Der Erzähler schwieg. Dann fügte er hinzu: „Vielleicht war's das Beste, was sie tun konnte. Es gibt Dinge, die nicht wieder aus der Welt zu schaffen sind.

Nun verstehen Sie auch, daß die Geistlichkeit der Toten die kirchlichen Weihen versagte. Oh, Monsieur, das kann ich sagen: Wenn sie kirchlich beigesetzt würde, da ginge die ganze Stadt hinter ihrem Sarge her. Aber nachdem sie selber in den Tod gegangen ist, hält man sich fern. Bei uns hier ist's eine heikle Sache, an einem Begräbnis teilzunehmen, wenn kein Priester dabei ist."

Wir durchschritten das Friedhofstor. Mit bewegtem Gemüt wartete ich, bis der Sarg in die Gruft versenkt worden war. Dann trat ich heran zu dem unglücklichen Manne, der dabeistand und wie ein Kind schluchzte. Ich drückte ihm die Hand. Er sah mich mit tränenverschleiertem Blick erstaunt an, dann sagte er: „Ich danke Ihnen, Monsieur."

Ich habe nie bedauert, daß ich mich dem Leichenbegängnis angeschlossen habe.

LUIGI PIRANDELLO

Die Bank unter der alten Zypresse

Er war in seinen besten Zeiten (wie sich viele noch an ihn erinnerten) einer der Menschen gewesen, von denen man nie weiß, warum sie so sind: sie schauen dich mit einem gewissen Blick an; sie lachen dir plötzlich ohne Grund ins Gesicht; oder sie wenden dir den Rücken zu und lassen dich kurzerhand stehen. Wie vertraut du auch mit ihnen sein magst, es gelingt dir nie zu erfahren, was zum Teufel in ihrem Innern vorgeht; sie scheinen immer zerstreut und wie geistesabwesend, obwohl du sie, wenn du es am wenigsten erwartest, wegen der nichtigsten Dinge, von denen du niemals angenommen hättest, daß man sie bemerken könnte, auf den Gipfel der Wut geraten siehst; oder, was noch schlimmer ist, du fühlst dich fast für sie gedemütigt, wenn du nach einiger Zeit erfährst, daß sie aus den lächerlichsten Ursachen, von denen du keine Ahnung hattest, im geheimen einen tiefen und giftigen Groll gegen dich hegen, während du sie vertrauensvoll ihre Sympathie und Achtung Leuten gewähren siehst, von denen sie wohl wissen, daß diese ihnen erst vor einem Monat Böses zugefügt haben.

Verschroben und lächerlich waren auch seine Figur und sein Aufzug. Die Beine, schon an und für sich dünn, schienen, in diese Reithosen gezwängt, zwei Zaunlatten; und über diesen Beinen zeichnete die stets zweireihige Jacke mit solcher Genauigkeit den Oberkörper ab, daß er wie eine der auf einem Dreibein aufgeschraubten Gliederpuppen aussah, die man in den Konfektionsgeschäften sieht. Auf diesem Oberkörper, auf einem übermäßig langen Hals ragte das Köpfchen; ein aufgezwirbelter Schnurrbart und zwei vogelhaft scharfe und lebhafte Äuglein, die beständig auf und zu klappten.

Jeder, der ihn so sah und wußte, daß er einer der ersten Advokaten des Ortes war, hätte ihn sich gerne anders vorgestellt. Der Advokat Lino Cimino lachte diesen Enttäuschten gleich auf seine gewohnte Art ins Gesicht.

Ein paar Freunde, die ihm wirklich zugeneigt waren, hatten verschiedene Male versucht, ihn darauf hinzuweisen, daß es einem Mann wie ihm nicht anstehe, gewisse Dinge zu tun und zu sagen und den Lästerzungen rückhaltlos den geheimen Kummer seines Familienlebens preiszugeben. Aber nein! Er schien eine schamlose Wollust darin zu finden, der üblen Nachrede Stoff zu geben, wie zum Beispiel, als er mit gemeinen Gesten und schamlosen Worten dem Himmel Rache schwor, weil seine Frau ihm nacheinander vier Töchter geboren hatte; gerade, als habe sie es absichtlich getan, um zu beweisen, daß er – bei Gott, er – nicht fähig sei, einen Jungen zu zeugen – Zornesausbrüche, die andere Vorstellungen verstummen ließen, weil sie die Wohlmeinenden entmutigten. Es schien unglaublich, daß ein Mann von seiner Intelligenz zu einer so erbärmlichen Gewöhnlichkeit herabsinken könne, ein Mann, der alle in Bewegung und Erstaunen versetzte, wenn im Gespräch seine Einbildungskraft sich entzündete oder wenn er, über die Wechselfälle des Lebens plaudernd, gewisse Betrachtungen anstellte, die sofort, auch wenn sie noch so dunkel und verworren waren, klar und deutlich für den wurden, der ihm zuhörte.

Sein häusliches Leben war indessen eine Hölle wegen der andauernden Szenen mit seiner Frau, die jedesmal die Familie auseinanderzureißen drohten. Bald wurde der eine, bald der andere der Freunde gerufen und eilte herzu, um Frieden zu stiften; einer besonders, dem er, aus einer seiner plötzlichen Anwandlungen von Sympathie heraus, das blindeste Vertrauen geschenkt hatte, dieses Mal jedoch nach allgemeinem Urteil jedoch nicht zu Unrecht, der junge Advokat Carlo Papía.

Er hatte ihn, kaum daß er zum Doktor promoviert war, in sein Büro aufgenommen. Die vier Mädchen, damals noch Kinder, eilten ihm jubelnd entgegen, wenn sie ihn sahen, denn mit seinem Kommen pflegte bald das Lächeln auf die Lippen der Mutter und des Vaters zurückzukehren; und kaum war der Friede wiederhergestellt, wollten sie mit ihm spazieren gehen; und jedesmal gab es eine kleine Rauferei um seine Hände; jedes wollte eine für sich, und er verzweifelte und lachte und zeigte ihnen, daß er nur zwei habe und sie nicht alle vier zufriedenstellen könne. Wenn ihn die Freunde im Städtchen inmitten dieser vier geschwätzigen und zärtlichen kleinen Mädchen sahen, beglückwünschten sie ihn und sagten ihm voraus, daß er bald, so beschützt und wohlgelitten in der Familie, den Lohn für die vielen Opfer empfangen werde, die sein Studium seine armen, seit langem heruntergekommenen Eltern gekostet hatte.

Aber kann ein Ehegatte ungestraft zwischen sich und seine jüngere Frau einen anderen Mann rufen, der noch jünger ist als die Frau, dazu von angenehmem Äußerem und gewinnenden Manieren, geeignet, zu Liebe und Harmonie zu überreden? Als er den Verrat entdeckte, betrug sich der Advokat Lino Cimino natürlich als der seltsame Kauz, der er war. Ungereimtheiten über Ungereimtheiten, eine verrückter als die andere! Niemand wird leugnen, daß es nutzlos ist, manche Dinge geheimhalten zu wollen: trotz aller Sorgfalt bemerkt man dann doch an vielen Zeichen, daß alle im Bilde sind, und daß sie nur aus Mitleid so getan haben, als wüßten sie von nichts. Aber es ist gewiß schlimmer, Skandal zu schlagen und dann nicht die letzten Konsequenzen zu ziehen, auf halbem Wege mitten in der zur Schau gestellten Schande stehenzubleiben, und so die Erwartung der Zuschauer zu enttäuschen.

Zuerst jagte er seine Frau aus dem Hause, ohne daran zu denken, sich auch an dem Liebhaber zu rächen, indem er vielmehr vor allen erklärte, daß er diesem dankbar für den Dienst sei, den er ihm erwiesen; dann holte er die Frau wieder zurück, aus Mitleid mit den Kindern, unter der Bedingung jedoch, daß sie sich niemals wieder vor ihm blicken lasse; aber als er Papía zum ersten Male wieder auf der Straße traf, zog er den Revolver aus der Tasche und schoß piff, paff! wie verrückt umher; der eine nahm dahin, der andere dorthin Reißaus; und schließlich fand sich Papía mit einer kleinen Wunde am Arm, und er selbst zwischen zwei Gendarmen, die ihm die Handschellen anlegten. Nach dem Freispruch baute er sich eine kleine zweistöckige Villa, die wie ein Kerker aussah; seine Frau verwies er mit den Kindern ins Obergeschoß, und er selbst brachte, ihr zum Hohn, des Nachts Straßendirnen nach Hause und schlief mit ihnen. Und so viele andere Narrheiten und Schimpflichkeiten beging er, daß sie ihm, außer der Achtung der Freunde, auch alle seine Klienten entfremdet hätten, wenn nicht die Furcht, ihn zum Gegner zu haben, sie davon abgehalten hätte, sich an andere zu wenden. –

Kennt ihr die Raserei, die sich in der Magengegend festsetzt und den Atem verschlägt; so daß man nicht mehr weiß, wie man sich drehen und wenden soll; und man zerwühlt das Bett; man kratzt die Wände ab; man würde aufbrüllen, wenn man die Kraft dazu hätte; und alles, selbst der Anblick alltäglicher Dinge flößt unerträglichen Abscheu ein, und mehr als alles irritiert jeder Vorschlag zur Heilung, der uns von denen kommt, die um uns sind und uns anschauen – und die unsere Erbitterung angesteckt hat. Glücklicherweise dauert eine solche Raserei nur kurze Zeit. Aber dem Advokaten Lino Cimino legte sie sich auf den Magen und gab ihm durch Jahre und Jahre keine Ruhe mehr.

Die Frau war wieder ins Haus zurückgekehrt, der Liebhaber hatte nach dem Freispruch ruhig den Ort verlassen: nach der Meinung aller war die Rache so ergebnislos gewesen wie der Skandal dumm. Daß die Frau jetzt wie eine Gefangene gehalten wurde, ohne auch nur aus den immer geschlossenen Fenstern blicken zu dürfen, genügte nicht. Es genügte nicht, weil sie immerhin die Kinder behalten hatte (und nicht einmal das war im Grunde zu billigen, denn eine Frau, die ihre Aufgabe als Mutter vergessen hatte und zur schlechten Gattin geworden war, konnte schwerlich ein Vorbild für die Töchter darstellen); und im übrigen hatte sie es, zum Ausgleich für das Urteil, das sie jeder Freiheit beraubte, sich vor den andern zu zeigen, wenigstens soweit gebracht, daß sie sich seiner entledigt hatte, wobei sie obendrein fortfuhr, ihm zur Last zu fallen. Er hörte sie von unten über seinem Haupte hin und her gehen; und oft hörte er sie auch lachen und singen. Zwar hatte er der schon heruntergekommenen Familie Papía den letzten Rest gegeben und ließ im geheimen den jungen Mann aufs unerbittlichste verfolgen; aber nicht einmal das konnte ihm genügen, da er wußte, daß sich Papía weniger um seiner Verfolgung willen aus dem Ort entfernt hatte, als um sich nicht von allen ständig das Unrecht vorwerfen zu lassen, das er getan hatte, und zwar nicht so sehr seinem Wohltäter, als sich selbst und den Seinen, indem er sich wie ein Dummkopf in diesen Liebeshandel eingelassen hatte. Da nun die Dinge so lagen (und Cimino fühlte recht gut, daß es sich wirklich so verhielt), schien es ihm, als gewähre seine Verfolgung den andern mehr Genugtuung als ihm selbst; und fast hätte er gewünscht, daß irgend jemand reagiert und versucht hätte, diesen Dummkopf aus dem allgemeinen Verdammungsurteil emporzuheben und ihm wieder gegenüberzustellen, um von neuem und noch grimmiger seine Wut zu provozieren, um seine Raserei noch schrecklicher zu entflammen.

Aber es rührte sich keiner; und nach und nach verdampften alle Wut und Raserei. Von Papía hörte man nichts mehr. Die Jahre vergingen; und als die inzwischen herangewachsenen Töchter unter den Klienten der Kanzlei ihre Gatten gefunden hatten, die sie, demütigend und ohne Feierlichkeit, in das und jenes Dörfchen der Provinz mitnahmen: da dachte niemand mehr daran, wie nun das Leben für Cimino aussehen müsse in dem leeren Haus, mit der einsamen Frau über seinem Kopf; und er unten, allein. Und als die Unordnung, in die seine Verhältnisse durch sein Schicksal geraten waren, sich mehr und mehr in die Zeit entfernte, schien es, als sei sie im trostlosen Elend der Gewohnheit schon so erkaltet, daß selbst die Erinnerung daran wie gestorben und begraben war.

Doch sie tauchte wieder auf, diese Erinnerung, plötzlich und unerwartet wie ein schreckliches Gespenst und es war wie eine grimmige Strafe, die eine dunkle Gerechtigkeit durch all die Jahre im geheimen ausgebrütet hatte, als man auf der einen Seite Papía wieder auf den Straßen der Stadt erscheinen sah (und man erfuhr nie, woher er gekommen), Almosen fordernd, abgerissen und heruntergekommen, nicht wiederzuerkennen, mit verwildertem Bart, ergraut schon und halb blind; und auf der anderen, ein Schatten, nachdem er ein paar Monate wegen einer heimlichen Krankheit das Haus gehütet, Cimino: o Gott, der Nacken war ihm noch um eine Handbreit mehr aus dem Hemdkragen hervorgewachsen, glatt und so verhärtet, daß der Kopf sich unbeweglich wie unter einem Joch nach vorne neigen mußte; das Kinn schien an den Hals gewachsen, und die Augen starrten schmerzlich und schrecklich in der Blässe des abgezehrten und doch aufgedunsenen Gesichts, das da und dort gefleckt war wie der harte, schwarzgesprenkelte Stein mancher alter Häuser. Nach so vielen Jahren war die heimtückische Krankheit zum Ausbruch gekommen, Frucht der Unordnung und der schändlichen Narrheiten, die er begangen hatte, um sich für die Untreue seiner Frau zu rächen, und hatte ihn in dieser gräßlichen Weise am Nacken gepackt, der in der Tat, so hart und entblößt, etwas Schamlos-Unzüchtiges an sich hatte.

Die Augen, obwohl starr in ihrem schneidenden Krampf und Schmerz, hatten noch soviel Licht, daß niemand denken konnte, der Verstand sei in ihm erloschen. Aber sie machten Angst, diese Augen. Und die Klienten verließen, einer nach dem andern, für immer das Büro, in dem er pünktlich jeden Morgen fortfuhr, sie hinter dem Schreibtisch zu erwarten, auf dem nun keine Papiere mehr sich häuften, mit dem Blick auf die mit grünem, verschossenem Tuch bezogene Tür, die sich nicht mehr öffnete. Zur gewohnten Stunde schloß er sein Büro und begab sich zum Spaziergang in die einsame Allee am Ausgang der Stadt, von der aus man einen weiten Blick über die Hügel und Täler genoß.

Wo diese Allee eine Biegung machte, um auf dem ein wenig hervorragenden Rücken des nächsten Hügels weiterzulaufen, stand unter einer Zypresse eine Bank. Die Allee war ganz mit neuen und frischen Bäumchen bestanden. Die Zypresse wirkte dort fremd und einsam. Sie hatte alle ihre Nadeln verloren und war unter dem Einfluß des Alters eine riesige, glatte und tote Stange geworden, mit einem Nadelbusch am Ende wie ein Lichtputzer. Niemand setzte sich je auf die kleine Bank unter dieser alten, unheilverkündenden Zypresse. Aber Cimino saß dort, Stunden und Stunden lang, unbeweglich wie eine schauerliche Puppe, die ein Spaßvogel dort hingesetzt hatte.

Es geschah kurz vor Abend, aber schon fast im Dunkeln. Er saß auf jener Bank und sah auf der verlassenen Allee Papía vorübergehen, der eine Hand ausstreckte, wie um sich vor dem Schatten zu schützen, während die andere mit dem Stock den Weg suchte.

Er rief ihn an.

Die Bank hatte, bei allem freien Raum, der sich vor ihr breitete, doch das Verschlossene und Heimliche, mit dem der Abendschatten jedes Ding umgibt, das man noch zu sehen vermag.

Papía, halb blind, näherte sich, als er sich rufen hörte, und beugte sich vor, um sein Gegenüber zu betrachten; als er Cimino erkannte, war es, als wenn ihn ein Schauer durchliefe; er schwankte, fiel auf die Bank nieder und begann so zu schluchzen, daß es ihn schüttelte: Und das Weinen, das sich nicht den Weg bis zum Halse bahnen konnte, machte sich nur in einem fortgesetzten, stoßweisen Schnauben der Nase bemerkbar.

Sie sagten nichts zueinander.

Als er ihn weinen hörte, streckte Cimino, da er den Kopf nicht wenden konnte, eine Hand aus und klopfte ihm leise mehrere Male auf das Bein.

Und so blieben sie sitzen, in schrecklichem Elend vereint durch all das Leid, das sie einander zugefügt, und aus dem vielleicht für einen einzigen Augenblick dieses verzweifelte Mitleid erwuchs, das sie auf keine Weise mehr trösten konnte.

BERTOLT BRECHT

O Falladah, die du hangest!

Ich zog meine Fuhre trotz meiner Schwäche
Ich kam bis zur Frankfurter Allee.
Dort denke ich noch: O je!
Diese Schwäche! Wenn ich mich gehenlasse
Kann's mir passieren, daß ich zusammenbreche.
Zehn Minuten später lagen nur noch meine Knochen auf
    der Straße.

Kaum war ich da nämlich zusammengebrochen
(Der Kutscher lief zum Telefon)
Da stürzten sich aus den Häusern schon
Hungrige Menschen, um ein Pfund Fleisch zu erben
Rissen mit Messern mir das Fleisch von den Knochen
Und ich lebte überhaupt noch und war gar nicht fertig
    mit dem Sterben.

Aber die kannte ich doch von früher, die Leute!
Die brachten mir Säcke gegen die Fliegen doch
Schenkten mir altes Brot und ermahnten noch
Meinen Kutscher, sanft mit mir umzugehen.
Einst mir so freundlich und mir so feindlich heute!
Plötzlich waren sie wie ausgewechselt! Ach, was war mit
    ihnen geschehen?

Da fragte ich mich: Was für eine Kälte
Muß über die Leute gekommen sein!
Wer schlägt da so auf sie ein
Daß sie jetzt so durch und durch erkaltet?
So helfet ihnen doch! Und tut es in Bälde!
Sonst passiert euch etwas, was ihr nicht für möglich haltet!

Siebentes Kapitel

Freundschaft – Hingabe

❖ ❖ ❖

Die Sage von Philemon und Baukis

Auf Phrygiens Hügeln steht eine alte Eiche und dicht daneben eine Linde, beide von einer mäßigen Mauer umgeben. Ihre niederen Zweige schmückt mancher Kranz, den fromme Hände mit heiliger Scheu darangehängt. Nicht ferne davon ist ein See, einst bewohnbares Land, jetzt ein Gewässer, belebt von Tauchern und Sumpfhühnern. Hierher kam einst Zeus, der Himmelsvater, und mit ihm Hermes, sein ihm dienstbarer Sohn, beide in menschlicher Gestalt in der Absicht, die Gastlichkeit der Menschen zu prüfen. Sie traten an tausend Häuser heran und baten um Obdach und ein Plätzchen zur Ruhe; doch tausend Häuser verschlossen ungastlich die Tür. Nur *ein* Haus nahm sie auf, klein zwar und gedeckt mit Stroh und Rohr, doch die drin wohnten, waren ein frommes freundliches Paar, der greise Philemon und sein gleichaltriges Weib Baukis. Beide hatten in dieser Hütte in den Tagen ihrer Jugend den Bund fürs Leben geschlossen und waren darin grau geworden, zufrieden mit ihrer Armut, die für ihren einfachen Sinn nichts Drückendes hatte. Keinen Diener fand man im Hause, sie beide waren die ganze Familie und dienten liebreich eines dem andern.

Als in die niedere Tür dieses Hauses die Götter eintraten mit gesenktem Haupte, kam ihnen der alte Philemon freundlich entgegen und hieß sie ihre Glieder niederlassen auf einem hingestellten Sessel, über welchen die geschäftige Baukis sogleich ein rauhes Gewebe warf. Darauf eilt diese zum Herde, scharrt aus der lauen Asche die glimmenden Funken des gestrigen Feuers, nährt es mit Blättern und

271

trockener Rinde und zwingt es mit keuchendem Atem zur Flamme; dann holt sie von dem Dache gespaltenes Kienholz und trockenes Reisig, bricht es kurz und schiebt es unter den ehernen Kessel. Während sie darauf den Kohl beliest, den ihr Gatte in dem bewässerten Garten geholt, hebt dieser mit zweizinkiger Gabel den Rücken eines Schweines, den sie lange aufbewahrt, vom rußigen Balken herab und schneidet ein bescheidenes Stück davon und legt es in das siedende Wasser. Und damit den Gästen der Verzug bis zur Mahlzeit nicht zu lange währe, bemühen sich beide durch unterhaltende Gespräche die Zeit zu kürzen.

Eine buchene Wanne mit krummem Henkel hing an einem Nagel an der Wand; die füllen sie mit lauem Wasser und stellen sie den Gästen zum Fußbad dar. Während diese ihre Glieder in dem Bade erfrischen, breitet Baukis über ein Polster aus weichem Sumpfgras, das in der Mitte der Stube auf weidenem Gestelle lag, einen Teppich – er war zwar alt und von schlechtem Gewebe, wohlpassend zu dem weidenen Gestelle, doch war er ein Kleinod der Alten, das sie nur an festlichen Tagen hervorzuholen pflegten. Darauf laden sie die Gäste ein, sich niederzulassen zum Mahle. Die zitternde Alte mit aufgeschürztem Gewande stellt den Tisch davor, aber der dritte Fuß des Tisches ist ungleich; eine Scherbe darunter macht ihn gleich. Nachdem sie so den Tisch gefestigt, reibt sie ihn ab mit duftiger Krausenminze. Darauf trägt sie die Speisen auf; da sind Oliven, die zweifarbige Beere der reinen Minerva, und herbstliche Cornelkirschen, eingemacht in flüssiger Hefe, Endivien und Radieschen und gepreßte Milch und Eier, leicht gedreht in nicht allzu heißer Asche, alles in irdenen Gefäßen. Auch wird ein Mischbecher aufgestellt, gleichfalls von Ton, und Becher von Buchenholz, im Innern mit gelbem Wachse gebohnt. Nach einer Weile sendet der Herd warme Speisen, und wiederum wird Wein aufgetragen von nicht hohem Alter. Ein wenig auf die Seite geschoben, gibt er Platz für den Nachtisch. Da ist Nuß, da ist Feige, mit runzlichen Datteln vermischt, und Pflaumen und duftige Äpfel in offenen Körbchen und Trauben von der purpurnen Rebe. In der Mitte steht eine glänzende Wachsscheibe. Zu all' diesem kommt als das Schönste und Beste eine freundliche Miene und ein nicht träger und armer Wille.

Unterdes sehen die beiden Wirte, wie der Milchbecher, so oft er ausgeschöpft ist, von selbst sich wieder füllt und der Wein von selber nachwächst, und sie staunen ob dem Wunder und stehen starr, und mit erhobenen Händen stammeln sie Gebete voll Furcht und Schreck und flehen um Verzeihung für die schlechte Bewirtung. Was sollen sie tun, um die göttlichen Gäste zu besänftigen? Sie hatten eine einzige Gans, eine Wächterin des kleinen Hauses. Die schickten sie sich an, den eingekehrten Göttern zu opfern; aber die Gans verspottete mit ihren schnellen Flügeln die Langsamkeit der Alten und zog sie flüchtend lange hin und her und schien endlich ihre Zuflucht zu den Göttern selbst zu nehmen. Die Götter verboten, sie zu töten und sprachen: „Wir sind Götter, und eure gottlose Nachbarschaft wird büßen für ihr Vergehen; ihr dagegen werdet verschont bleiben von dem Übel, das ihnen verhängt ist, nur verlaßt eure Wohnung und gehet mit uns hinauf auf die Höhe des Berges."

Beide gehorchen, und auf ihre Stäbe gestützt, wandern sie mühsam den langen Pfad hinauf der Bergeshöh' zu. Als sie nur noch einen Pfeilschuß von dem Gipfel entfernt waren, wandten sie ihren Blick und sahen die ganze Niederung in einen See verwandelt, nur ihr Haus war stehen geblieben. Während sie das bewundern und das Geschick der Ihrigen beweinen, wandelt sich jene alte Hütte, die selbst für ihre zwei Bewohner zu klein gewesen, in einen prächtigen Tempel. Säulen treten unter das Dach, das Stroh des Daches wird zu Gold, die Türe weitet sich zu stattlichen Toren mit kunstvoller Arbeit, der Boden deckt sich mit Marmor. Darauf spricht Zeus mit freundlichem Munde: „Saget, gerechter Greis, und du, deines gerechten Gatten würdiges Weib, was wünschet ihr?" Nachdem Philemon mit seinem Weibe sich kurz besprochen, eröffneten sie den Göttern ihren gemeinsamen Wunsch. „Priester zu sein, wünschen wir, und euren Tempel zu hüten, und weil wir in Eintracht bisher unsre Tage verlebt, so möge uns beide *eine* Stunde dahinnehmen, daß weder ich das Grab meiner Gattin sehe, noch jene mich begraben muß." Ihrem Wunsche folgte die Erfüllung. Sie waren der Schutz des Tempels, so lange das Leben ihnen vergönnt war. Einst, als sie, von Jahren und Alter aufgelöst, vor den heiligen Stufen standen und die Wundergeschichte des Ortes sich ins Gedächtnis riefen, da sah plötzlich Philemon seine Baukis, und Baukis sah jenen sich mit grünem Laube überdecken. Und während schon der Gipfel über beider Antlitz emporwuchs, wechselten sie noch, so lange sie konnten, Worte der Liebe. „Lebe wohl, o Gatte!" sprachen sie beide, und beiden deckte zugleich dichtes Laubwerk den Mund. Philemon war eine *Eiche* geworden, Baukis eine *Linde*.

Ruth und Naemi

Zu der Zeit, da die Richter regierten, ward eine Teurung im Lande. Und ein Mann von Bethlehem-Juda wanderte mit seinem Weibe und zwei Söhnen aus ins Land der Moabiter. Er hieß Elimelech und sein Weib Naemi. Sie kamen ins Land der Moabiter und wohnten daselbst. Elimelech aber starb, und Naemi blieb übrig mit ihren beiden Söhnen. Die nahmen moabitische Weiber; eine hieß Orpa, die andere Ruth. Da sie aber bei zehn Jahren daselbst gewohnt hatten, starben auch die beiden Söhne, so daß das Weib ihre Söhne und ihren Mann überlebte. Da machte sie sich auf mit ihren beiden Schwiegertöchtern und zog wieder aus dem Lande der Moabiter; denn sie hatte gehört, daß der Herr sein Volk heimgesucht und ihm Brot gegeben habe. Als sie nun auf dem Wege waren, um wieder ins Land Juda zu kommen, sprach Naemi zu ihren beiden Schwiegertöchtern: Gehet hin und kehret um, eine jegliche in ihrer Mutter Haus. Der Herr tue an euch Barmherzigkeit, wie ihr an den Verstorbenen und an mir getan habt; der Herr gebe euch, daß ihr Ruhe findet, eine jede in ihrem Haus! Und sie küßte sie. Da erhoben sie ihre Stimme, weinten und sprachen zu ihr: Wir wollen mit dir zu deinem Volke gehen. Aber Naemi sprach: Kehret um, meine Töchter; warum wollt ihr mit mir gehen? Denn ich bin viel übler daran als ihr, da die Hand des Herrn über mich gegangen ist. Da erhoben sie ihre Stimme und weinten noch mehr; und Orpa küßte ihre Schwiegermutter und ging, Ruth aber blieb bei ihr. Naemi aber sprach: Siehe, deine Schwägerin ist umgekehrt zu ihrem Volk und zu ihrem Gott; kehre du auch um, deiner Schwägerin nach. Ruth antwortete: Rede mir nicht zu, daß ich dich verlassen sollte und von dir umkehren! Wo du hingehst, da will ich auch hingehen; wo du bleibst, da bleibe ich auch. Dein Volk ist mein Volk, und dein Gott ist mein Gott. Wo du stirbst, da sterbe ich auch, da will ich auch begraben werden. Der Herr tue mir dies und das, nur der Tod soll mich und dich scheiden! Als nun Naemi sah, daß Ruth fest darauf beharrte, mit ihr zu gehen, ließ sie ab, ihr zuzureden.

So gingen sie beide miteinander, bis sie nach Bethlehem kamen. Und da sie in Bethlehem ankamen, geriet die ganze Stadt ihretwegen in Bewegung und sprach: Ist das die Naemi? Sie aber sprach: Heißet mich nicht Naemi (die Fröhliche), sondern Mara (die Betrübte); denn der Allmächtige hat mich sehr betrübt. Reich zog ich aus, aber leer hat mich der Herr heimgebracht. Warum heißt ihr mich denn Naemi, so doch der Herr mich gedemütigt und der Allmächtige mich betrübt hat? – Es war aber um die Zeit, da die Gerstenernte anging, als Naemi mit ihrer Schwiegertochter Ruth wieder aus dem Land der Moabiter nach Bethlehem kam.

Naemi aber hatte einen Verwandten ihres Mannes, einen reichen Mann, mit Namen Boas. Und Ruth, die Moabitin, sprach zu Naemi: Laß mich aufs Feld gehen und Ähren auflesen, dem nach, vor dem ich Gnade finde. Sie aber sprach zu ihr: Gehe hin, meine Tochter. Sie ging hin und las Ähren auf einem Felde auf hinter den Schnittern her; und es traf sich, daß dieses Feld eben des Boas war. Und siehe, Boas kam von Bethlehem und sprach zu den Schnittern: Der Herr mit euch! Sie antworteten: Der Herr segne dich! Und Boas sprach zu seinem Knecht, der über die Schnitter gestellt war: Wessen Tochter ist diese da? Der Knecht antwortete: Es ist die junge Moabitin, die mit Naemi aus dem Lande der Moabiter gekommen ist; sie sprach: „Laßt mich doch auflesen und sammeln unter den Garben den Schnittern nach." Sie kam und blieb vom Morgen an bis jetzt und verweilt wenig zu Hause. Da sprach Boas zu Ruth: Hörst du, meine Tochter? gehe nicht auf einen andern Acker aufzulesen, auch gehe nicht von hier weg; sondern halte dich zu meinen Mägden. Siehe, wo sie im Felde schneiden, da gehe ihnen nach. Ich habe meinen Knechten geboten, daß dich niemand beleidige. Und wenn dich dürstet, so gehe hin zu den Gefäßen und trinke, was meine Knechte schöpfen. Da fiel sie auf ihr Angesicht und verneigte sich zur Erde und sprach zu ihm: Womit habe ich vor deinen Augen die Gnade gefunden, daß du dich meiner annimmst, die ich doch fremd bin? Boas antwortete: Es ist mir alles angesagt worden, was du an deiner Schwiegermutter nach deines Mannes Tode getan hast, daß du deinen Vater und deine Mutter und dein Vaterland verlassen hast und zu einem Volke gezogen bist, das du zuvor nicht kanntest. Der Herr vergelte dir deine Tat, und dein Lohn müsse vollkommen sein vor dem Herrn, dem Gott Israels, zu welchem du gekommen bist, daß du unter seinen Flügeln Zuflucht fändest. Sie sprach: Laß mich Gnade vor deinen Augen finden, mein Herr; denn du hast mich getröstet und deine Magd freundlich angesprochen, da ich doch nicht eine deiner Mägde bin.

Zur Essenszeit aber sprach Boas zu ihr: Mache dich herzu und iß von dem Brote und tunke deinen Bissen in den Essig. Und sie setzte sich zur Seite der Schnitter. Man legte ihr geröstetes Getreide vor; sie aß, ward satt und behielt übrig. Und da sie sich aufmachte zu lesen, gebot Boas seinen Knechten und sprach: Lasset sie auch zwischen den Garben lesen und kränket sie nicht; auch lasset etwas aus den Garben fallen und lasset es liegen, daß sie es auflese; und niemand schelte sie darum. So las sie auf dem Felde bis zum Abend, und als sie ausdrosch, was sie aufgelesen hatte, war es bei einem Epha[1] Gerste. Sie hob es auf und kam in die Stadt und zeigte ihrer Schwiegermutter, was sie gelesen hatte; auch zog sie hervor und gab ihr, was ihr übrig geblieben, nachdem sie satt geworden war. Da sprach ihre Schwiegermutter zu ihr: Wo hast du heute gelesen und wo hast du gearbeitet? Gesegnet sei, der sich deiner angenommen hat! Sie aber sagte ihrer Schwiegermutter, bei wem sie gearbeitet hatte, und sprach: Der Mann, bei dem ich heute gearbeitet habe, heißt Boas. Da sprach Naemi zu ihrer Schwiegertochter: Gesegnet sei er von dem Herrn, der seine Liebe nicht entzogen hat weder den Lebendigen noch den Toten. Und Naemi sprach weiter zu ihr: Der Mann ist uns verwandt und einer von unsern Erben. Ruth sprach: Er sagte auch das zu mir: Du sollst dich zu meinen Leuten halten, bis sie mir alles eingeerntet haben. Naemi sprach zu Ruth: Es ist besser, daß du mit seinen Mägden ausgehest, auf daß man dir nicht zu nahe trete auf einem andern Acker. So hielt sie sich zu den Mägden des Boas, um Ähren zu lesen, bis die Gersten- und Weizenernte vorüber war.

(Buch Ruth, Kap. 1 und 2)

1 Ein Getreidemaß = 36 Liter.

David und Jonathan

An demselben Tage nahm Saul den David zu sich und ließ ihn nicht wieder in seines Vaters Haus zurückkehren. Das Herz Jonathans aber verband sich mit dem Herzen Davids; Jonathan gewann David lieb wie sein eigenes Herz, und sie machten einen Bund miteinander. Jonathan zog den Rock aus, den er anhatte, und gab ihn David, dazu seinen Mantel, sein Schwert, seinen Bogen und seinen Gürtel. Es begab sich aber, als er vom Kampfe mit dem Philister wiedergekommen war, daß die Weiber aus allen Städten Israels mit Gesang und Reigen, mit Pauken, Harfen und Freudengeschrei dem König Saul entgegengingen. Und die Weiber sangen gegeneinander, spielten und sprachen: Saul hat seine tausend geschlagen, David aber seine zehntausend. Da ergrimmte Saul sehr; das Wort gefiel ihm übel, und er sprach: Sie haben David zehntausend gegeben und mir tausend; das Königreich will noch sein werden. Und Saul sah David seit diesem Tage scheel an.

Des andern Tages geriet der böse Geist von Gott über Saul, und er raste daheim im Hause; David aber spielte auf den Saiten mit seiner Hand, wie er täglich pflegte. Saul hatte einen Spieß in der Hand, warf ihn und dachte: ich will David an die Wand spießen. David aber wandte sich zweimal von ihm ab. Da fürchtete sich Saul vor David, weil der Herr mit David war, von ihm aber gewichen. Darum tat ihn Saul von sich und setzte ihn zum Obersten über tausend Mann, und David zog vor dem Volk aus und ein und hatte Glück in all seinem Tun; denn der Herr war mit ihm. Da nun Saul sah, daß er so glücklich war, scheute er sich vor ihm. Ganz Israel aber hatte David lieb. Und Saul gab ihm seine Tochter Michal zum Weibe, und Michal hatte ihn lieb. Da fürchtete sich Saul noch mehr vor David und ward ihm feind sein Leben lang. Er redete mit seinem Sohne Jonathan und mit allen seinen Knechten, daß sie David töten sollten. Aber Jonathan verkündigte es David und sprach: Mein Vater Saul trachtet darnach, daß er dich töte. Nun, so hüte dich morgen, bleibe verborgen und verstecke dich. Ich aber will hinausgehen und neben meinem Vater stehen auf dem Felde, wo du bist, und mit meinem Vater von dir reden, und was ich sehe, will ich dir kund tun. Und Jonathan redete das Beste von David mit seinem Vater Saul und sprach zu ihm: Es versündige sich der König nicht an seinem Knechte David; denn er hat keine Sünde wider dich getan, und sein Tun ist dir sehr nützlich; er hat sein Leben aufs Spiel gesetzt und den Philister erschlagen, und der Herr hat ganz Israel einen großen Sieg verschafft. Das hast du gesehen und dich dessen gefreut. Warum willst du dich denn an unschuldigem Blut versündigen und David ohne Ursache töten? Saul hörte auf die Stimme Jonathans und schwur: So wahr der Herr lebt, er soll nicht sterben. Da rief Jonathan David, sagte ihm alle diese Worte und brachte ihn zu Saul, so daß er wieder um ihn war wie zuvor.

Es erhob sich aber wieder ein Streit, und David zog aus, stritt wider die Philister und richtete eine große Niederlage unter ihnen an, so daß sie vor ihm flohen. Aber der böse Geist vom Herrn kam wieder über Saul; er saß in seinem Hause und hatte den Speer in seiner Hand; David aber spielte auf den Saiten. Und Saul trachtete David mit dem Speer an die Wand zu spießen. David aber wich aus; der Speer fuhr in die Wand, und er floh. In derselben Nacht sandte Saul Boten zu Davids Haus, die ihn bewachen und am Morgen töten sollten. Das verkündigte dem David sein Weib Michal und sprach: Wirst du nicht diese Nacht dein Leben retten, so mußt du morgen sterben. Da ließ ihn Michal durchs Fenster hinab, daß er floh und entrann. Er kam zu Samuel nach Rama und sagte ihm alles, was ihm Saul getan hatte.

David aber kam heimlich zu Jonathan und sprach: Was habe ich getan? was ist mein Vergehen? was habe ich gesündigt vor deinem Vater, daß er mir nach dem Leben steht? Er aber sprach zu ihm: Das sei ferne! Du sollst nicht sterben! Siehe, mein Vater tut nichts, weder Großes noch Kleines, das er mir nicht offenbare. Warum sollte denn mein Vater dies vor mir verbergen? Es wird nicht so sein. Da schwur David und sprach: Dein Vater weiß wohl, daß ich Gnade vor deinen Augen gefunden habe; darum wird er denken: Jonathan soll solches nicht wissen, es möchte ihn bekümmern. Wahrlich, so wahr der Herr lebt, und so wahr deine Seele lebt, es ist nur ein Schritt zwischen mir und dem Tode. Jonathan sprach zu David: Ich will an dir tun, was dein Herz begehrt. Komm, laß uns hinaus aufs Feld gehen. Und sie gingen hinaus aufs Feld. Da sprach Jonathan zu David: Bei Jehova, dem Gott Israels, wenn ich an meinem Vater morgen oder übermorgen erforsche, daß es wohl steht um dich, und nicht hinsende zu dir und es dir offenbare, so tue mir der Herr dies und jenes. Wenn aber meinem Vater Böses wider dich gefällt, so will ich's dir auch offenbaren und dich ziehen lassen, daß du im Frieden weggehest. Der Herr sei mit dir, wie er mit meinem Vater gewesen ist. Und wenn ich nicht mehr am Leben bin, so entziehe doch meinem Hause deine Gnade nicht in Ewigkeit. So machte Jonathan einen Bund mit dem Hause Davids und schwur ihm nochmals bei der Liebe, die er zu ihm hatte; denn er hatte ihn so lieb wie seine Seele. Und Jonathan sprach zu ihm: Morgen ist das Fest des Neumonds; da wird man nach dir fragen; denn man wird dich vermissen, wo du zu sitzen pflegst. Am dritten Tag aber komm eilig herab und verbirg dich bei dem Steine Asel, so will ich drei Pfeile an dir vorüberschießen, als ob ich nach dem Ziele schösse: Dann will ich den Knappen senden: „Gehe hin, suche den Pfeil." Werde ich zum Knappen sagen: „Siehe, die Pfeile liegen herwärts, hinter dir, hole sie", so komm; denn es ist Friede und hat keine Gefahr, so wahr der Herr lebt. Sage ich aber zum Jüngling: „Siehe, die Pfeile liegen jenseits von dir", so gehe hin; denn der Herr heißt dich gehen. Was aber du und ich miteinander geredet haben, da ist der Herr Zeuge zwischen dir und mir ewiglich.

David verbarg sich im Felde. Und als der Neumond kam, setzte sich der König zu Tisch, um zu essen. Da sich aber der König an seinen Platz an der Wand gesetzt hatte, wie er gewohnt war, kam Jonathan; Abner[1] aber setzte sich an die Seite Sauls. Und man vermißte David an seinem Platze. Doch sagte Saul an diesem Tage nichts; denn er dachte: es ist ihm etwas widerfahren, und er ist nicht rein. Aber am zweiten Tage des Neumondfestes, als man David wieder vermißte, sprach Saul zu Jonathan: Warum ist der Sohn Isais nicht zu Tische gekommen, weder gestern noch heute? Jonathan antwortete: David erbat sich's von mir, daß er nach Bethlehem gehen dürfe; denn er sprach: „Unser Geschlecht hat in Bethlehem zu opfern, und mein Bruder hat mir's selbst geboten." Da entbrannte der Zorn Sauls wider Jonathan, und er sprach zu ihm: Du ungehorsamer Bösewicht! ich weiß wohl, daß du den Sohn Isais auserkoren hast, dir und deiner Mutter zur Schande. Denn so lange der Sohn Isais auf Erden lebt, wirst du und dein Königreich nicht bestehen. So sende nun hin und laß ihn zu mir holen; denn er muß sterben. Jonathan antwortete seinem Vater: Warum soll er sterben? was hat er getan? Da schoß Saul den Speer nach ihm, ihn zu spießen. Nun merkte Jonathan, daß bei seinem Vater gänzlich beschlossen war, David zu töten; er stand vom Tische auf mit grimmigem Zorne und aß an diesem Tage nichts; denn er war um David bekümmert, daß sein Vater ihn verdammte.

Des Morgens ging Jonathan hinaus auf das Feld, wohin er David bestellt hatte, und ein junger Knappe mit ihm. Und er sprach zu ihm: Lauf und suche mir die Pfeile, die ich schieße! Da nun der Knappe lief, schoß er einen Pfeil über ihn hin, und als der Knappe an den Ort kam, wohin Jonathan den Pfeil geschossen hatte, rief ihm Jonathan nach: Der Pfeil liegt jenseits vor dir. Abermal rief er ihm nach: Eile rasch und stehe nicht stille! Da las der Knappe die Pfeile auf und brachte sie zu seinem Herrn, merkte aber nichts. Dann gab ihm Jonathan seine Waffen und sprach zu ihm: Gehe hin und trage sie in die Stadt. Der Knappe ging, und David kam, fiel auf sein Antlitz zur Erde und neigte sich dreimal, und sie küßten sich und weinten miteinander, David aber am allermeisten. Jonathan sprach zu David: Gehe hin mit Frieden! Was wir beide geschworen haben im Namen des Herrn und gesagt: „der Herr sei Zeuge zwischen mir und dir, zwischen meinem Hause und deinem Hause", das bleibe ewiglich! Und David machte sich auf und ging; Jonathan aber kehrte in die Stadt zurück.

(1. Buch Samuel)

1 Der Feldhauptmann Sauls.

ÄSOP

Die zwei Freunde und der Bär

Zwei Freunde, die zusammen reisten und unter sich eins geworden waren, einander in allen Fällen, die sich nur immer ereignen dürften, beizustehen, stießen unterwegs auf einen Bär. Ihm zu entlaufen war nicht mehr möglich. Der eine kletterte daher auf einen Baum, und der andre warf sich, mit dem flachen Gesichte gegen die Erde gekehrt, nieder und hielt den Atem an sich. Der Bär kam grade auf den letztern zu, beroch und beschnupperte ihn, indem er die Nase an seinen Mund und seine Ohren hielt, und ließ ihn endlich, weil er ihn für nichts als für einen toten Körper hielt, unverletzt daliegen. Kaum war der Bär weg, als sein Gefährte von dem Baume herabkam und ihn mit einem höhnischen Lächeln fragte, was ihm denn der Bär Gutes in die Ohren gewispert habe? Er gab mir die Lehre, antwortete dieser, mit Leuten keine Gemeinschaft zu haben, die ihre Freunde zur Zeit der Not verlassen.

LEHRE: Wahre Freundschaft wird zur Zeit der Anfechtung, gleich dem Golde im Feuer, geprüft; und der, welcher uns alsdenn verläßt, ist nicht wert, daß wir ihn jemals wieder unsers Vertrauens würdigen.

BETRACHTUNG: Was ist das Leben ohne Freundschaft? Ohne Freundschaft findet in der Welt weder Gesellschaft noch Sicherheit statt. Die einzige Probe derselben aber ist in der Widerwärtigkeit; und da finden sich sehr wenige, die sie aushalten. So ein Mensch aber, der seinen Freund in der Not verlassen und ihn, wie der Reisende auf dem Baume, noch dazu, wegen der kaum entgangnen Gefahr, verspotten kann, ist am wenigsten zu entschuldigen und macht sich auch des allergeringsten Vertrauens unwürdig.

ARISTOTELES

Über Freundschaft

... Es gibt also drei Arten der Freundschaft, entsprechend den Arten des Liebenswerten. Und in jedem Falle gibt es eine Gegenseitigkeit, die nicht verborgen bleibt. Wer einander liebt, will also einander das Gute in dem Sinne, in dem sie einander lieben.

Die einen lieben einander also wegen des Nutzens und nicht als solche, sondern sofern sie einander Gutes verschaffen. Dasselbe gilt für jene, die einander der Lust wegen lieben. Denn sie lieben die Gewandten nicht um ihrer Qualitäten willen, sondern weil sie ihnen angenehm sind.

Wer also um des Nutzens willen liebt, tut es um seines eigenen Gewinns willen, und wer um der Lust willen, tut es um seiner eigenen Lust willen, und nicht sofern der Freund ist, was er ist, sondern nur soweit er nützlich oder angenehm ist. Dies sind also zufällige Freundschaften. Denn der Freund wird da nicht geliebt in dem, was er ist, sondern nur soweit der eine einen Gewinn, der andere Lust verschafft.

Dergleichen Freundschaften lösen sich bald auf, da die Partner nicht dieselben bleiben. Wenn sie nämlich nicht mehr angenehm oder nützlich sind, hört die Freundschaft zu ihnen auf. Der Nutzen bleibt aber nicht, sondern ist bald dieser, bald jener. Wenn sich nun aber entfernt hat, um dessentwillen sie Freunde waren, so löst sich auch die Freundschaft auf, da sie ja durch jenes bedingt war.

...

Vollkommen ist die Freundschaft der Tugendhaften und an Tugend Ähnlichen. Diese wünschen einander gleichmäßig das Gute, sofern sie gut sind, und sie sind gut an sich selbst. Jene aber, die den Freunden das Gute wünschen um der Freunde willen, sind im eigentlichen Sinne Freunde; denn sie verhalten sich an sich so, und nicht zufällig. Ihre Freundschaft dauert, solange sie tugendhaft sind. Die Tugend ist aber beständig, und jeder von beiden ist an sich gut und gut für den Freund. Denn die Tugendhaften sind schlechthin gut und einander gegenseitig nützlich, und ebenso auch angenehm. Denn auch schlechthin angenehm sind die Tugendhaften, wie auch füreinander gegenseitig. Denn jedem machen die ihm eigentümlichen Handlungen Freude und die damit verwandten; die Handlungen der Guten sind aber die entsprechenden oder doch ähnliche. So ist anzunehmen, daß eine derartige Freundschaft dauerhaft sei. Sie verknüpft in sich alles, was bei Freunden vorhanden sein muß....

Es ist freilich anzunehmen, daß solche Freundschaften selten sind. Denn wenige Menschen sind derart. Außerdem bedarf es langer Zeit und Gewöhnung. Denn wie das Sprichwort sagt, kann man einander nicht kennen, bevor man nicht jenes bekannte Salz miteinander gegessen hat. So kann man auch nicht einander näherkommen und Freund werden, bevor nicht jeder dem andern sich zuverlässig als liebenswert erwiesen hat. Wer rasch miteinander Freundschaft schließt, diese wollen zwar Freunde sein, sind es aber nicht, wenn sie nicht auch liebenswert sind und dies voneinander wissen. Denn Wille zur Freundschaft kann rasch entstehen, Freundschaft aber nicht.

Diese Freundschaft ist also im Hinblick auf die Zeit und auf die übrigen Bedingungen vollkommen: jeder erhält vom anderen dasselbe und Ähnliches, was es eben bei Freunden geben muß....

CICERO

Laelius – Über Freundschaft

... Wie kann überhaupt „ein Leben lebenswert" sein, wie Ennius sagt, welches nicht auf wechselseitiger Freundesliebe ruht? Was gibt es Schöneres, als einen Menschen zu haben, mit dem du dich alles so zu reden traust wie mit deinem eigenen Ich? Gäbe es einen so schönen Ertrag in Stunden des Glücks, ohne einen Menschen, der sich in gleicher Weise wie du selbst darüber freuen kann? Unglück aber zu ertragen wäre schwierig ohne einen, der so geartet ist, daß er es sogar noch schwerer nimmt als du; schließlich dient alles übrige, was man erstrebt, jeweils nur einem Belang: Reichtum, um ihn zu verwerten; Macht um der Verehrung willen; Ehrenstellen, um Ruhm zu ernten; Vergnügen, um sich daran zu freuen; Gesundheit, um von Schmerz frei zu sein und die Funktionen des Körpers verrichten zu können. Die Freundschaft aber umfaßt die meisten Bereiche; wohin du auch gehst: sie ist zugegen; kein Ort verschließt sich ihr; niemals kommt sie ungelegen, nie fällt sie zur Last. Daher leistet uns Freundschaft mindestens ebenso oft Dienste wie das sprichwörtliche „Wasser und Feuer". Aber ich will jetzt nicht von alltäglicher oder unvollkommener Freundschaft reden, obwohl auch sie schon Freude und Nutzen spendet, sondern von der wahren, vollkommenen Freundschaft, wie sie nur wenige pflegten, die man aufführen kann; denn solche Freundschaft verleiht unserem Glück helleren Glanz, und das Unglück macht sie durch gemeinsame Anteilnahme leichter.

Wenn die Freundschaft auch zahlreiche und vorzügliche Annehmlichkeiten in sich birgt, so ist sie ohne Zweifel besonders deswegen allem anderen voranzustellen, weil sie schöne Hoffnungen für die Zukunft aufleuchten läßt und nicht zuläßt, daß der Mensch gelähmt wird oder sinkt; wer nämlich sein Auge auf einen wahren Freund richtet, schaut gleichsam auf ein Vorbild seiner selbst. So kommt es, daß Abwesende zugegen, Arme reich, Schwache stark und, was man kaum mit Worten richtig bezeichnen kann, Tote lebendig sind: In solchem Maße begleitet sie die Ehre, das Andenken und die Sehnsucht der Freunde; so erscheinen die Verstorbenen im Tode glücklich, die Lebenden lobenswert. Schafft man aber die Verbindung, die aus der Zuneigung erwächst, aus der Welt, dann kann keine häusliche Gemeinschaft, keine Stadt mehr bestehen, und nicht einmal die Bestellung der Felder kann weitergeführt werden. Dies läßt sich, wenn man schon nicht verstehen will, wie stark die Kraft der Freundschaft und der Eintracht ist, an Hand der Uneinigkeiten und Zwieträchtigkeiten klar erkennen; gibt es denn eine so starke Haus- oder Bürgergemeinschaft, daß sie nicht durch Haß und Zerwürfnisse von Grund aus zerstört werden könnte?

Von hier aus läßt sich abschätzen, wie viel Gutes in der Freundschaft liegt. . . .

Stütze der Unwandelbarkeit und Festigkeit, die wir in der Freundschaft suchen, ist die Treue; denn wo die Treue fehlt, kann es keine Festigkeit geben. Es empfiehlt sich außerdem, einen aufrichtigen, umgänglichen und mitfühlenden Menschen zu wählen, das heißt einen, der für die gleichen Eindrücke empfänglich ist; das sind alles Eigenschaften, die zur Treue gehören; denn weder kann ein Mensch von verschrobener und winkelzügiger Geisteshaltung treu sein, noch ist auch einer, der nicht für die gleichen Eindrücke empfänglich und nicht von Natur aus mitfühlend ist, der Treue und Festigkeit fähig. Dazu muß noch kommen, daß sich der Gewählte keine Freude daraus machen soll, Beschuldigungen zu erheben, beziehungsweise daß er den ihm zugetragenen Beschuldigungen nicht glauben soll: Das alles gehört zu der Charakterfestigkeit, von der ich schon die ganze Zeit rede. So bewahrheitet sich denn meine eingangs aufgestellte Behauptung: Freundschaft kann es nur unter sittlich guten Menschen geben.

Denn nur der sittlich Gute, man kann auch sagen der Weise, hält sich in der Freundschaft an folgende zwei Grundsätze: Erstens, daß es keine Verstellung und keine Heuchelei geben darf; denn sogar im Haß ist der edelmütige, aufrichtige Mensch lieber offen, als daß er seine Gedanken hinter einer freundlichen Miene versteckt. Das zweite ist: Nicht nur von irgendeiner Seite zugetragene Verleumdungen zurückzuweisen, sondern auch selbst nicht mißtrauisch zu sein in der ständigen Wahnvorstellung, der Freund habe in irgendeinem Punkt seine Pflicht verletzt. Außerdem kommt es darauf an, daß man im Reden und in seinem ganzen Wesen ein gewisses Quantum Liebenswürdigkeit besitzt; was sie zur Freundschaft beiträgt, ist keineswegs belanglos. Härte und strenge Haltung in jeder Lage aber ist nun zwar recht würdevoll, aber in der Freundschaft soll man doch ungezwungener, rückhaltloser, liebreicher sein und sich leichter dazu verstehen, sich stets heiter und ungezwungen zu geben.

...

Der Freundschaft würdig aber sind nur die, welche das, was die Liebe zu ihnen auslöst, in ihrem Inneren haben. Eine seltene Menschenklasse! Es ist ja alles Vortreffliche selten, und nichts ist schwieriger als etwas zu finden, das in seiner Art in jeder Beziehung vollkommen wäre. Aber die meisten kennen im irdischen Bereich nur das als ein Gut, was Gewinn einbringt; dementsprechend taxieren sie wie beim Viehhandel in erster Linie solche als Freunde, von denen sie sich einen recht großen Gewinn erhoffen. So bleibt ihnen die schönste, dem menschlichen Wesen in höchstem Sinne gemäße Freundschaft, die ohne alle Nebenvorteile und sonstige Rücksichten erstrebt wird, versagt, und sie können das Wesen und den hohen Wert dieser Freundschaft nicht an sich selbst beispielhaft erfahren; jeder liebt ja sich selbst, nicht etwa weil er von sich irgendeinen Lohn für seine Liebe herausschlagen wollte, sondern weil eben die Selbstliebe Naturgesetz ist. Wendet man nicht die gleiche Voraussetzungslosigkeit auf die Freundschaft an, dann wird man nie einen wahren Freund finden können. Denn der wahre Freund ist gleichsam ein zweites Ich.

Leon Battista Alberti

Liebe und Freundschaft

... Ich erinnere mich unter den Alten an den großen Pompeius, jenen einzigen in Italien und allen Provinzen hochgefeierten Bürger, um dessentwillen die unselige Schlacht bei Pharsalus geschlagen und soviel Bürgerblut vergossen wurde. Dieser, sonst rastlos tätig, zog sich, als die Liebe ihn beherrschte, in die Einsamkeit auf sein Landgut, unter Gärten und Wälder zurück, wo alles andere, jeder Besuch hochstehender Freunde, deren er eine große Zahl hatte, jede Einflußnahme auf die wichtigsten Staatsangelegenheiten ihm weniger galt, als liebend mit seiner ihm einzig teuren Julia zu leben. Das war doch gewiß keine geringe Leistung für Amor, diesen ungeheuren Geist an die Einsamkeit zu fesseln, dem es nicht vermessen schien, im Kampf der Waffen die Herrschaft über alle Fürsten erringen zu wollen. Aber alle Tage kann man sehen, daß, wer liebt, Ehre, Auszeichnung und Ruf wenig achtet. Und man kann die Liebe zwischen Mann und Weib für die größte halten, weil, wenn das Wohlwollen aus einer Lustempfindung entspringt, die Ehe gewiß eine reiche Fülle von Behagen und Freuden bietet; wenn das Wohlwollen im Zusammenleben wächst, so wirst du mit keiner Person dauernder vertrauten Umgang pflegen als mit deinem Weibe; wenn die Liebe sich dadurch bindet und eint, daß man seine Neigungen und Wünsche enthüllt und mitteilt, so wirst du zu niemandem einen offeneren und ebeneren Weg haben, alles zu erfahren und dich zu offenbaren, als zu deiner eigenen Frau und ständigen Gefährtin; und wenn Freundschaft die Gefährtin der Ehrbarkeit ist, so kann keine Verbindung für dich heiliger sein als die der Ehe. Dazu kommen die unzerreißbaren Bande, die gemeinsame Freuden und gegenseitiger Nutzen schmieden, um in unseren Herzen ein unbegrenztes Wohlwollen zu erhalten und zu befestigen. Kinder werden geboren, und es ist überflüssig auszuführen, wie sehr sie die Herzen zu gemeinsamem Wollen und Empfinden einen, das ist zu jener Einheit, in welcher, wie es heißt, die wahre Freundschaft besteht. . . .

MICHEL DE MONTAIGNE

Über die Freundschaft

Es scheint, die Natur habe uns zu nichts eigentlicher und näher bestimmt, als zur Geselligkeit. Und Aristoteles sagt, die besten Gesetzgeber haben mehr Sorge für die Freundschaft als für die Gerechtigkeit getragen. Nun aber macht diese den höchsten Grad ihrer Vollkommenheit aus. Denn überhaupt sind alle die Freundschaften, welche aus Wollust, aus Eigennutz und Not, öffentliche oder häusliche, errichtet werden, um so weniger schön und herzlich, und daher um so minder Freundschaft, als sich andere Ursachen, andere Zwecke und anderer Genuß hineinmischen als die Freundschaft selbst. Ebenso wenig machen die vier Arten des Altertums, getrennt und jede für sich, oder zusammen genommen, den eigentlichen wahren

Charakter der Freundschaft aus, als da sind: Verbindungen des Natur-
verhältnisses, der Geselligkeit, des Gastrechts, oder der physischen
Liebe. Vom Vater zum Kinde ist es vielmehr Ehrerbietung.

Die Freundschaft nimmt ihre eigentliche Nahrung von der ver-
traulichen Mitteilung, welche unter Eltern und Kindern, wegen des
zu großen Abstandes der Jahre, nicht stattfinden kann und wohl gar
die Pflichten der Natur beleidigen könnte; denn teils lassen sich alle
geheimen Gedanken des Vaters dem Kinde nicht mitteilen, weil das
eine unschickliche Gleichheit nach sich ziehen würde, teils können
die Belehrungen und Warnungen, welche unter die vornehmsten
Pflichten der Freundschaft gehören, vom Kinde zum Vater nicht
stattfinden. ...

Der Vater und der Sohn können ganz entgegengesetzter Gemüts-
art sein; ebenso Brüder. Es ist mein Sohn, es ist mein Verwandter;
aber, es ist ein störrischer Mensch, ein Bösewicht, oder ein Narr.
Dazu kommt dann noch, daß dies Freundschaften sind, wozu uns die
Gesetze und Pflichten der Natur verbinden, wobei keine Wahl statt-
findet und dabei der freie Wille nicht mitwirken kann wie bei der
bloßen Herzensfreundschaft. Ich kann wohl sagen, daß ich Familien-
freundschaft im höchstmöglichen Maße empfunden und genossen
habe, denn mein Vater war bis in sein graues Alter der beste und
gütigste, den jemals die Welt gesehen hat, und dabei bin ich von
einer Familie, die von Seiten der brüderlichen Liebe und Eintracht,
von Vater auf Sohn, als musterhaft berühmt ist.

Wenn man damit die Neigung zum weiblichen Geschlecht ver-
gleicht, so wird man finden, daß, ob solche gleich aus unserer Wahl
entspringt, man sie doch nicht in dies Verzeichnis bringen könne. Ihr
Feuer, das bekenne ich, ist heftiger, durchdringender und angrei-
fender. Aber, ein unbesonnenes, wildes Feuer, flatterhaft und ungleich; eine Fieberhitze, die bald steigt, bald fällt, und die uns nur bei
einem Zipfel hält. In der Freundschaft ist es überall verbreitete
Wärme, im übrigen gemäßigt und immer sich gleich; eine Wärme,
die anhält und nicht verfliegt; durchgängig lieblich und sanft schmel-
zend, die nichts Brennendes oder Stechendes bei sich führt. Was
noch mehr ist, in der Liebe ist es nur ein ungestümes Begehren nach
dem, was uns flieht. Sobald sie sich in Freundschaft umwandelt, das

heißt, nach Gutbefinden des Willens beider, verraucht sie, erkrankt; Genuß, weil er nur am körperlichen hängt und Sättigung hervorbringt, vernichtet sie.

Die Freundschaft hingegen gibt in eben dem Maße Genuß als sie begehrt. Sie sproßt, nährt sich und wächst bloß durch den Genuß, weil sie geistig ist, und die Seelen durchs Annahen sich immer mehr einigen.

SIMON DACH

Lied der Freundschaft

Der Mensch hat nichts so eigen,
so wohl steht ihm nichts an,
als daß er Treu' erzeigen
und Freundschaft halten kann;
wann er mit seinesgleichen
soll treten in ein Band,
verspricht sich, nicht zu weichen
mit Herzen, Mund und Hand.

Die Red' ist uns gegeben,
damit wir nicht allein
für uns nur sollen leben
und fern von Leuten sein;
wir sollen uns befragen
und sehn auf guten Rat,
das Leid einander klagen,
so uns betreten hat.

Was kann die Freude machen,
die Einsamkeit verhehlt?
Das gibt ein doppelt Lachen,
was Freunden wird erzählt;

der kann sein Leid vergessen,
der es von Herzen sagt;
der muß sich selbst auffressen,
der in geheim sich nagt.

Gott stehet mir vor allen,
die meine Seele liebt;
dann soll mir auch gefallen,
der mir sich herzlich gibt.
Mit diesem Bunds-Gesellen
verlach' ich Pein und Not,
geh' auf den Grund der Höllen
und breche durch den Tod.

Ich hab', ich habe Herzen,
so treue wie gebührt,
die Heuchelei und Scherzen
nie wissentlich berührt;
ich bin auch ihnen wieder
von Grund der Seelen hold;
ich lieb' euch mehr, ihr Brüder,
als aller Erden Gold.

JOHANN WOLFGANG VON GOETHE

An den Mond

Füllest wieder Busch und Tal
Still mit Nebelglanz,
Lösest endlich auch einmal
Meine Seele ganz;

Breitest über mein Gefild
Lindernd deinen Blick,
Wie des Freundes Auge mild
Über mein Geschick.

Jeden Nachklang fühlt mein Herz
Froh- und trüber Zeit,
Wandle zwischen Freud und Schmerz
In der Einsamkeit.

Fließe, fließe, lieber Fluß!
Nimmer werd ich froh,
So verrauschte Scherz und Kuß,
Und die Treue so.

Ich besaß es doch einmal,
Was so köstlich ist!
Daß man doch zu seiner Qual
Nimmer es vergißt!

Rausche, Fluß, das Tal entlang,
Ohne Rast und Ruh,
Rausche, flüstre meinem Sang
Melodien zu,

Wenn du in der Winternacht
Wütend überschwillst,
Oder um die Frühlingspracht
Junger Knospen quillst.

Selig, wer sich vor der Welt
Ohne Haß verschließt,
Einen Freund am Busen hält
Und mit dem genießt,

Was, von Menschen nicht gewußt
Oder nicht bedacht,
Durch das Labyrinth der Brust
Wandelt in der Nacht.

FRIEDRICH VON SCHILLER

Die Bürgschaft

Zu Dionys, dem Tyrannen, schlich
Damon, den Dolch im Gewande;
Ihn schlugen die Häscher in Bande.
„Was wolltest du mit dem Dolche, sprich!"
Entgegnet ihm finster der Wüterich.
„Die Stadt vom Tyrannen befreien!"
„Das sollst du am Kreuze bereuen."

„Ich bin", spricht jener, „zu sterben bereit
Und bitte nicht um mein Leben,
Doch willst du Gnade mir geben,
Ich flehe dich um drei Tage Zeit,
Bis ich die Schwester dem Gatten gefreit,
Ich lasse den Freund dir als Bürgen,
Ihn magst du, entrinn ich, erwürgen."

Da lächelt der König mit arger List
Und spricht nach kurzem Bedenken:
„Drei Tage will ich dir schenken.
Doch wisse! Wenn sie verstrichen, die Frist,
Eh du zurück mir gegeben bist,
So muß er statt deiner erblassen,
Doch dir ist die Strafe erlassen."

Und er kommt zum Freunde: „Der König gebeut,
Daß ich am Kreuz mit dem Leben
Bezahle das frevelnde Streben,
Doch will er mir gönnen drei Tage Zeit,
Bis ich die Schwester dem Gatten gefreit,
So bleib du dem König zum Pfande,
Bis ich komme, zu lösen die Bande."

Und schweigend umarmt ihn der treue Freund
Und liefert sich aus dem Tyrannen,
Der andere ziehet von dannen.
Und ehe das dritte Morgenrot scheint,
Hat er schnell mit dem Gatten die Schwester vereint,
Eilt heim mit sorgender Seele,
Damit er die Frist nicht verfehle.

Da gießt unendlicher Regen herab,
Von den Bergen stürzen die Quellen,
Und die Bäche, die Ströme schwellen.
Und er kommt ans Ufer mit wanderndem Stab,
Da reißet die Brücke der Strudel hinab,
Und donnernd sprengen die Wogen
Des Gewölbes krachenden Bogen.

Und trostlos irrt er an Ufers Rand,
Wie weit er auch spähet und blicket
Und die Stimme, die rufende, schicket,
Da stößet kein Nachen vom sichern Strand,

Der ihn setze an das gewünschte Land,
Kein Schiffer lenket die Fähre,
Und der wilde Strom wird zum Meere.

Da sinkt er ans Ufer und weint und fleht,
Die Hände zum Zeus erhoben:
„O hemme des Stromes Toben!
Es eilen die Stunden, im Mittag steht
Die Sonne, und wenn sie niedergeht
Und ich kann die Stadt nicht erreichen,
So muß der Freund mir erbleichen."

Doch wachsend erneut sich des Stromes Wut,
Und Welle auf Welle zerrinnet,
Und Stunde an Stunde entrinnet.
Da treibt ihn die Angst, da faßt er sich Mut
Und wirft sich hinein in die brausende Flut
Und teilt mit gewaltigen Armen
Den Strom, und ein Gott hat Erbarmen.

Und gewinnt das Ufer und eilet fort
Und danket dem rettenden Gotte,
Da stürzet die raubende Rotte
Hervor aus des Waldes nächtlichem Ort,
Den Pfad ihm sperrend, und schnaubet Mord
Und hemmet des Wanderers Eile
Mit drohend geschwungener Keule.

„Was wollt ihr?" ruft er, für Schrecken bleich,
„Ich habe nichts als mein Leben,
Das muß ich dem Könige geben!"
Und entreißt die Keule dem nächsten gleich:
„Um des Freundes willen erbarmet euch!"
Und drei mit gewaltigen Streichen
Erlegt er, die andern entweichen.

Und die Sonne versendet glühenden Brand,
Und von der unendlichen Mühe
Ermattet sinken die Kniee.
„O hast du mich gnädig aus Räubershand,
Aus dem Strom mich gerettet ans heilige Land,
Und soll hier verschmachtend verderben,
Und der Freund mir, der liebende, sterben!"

Und horch! da sprudelt es silberhell,
Ganz nahe, wie rieselndes Rauschen,
Und stille hält er, zu lauschen,
Und sieh, aus dem Felsen, geschwätzig, schnell,
Springt murmelnd hervor ein lebendiger Quell,
Und freudig bückt er sich nieder
Und erfrischet die brennenden Glieder.

Und die Sonne blickt durch der Zweige Grün
Und malt auf den glänzenden Matten
Der Bäume gigantische Schatten;
Und zwei Wanderer sieht er die Straße ziehn,
Will eilenden Laufes vorüberfliehn,
Da hört er die Worte sie sagen:
„Jetzt wird er ans Kreuz geschlagen."

Und die Angst beflügelt den eilenden Fuß,
Ihn jagen der Sorge Qualen,
Da schimmern in Abendrots Strahlen
Von ferne die Zinnen von Syrakus,
Und entgegen kommt ihm Philostratus,
Des Hauses redlicher Hüter,
Der erkennet entsetzt den Gebieter:

„Zurück! du rettest den Freund nicht mehr,
So rette das eigene Leben!
Den Tod erleidet er eben.
Von Stunde zu Stunde gewartet' er

Mit hoffender Seele der Wiederkehr,
Ihm konnte den mutigen Glauben
Der Hohn des Tyrannen nicht rauben."

„Und ist es zu spät, und kann ich ihm nicht
Ein Retter willkommen erscheinen,
So soll mich der Tod ihm vereinen.
Des rühme der blutge Tyrann sich nicht,
Daß der Freund dem Freunde gebrochen die Pflicht,
Er schlachte der Opfer zweie
Und glaube an Liebe und Treue."

Und die Sonne geht unter, da steht er am Tor
Und sieht das Kreuz schon erhöhet,
Das die Menge gaffend umstehet,
An dem Seile schon zieht man den Freund empor,
Da zertrennt er gewaltig den dichten Chor:
„Mich, Henker!" ruft er, „erwürget!
Da bin ich, für den er gebürget!"

Und Erstaunen ergreifet das Volk umher,
In den Armen liegen sich beide
Und weinen für Schmerzen und Freude.
Da sieht man kein Auge tränenleer,
Und zum König bringt man die Wundermär,
Der fühlt ein menschliches Rühren,
Läßt schnell vor den Thron sie führen.

Und blicket sie lange verwundert an.
Drauf spricht er: „Es ist euch gelungen,
Ihr habt das Herz mir bezwungen,
Und die Treue, sie ist doch kein leerer Wahn,
So nehmet auch mich zum Genossen an,
Ich sei, gewährt mir die Bitte,
In eurem Bunde der Dritte."

BRÜDER GRIMM

Katze und Maus in Gesellschaft

Eine Katze hatte Bekanntschaft mit einer Maus gemacht und ihr so viel von der großen Liebe und Freundschaft vorgesagt, die sie zu ihr trüge, daß die Maus endlich einwilligte, mit ihr zusammen in einem Hause zu wohnen und gemeinschaftliche Wirtschaft zu führen. „Aber für den Winter müssen wir Vorsorge tragen, sonst leiden wir Hunger", sagte die Katze, „du, Mäuschen, kannst dich nicht überall hinwagen und gerätst mir am Ende in eine Falle." Der gute Rat ward also befolgt und ein Töpfchen mit Fett angekauft. Sie wußten aber nicht, wo sie es hinstellen sollten, endlich nach langer Überlegung sprach die Katze „ich weiß keinen Ort, wo es besser aufgehoben wäre, als die Kirche, da getraut sich niemand, etwas wegzunehmen: wir stellen es unter den Altar und rühren es nicht eher an, als bis wir es nötig haben." Das Töpfchen ward also in Sicherheit gebracht, aber es dauerte nicht lange, so trug die Katze Gelüsten danach und sprach zur Maus „was ich dir sagen wollte, Mäuschen, ich bin von meiner Base zu Gevatter gebeten: sie hat ein Söhnchen zur Welt gebracht, weiß mit braunen Flecken, das soll ich über die Taufe halten. Laß mich heute ausgehen und besorge du das Haus allein." „Ja, ja", antwortete die Maus, „geh in Gottes Namen, wenn du was Gutes issest, so denk an mich: von dem süßen roten Kindbetterwein tränk ich auch gerne ein Tröpfchen." Es war aber alles nicht wahr, die Katze hatte keine Base, und war nicht zu Gevatter gebeten. Sie ging geradeswegs nach der Kirche, schlich zu dem Fettöpfchen, fing an zu lecken und leckte die fette Haut ab. Dann machte sie einen Spaziergang auf den Dächern der Stadt, besah sich die Gelegenheit, streckte sich hernach in der Sonne aus und wischte sich den Bart, sooft sie an das Fettnäpfchen dachte. Erst als es Abend war, kam sie wieder nach Haus. „Nun, da bist du ja wieder", sagte die Maus, „du hast gewiß einen lustigen Tag gehabt." „Es ging wohl an", antwortete die Katze. „Was hat denn das Kind für einen Namen bekommen?" fragte die Maus. „*Hautab*", sagte die Katze ganz trocken. „Hautab", rief die Maus, „das ist ja ein wunderlicher und seltsamer Name, ist der in eurer Familie gebräuchlich?" „Was ist da weiter", sagte die Katze, „er ist nicht schlechter als Bröseldieb, wie deine Paten heißen."

Nicht lange danach überkam die Katze wieder ein Gelüsten. Sie sprach zur Maus „du mußt mir den Gefallen tun und nochmals das Hauswesen allein besorgen, ich bin zum zweitenmal zu Gevatter gebeten, und da das Kind einen weißen Ring um den Hals hat, so kann ichs nicht absagen." Die gute Maus willigte ein, die Katze aber schlich hinter der Stadtmauer zu der Kirche und fraß den Fettopf halb aus. „Es schmeckt nichts besser", sagte sie, „als was man selber ißt", und war mit ihrem Tagewerk ganz zufrieden. Als sie heim kam, fragte die Maus „wie ist denn dieses Kind getauft worden?" *„Halbaus"*, antwortete die Katze. „Halbaus! was du sagst! den Namen habe ich mein Lebtag noch nicht gehört, ich wette, der steht nicht in dem Kalender."

Der Katze wässerte das Maul bald wieder nach dem Leckerwerk. „Aller guten Dinge sind drei", sprach sie zu der Maus, „da soll ich wieder Gevatter stehen, das Kind ist ganz schwarz und hat bloß weiße Pfoten, sonst kein weißes Haar am ganzen Leib, das trifft sich alle paar Jahre nur einmal: du lässest mich doch ausgehen?" „Hautab! Halbaus!" antwortete die Maus, „es sind so kuriose Namen, die machen mich so nachdenksam." „Da sitzest du daheim in deinem dunkelgrauen Flausrock und deinem langen Haarzopf", sprach die Katze, „und fängst Grillen: das kommt davon, wenn man bei Tage nicht ausgeht." Die Maus räumte während der Abwesenheit der Katze auf und brachte das Haus in Ordnung, die naschhafte Katze aber fraß den Fettopf rein aus. „Wenn erst alles aufgezehrt ist, so hat man Ruhe", sagte sie zu sich selbst und kam satt und dick erst in der Nacht nach Haus. Die Maus fragte gleich nach dem Namen, den das dritte Kind bekommen hätte. „Er wird dir wohl auch nicht gefallen", sagte die Katze, „er heißt *Ganzaus*." „Ganzaus!" rief die Maus, „das ist der allerbedenklichste Namen, gedruckt ist er mir noch nicht vorgekommen. Ganzaus! was soll das bedeuten?" Sie schüttelte den Kopf, rollte sich zusammen und legte sich schlafen.

Von nun an wollte niemand mehr die Katze zu Gevatter bitten, als aber der Winter herangekommen und draußen nichts mehr zu finden war, gedachte die Maus ihres Vorrats und sprach „komm, Katze, wir wollen zu userm Fettopfe gehen, den wir uns aufgespart haben, der wird uns schmecken." „Jawohl", antwortete die Katze, „der wird dir schmecken als wenn du deine feine Zunge zum Fenster hinausstreckst." Sie machten sich auf den Weg, und als sie anlangten, stand zwar der Fettopf noch an seinem Platz, er war aber leer. „Ach", sagte die Maus, „jetzt merke ich, was geschehen ist, jetzt kommts an den Tag, du bist mir die wahre Freundin! aufgefressen hast du alles, wie du zu Gevatter gestanden hast: erst Haut ab, dann halb aus, dann ..." „Willst du schweigen", rief die Katze, „noch ein Wort, und ich fresse dich auf." „Ganz aus" hatte die arme Maus schon auf der Zunge, kaum war es heraus, so tat die Katze einen Satz nach ihr, packte sie und schluckte sie hinunter. Siehst du, so gehts in der Welt.

Ralph Waldo Emerson

Freundschaft

... Es ist nun nicht meine Absicht, die Freundschaften in einer vornehmen Art und Weise zu behandeln, sondern mit dem strengsten Mute. Wenn sie wirklich sind, dann sind sie keine Glasfäden oder Eisblumen an Fenstern, sondern das Solideste, das wir überhaupt kennen. Denn jetzt, nach so vielen Jahren der Erfahrung, was wissen wir denn von der Natur oder überhaupt von uns selbst? Nicht einen Schritt hat der Mensch in Richtung einer Lösung des Problems seiner Bestimmung gemacht. In einer Verwerfung der Torheit bestehe das ganze Universum der Menschen. Aber die ernste Lauterkeit der Freude und des Friedens, die ich aus der Verbindung mit der Seele meines Bruders sehe, ist ihrerseits der Kern, wovon die ganze Natur und alles Denken nur die Hülse und die Schale sind. Glücklich ist das Haus, das einen Freund beherbergt! Nur um ihn einen einzigen Tag aufzunehmen, mag es wohl errichtet sein wie ein Triumphbogen oder überwölbter Gang. Glücklicher noch, wenn er um den feierli-

chen Ernst jener Beziehung weiß und ihre Gesetze würdigt! Wer sich
selbst als Bewerber für jenes Bündnis anbietet, tritt wie ein Olympier
die großen Spiele an, in denen die Erstgeborenen der Welt die
Wettstreiter sind. Er setzt sich bei Wettkämpfen ein, wo die Zeit, die
Not und die Gefahr auf den Listen stehen, und nur der allein ist
Sieger, der in seiner Wesensbeschaffenheit ausreichend Wahrheit hat,
um die Zartheit seiner Schönheit vor dem Verschleiß all dieser zu
schützen. Möge die Gunst des Schicksals zugegen oder abwesend
sein, der ganze Erfolg in jenem Wettstreit hängt ab von innerlichem
Adel und der Verachtung für alles Unbedeutende. ... Ein Freund ist
ein Mensch, mit dem ich aufrichtig sein kann. Vor ihm kann ich laut
denken. Ich bin endlich in der Gegenwart eines so wirklichen und
gleichgesinnten Menschen, daß ich auch die letzten Hüllen der
Verstellung, Höflichkeit und der Hintergedanken fallen lassen kann,
von denen die Menschen nie lassen, und ich kann mit ihm in der
Einfachheit und Ungeteiltheit umgehen, mit der ein chemisches
Atom ein anderes trifft. Aufrichtigkeit ist der Luxus, gleich Dia-
demen und Autorität, der nur dem höchsten Stande zukommt; *daß*
wahr zu sprechen erlaubt ist, da ja niemand über ihm steht, dem er
den Hof machen müßte oder dem er sich fügen müßte. Jeder Mensch
ist aufrichtig, wenn er allein ist. Sowie eine zweite Person hinzutritt,
beginnt die Heuchelei. Der Annäherung unseres Mitmenschen weichen wir aus und wehren sie ab, sei es durch Komplimente, Gerede,
durch Belustigungen oder Affärenklatsch. Wir verdecken unser Denken vor ihm auf hundertfältige Weise. Ich habe einen Menschen
gekannt, der unter einem bestimmten religiösen Fanatismus diese
Maske abwarf, und alle Schmeichelei und Gemeinplätze fortlassend,
direkt zum Gewissen jedes Menschen, dem er begegnete, sprach, und
dies mit großer Einsicht und Schönheit. Zuerst leistete man ihm
Widerstand, und man war sich einig, daß er verrückt sei. Aber da er
auf diesem Wege eine Zeitlang fortfuhr, wovon er tatsächlich nicht
ablassen konnte, erlangte er den Vorteil, jeden einzelnen aus seinem
Bekanntenkreis in echte Beziehungen einzubinden. Kein Mensch
dachte daran, unehrlich mit ihm zu reden oder ihn mit irgend-
welchem Geschwätz der Straße oder des Studienzimmers abzuspei-
sen. Jeder war durch derart viel Aufrichtigkeit zu einer gleichen

offenen Umgangsweise gezwungen, und was er an Liebe zur Natur, an Poesie, welches Symbol der Wahrheit er auch haben mochte, das zeigte er ihm sicherlich. Aber den meisten von uns zeigt die Gesellschaft nicht ihr Gesicht und Auge, sondern ihre Seite und ihren Rücken. Mit Menschen in einem falschen Alter in wahren Beziehungen zu stehen, ist ein Anfall von Geistesstörung; oder nicht? Wir können selten aufrecht gehen. Fast jeder Mensch, dem wir begegnen, erfordert ein bestimmtes Maß an Höflichkeit, erfordert, daß man ihn gewähren läßt; er hat einen bestimmten Ruf, ein gewisses Talent, eine wunderliche Auffassung von Religion und Menschenliebe in seinem Kopf, die nicht in Frage gestellt werden soll und jedes Gespräch mit ihm verdirbt. Aber ein Freund ist ein Mensch bei gesundem Verstande, der nicht meinen Scharfsinn übt, sondern mich selbst. Mein Freund gönnt mir eine Aufnahme, ohne von meiner Seite irgendeine Bedingung zu fordern. Daher ist ein Freund eine Art Paradoxie in der Natur. Ich, der ich allein nur bin, ich, der ich in der Natur nichts entdecke, dessen Existenz ich meiner eigenen gegenüber mit der gleichen Evidenz behaupten könnte, betrachte nun das Ebenbild meines Wesens in seiner ganzen Größe, Mannigfaltigkeit und Seltenheit in einer fremden Gestalt wiederholt; so daß ein Freund sehr wohl als das Meisterstück der Natur angesehen werden kann...

LEV N. TOLSTOJ

Die Kinder sind klüger als die Alten

Ostern war früh in diesem Jahr. Man hatte kaum aufgehört mit Schlitten zu fahren. In den Höfen lag noch überall Schnee, und durch das Dorf liefen Bäche. Im Durchgang zwischen zwei Höfen war das Wasser unter dem Mist hervor zu einer großen Pfütze zusammengeflossen. Und zu dieser Pfütze kamen zwei Mädelchen aus verschiedenen Höfen; das eine war noch ganz klein, das andere etwas größer. Beiden Mädchen hatten ihre Mütter neue Sarafans angezogen. Das kleine hatte einen blauen, das große einen gelb-gemusterten Sarafan. Beide hatten rote Kopftücher. Die Mädchen kamen nach der Messe zur Pfütze, zeigten einander ihre neuen Kleider und fingen an zu spielen. Und sie wollten gern im Wasser plantschen. Die Kleine wollte in Schuhen in die Pfütze treten, aber die Große sagte: „Tu das nicht, Malascha, die Mutter wird schelten. Wir wollen erst beide unsere Schuhe ausziehen." Die Kinder nahmen die Schuhe ab, schürzten die Röcke und gingen durch die Pfütze einander entgegen. Das Wasser reichte Malascha bis an die Knöchel, und sie sagte: „Es ist tief, Akulja, ich habe Angst." – „Tut nichts", sagte die andere, „tiefer kann es nicht werden. Geh nur gerade auf mich los." Nun waren sie einander ganz nah gekommen. Da sagte Akulja: „Paß auf, Malascha! Nicht spritzen, ganz leise gehen!" Kaum hatte sie das gesagt, da stampfte Malascha mit dem Fuß kräftig ins Wasser, daß Akuljas Sarafan ganz bespritzt wurde, ja sogar die Nase und die Augen kriegten ein paar Spritzer ab. Als Akulja die Flecken auf ihrem Sarafan sah, wurde sie böse auf Malascha, schalt sie, lief hinter ihr her und wollte sie verprügeln. Malascha erschrak, denn sie sah, daß sie Unheil angerichtet hatte; sie sprang aus der Pfütze und rannte nach Hause. Da kam gerade Akuljas Mutter vorüber und sah, daß der Sarafan ihrer Tochter bespritzt war und ihr Hemd Flecken bekommen hatte. „Wo hast du dich so versaut, du Luder?" – „Malascha hat mich mit Absicht bespritzt!" Da kriegte Akuljas Mutter die Malascha zu fassen und gab ihr eine Kopfnuß. Malascha brüllte, daß mans im ganzen Dorf hörte. Ihre Mutter kam aus dem Hause. „Warum schlägst du mein Mädel?" schrie sie die Nachbarin an. Ein Wort gab das andere, und die Weiber begannen heftig zu zanken. Nun kamen auch die Männer herbei, und bald war die Straße voll von Leuten. Alle schrien, keiner hörte auf den anderen. Sie zankten und schimpften, einer gab dem andern einen Rippenstoß, fast wäre es zur Prügelei gekommen, da mischte sich Akuljas alte Großmutter in den Streit. Sie trat mitten unter die Männer und redete ihnen zu: „Was fällt euch denn ein, meine Lieben? Ist jetzt die Zeit dazu? Heute sollen wir uns alle freuen, und ihr wollt euch so versündigen!" Aber die Leute hörten nicht auf die Alte, fast hätten sie sie umgeworfen, und die Alte hätte sie auch nicht zur Vernunft gebracht, wenn

Akulja und Malascha nicht dagewesen wären. Während die Weiber sich zankten, hatte Akulja ihren Sarafan abgewischt und war wieder zur Pfütze gekommen. Sie hatte einen Stein aufgelesen und grub die Erde bei der Pfütze auf, um das Wasser auf die Straße abfließen zu lassen. Während sie so grub, kam auch Malascha heran, begann ihr zu helfen und grub auch mit einem Span eine Rinne. Die Bauern prügelten sich schon fast, die Mädchen aber hatten ihre Rinne nach der Straße geleitet, gerade zu der Stelle, wo die Alte den Männern ins Gewissen redete. Die Mädchen liefen neben dem Bächlein her, die eine rechts, die andere links. „Halt, Malascha, halt!" schrie Akulja. Malascha wollte auch etwas sagen, brachte aber vor Lachen nichts heraus.

So liefen die Mädchen daher und lachten über den Span, der auf dem Wasser hüpfte. Und so gerieten sie mitten unter die Bauern. Die Alte sah sie und sagte zu den Männern: „Fürchtet ihr denn Gott gar nicht mehr? Ihr großen Männer wollt euch dieser zwei kleinen Mädchen wegen prügeln, sie aber haben längst wieder alles vergessen und spielen in aller Freundschaft und Liebe miteinander. Sie sind klüger als ihr!"

Die Bauern sahen die Mädchen an und mußten sich schämen. Dann aber lachten sie über sich selbst und gingen nach Hause.

„So ihr nicht werdet wie die Kinder, kommt ihr nicht ins Himmelreich."

ANTOINE DE SAINT-EXUPÉRY

Der kleine Prinz
(Kapitel XXI)

„Guten Tag", sagte der Fuchs.

„Guten Tag", antwortete höflich der kleine Prinz, der sich umdrehte, aber nichts sah.

„Ich bin da", sagte die Stimme, „unter dem Apfelbaum . . ."

„Wer bist du?" sagte der kleine Prinz. „Du bist sehr hübsch . . ."

„Ich bin ein Fuchs", sagte der Fuchs.

„Komm und spiel mit mir", schlug ihm der kleine Prinz vor. „Ich bin so traurig ..."

„Ich kann nicht mit dir spielen", sagte der Fuchs. „Ich bin noch nicht gezähmt!"

„Ah, Verzeihung!" sagte der kleine Prinz.

Aber nach einiger Überlegung fügte er hinzu:

„Was bedeutet das: ‚zähmen'?"

„Du bist nicht von hier", sagte der Fuchs, „was suchst du?"

„Ich suche die Menschen", sagte der kleine Prinz. „Was bedeutet ‚zähmen'?"

„Die Menschen", sagte der Fuchs, „die haben Gewehre und schießen. Das ist sehr lästig. Sie ziehen auch Hühner auf. Das ist ihr einziges Interesse. Du suchst Hühner?"

„Nein", sagte der kleine Prinz, „ich suche Freunde. Was heißt ‚zähmen'?"

„Das ist eine in Vergessenheit geratene Sache", sagte der Fuchs. „Es bedeutet: sich ‚vertraut machen'."

„Vertraut machen?"

„Gewiß", sagte der Fuchs. „Du bist für mich noch nichts als ein kleiner Knabe, der hunderttausend kleinen Knaben völlig gleicht. Ich brauche dich nicht, und du brauchst mich ebensowenig. Ich bin für dich nur ein Fuchs, der hunderttausend Füchsen gleicht. Aber wenn du mich zähmst, werden wir einander brauchen. Du wirst für mich einzig sein in der Welt. Ich werde für dich einzig sein in der Welt ..."

„Ich beginne zu verstehen", sagte der kleine Prinz. „Es gibt eine Blume ... ich glaube, sie hat mich gezähmt ..."

„Das ist möglich", sagte der Fuchs. „Man trifft auf der Erde alle möglichen Dinge ..."

„Oh, das ist nicht auf der Erde", sagte der kleine Prinz.

Der Fuchs schien sehr aufgeregt:

„Auf einem anderen Planeten?"

„Ja."

„Gibt es Jäger auf diesem Planeten?"

„Nein."

„Das ist interessant! Und Hühner?"

„Nein."

„Nichts ist vollkommen!" seufzte der Fuchs.

Aber der Fuchs kam auf seinen Gedanken zurück:

„Mein Leben ist eintönig. Ich jage Hühner, die Menschen jagen mich. Alle Hühner gleichen einander, und alle Menschen gleichen einander. Ich langweile mich also ein wenig. Aber wenn du mich zähmst, wird mein Leben wie durchsonnt sein. Ich werde den Klang deines Schrittes kennen, der sich von allen andern unterscheidet. Die anderen Schritte jagen mich unter die Erde. Der deine wird mich wie Musik aus dem Bau locken. Und dann schau! Du siehst da drüben die Weizenfelder? Ich esse kein Brot. Für mich ist der Weizen zwecklos. Die Weizenfelder erinnern mich an nichts. Und das ist traurig. Aber du hast weizenblondes Haar. Oh, es wird wunderbar sein, wenn du mich einmal gezähmt hast! Das Gold der Weizenfelder wird mich an dich erinnern. Und ich werde das Rauschen des Windes im Getreide liebgewinnen."

Der Fuchs verstummte und schaute den kleinen Prinzen lange an:

„Bitte ... zähme mich!" sagte er.

„Ich möchte wohl", antwortete der kleine Prinz, „aber ich habe nicht viel Zeit. Ich muß Freunde finden und viele Dinge kennenlernen."

„Man kennt nur die Dinge, die man zähmt", sagte der Fuchs. „Die Menschen haben keine Zeit mehr, irgend etwas kennenzulernen. Sie kaufen sich alles fertig in den Geschäften. Aber da es keine Kaufläden für Freunde gibt, haben die Leute keine Freunde mehr. Wenn du einen Freund willst, so zähme mich!"

„Was muß ich da tun?" sagte der kleine Prinz.

„Du mußt sehr geduldig sein", antwortete der Fuchs. „Du setzt dich zuerst ein wenig abseits von mir ins Gras. Ich werde dich so verstohlen, so aus dem Augenwinkel anschauen, und du wirst nichts sagen. Die Sprache ist die Quelle der Mißverständnisse. Aber jeden Tag wirst du dich ein bißchen näher setzen können ..."

Am nächsten Morgen kam der kleine Prinz zurück.

„Es wäre besser gewesen, du wärst zur selben Stunde wiedergekommen", sagte der Fuchs. „Wenn du zum Beispiel um vier Uhr nachmittags kommst, kann ich um drei Uhr anfangen, glücklich zu sein. Je mehr die Zeit vergeht, um so glücklicher werde ich mich fühlen. Um vier Uhr werde ich mich schon aufregen und beunruhigen; ich werde erfahren, wie teuer das Glück ist. Wenn du aber irgendwann kommst, kann ich nie wissen, wann mein Herz da sein soll ... Es muß feste Bräuche geben."

„Was heißt ‚fester Brauch'?" sagte der kleine Prinz.

„Auch etwas in Vergessenheit Geratenes", sagte der Fuchs. „Es ist das, was einen Tag vom andern unterscheidet, eine Stunde von den andern Stunden. Es gibt zum Beispiel einen Brauch bei meinen Jägern. Sie tanzen am Donnerstag mit den Mädchen des Dorfes. Daher ist der Donnerstag der wunderbare Tag. Ich gehe bis zum Weinberg spazieren. Wenn die Jäger irgendwann einmal zum Tanze gingen, wären die Tage alle gleich und ich hätte niemals Ferien."

So machte denn der kleine Prinz den Fuchs mit sich vertraut. Und als die Stunde des Abschieds nahe war:

„Ach!" sagte der Fuchs, „ich werde weinen."

„Das ist deine Schuld", sagte der kleine Prinz, „ich wünschte dir nichts Übles, aber du hast gewollt, daß ich dich zähme ..."

„Gewiß", sagte der Fuchs.

„Aber nun wirst du weinen!" sagte der kleine Prinz.

„Bestimmt", sagte der Fuchs.

„So hast du also nichts gewonnen!"

„Ich habe", sagte der Fuchs, „die Farbe des Weizens gewonnen."

Dann fügte er hinzu:

„Geh die Rosen wieder anschauen. Du wirst begreifen, daß die deine einzig ist in der Welt.

Du wirst wiederkommen und mir adieu sagen, und ich werde dir ein Geheimnis schenken."

Der kleine Prinz ging, die Rosen wiederzusehn:

„Ihr gleicht meiner Rose gar nicht, ihr seid noch nichts", sagte er zu ihnen. „Niemand hat sich euch vertraut gemacht, und auch ihr habt euch niemandem vertraut gemacht. Ihr seid, wie mein Fuchs war. Der war nichts als ein Fuchs wie hunderttausend andere. Aber ich habe ihn zu meinem Freund gemacht, und jetzt ist er einzig in der Welt."

Und die Rosen waren sehr beschämt.

„Ihr seid schön, aber ihr seid leer", sagte er noch. „Man kann für euch nicht sterben. Gewiß, ein Irgendwer, der vorübergeht, könnte glauben, meine Rose ähnle euch. Aber in sich selbst ist sie wichtiger als ihr alle, da sie es ist, die ich begossen habe. Da sie es ist, die ich unter den Glassturz gestellt habe. Da sie es ist, die ich mit dem Wandschirm geschützt habe. Da sie es ist, deren Raupen ich getötet habe (außer den zwei oder drei um der Schmetterlinge willen). Da sie es ist, die ich klagen oder sich rühmen gehört habe oder auch manchmal schweigen. Da es meine Rose ist."

Und er kam zum Fuchs zurück:

„Adieu", sagte er...

„Adieu", sagte der Fuchs. „Hier mein Geheimnis. Es ist ganz einfach: man sieht nur mit dem Herzen gut. Das Wesentliche ist für die Augen unsichtbar."

„Das Wesentliche ist für die Augen unsichtbar", wiederholte der kleine Prinz, um es sich zu merken.

„Die Zeit, die du für deine Rose verloren hast, sie macht deine Rose so wichtig."

„Die Zeit, die ich für meine Rose verloren habe...", sagte der kleine Prinz, um es sich zu merken.

„Die Menschen haben diese Wahrheit vergessen", sagte der Fuchs. „Aber du darfst sie nicht vergessen. Du bist zeitlebens für das verantwortlich, was du dir vertraut gemacht hast. Du bist für deine Rose verantwortlich..."

„Ich bin für meine Rose verantwortlich...", wiederholte der kleine Prinz, um es sich zu merken.

BERTOLT BRECHT

Freundschaftsdienste

Als Beispiel für die richtige Art, Freunden einen Dienst zu erweisen, gab Herr K. folgende Geschichte zum besten. „Zu einem
alten Araber kamen drei junge Leute und sagten zu ihm: ‚Unser Vater
ist gestorben. Er hat uns siebzehn Kamele hinterlassen und im
Testament verfügt, daß der Älteste die Hälfte, der zweite ein Drittel
und der Jüngste ein Neuntel der Kamele bekommen soll. Jetzt
können wir uns über die Teilung nicht einigen; übernimm du die
Entscheidung!‘ Der Araber dachte nach und sagte: ‚Wie ich es sehe,
habt ihr, um gut teilen zu können, ein Kamel zu wenig. Ich habe
selbst nur ein einziges Kamel, aber es steht euch zur Verfügung.
Nehmt es und teilt dann, und bringt mir nur, was übrigbleibt.‘ Sie
bedankten sich für diesen Freundschaftsdienst, nahmen das Kamel
mit und teilten die achtzehn Kamele nun so, daß der Älteste die
Hälfte, das sind neun, der Zweite ein Drittel, das sind sechs, und der
Jüngste ein Neuntel, das sind zwei Kamele bekam. Zu ihrem Erstaunen blieb, als sie ihre Kamele zur Seite geführt hatten, ein Kamel
übrig. Dieses brachten sie, ihren Dank erneuernd, ihrem alten
Freund zurück.“

Herr K. nannte diesen Freundschaftsdienst richtig, weil er keine
besonderen Opfer verlangte.

WOLFDIETRICH SCHNURRE

Jenö war mein Freund

Als ich Jenö kennenlernte, war ich neun; ich las Edgar Wallace
und Conan Doyle, war eben sitzengeblieben und züchtete Meerschweinchen.

Jenö traf ich zum erstenmal auf dem Stadion am Faulen See beim

Grasrupfen; er lag unter einem Holunder und sah in den Himmel. Weiter hinten spielten sie Fußball und schrien manchmal „Toooooor!" oder so was. Jenö kaute an einem Grashalm; er hatte ein zerrissenes Leinenhemd an und trug eine Manchesterhose, die nach Kokelfeuer und Pferdestall roch.

Ich tat erst, als sähe ich ihn nicht, und rupfte um ihn herum; aber dann drehte er doch ein bißchen den Kopf zu mir hin und blinzelte schläfrig und fragte, ich hätte wohl Pferde.

„Nee", sagte ich, „Meerschweinchen."

Er schob sich den Grashalm in den anderen Mundwinkel und spuckte aus. „Schmecken nicht schlecht."

„Ich eß sie nicht", sagte ich; „dazu sind sie zu nett."

„Igel", sagte Jenö und gähnte, „die schmecken auch nicht schlecht."

Ich setzte mich zu ihm. „Igel –?"

„Toooooor!" schrien sie hinten.

Jenö sah wieder blinzelnd in den Himmel. Ob ich Tabak hätte.

„Hör mal", sagte ich; „ich bin doch erst neun."

„Na und –", sagte Jenö; „ich bin acht."

Wir schwiegen und fingen an, uns leiden zu mögen.

Dann mußte ich gehen. Doch bevor wir uns trennten, machten wir aus, uns möglichst bald wiederzutreffen.

Vater hatte Bedenken, als ich ihm von Jenö erzählte. „Versteh mich recht", sagte er, „ich hab' nichts gegen Zigeuner; bloß –"

„Bloß –?" fragte ich.

„Die Leute –", sagte Vater und seufzte. Er nagte eine Weile an seinen Schnurrbartenden herum. „Unsinn", sagte er plötzlich; „schließlich bist du jetzt alt genug, um dir deine Bekannten selbst auszusuchen. Kannst ihn ja mal zum Kaffee mit herbringen."

Das tat ich dann auch. Wir tranken Kaffee und aßen Kuchen zusammen, und Vater hielt sich auch wirklich hervorragend. Obwohl Jenö wie ein Wiedehopf roch und sich auch sonst ziemlich seltsam benahm – Vater ging drüber weg. Ja, er machte ihm sogar ein Katapult aus echtem Vierkantgummi und sah sich obendrein noch alle unsere neu erworbenen Konversationslexikonbände mit uns an.

Als Jenö weg war, fehlte das Barometer über dem Schreibtisch.

Ich war sehr bestürzt; Vater gar nicht so sehr.

„Sie haben andere Sitten als wir", sagte er; „es hat ihm eben gefallen. Außerdem hat es sowieso nicht mehr viel getaugt."

„Und was ist", fragte ich, „wenn er es jetzt nicht mehr rausrückt?"

„Gott", sagte Vater, „früher ist man auch ohne Barometer ausgekommen."

Trotzdem, das mit dem Barometer, fand ich, ging ein bißchen zu weit. Ich nahm mir jedenfalls vor, es Jenö wieder abzunehmen.

Aber als wir uns das nächstemal trafen, hatte Jenö mir ein so herrliches Gegengeschenk mitgebracht, daß es unmöglich war, auf das Barometer zurückzukommen. Es handelte sich um eine Tabakspfeife, in deren Kopf ein Gesicht geschnitzt war, das einen Backenbart aus Pferdehaar trug.

Ich war sehr beschämt, und ich überlegte lange, wie ich mich revanchieren könnte. Endlich hatte ich es: ich würde Jenö zwei Meerschweinchen geben. Es bestand dann zwar die Gefahr, daß er sie aufessen würde, aber das durfte einen jetzt nicht kümmern; Geschenk war Geschenk.

Und er dachte auch gar nicht daran, sie zu essen; er lehrte sie Kunststücke. Innerhalb weniger Wochen liefen sie aufrecht auf zwei Beinen; und wenn Jenö ihnen Rauch in die Ohren blies, legten sie sich hin und überkugelten sich. Auch Schubkarrenschieben und Seiltanzen lehrte er sie. Es war wirklich erstaunlich, was er aus ihnen herausholte; Vater war auch ganz beeindruckt.

Ich hatte damals außer Wallace und Conan Doyle auch gerade die zehn Bände vom Doktor Dolittle durch, und das brachte mich auf den Gedanken, mit Jenö zusammen so was wie einen Meerschweinchenzirkus aufzumachen.

Aber diesmal hielt Jenö nicht durch. Schon bei der Vorprüfung der geeigneten Tiere verlor er die Lust. Er wollte lieber auf Igeljagd gehen, das wäre interessanter.

Tatsächlich, das war es. Obwohl – mir war immer ziemlich mulmig dabei. Ich hatte nichts gegen Igel, im Gegenteil, ich fand sie sympathisch. Aber es wäre sinnlos gewesen, Jenö da beeinflussen zu wollen; und das lag mir auch gar nicht.

Er hatte sich für die Igeljagd einen handfesten Knüppel besorgt, der unten mit einem rauhgefeilten Eisenende versehen war; mit dem stach er in Laubhaufen rein oder stocherte auf Schutthalden unter alten Eimern herum. Er hat so oft bis zu vier Stück an einem Nachmittag harpuniert; keine Ahnung, wie er sie aufspürte; er muß sie gerochen haben, die Burschen.

Jenös Leute hausten in ihren Wohnwagen. Die standen zwischen den Kiefern am Faulen See, gleich hinter dem Stadion. Ich war oft da, viel häufiger als in der Schule, wo man jetzt doch nichts Vernünftiges lernte.

Besonders Jenös Großmutter mochte ich gut leiden. Sie war unglaublich verwahrlost, das stimmt. Aber sie strahlte so viel Würde aus, daß man ganz andächtig wurde in ihrer Nähe. Sie sprach kaum; meist rauchte sie nur schmatzend ihre Stummelpfeife und bewegte zum Takt eines der Lieder, die von den Lagerfeuern erklangen, die Zehen.

Wenn wir abends mit Jenös Beute dann kamen, hockte sie schon am Feuer und rührte Lehmbrei an. In den wurden die Igel jetzt etwa zwei Finger dick eingewickelt. Darauf legte Jenö sie behutsam in die heiße Asche, häufelte einen Glutberg über ihnen, und wir kauerten uns hin, schwiegen, spuckten ins Feuer und lauschten darauf, wie das Wasser in den Lehmkugeln langsam zu singen anfing. Ringsum hörte man die Maulesel und Pferde an ihren Krippen nagen, und manchmal klirrte leise ein Tamburin auf oder, mit einer hohen, trockenen Männerstimme zusammen, begann plötzlich hektisch ein Banjo zu schluchzen.

Nach einer halben Stunde waren die Igel gar. Jenö fischte sie mit einer Astgabel aus der Glut. Sie sahen jetzt wie kleine, etwas zu scharf gebackene Landbrote aus; der Lehm war steinhart geworden und hatte Risse bekommen, und wenn man ihn abschlug, blieb der Stachelpelz an ihm haften, und das rostrote Fleisch wurde sichtbar. Man aß grüne Paprikaschoten dazu oder streute rohe Zwiebelkringel darauf; ich kannte nichts, das aufregender schmeckte.

Aber auch bei uns zu Hause war Jenö jetzt oft. Wir sahen uns in Ruhe die sechs Bände unseres neuen Konversationslexikons an; ich riß die Daten der Nationalen Erhebung aus meinem Diarium und schrieb rechts immer ein deutsches Wort hin, und links malte Jenö dasselbe Wort auf Rotwelsch daneben. Ich habe damals eine Menge gelernt, von Jenö meine ich, von der Schule rede ich jetzt nicht.

Später stellte sich auch heraus, es verging kein Tag, an dem die Hausbewohner sich nicht beim Blockwart über Jenös Besuche beschwerten; sogar zur Kreisleitung ist mal einer gelaufen. Weiß der Himmel, wie Vater das jedesmal abbog; mir hat er nie was davon gesagt.

Am meisten hat sich Jenö aber doch für meine elektrische Eisenbahn interessiert; jedesmal, wenn wir mit ihr gespielt hatten, fehlte ein Waggon mehr. Als er dann aber auch an die Schienenteile, die Schranken und die Signallampen ging, fragte ich doch mal Vater um Rat.

„Laß nur", sagte er; „kriegst eine neue, wenn Geld da ist."

Am nächsten Tag schenkte ich Jenö die alte. Aber merkwürdig, jetzt wollte er sie plötzlich nicht mehr; er war da komisch in dieser Beziehung.

Und dann haben sie sie eines Tages *doch* abgeholt; die ganze Bande; auch Jenö war dabei. Als ich früh hinkam, hatten SA und SS das Lager schon umstellt, und alles war abgesperrt, und sie scheuchten mich weg.

Jenös Leute standen dicht zusammengedrängt auf einem Lastwagen. Es war nicht herauszubekommen, was man ihnen erzählt hatte, denn sie lachten und schwatzten, und als Jenö mich sah, steckte er zwei Finger in den Mund und pfiff und winkte rüber zu mir.

Bloß seine Großmutter und die übrigen Alten schwiegen; sie hatten die Lippen aufeinandergepreßt und sahen starr vor sich hin. Die anderen wußten es nicht. Ich habe es damals auch nicht gewußt; ich war nur traurig, daß Jenö jetzt weg war. Denn Jenö war mein Freund.

ERNST JANDL

für einen gastgeber

wenn ein freund zu dir kommt
und sich auf den boden legt
leg dich daneben und sage dir:
geteilter boden ist halb so hart.

wenn ein freund zu dir kommt
und dein bett für sich beansprucht
leg dich auf den boden und sage dir:
er wenigstens liegt weich.

wenn ein freund zu dir kommt
und dich aus deiner wohnung weist
verlasse sie ohne zu murren und sage dir:
immerhin, es könnte kälter sein.

Von Toleranz, Geduld, Friedenswillen
und Gemeinsinn

Toleranz muß jedem Bürger die Freiheit lassen, zu glauben, was er will", schreibt Friedrich der Große, Bauherr des Schlosses Sanssouci bei Potsdam und Förderer der Künste und des Geisteslebens, 1766 an den französischen Aufklärer Voltaire. *Aber die Toleranz dürfe nicht so weit gehen, fährt er fort, „daß sie die Frechheit und Zügellosigkeit junger Hitzköpfe gutheißt, die etwas vom Volke Verehrtes dreist beschimpfen. Sie deckt sich mit dem, was zur Sicherung der Gedankenfreiheit und der öffentlichen Ruhe nötig ist – und das ist der erste Gesichtspunkt jeder Gesetzgebung.*"

In wenigen Worten ist hier beschrieben, was das Zusammenleben von Menschen ausmachen sollte, das, was seit Seneca in dem Gebot „audiatur et altera pars" (Man höre auch die andere Seite) überliefert ist: Höre dem anderen zu, lerne, ihn zu begreifen! Gleichzeitig setzt der preußische König aber auch Grenzen für Toleranz. Sie entstehen dort, wo die Gedankenfreiheit bei Verletzung der öffentlichen Ruhe aufgehoben wird, wo mittels Gewalttätigkeiten Zustände herbeigeführt werden, die eine vorurteilsfreie Wahrnehmung einschränken oder unmöglich machen.

Eine der zentralen Losungen, mit denen der friedliche Wandel im Osten Deutschlands 1989 begleitet wurde, war die von der Toleranz ohne Gewalt. Sie vereinte ohne jedwede Verordnung Hunderttausende zu einem machtvollen Zug durch die Straßen Ost-Berlins und anderer Städte der damaligen DDR, in der Ungewißheit, ob sich die noch herrschende Schicht ebenso tolerant und gewaltlos verhalten würde. Es lag eine Hoffnung über dem Land, die brüchiger nicht sein konnte. Wer dabei war, wird besonders den 4. November nicht vergessen können. Ein Dokument jenes Tages ist hier veröffentlicht, das mit Fug und Recht in die Geschichte eingehen wird, weil es Geschichte gemacht hat.

Vieles hat sich seitdem verändert, zum Besseren, aber auch Klagen und Kummer dürfen nicht überhört werden, wenn die damals beschworene Toleranz nicht Schall und Rauch gewesen sein soll. Toleranz bedeutet, daß ich den anderen wahrnehme, kennenlerne genau in dem, was er ist, gleichzeitig die Schwierigkeiten entdecke, die wir miteinander haben. Der andere soll mit mir und ich mit ihm und über diese Schwierigkeiten noch reden können, dann lernen und erkennen, daß es etwas gibt, was ich nicht verstehe, was mich ärgert. Das muß ich frei äußern können und dennoch sagen: Du sollst dein Leben probieren können, weil auch ich mein Leben probieren können will. Insofern ist Toleranz keine haarspalterische Angelegenheit, sondern eigentlich ganz und gar kämpferisch. Allerdings verzichtet Toleranz auf ein Sieg-Niederlage-Schema. Hier gilt nicht: Ich habe recht oder du hast recht. Wir werden mal sehen, wer recht hat. Vielmehr ringen wir miteinander um Einsichten, um Wahrheiten, um Lebensstile oder Lebensziele. Toleranz schließt aber ein Niederringen aus. Vielmehr soll der andere den gleichen Freiraum haben wie ich, es sei denn, der andere ist mir so egal, daß mich Toleranz nichts kostet. Das wäre allerdings das Schlimmste und das Ende des Angestrebten. Gleichgültigkeit füreinander oder gegeneinander ist mindestens genauso gefährlich wie eine aggressive Intoleranz.

Toleranz kommt erst durch gegenseitige Geduld zum Tragen. Das Wechselspiel von Geduld und Ungeduld wird produktiv. Es gibt eine produktive Ungeduld und eine destruktive Ungeduld. Geduld ist eine schöne wie schwere Tugend. Manche Menschen sind so geduldig, daß sie beim Gegenüber schon Wut erzeugen. Geduld kann auch nicht heißen, alles hinzunehmen. Insofern ist wohl schon eine produktive Ungeduld angebracht.

Die hier ausgewählten Texte und deren Verfasser liefern Beispiele dafür. Auch für unsere Zeit gilt noch, was Goethe in seinen Maximen und Reflexionen formuliert hat: „Toleranz sollte eigentlich nur eine vorübergehende Gesinnung sein: sie muß zur Anerkennung führen. Dulden heißt beleidigen."

Im Sinne des hier Beschriebenen ist Friedenswille ein „Bruder" der Toleranz. Die Sehnsucht nach Frieden, Glück und Harmonie zählt zu den meistgenannten Wünschen der Menschheit, belegbar durch viele literarische Zeugnisse und in der moderneren Zeit ablesbar aus Um-

fragen, die besonders zum Jahreswechsel Hoffnungen ausdrücken, die nicht selten schon vor dem letzten Glockenschlag zusammenbrechen. Für Friede auf der Erde beten wir und werden aus der nahen Ferne Bosniens, Tschetscheniens und anderen Konfliktherden des Kontinents in unserer Andacht gestört. „Der ewige Friede ist ein Traum", sagt Helmuth Graf Moltke, der preußische Feldherr, der manche Schlacht siegreich verlassen hat, „und nicht einmal ein schöner, solange die Nationen ein gesondertes Dasein führen." Aber verhalten sich manche Partner in der Europäischen Union nicht eher wie Feinde zueinander denn als Verbündete? Daß der Frömmste nicht in Frieden leben kann, wenn es dem bösen Nachbarn nicht gefällt, wissen wir spätestens seit Schillers Wilhelm Tell.

Kriege sind aber ebensowenig unabdinglich wie Frieden nicht erreichbar scheint. Beides wird von Menschen gemacht. Selbst in den schlimmsten Zeiten der Ost-West-Konfrontation hatte sich auf beiden Seiten – trotz schier überquellender Arsenale mit modernsten Waffen – die Erkenntnis durchgesetzt, daß der Krieg nicht die Fortsetzung der Politik mit anderen Mitteln sein kann und darf.

„Es soll kein Friedensschluß für einen solchen gelten, der mit dem geheimen Vorbehalt des Stoffes zu einem künftigen Krieg gemacht wird", schreibt Immanuel Kant in seinem Traktat zum Ewigen Frieden.

Frieden ist heute möglich und notwendig, denn die Regularien für Konfliktvermeidung sind vorhanden. Der politische wie moralische Wille, diese anzuwenden, muß eingeklagt werden. Von Vätern und Großvätern haben wir gelernt, daß tausend Worte unendlich viel besser sind als ein einziger Schuß. Warum halten wir uns nicht daran?

Dort, wo der Gemeinsinn sich in Friedenswillen äußert, werden es Hitzköpfe schwer haben, ihre Ziele zu erreichen. Wo Gemeinsinn bereit ist, über Veränderungen entstandener Zustände tolerant zu diskutieren, hat Gewalt keine Chance.

Achtes Kapitel

Toleranz – Weltoffenheit

❖ ❖ ❖

Religion

Die Epikureer, die keine Religion hatten, empfahlen, sich vom öffentlichen Leben fernzuhalten, seinen Studien nachzugehen und in Eintracht zu leben. Diese Sekte war eine Gemeinschaft von Freunden, denn ihr erster Grundsatz war die Freundschaft. Atticus, Lukrez, Memmius und andere Männer dieses Schlages konnten in allen Ehren zusammenleben, und so etwas gibt es in allen Ländern. Philosophiert, soviel ihr wollt; das kommt mir dann so vor, als wenn Musikliebhaber ein kunstvolles und gepflegtes Konzert spielten. Aber hütet euch, so ein Konzert vor dem unwissenden und rohen Volk aufzuführen; es könnte sein, daß es euch die Instrumente um die Ohren schlägt. Kein noch so kleines Nest läßt sich ohne Religion regieren.

Ich spreche hier nicht von unserer Religion; sie ist die einzig gute, die einzig notwendige, die einzig bewiesene und die zweite geoffenbarte Religion.

Hätte der menschliche Geist eine Religion annehmen können, die, ich will nicht sagen, der unsrigen nahekäme, aber die zumindest weniger schlecht als alle anderen Religionen der Welt gewesen wäre? Aber wie müßte eine solche Religion aussehen?

Müßte sie uns nicht die Verehrung des höchsten Wesens anempfehlen, welches einzig in seiner Art, unendlich und ewig ist, die Welt

319

erschaffen hat und ihr Bewegung und Leben verleiht, *cui nec simile nec secundum*[1], müßte sie uns nicht dieses höchsten Wesens teilhaftig werden lassen zum Lohn für unsere Tugenden und uns seine Gnade versagen als Strafe für unsere Verbrechen?

Sollte sie nicht so wenig Dogmen wie möglich haben, diese Erfindungen hochmütigen Wahnes, Gegenstand endloser Auseinandersetzung? Müßte sie nicht eine reine Moral lehren, über die es niemals Streit geben könnte?

Sie dürfte das Wesen der Gottesverehrung nicht in eitlen Zeremonien sehen, etwa darin, daß man sich in den Mund spuckt; sich die Vorhaut beschneidet oder sich einen Hoden abschneidet; denn man kann doch alle Pflichten gegenüber der Gesellschaft auch mit zwei Hoden und mit unverletzter Vorhaut erfüllen und ohne sich in den Mund zu spucken.

Sie müßte uns anhalten, unseren Nächsten aus Liebe zu Gott zu dienen, statt sie im Namen Gottes zu verfolgen und umzubringen. Nur eine Religion, die alle anderen duldet und so deren Wohlwollen würdig ist, kann aus der Menschheit ein Volk von Brüdern machen.

Ihre erhabenen Zeremonien müßten auf das Volk einen überwältigenden Eindruck machen, und es dürfte in ihr keine Mysterien geben, die die Weisen empören und die Ungläubigen irreführen könnten.

Sie müßte eher die gesellschaftlichen Tugenden fördern, als Bußen für ruchlose Taten aufzuerlegen.

Sie müßte ihren Dienern ein anständiges Auskommen sichern und dürfte niemals zulassen, daß sie sich Würden und Machtstellungen anmaßen, durch die sie zu Tyrannen werden können. Sie müßte behagliche Stätten des Schutzes und der Fürsorge schaffen für Alte und Kranke, niemals aber für Nichtstuer.

Der Geist dieser Religion lebt bereits im Herzen vieler Fürsten ...

1 Horaz, Oden I, 12, 18: dem nichts ähnlich ist und nichts gleichkommt.

Toleranz
(Artikel aus der Enzyklopädie von Diderot und D'Alembert)

Die *Toleranz* ist im allgemeinen die Tugend jenes schwachen Wesens, das dazu bestimmt ist, mit Wesen zusammen zu leben, die ihm gleichen. Dem Menschen, der durch seine Intelligenz so erhaben ist, sind zugleich durch seine Irrtümer und seine Leidenschaften so enge Grenzen gesetzt, daß man ihm den anderen gegenüber nicht genug von jener *Toleranz*, jener Duldsamkeit einflößen kann, deren er selbst so sehr bedarf und ohne die man auf der Erde nur Unruhen und Streitigkeiten sehen würde. Da man diese erfreuliche versöhnliche Tugend aber geächtet hat, gereichten zahlreiche Jahrhunderte den Menschen mehr oder weniger zur Schande und zum Unglück; und hoffen wir nicht, daß wir ohne sie unter uns Ruhe und Glück einmal wiederherstellen können!

Man kann zweifellos mehrere Quellen unserer Zwietracht feststellen. Wir sind in dieser Hinsicht leider nur zu fruchtbar. Da sich aber vor allem in Fragen der Gesinnung und der Religion die verheerenden Vorurteile besonders zwingend und scheinbar sogar mit Recht durchsetzen, ist dieser Artikel auch dazu bestimmt, sie zu bekämpfen. Wir begründen zunächst auf den evidentesten Prinzipien die Richtigkeit und Notwendigkeit der Toleranz und entwerfen dann auf Grund dieser Prinzipien die Pflichten der Fürsten und Herrscher. Wie traurig ist doch die Aufgabe, den Menschen Wahrheiten beweisen zu müssen, die so klar und für sie von so großem Interesse sind, daß man seine Natur verloren haben muß, um sie nicht selbst zu erkennen! Wenn es aber sogar in unserem Jahrhundert noch Menschen gibt, die ihre Augen der Evidenz und ihr Herz der Menschlichkeit verschließen, wie könnten wir dann in unserem Werk darüber feiges und schuldbewußtes Stillschweigen bewahren? Nein. Wie immer es auch um den Erfolg bestellt sein mag, wagen wir zumindest, die Rechte der Menschlichkeit und Gerechtigkeit zu fordern, und versuchen wir noch einmal, dem Fanatiker seinen Dolch zu entreißen und dem Abergläubischen seine Augenbinde abzunehmen ...

Ziehen wir also folgenden Schluß: Wenn die Intoleranz überall herrschte, so würde sie alle Menschen gegeneinander bewaffnen und auf Grund der verschiedenen Anschauungen immer wieder Kriege heraufbeschwören; denn selbst wenn man annähme, daß die Ungläubigen nicht Verfolger aus religiösen Prinzipien wären, so wären sie es doch zumindest aus politischen und eigennützigen Gründen. Da die Christen diejenigen, die ihre Ideen nicht anerkennen, nicht dulden können, so würde man sehen, wie sich mit Recht alle Völker gegen sie verbündeten und den Untergang dieser Feinde des Menschengeschlechts beschlössen, die unter dem Schleier der Religion nichts Unrechtmäßiges darin erblicken würden, es zu peinigen und zu unterjochen. Wahrhaftig, ich frage das Menschengeschlecht: Was hätten wir einem Fürsten in Asien oder in der Neuen Welt vorzuwerfen, wenn er den ersten Missionar, den wir zu ihm schickten, um ihn zu bekehren, aufhängen ließe? Besteht die höchste Pflicht des Herrschers nicht darin, den Frieden und die Ruhe in seinen Staaten zu sichern und aus ihnen jene gefährlichen Menschen wohlweislich zu verbannen, die zuerst ihre Schwäche unter scheinheiliger Sanftmut verbergen, dann aber, sobald sie die Möglichkeit dazu haben, barbarische und aufrührerische Lehren zu verbreiten suchen? Mögen die Christen es also sich selbst zuschreiben, wenn die anderen Völker, denen ihre Lehren bekannt sind, sie nicht dulden wollen, wenn sie in ihnen nur die Mörder Amerikas oder die Ruhestörer Indiens sehen und wenn ihre heilige Religion, die sich auf der Erde verbreiten und Früchte tragen soll, wegen ihrer Ausschreitung und Gewalttaten, mit Recht von ihnen verworfen wird.

Übrigens erscheint es uns unnütz, den Intoleranten die Prinzipien des Evangeliums entgegenzuhalten, das nur die Prinzipien der natürlichen Billigkeit verbreitet und entwickelt, ihnen die Lehren und das Vorbild ihres erhabenen Meisters, der immer nur Milde und Nächstenliebe verkündete, ins Gedächtnis zurückzurufen und ihnen das Verhalten jener ersten Christen vor Augen zu führen, die nur den Segen zu erteilen und für ihre Verfolger zu beten verstanden. Wir führen auch nicht jene Vernunftgründe an, deren die ersten Kirchenväter sich mit so viel Überzeugungskraft Männern wie Nero und Diokletian gegenüber bedienten, die aber seit Konstantin dem Großen lächerlich geworden und leicht zu widerlegen sind. Man sieht wohl ein, daß wir in einem Artikel eine so reichhaltige Materie nur flüchtig behandeln können: So haben wir jetzt, nachdem wir die Prinzipien, die uns am allgemeinsten und am einleuchtendsten erschienen, ins Gedächtnis zurückgerufen haben, nur noch die Aufgabe zu erfüllen, die Pflichten der Herrscher gegenüber den religiösen Sekten, welche die Gesellschaft spalten, kurz zu umreißen ...

Allgemeine Regel: Achtet unverbrüchlich die Rechte des Gewissens in allem, was die Gesellschaft nicht beunruhigt. Spekulative Irrtümer sind für den Staat belanglos; Verschiedenheit in den Anschauungen wird immer unter Wesen herrschen, die so unvollkommen sind wie der Mensch; die Wahrheit bringt Ketzereien hervor wie die Sonne Schlacken und Flecken. Verschlimmert also nicht ein unvermeidliches Übel, indem ihr es mit Feuer und Schwert auszurotten sucht; bestraft Verbrechen, aber habt Mitleid mit dem Irrtum und verleiht der Wahrheit niemals andere Waffen als Sanftmut, Vorbildlichkeit und Überzeugungskraft. *In Dingen der Änderung des Glaubens wirken Aufforderungen stärker als Strafen; letztere haben immer nur zerstörend gewirkt.*

Diesen Prinzipien wird man die Nachteile, die sich aus der Vielzahl der Religionen ergeben, und die Vorteile der Einheitlichkeit des Glaubens in einem Staate entgegensetzen. Wir antworten darauf zunächst mit dem Verfasser des Geistes der Gesetze: „Diese Ideen von der Einheitlichkeit machen unfehlbar auf die gewöhnlichen Menschen tiefen Eindruck, weil sie darin eine Art Vollkommenheit finden, die darin nicht zu entdecken unmöglich ist: gleiche Maßstäbe in der Verfassung, gleiche Maßnahmen im Handel, gleiche Gesetze im Staate, gleiche Religion in allen seinen Teilen. Aber ist das immer und ausnahmslos günstig? Ist das Übel, etwas zu ändern, immer weniger groß als das Übel, etwas zu ertragen? Und würde die Größe des Genies nicht vielmehr darin bestehen, zu erkennen, in welchen Fällen die Einheitlichkeit und in welchen Fällen die Verschiedenheit angebracht ist?" Warum soll man denn Anspruch auf eine Vollkommenheit erheben, die mit unserer Natur unvereinbar ist? Es wird unter den Menschen immer verschiedene Meinungen geben; die Geschichte des menschlichen Geistes ist dafür ein kontinuierlicher Beweis, und das trügerischste Vorhaben wäre, die Menschen zur Einheitlichkeit in ihren Anschauungen zurückführen zu wollen. Dennoch, sagt ihr, erfordere das politische Interesse, daß man diese Einheitlichkeit schafft, daß man mit Bedacht jede Meinung verdammt, die zu den im Staate anerkannten Meinungen im Widerspruch steht; das heißt, man muß den Menschen darauf beschränken, nur noch ein Automat zu sein, nur Meinungen zu lehren, die in seinem Geburtsort gelten, ohne jemals zu wagen, sie zu untersuchen und zu erforschen, und die barbarischsten Vorurteile, etwa solche, wie wir sie bekämpfen, untertänig zu achten. Aber wie viele Übel und welche Zwietracht hat die Vielzahl der Religionen in einem Staate zur Folge! Euer Einwand verwandelt sich in einen Beweis gegen euch, da die Intoleranz ja die Quelle dieser Übel ist; denn wenn die verschiedenen Parteien einander duldeten und sich nur durch das Vorbild, die Schicklichkeit der Sitten, die Liebe zu den Gesetzen und zum Vaterland zu bekämpfen suchten, wenn das der einzige Beweis wäre, den jede Sekte zugunsten ihres Glaubens erbrächte, so würden im Staate trotz der Verschiedenheit der Anschauungen bald Eintracht und Friede herrschen, so wie in der Musik Dissonanzen den Zusammenklang des Ganzen nicht beeinträchtigen.

Man beharrt indes auf seinem Standpunkt und behauptet, der Wechsel der Religion habe oft Umwälzungen in der Regierung und im Staate zur Folge. Darauf antworte ich wieder, daß der Intoleranz allein das zur Last fällt, was an dieser Bezichtigung so abscheulich ist; denn wenn die Neuerer geduldet oder nur mit den Waffen des Evangeliums bekämpft würden, so würde der Staat nicht unter dieser geistigen Gärung leiden. Aber die Verteidiger der herrschenden Religion erheben sich wütend gegen die Sektierer, gehen mit Waffengewalt gegen sie vor, bringen blutige Erlasse heraus, säen in allen Herzen Zwietracht und Fanatismus und legen dreist ihren Opfern die Unruhe zur Last, die sie gestiftet haben.

Was die betrifft, die unter dem Vorwand der Religion nur versuchen, die Ruhe der Gesellschaft zu stören, Aufruhr zu schüren und das Joch der Gesetze abzuschütteln, so unterdrückt sie mit Strenge, wir sind nicht ihre Apologeten; aber verwechselt mit diesen Schuldigen nicht diejenigen, die nur Gedankenfreiheit verlangen sowie die Freiheit, sich zu dem Glauben zu bekennen, den sie für den besten halten, und die im übrigen als treue Untertanen des Staates leben!

Aber, werdet ihr wieder einwenden, der Fürst sei doch der Verteidiger des Glaubens; er müsse ihn in seiner ganzen Reinheit erhalten und sich mit Entschiedenheit all denen widersetzen, die ihm Abbruch tun; wenn Vernunftgründe und Ermahnungen nicht fruchteten, so trüge er nicht umsonst das Schwert, sondern vielmehr deshalb, um den, der unrecht tut, zu strafen und die Aufrührer zu zwingen, in den Schoß der Kirche zurückzukehren. Was willst du denn, du Barbar? Deinen Bruder umbringen, um ihn zu retten? Aber hat Gott dich mit dieser schrecklichen Aufgabe betraut? Hat er in deine Hände die Sorge für seine Rache gelegt? Woher weißt du, daß er geehrt sein will wie die Teufel? Geh, Unglücklicher, dieser Friedensgott mißbilligt deine gräßlichen Opfer; sie sind nur deiner würdig!

Wir unternehmen es nicht, hier die genauen Grenzen der *Toleranz* festzulegen, die barmherzige Duldung, wie sie Vernunft und Menschlichkeit zugunsten der Irrgläubigen verlangen, von jener verwerflichen Gleichgültigkeit zu unterscheiden, die uns alle Anschauungen der Menschen unter demselben Aspekt sehen läßt. Wir predigen die praktische *Toleranz*, nicht aber die spekulative; und man begreift wohl, welcher Unterschied zwischen der Duldung einer Religion und ihrer Billigung besteht. Wir verweisen die wißbegierigen Leser, die diesen Gegenstand tiefer erforschen wollen, auf den philosophischen Kommentar Bayles, in dem dieses großartige Genie sich nach unserer Ansicht selbst übertroffen hat. (Jean Edme Romilly)

GOTTHOLD EPHRAIM LESSING

Nathan der Weise
(Ringparabel)

NATHAN. Vor grauen Jahren lebt' ein Mann in Osten,
  Der einen Ring von unschätzbarem Wert'
  Aus lieber Hand besaß. Der Stein war ein
  Opal, der hundert schöne Farben spielte,
  Und hatte die geheime Kraft, vor Gott
  Und Menschen angenehm zu machen, wer
  In dieser Zuversicht ihn trug. Was Wunder,
  Daß ihn der Mann in Osten darum nie
  Vom Finger ließ; und die Verfügung traf,
  Auf ewig ihn bei seinem Hause zu
  Erhalten? Nämlich so. Er ließ den Ring
  Von seinen Söhnen dem geliebtesten;
  Und setzte fest, daß dieser wiederum
  Den Ring von seinen Söhnen dem vermache,
  Der ihm der liebste sei; und stets der liebste,
  Ohn' Ansehn der Geburt, in Kraft allein
  Des Rings, das Haupt, der Fürst des Hauses werde. –
  Versteh mich, Sultan.
SALADIN.   Ich versteh dich. Weiter!
NATHAN. So kam nun dieser Ring, von Sohn zu Sohn,
  Auf einen Vater endlich von drei Söhnen;
  Die alle drei ihm gleich gehorsam waren,
  Die alle drei er folglich gleich zu lieben
  Sich nicht entbrechen konnte. Nur von Zeit
  Zu Zeit schien ihm bald der, bald dieser, bald
  Der dritte, – so wie jeder sich mit ihm
  Allein befand, und sein ergießend Herz
  Die andern zwei nicht teilten, – würdiger
  Des Ringes; den er denn auch einem jeden
  Die fromme Schwachheit hatte, zu versprechen.

Das ging nun so, so lang es ging. – Allein
Es kam zum Sterben, und der gute Vater
Kömmt in Verlegenheit. Es schmerzt ihn, zwei
von seinen Söhnen, die sich auf sein Wort
Verlassen, so zu kränken. – Was zu tun? –
Er sendet in geheim zu einem Künstler,
Bei dem er, nach dem Muster seines Ringes,
Zwei andere bestellt, und weder Kosten
Noch Mühe sparen heißt, sie jenem gleich,
Vollkommen gleich zu machen. Das gelingt
Dem Künstler. Da er ihm die Ringe bringt,
Kann selbst der Vater seinen Musterring
Nicht unterscheiden. Froh und freudig ruft
Er seine Söhne, jeden ins besondre;
Gibt jedem ins besondre seinen Segen, –
Und seinen Ring, – und stirbt. – Du hörst doch, Sultan?
SALADIN *(der sich betroffen von ihm gewandt).*
Ich hör, ich höre! – Komm mit deinem Märchen
Nur bald zu Ende. – Wirds?
NATHAN.   Ich bin zu Ende.
Denn was noch folgt, versteht sich ja von selbst. –
Kaum war der Vater tot, so kömmt ein jeder
Mit seinem Ring', und jeder will der Fürst
Des Hauses sein. Man untersucht, man zankt,
Man klagt. Umsonst; der rechte Ring war nicht
Erweislich; –
            (Nach einer Pause, in welcher er des Sultans
                    Antwort erwartet)
                Fast so unerweislich, als
Uns itzt – der rechte Glaube.
SALADIN.   Wie? das soll
Die Antwort sein auf meine Frage? ...
NATHAN.   Soll
Mich bloß entschuldigen, wenn ich die Ringe,
Mir nicht getrau zu unterscheiden, die
Der Vater in der Absicht machen ließ,

Damit sie nicht zu unterscheiden wären.
SALADIN. Die Ringe! – Spiele nicht mit mir! – Ich dächte,
Daß die Religionen, die ich dir
Genannt, doch wohl zu unterscheiden wären.
Bis auf die Kleidung; bis auf Speis und Trank!
NATHAN. Und nur von Seiten ihrer Gründe nicht. –
Denn gründen alle sich nicht auf Geschichte?
Geschrieben oder überliefert! – Und
Geschichte muß doch wohl allein auf Treu
Und Glauben angenommen werden? – Nicht? –
Nun wessen Treu und Glauben zieht man denn
Am wenigsten in Zweifel? Doch der Seinen?
Doch deren Blut wir sind? Doch deren, die
Von Kindheit an uns Proben ihrer Liebe
Gegeben? die uns nie getäuscht, als wo
Getäuscht zu werden uns heilsamer war? –
Wie kann ich meinen Vätern weniger,
Als du den deinen glauben? Oder umgekehrt. –
Kann ich von dir verlangen, daß du deine
Vorfahren Lügen strafst, um meinen nicht
Zu widersprechen? Oder umgekehrt.
Das nämliche gilt von den Christen. Nicht? –
SALADIN. (Bei dem Lebendigen! Der Mann hat Recht.
Ich muß verstummen.)
NATHAN.   Laß auf unsre Ring'
Uns wieder kommen. Wie gesagt: die Söhne
Verklagten sich; und jeder schwur dem Richter,
Unmittelbar aus seines Vaters Hand
Den Ring zu haben. – Wie auch wahr! – Nachdem
Er von ihm lange das Versprechen schon
Gehabt, des Ringes Vorrecht einmal zu
Genießen. – Wie nicht minder wahr! – Der Vater,
Beteu'rte jeder, könne gegen ihn
Nicht falsch gewesen sein; und eh' er dieses
Von ihm, von einem solchen lieben Vater,
Argwohnen laß': eh' müß' er seine Brüder,

So gern er sonst von ihnen nur das Beste
Bereit zu glauben sei, des falschen Spiels
Bezeihen; und er wolle die Verräter
Schon auszufinden wissen; sich schon rächen.
SALADIN. Und nun, der Richter? – Mich verlangt zu hören,
Was du den Richter sagen lässest. Sprich!
NATHAN. Der Richter sprach: wenn ihr mir nun den Vater
Nicht bald zur Stelle schafft, so weis' ich euch
Von meinem Stuhle. Denkt ihr, daß ich Rätsel
Zu lösen da bin? Oder harret ihr,
Bis daß der rechte Ring den Mund eröffne? –
Doch halt! Ich höre ja, der rechte Ring
Besitzt die Wunderkraft beliebt zu machen;
Vor Gott und Menschen angenehm. Das muß
Entscheiden! Denn die falschen Ringe werden
Doch das nicht können! – Nun; wen lieben zwei
Von euch am meisten? – Macht, sagt an! Ihr schweigt?
Die Ringe wirken nur zurück? und nicht
Nach außen? Jeder liebt sich selber nur
Am meisten? – O so seid ihr alle drei
Betrogene Betrüger! Eure Ringe
Sind alle drei nicht echt. Der echte Ring
Vermutlich ging verloren. Den Verlust
Zu bergen, zu ersetzen, ließ der Vater
Die drei für einen machen.
SALADIN.   Herrlich! herrlich!
NATHAN. Und also; fuhr der Richter fort, wenn ihr
Nicht meinen Rat, statt meines Spruches, wollt:
Geht nur! – Mein Rat ist aber der: ihr nehmt
Die Sache völlig wie sie liegt. Hat von
Euch jeder seinen Ring von seinem Vater:
So glaube jeder sicher seinen Ring
Den echten. – Möglich; daß der Vater nun
Die Tyrannei des Einen Rings nicht länger
In seinem Hause dulden wollen! – Und gewiß;
Daß er euch alle drei geliebt, und gleich

Geliebt: indem er zwei nicht drücken mögen,
Um einen zu begünstigen. – Wohlan!
Es eifre jeder seiner unbestochnen
Von Vorurteilen freien Liebe nach!
Es strebe von euch jeder um die Wette,
Die Kraft des Steins in seinem Ring' an Tag
Zu legen! komme dieser Kraft mit Sanftmut,
Mit herzlicher Verträglichkeit, mit Wohltun,
Mit innigster Ergebenheit in Gott,
Zu Hülf'! Und wenn sich dann der Steine Kräfte
Bei euern Kindes-Kindeskindern äußern:
So lad' ich über tausend tausend Jahre,
Sie wiederum vor diesen Stuhl. Da wird
Ein weisrer Mann auf diesem Stuhle sitzen,
Als ich; und sprechen. Geht! – So sagte der
Bescheidne Richter.
SALADIN.   Gott! Gott!
NATHAN.   Saladin,
Wenn du dich fühlest, dieser weisere
Versprochne Mann zu sein: . . .
SALADIN (*der auf ihn zustürzt, und seine Hand ergreift, die er
bis zu Ende nicht wieder fahren läßt*).
                              Ich Staub? Ich Nichts?
O Gott!
NATHAN.   Was ist dir, Sultan?
SALADIN.   Nathan, lieber Nathan! –
Die tausend tausend Jahre deines Richters
Sind noch nicht um. – Sein Richterstuhl ist nicht
Der meine. – Geh! – Geh! – Aber sei mein Freund.

Moses Mendelssohn

Über Judenfeindschaft und Intoleranz

Merkwürdig ist es, zu sehen, wie das Vorurteil die Gestalten aller Jahrhunderte annimmt, uns zu unterdrücken und unserer bürgerlichen Aufnahme Schwierigkeiten entgegenzusetzen. In jenen abergläubischen Zeiten waren es Heiligtümer, die wir aus Mutwillen schänden; Kruzifixe, die wir durchstechen und bluten machen; Kinder, die wir heimlich beschneiden und zur Augenweide zerfetzen; Christenblut, das wir zur Osterfeier brauchen; Brunnen, die wir vergiften usw.; Unglaube, Verstocktheit, geheime Künste und Teufeleien, die uns vorgeworfen, um derentwillen wir gemartert, unseres Vermögens beraubt, ins Elend gejagt, wo nicht gar hingerichtet worden sind. – Itzt haben die Zeiten sich geändert; diese Verleumdungen machen den erwünschten Eindruck nicht mehr. Itzt ist es gerade Aberglaube und Dummheit, die uns vorgerückt werden, Mangel an moralischem Gefühle, Geschmack und feinen Sitten, Unfähigkeit zu Künsten, Wissenschaften und nützlichem Gewerbe, hauptsächlich zu Diensten des Krieges und des Staates, unüberwindliche Neigung zu Betrug, Wucher und Gesetzlosigkeit, die an die Stelle jener gröbern Beschuldigungen getreten sind, uns von der Anzahl nützlicher Bürger auszuschließen und aus dem mütterlichen Schoße des Staats zu verstoßen. Vormals gab man sich um uns alle ersinnliche Mühe und machte mancherlei Vorkehrungen, uns nicht zu nützlichen Bürgern, sondern zu Christen zu machen, und da wir so hartnäckig und verstockt waren, uns nicht bekehren zu lassen, so war dieses Grund genug, uns als eine unnütze Last der Erde zu betrachten und dem verworfenen Scheusale aller Greuel anzudichten, die ihn dem Hasse und der Verachtung aller Menschen bloßstellen konnten. Itzt hat der Bekehrungseifer nachgelassen. Nun werden wir vollends vernachlässigt. Man fährt fort, uns von allen Künsten, Wissenschaften und andern nützlichen Gewerben und Beschäftigungen der Menschen zu entfernen, versperrt uns alle Wege zur nützlichen Verbesserung und macht den Mangel an Kultur zum Grunde unserer ferneren Unterdrückung. Man bindet uns die Hände und macht uns zum Vorwurfe, daß wir sie nicht gebrauchen....

Ach, meine Brüder! Ihr habt das drückende Joch der Intoleranz bisher allzu hart gefühlt und vielleicht eine Art von Genugtuung darin zu finden geglaubt, wenn Euch die Macht eingeräumt würde, Euren Untergebenen ein gleich hartes Joch aufzudrücken. Die Rache sucht ihren Gegenstand, und wenn sie andern nichts anhaben kann, so nagt sie ihr eigenes Fleisch. Vielleicht auch ließet ihr Euch durch das allgemeine Beispiel verführen. Alle Völker der Erde schienen bisher von dem Wahne betört zu sein, daß sich Religion nur durch eiserne Macht erhalten, Lehren und Seligkeit nur durch unseliges Verfolgen ausbreiten und wahre Begriffe von Gott, der, nach unser aller Geständnis, die Liebe ist, nur durch die Wirkung des Hasses mitteilen lassen. Ihr ließet Euch vielleicht verleiten, ebendasselbe zu glauben, und die Macht zu verfolgen war das Euch wichtigste Vorrecht, das Eure Verfolger Euch einräumen konnten. Danket dem Gotte Eurer Väter, danket dem Gotte, der die Liebe und die Barmherzigkeit selbst ist, daß jener Wahn sich nach und nach zu verlieren scheinet. Die Nationen dulden und ertragen sich einander und lassen auch gegen Euch Liebe und Verschonung blicken, die unter dem Beistande desjenigen, der die Herzen der Menschen lenkt, bis zur wahren Bruderliebe anwachsen kann. Oh, meine Brüder, folget dem Beispiel der Liebe, so wie Ihr bisher dem Beispiele des Hasses gefolgt seit! Ahmet die Tugend der Nationen nach, der Untugend Ihr bisher nachahmen zu müssen geglaubt. Wollet Ihr gehegt, geduldet und von andern verschont sein, so heget und duldet und verschont Euch untereinander! Liebet, so werdet ihr geliebet werden!

KLABUND

Pogrom

Am Sonntag fällt ein kleines Wort im Dom,
Am Montag rollt es wachsend durch die Gasse,
Am Dienstag spricht man schon vom Rassenhasse,
Am Mittwoch rauscht und raschelt es: Pogrom!

Am Donnerstag weiß man es ganz bestimmt:
Die Juden sind an Rußlands Elend schuldig!
Wir waren nur bis dato zu geduldig.
(Worauf man einige Schlucke Wodka nimmt...)

Der Freitag bringt die rituelle Leiche,
Man stößt den Juden Flüche in die Rippen
Mit festen Messern, daß sie rückwärts kippen.
Die Frauen wirft man in diverse Teiche.

Am Samstag liest man in der „guten" Presse:
Die kleine Rauferei sei schon behoben,
Man müsse Gott und die Regierung loben...
(Denn andernfalls kriegt man eins in die Fresse.)

LESZEK KOLAKOWSKI

Erziehung zum Haß, Erziehung zur Würde

Die unaufhörliche, lautlose, aber klare Botschaft des Totalitarismus sagt: „Ihr seid perfekt, jene sind vollkommen verdorben. Ihr würdet schon längst im Paradies leben, hätte die Bosheit eurer Feinde euch nicht daran gehindert." So ist die Aufgabe dieser Erziehung weniger, eine Solidarität im Hassen zu schaffen, als vielmehr eine

Selbstgefälligkeit in den Zöglingen zu erzeugen und sie moralisch und intellektuell ohnmächtig zu machen. Die Selbstgefälligkeit im Hassen soll mir das Gefühl geben, daß ich ein glücklicher Besitzer absoluter Werte bin. So gipfelt der Haß schließlich in einer grotesken Selbstvergöttlichung, die wie bei den gefallenen Engeln nur die Rückseite der Verzweiflung darstellt.

Wenn wir wirklich lieben, sind wir gegenüber dem Gegenstand unserer Liebe unkritisch. Wenn wir wirklich hassen, sind wir sowohl gegenüber uns selber, als auch dem Gehaßten gegenüber unkritisch, denn kritisch zu sein, heißt differenzieren zu können, und der Haß macht uns zu jeder Differenzierung unfähig. Er stellt unsere totale und beziehungslose Rechtmäßigkeit der totalen, beziehungslosen und unheilbaren Niederträchtigkeit der anderen entgegen.

Das ist also die Geheimwaffe des Totalitarismus: Das ganze geistige Gewebe der Menschen mit dem Haß zu vergiften und sie dadurch ihrer Würde zu berauben. In meiner Zerstörungswut bin ich selbst zerstört, in meiner Selbstgefälligkeit, in meiner Unschuld kann meine Würde nicht gerettet werden; sowohl meine Integrität als auch die Kommunikation und die Solidarität mit anderen gehen verloren. Es gibt kaum so etwas wie Solidarität im Hassen, die Hassenden werden nicht Freunde dadurch, daß sie einen gemeinsamen verhaßten Feind haben. Außer in den Momenten des direkten Kampfes sind sie auch gegenseitig fremd oder feindselig. Es gibt kaum Gesellschaften, worin es mehr von unterirdischem aber auch offenbarem Haß und Neid siedete, als jene, die ihre Einheit auf Haß zu bauen versuchen und die versprechen, die Brüderlichkeit zu institutionalisieren. Und zu sagen, daß der Haß mit Haß zurückgezahlt werden soll, heißt zu sagen, daß man, um im gerechten Kampf zu siegen, zuerst die Gründe für die Gerechtigkeit des eigenen Kampfes verlieren muß. Es ist gar nicht plausibel, daß wir ohne Haß im Kampf kraftlos sind; die Kraft im Kampf kommt viel weniger vom eigenen Haß und viel mehr von der Feigheit des Gegners. Unsere Feigheit ist auch unser Hauptfeind, und auf Haß und Fanatismus zu verzichten, heißt gar nicht, sich vom Kampf zurückzuziehen. Es mag wohl sein, daß viele von uns unfähig sind, sich ihrer Feigheit auf anderem Wege als durch Fanatismus und Verblendung zu entledigen. Wenn man aber daraus den Schluß zieht, daß man den Haß für den erfolgreichen Kampf mobilisieren muß, stellt man sofort jede Gültigkeit dieses Kampfes in Frage.

Die Erziehung zur Demokratie ist die Erziehung zur Würde, und das setzt beides untrennbar voraus: sowohl die Bereitschaft zum Kampf als auch die Freiheit vom Haß. Eine Freiheit vom Haß, die nur durch die Flucht vor den Konflikten erreicht wird, ist eine scheinbare Tugend, wie die Keuschheit eines Kastraten. Allen menschlichen Konflikten ist aber ein natürlicher selbst-antreibender und selbst-anhäufender Mechanismus eigen: Nichts ist gewöhnlicher und trivialer, als daß ein an sich unbedeutender Konflikt zur tödlichen Feindseligkeit anwächst, weil die Weise, ihn zu behandeln, neue und immer schärfere Konflikte erzeugt. Versöhnlichkeit und Kompromißbereitschaft ohne Feigheit und ohne Konformismus, die Fähigkeit, den Überschuß der Feindseligkeit zu beseitigen, ohne Zugeständnisse in dem zu machen, was man als Kern der Sache betrachtet – das ist gewiß eine Kunst, die niemandem als Naturgabe zwanglos zukommt. Von unserer Fähigkeit, uns diese Kunst anzueignen, hängt aber das Geschick der demokratischen Weltordnung ab.

VÁCLAV HAVEL

Ein Wort über das Wort

Wir leben in einer Welt, in der es möglich ist, daß ein Mächtiger aus einem ganz anderen Land auf einen Bürger Großbritanniens öffentlich und schamlos den Todespfeil richtet, nur weil der Betreffende ein bestimmtes Buch geschrieben hat. Der mächtige Mann tat dies angeblich im Namen von Milliarden seiner Mitgläubigen. Doch nicht nur das: In dieser Welt ist es möglich, daß ein gewisser – hoffen wir, nur ein kleiner – Teil dieser Milliarden sich mit dem erlassenen Urteil identifiziert.

Was ist das? Was bedeutet das? Ist das nur ein frostiger Hauch von

Fanatismus, der seltsam auflebt zu Zeiten von Helsinki-Konferenzen, seltsam belebt von den ziemlich niederschmetternden Folgen der ziemlich niederschmetternden Expansion des Europäertums in Welten, die die Einfuhr einer fremden Zivilisation ursprünglich gar nicht wollten und denen schließlich diese zweideutige Einfuhr Hunderte von Milliarden und niemals zurückzuzahlende Schulden verursachte?

Sicher, es ist dies alles, selbstverständlich.

Doch es ist auch mehr: es ist ein Symbol.

Ein Symbol der rätselhaften Vieldeutigkeit, die jene große Macht des Wortes hat.

Ja, die Macht des Wortes ist nicht eindeutig und durchsichtig. Es ist nicht nur die befreiende Macht des Wortes von Walesa oder die warnende Macht des Wortes von Sacharow, es ist nicht nur die Macht des – offenbar unsinnig ausgelegten – Buches von Rushdie.

Neben dem Wort Rushdies gibt es hier nämlich auch die Macht des Wortes Chomeinis. Neben dem Wort, das die Gesellschaft durch seine Freiheit und Wahrhaftigkeit elektrisiert, gibt es auch das hypnotisierende, trügerische, fanatisierende, rasende, betrügende, gefährliche, todbringende Wort. Das Wort – ein Pfeil.

Ich glaube, daß ich gerade Ihnen nicht ausführlich die schwarze Magie des Wortes erläutern muß, weil Sie am eigenen Leib vor verhältnismäßig kurzer Zeit erlebt haben, zu welchen unaussprechlichen geschichtlichen Schrecken unter einer bestimmten politischen und sozialen Konstellation das hypnotisch-verzaubernde und zugleich unwirklich-wahnsinnige Wort eines durchschnittlichen Kleinbürgers führen kann. Ich begreife zwar nicht, womit er einen Teil Ihrer Väter und Mütter in Bann schlagen konnte, doch zugleich begreife ich, daß es etwas sehr Suggestives und sehr Hinterhältiges sein mußte, wenn es fähig war, sei es auch nur für eine kurze Zeit, auch jenen großen Geist in Bann zu schlagen, der den Worten „Sein", „Da-Sein" und „Existenz" einen so neuen und durchdringenden Sinn gab.

Was ich sagen will: Das Wort ist eine geheimnisvolle, vieldeutige, ambivalente, verräterische Erscheinung. Es kann ein Lichtstrahl im Reich der Finsternis sein, wie einst Belinskij das „Gewitter" von

Ostrowskij genannt hat, doch es kann auch ein todbringender Pfeil sein. Und was das schlimmste ist: Es kann eine Weile dies und eine Weile jenes sein, es kann sogar beides gleichzeitig sein!

Wie eigentlich war das Wort Lenins? Befreiend oder im Gegenteil trügerisch, gefährlich und schließlich versklavend? Diejenigen, die sich für die Geschichte des Kommunismus interessieren, streiten bis heute leidenschaftlich darum und werden dies offenbar noch lange tun. Persönlich ist mir an seinem Wort hauptsächlich aufgefallen, daß es immerzu wütend war.

Wie eigentlich war das Wort Marx'? Hat es Licht auf eine ganze verborgene Ebene gesellschaftlicher Mechanismen geworfen, oder war es nur der Urkeim aller späteren, schrecklichen Gulags? Ich weiß es nicht, am ehesten wohl beides zugleich.

Und was ist mit dem Wort Freuds? Hat es den geheimen Kosmos der menschlichen Seele offengelegt, oder war es nur der Keim der Illusion, mit der sich heute die Hälfte der Vereinigten Staaten von Amerika betäubt, daß man nämlich das, was einen quält, und seine Schuld loswerden kann, indem man deren Last in die Interpretation eines gut bezahlten Fachmanns legt?

Doch ich würde noch weiter gehen und noch provokativer fragen: Wie war eigentlich das Wort Christi? War es der Anfang der Geschichte der Erlösung und einer der machtvollsten kulturschaffenden Impulse in der Weltgeschichte – oder war es der geistige Urkeim der Kreuzzüge, Inquisitionen, der Ausrottung der amerikanischen Kulturen und schließlich der gesamten widersprüchlichen Expansion der weißen Rasse, die so viele Tragödien verursacht hat, einschließlich der, daß heute der größte Teil der menschlichen Welt in die traurige Kategorie einer angeblich erst Dritten Welt fällt? Ich möchte immer glauben, daß es wohl eher das erste ist, doch kann ich nicht zugleich die Bücherstöße ignorieren, die beweisen, daß auch in dem reinsten Frühchristentum schon unbewußt etwas kodiert war, was auf dem Hintergrund von Tausenden von anderen Umständen, einschließlich der relativen Dauerhaftigkeit des menschlichen Charakters, in bestimmter Weise geistig den Raum für jene Schrecken öffnen konnte, von denen ich gesprochen habe.

FRIEDRICH SCHORLEMMER

Solidarität und Toleranz

Ich spreche über Solidarität und Toleranz. Im Herbst 1989 sind wir auferstanden aus Ruinen und der Zukunft neu zugewandt. Hier lohnt es sich jetzt, hier wird es spannend, bleibt doch hier. Jetzt brauchen wir buchstäblich jeden und jede. Es ist wahr, unser Land ist kaputt. Ziemlich kaputt. Es ist wahr, dumpf, geduckt, bevormundet haben wir gelebt – so viele Jahre. Heute sind wir hierhergekommen, offener, aufrechter, selbstbewußter. Wir finden zu uns selbst. Wir werden aus Objekten zu Subjekten des politischen Handelns. Wir können stolz sein.

Lebten wir gestern noch in der stickigen Luft der Stagnation, die atemberaubend war, so erleben wir jetzt Veränderungen, die atemberaubend sind. Der Wehrunterricht wird abgeschafft, der Zivildienst wird eingeführt.

Plötzlich ist es zum Erlebnis geworden, unsere Zeitungen zu lesen. Aus Zerrspiegel wurden Spiegel. Warum mußten wir so lange darauf warten?! Ist das alles nur ein Traum, aus dem es ein bitteres Erwachen gibt? Oder sind wir mitten in einem wirklichen dauerhaften demokratischen Aufbruch? Wir brauchen jetzt, denke ich, Toleranz und kritische Solidarität miteinander. Und nicht das Ausufern der verständlichen Emotionen.

Wir brauchen eine Koalition der Vernunft, die quer durch die bisherigen Parteien und quer durch die neuen Bewegungen geht. Aber dazu gehört auch, daß die neuen Bewegungen – alle – zugelassen werden.

Der Wandel ist schon unübersehbar, aber noch ist er umkehrbar. Hatten die Herrschenden bisher die Signale unserer gesellschaftlichen Krise nicht gehört, höchstens abgehört, so haben die dramatischen Widersprüche sie jetzt gezwungen, von ihren Tribünen herabzusteigen und den gleichberechtigten Dialog zu beginnen. Und ich habe erlebt, wieviel sie sich jetzt anhören müssen. Und wir werden viele in ihren Ämtern nicht mehr tolerieren können. Und

ich möchte meinen Respekt denen aussprechen, die freiwillig zu-
rücktreten.

Der nun begonnene Dialog darf sich aber nicht aufs Dampf-
Ablassen beschränken, sonst entartet er zum großen Papperlapapp
des Volkes, bis der Winter einkehrt und alles wieder in die alten
Bahnen gebracht wird. Wir brauchen weitere spürbare Ergebnisse des
Dialogs. Der Dialog muß zum Normalfall des Umgangs zwischen
Volk und Regierung werden. Er darf nicht Notmaßnahme im Krisen-
fall sein. Wer gestern noch die scharfe Kralle der Macht zeigte und
heute das weiche Pfötchen des Dialogs hinhält, darf sich nicht
wundern, daß viele noch die Kralle darunter fürchten.

Wer gestern noch die chinesische Lösung für richtig hielt, muß
heute – und zwar verbindlich – erklären, daß dies für die DDR nicht
zur Debatte steht, sonst bleibt die Angst.

Wir brauchen nun eine Struktur der Demokratie von unten nach
oben. Die Regierung hat auf das Volk zu hören und nicht das Volk
auf die Regierung. Wir lassen uns nicht mehr bevormunden.

Eine Atmosphäre des Vertrauens in unserem Lande entwickelt sich
erst, wenn das größte innenpolitische Sicherheitsrisiko, die Staats-
sicherheit, radikal abgebaut und vom Volk kontrolliert wird.

40 Jahre haben wir das erlaubt, jetzt sollen und können wir diesen
riesigen Angstapparat weder weiter tolerieren noch bezahlen.

Fehler dürfen nun nicht flugs korrigiert, sie müssen auch als
Fehler zugegeben werden. Aber, liebe Freunde, liebe Mitbürger in
unserem ganzen Land, reißen wir nun nicht neue Gräben auf, trauen
wir jedem eine Wende zu, auch wenn nicht jeder in seiner alten
Position verbleiben darf.

Aber bitte – keine Rachegedanken. Wo persönliche Verantwortung
oder Schuld vorliegt, ist strikte Gesetzlichkeit einzuhalten. Tolerieren
wir nirgendwo Stimmen und Stimmungen der Vergeltung.

Und zu uns aus der neuen demokratischen Bewegung möchte ich
sagen, setzen wir an die Stelle der alten Intoleranz nicht neue
Intoleranz. Seien wir tolerant und gerecht gegenüber den alten und
neuen politischen Konkurrenten auch einer sich wandelnden SED.

Denken wir daran, welche Befürchtungen der neue erste Mann
auslöste und welche neue Bewegung mit ihm schon in Gang ge-

kommen ist. Ich meine, wir wollen und wir können unser Land jetzt nicht ohne die SED aufbauen. Aber sie muß nicht führen.

Toleranz erwächst aus der Erkenntnis, daß auch wir irren und den alten Fehlern neue hinzufügen werden. Damit aber niemand wieder Irrtümer unangefochten als Wahrheit ausgeben kann, dazu brauchen wir die volle Demokratie, die keinen festgeschriebenen Wahrheits- und Führungsanspruch einer Gruppe vertritt. Nirgendwo.

Darum: Demokratie jetzt oder nie.

Ohne die wache Solidarität aller demokratischen Kräfte wird es nicht gelingen, eine lebensfähige Demokratie aufzubauen, die Zersplitterung der Demokraten ist stets die Stunde der Diktatoren.

Wir werden noch durch ein Tal hindurchgehen, wir werden uns nicht durch besonderen Wohlstand auszeichnen können. Aber vielleicht durch mehr Freundlichkeit und Wärme.

Aus Wittenberg kommend erinnere ich Regierende und Regierte – also uns alle – an ein Wort Martin Luthers: Lasset die Geister aufeinanderprallen, aber die Fäuste haltet stille.

Neuntes Kapitel

Freiheit – Unabhängigkeit

❖ ❖ ❖

Lied des Verfolgten im Turm

Der Gefangne:
Die Gedanken sind frei,
Wer kann sie erraten?
Sie rauschen vorbei
Wie nächtliche Schatten.
Kein Mensch kann sie wissen,
Kein Jäger sie schießen;
Es bleibet dabei,
Die Gedanken sind frei.

Das Mädchen:
Im Sommer ist gut lustig sein
Auf hohen wilden Heiden,
Dort findet man grün Plätzelein,
Mein herzverliebtes Schätzelein,
Von dir mag ich nicht scheiden.

Der Gefangne:
Und sperrt man mich ein
Im finstern Kerker,
Dies alles sind nur
Vergebliche Werke;
Denn meine Gedanken
Zerreißen die Schranken

Und Mauern inzwei,
Die Gedanken sind frei.

Das Mädchen:
Im Sommer ist gut lustig sein
Auf hohen wilden Bergen;
Man ist da ewig ganz allein,
Man hört da gar kein Kindergeschrei,
Die Luft mag einem da werden.

Der Gefangne:
So sei es, wie es will,
Und wenn es sich schicket,
Nur alles in der Still;
Und was mich erquicket,
Mein Wunsch und Begehren,
Niemand kann's mir wehren;
Es bleibet dabei,
Die Gedanken sind frei.

Das Mädchen:
Mein Schatz, du singst so fröhlich hier
Wie's Vögelein in dem Grase;
Ich steh so traurig bei Kerkertür,
Wär ich doch tot, wär ich bei dir,
Ach, muß ich denn immer klagen.

Der Gefangne:
Und weil du so klagst,
Der Lieb ich entsage,
Und ist es gewagt,
So kann mich nicht plagen,
So kann ich im Herzen
Stets lachen, bald scherzen;
Es bleibet dabei,
Die Gedanken sind frei.

Natürliche Freiheit
(Artikel aus der Enzyklopädie von Diderot und D'Alembert)

Natürliche Freiheit: Dieses Recht gibt die Natur allen Menschen, damit sie über ihre Personen und ihre Güter in der Weise verfügen, die ihrem Urteil nach ihrem Glück am meisten angemessen ist – allerdings mit der Einschränkung, daß sie dieses Recht in den Grenzen des Naturgesetzes anwenden und es nicht zum Schaden der anderen Menschen mißbrauchen. Die natürlichen Gesetze sind also Richtschnur und Maßstab für diese *Freiheit*; denn obwohl die Menschen im primitiven Naturzustand voneinander unabhängig sind, sind sie doch alle abhängig von den natürlichen Gesetzen, von denen sie sich bei ihren Handlungen leiten lassen müssen.

Der erste Zustand, den der Mensch von Natur aus erwirbt und der als das kostbarste aller Güter gilt, die er besitzen kann, ist der Zustand der *Freiheit*; er kann weder gegen einen anderen getauscht noch verkauft werden, noch verlorengehen; denn natürlicherweise werden alle Menschen frei geboren; das heißt, sie sind nicht der Gewalt eines Herrn unterworfen, und niemand hat auf sie ein Eigentumsrecht.

Auf Grund dieses Zustandes haben alle Menschen von Natur aus das Vermögen, zu tun, was ihnen gut erscheint, und nach ihrem Willen über ihre Handlungen und ihre Güter zu verfügen – vorausgesetzt, daß sie nicht den Gesetzen der Regierung zuwiderhandeln, der sie sich unterworfen haben.

Bei den Römern verlor ein Mann seine *natürliche Freiheit*, wenn er in offenem Kampf vom Feind gefangengenommen wurde oder wenn man ihm, um ihn für irgendein Verbrechen zu bestrafen, in den Sklavenstand versetzte. Aber die Christen haben die Sklaverei im Frieden und im Kriege abgeschafft, so daß selbst die Gefangenen, die sie im Krieg gegen die Ungläubigen machen, als freie Menschen gelten, und daß jeder, der einen dieser Gefangenen tötete, als Mörder angesehen und bestraft werden würde.

Ja noch mehr: alle christlichen Mächte waren der Meinung, daß eine Sklaverei, die dem Herrn ein Recht über Leben und Tod seiner

Sklaven gäbe, unvereinbar mit der Vollkommenheit wäre, zu der die christliche Religion die Menschen aufruft. Warum aber waren die christlichen Mächte nicht auch der Meinung, daß ebendiese Religion, unabhängig vom Naturrecht, Einspruch gegen die Negersklaverei erheben sollte? Nun, weil sie Neger für ihre Kolonien, ihre Plantagen und ihre Bergwerke brauchten! *Auri sacra fames.*[1]

1 Verabscheuenswert der Hunger nach Gold.

GEORG BÜCHNER

Der Hessische Landbote

Zu einem großen Leichenfelde haben die Fürsten die deutsche Erde gemacht, wie Ezechiel im 37. Kapitel beschreibt: „Der Herr führte mich auf ein weites Feld, das voller Gebeine lag, und siehe, sie waren sehr verdorrt." Aber wie lautet des Herrn Wort zu den verdorrten Gebeinen: „Siehe, ich will euch Adern geben und Fleisch lassen über euch wachsen, und euch mit Haut überziehen, und will euch Odem geben, daß ihr wieder lebendig werdet, und sollt erfahren, daß Ich der Herr bin." Und des Herrn Wort wird auch an Deutschland sich wahrhaftig beweisen, wie der Prophet spricht: „Siehe, es rauschte und regte sich, und die Gebeine kamen wieder zusammen, ein jegliches zu seinem Gebein. – Da kam Odem in sie, und sie wurden wieder lebendig und richteten sich auf ihre Füße, und ihrer war ein sehr groß Heer."

Wie der Prophet schreibet, also stand es bisher in Deutschland: eure Gebeine sind verdorrt, denn die Ordnung, in der ihr lebt, ist eitel Schinderei. Sechs Millionen bezahlt ihr im Großherzogtum einer Handvoll Leute, deren Willkür euer Leben und Eigentum überlassen ist, und die anderen in dem zerrissenen Deutschland gleich also. Ihr seid nichts, ihr habt nichts! Ihr seid rechtlos. Ihr müsset geben, was eure unersättlichen Presser fordern, und tragen, was sie euch aufbürden. So weit ein Tyrann blicket – und Deutschland hat deren wohl dreißig –, verdorret Land und Volk. Aber wie der Prophet schreibet, so wird es bald stehen in Deutschland: der Tag der Auferstehung wird nicht säumen. In dem Leichenfelde wird sich's regen und wird rauschen, und der Neubelebten wird ein großes Heer sein.

Hebt die Augen auf und zählt das Häuflein eurer Presser, die nur stark sind durch das Blut, das sie euch aussaugen, und durch eure Arme, die ihr ihnen willenlos leiht. Ihrer sind vielleicht 10 000 im Großherzogtum und eurer sind es 700 000, und also verhält sich die Zahl des Volkes zu seinen Pressern auch im übrigen Deutschland. Wohl drohen sie mit dem Rüstzeug und den Reisigen der Könige, aber ich sage euch: Wer das Schwert erhebt gegen das Volk, der wird durch das Schwert des Volkes umkommen. Deutschland ist jetzt ein Leichenfeld, bald wird es ein Paradies sein. Das deutsche Volk ist ein Leib, ihr seid ein Glied dieses Leibes. Es ist einerlei, wo die Scheinleiche zu zucken anfängt. Wann der Herr euch seine Zeichen gibt durch die Männer, durch welche er die Völker aus der Dienstbarkeit zur Freiheit führt, dann erhebet euch, und der ganze Leib wird mit euch aufstehen.

Ihr bücket euch lange Jahre in den Dornäckern der Knechtschaft, dann schwitzt ihr einen Sommer im Weinberge der Freiheit und werdet frei sein bis ins tausendste Glied.

Ihr wühlet ein langes Leben die Erde auf, dann wühlt ihr euren Tyrannen ein Grab. Ihr bautet die Zwingburgen, dann stürzt ihr sie und bauet der Freiheit ein Haus. Dann könnt ihr eure Kinder frei taufen mit dem Wasser des Lebens. Und bis der Herr euch ruft durch seine Boten und Zeichen, wachet und rüstet euch im Geiste und betet ihr selbst und lehrt eure Kinder beten: „Herr, zerbrich den Stecken unserer Treiber und laß dein Reich zu uns kommen – das Reich der Gerechtigkeit. Amen."

LUIGI PIRANDELLO

Der Rabe von Mízzaro

Als müßige Hirten eines Tages auf die Felsen von Mízzaro kletterten, überraschten sie einen großen Raben im Nest, der friedlich auf seinen Eiern brütete.

„Du Rabenvater, was machst du da? Schau einer an! Brütet die Eier aus! Das ist doch Sache deiner Frau, Rabenvater!"

Selbstverständlich wird der Rabe seine Gründe vorgebracht haben. Doch krächzte er sie in der Rabensprache, und die verstand natürlich keiner. Die Hirten machten sich einen Spaß daraus, ihn den ganzen Tag lang zu necken; dann nahm ihn einer ins Dorf mit. Aber den Tag darauf wußte er nichts mehr mit ihm anzufangen, hing ihm zur Erinnerung ein Bronzeglöckchen um den Hals und setzte ihn in Freiheit:

„Freu dich des Lebens!"

Was sich der Rabe bei dem klingenden Anhängsel dachte, wird er allein gewußt haben, als er es am Halse gen Himmel trug. Nach den großen Kreisen zu urteilen, die er beschrieb, schien er selig zu sein und Nest und Weibchen vergessen zu haben.

„Kling klingling kling klingling . . ."

Die Bauern, die gebückt auf den Feldern arbeiteten, richteten sich bei dem Gebimmel in den Hüften auf und ließen ihre Blicke hierhin und dorthin über die endlose Ebene unter der glühenden Sonne schweifen:

„Wo läutet es bloß?"

Kein Lüftchen regte sich; von welcher fernen Kirche konnte denn das festliche Läuten zu ihnen dringen?

Auf alle möglichen Gedanken kamen sie, nur nicht darauf, daß ein Rabe in der Luft läutete.

Geister! dachte Cichè, der ganz allein auf einem Acker arbeitete, wo er Mulden rings um die Mandelbäume aushob, um sie mit Dünger zu füllen. Und er bekreuzigte sich. Denn er glaubte an Geister – und ob! Sogar gerufen hatten sie ihn manchmal des

Abends, wenn er spät vom Felde heimkehrte und auf der Straße an den erloschenen Kalköfen vorüberwanderte, wo die Geister nach Meinung der Leute hausten. Gerufen? Wie denn? „Cichè! Chichè!" – so hatten sie gerufen. Und die Haare hatten sich ihm unter der Mütze gesträubt.

Nun hörte er das Gebimmel zuerst von fern, dann von nahem, dann wieder von fern – und ringsumher keine lebende Seele: nichts als Felder, Bäume, Pflanzen, die nichts sagten und nichts hörten und mit ihrem Gleichmut seine Angst nur vermehrten. Dann, als er sein Frühstück hatte verzehren wollen, das er sich am Morgen von daheim mitgebracht hatte, einen halben Laib Brot und eine Zwiebel im Brotbeutel, den er zusammen mit der Jacke ein ganzes Stück weiter drüben an einem Olivenzweig aufgehängt hatte – jawohl, meine Herrschaften, da war wohl die Zwiebel noch im Brotbeutel gewesen, aber den halben Laib Brot hatte er nicht mehr gefunden. Und zwar im Laufe von ein paar Tagen das dritte Mal!

Er erzählte niemandem ein Sterbenswörtchen; denn er wußte, wenn die Geister dich aufs Korn nehmen, dann wehe, wenn du dich beklagst: Sie erwischen dich wieder, wenn es ihnen paßt, und tun dir noch ärgeren Tort an.

„Mir ist nicht gut", gab Cichè am Abend, da er von der Arbeit kam, seiner Frau zur Antwort, als sie ihn fragte, warum er so mitgenommen aussehe.

„Das Essen schmeckt dir aber!" meinte seine Frau später, als sie ihn zwei, drei Schüsseln Suppe, eine nach der anderen, hinunterschlingen sah.

„Essen tu ich freilich", knurrte Cichè, der seit dem Morgen nichts zu sich genommen hatte und ärgerlich war, daß er ihr nichts verraten durfte.

Bis sich dann über das Land die Kunde von dem diebischen Raben verbreitete, der am Himmel sein Glöckchen erklingen ließ.

Cichè beging den Fehler, daß er darüber nicht lachte wie alle andern Bauern, die sich ebenfalls Gedanken gemacht hatten.

„Ich schwöre einen heiligen Eid", sagte er, „das werde ich ihm heimzahlen."

Und was tat er? Er steckte in seinen Brotbeutel zu dem halben

Laib Brot und zu der Zwiebel vier trockene Saubohnen und vier
Enden Bindfaden. Kaum war er auf dem Acker, da nahm er dem Esel
den Sattel ab und trieb ihn zum Wall, wo er die übriggebliebenen
Stoppeln fressen sollte. Mit seinem Esel unterhielt sich Cichè, wie es
die Bauern so tun; und der Esel, der bald das eine und bald das
andere Ohr spitzte, schnaubte hin und wieder, wie um ihm zu
antworten.

„Du, Ciccio", sagte Cichè zu ihm, „paß auf, was für einen Spaß
wir uns machen werden!"

Er bohrte ein Loch in die Bohnen, befestigte sie an den vier Enden
Bindfaden, die er an den Sattel gebunden hatte, und legte sie auf den
Brotbeutel an der Erde. Dann machte er sich mit der Hacke an die
Arbeit.

Eine Stunde verging: es vergingen zwei. Ab und zu unterbrach
Cichè die Arbeit, weil er immer den Klang des Glöckchens in der
Luft zu hören meinte; aufrecht lauschte er. Nichts. Und er begann
wieder zu hacken.

Die Zeit zum Frühstücken war gekommen. Unschlüssig, ob er
essen gehen oder noch ein Weilchen warten sollte, setzte sich Cichè
schließlich in Bewegung; doch wie er dann die Falle auf dem Brotbeutel so schön gerichtet sah, mochte er sie nicht zerstören. In diesem
Augenblick vernahm er deutlich ein fernes Geklingel; er hob den Kopf.

„Da!"

Und still und geduckt – das Herz schlug ihm bis zum Halse –
verließ er den Platz und versteckte sich in einiger Entfernung.

Der Rabe jedoch, wie wenn er sich am Klang seines Glöckchens
erfreute, zog ganz, ganz hoch seine Kreise und kam nicht herunter.

Vielleicht sieht er mich, dachte Cichè und stand auf, um sich
noch weiter weg zu verstecken.

Aber der Rabe setzte seinen Flug in der Höhe fort und machte
keine Anstalten, sich niederzulassen. Cichè hatte Hunger; doch er
wollte sich noch nicht geschlagen geben. Er begann wieder zu hak-
ken. Warte nur, warte nur. Der Rabe blieb oben, als täte er es ihm
zum Possen. Mit hungrigem Magen, ein paar Schritte vom Brot weg,
meine Herren – und er durfte es nicht anrühren! Das wurmte Cichè;
aber er hielt aus, gereizt und dickschädelig.

„Du kommst schon, du kommst mir schon herunter! Auch du mußt ja einmal Hunger kriegen!"

Der Rabe indessen schien ihm vom Himmel herunter mit dem Klang seines Glöckchens hämisch zu erwidern:

„Nicht du noch ich! Nicht du noch ich!"

So verging der Tag. Cichè machte seinem Ärger Luft, als er dem Esel den Sattel wieder anlegte, von dem die vier Bohnen wie ein neuartiger Festschmuck herunterbaumelten. Auf dem Weg biß er wütend von dem Brot ab, das ihm den ganzen Tag lang Qualen bereitet hatte. Und bei jedem Biß ein Schimpfwort für den Raben, der sich nicht hatte fangen lassen: „Henker, Dieb, Verräter!"

Doch am Tag darauf hatte er Glück.

Nachdem er die Bohnenfalle ebenso sorgfältig vorbereitet hatte und erst seit kurzem an die Arbeit gegangen war, vernahm er in seiner Nähe ein unruhiges Gebimmel und ein verzweifeltes Krächzen, begleitet von wilden Flügelschlägen. Er eilte herbei. Der Rabe hatte sich am Bindfaden gefangen, der ihm aus dem Schnabel hing und ihn zu erwürgen drohte.

„Bist du endlich reingefallen?" rief er und packte ihn bei den Flügeln. „Gut, die Bohne, was? jetzt bin ich an der Reihe, verdammtes Vieh! Du wirst was erleben!"

Er schnitt den Bindfaden ab und versetzte dem Raben zunächst einmal zwei Hiebe über den Kopf.

„Das für die Angst, und das für den leeren Magen."

Der Esel, der nicht weit weg stand und die Stoppeln vom Wall fraß, hatte, vom Krächzen des Raben erschreckt, die Flucht ergriffen. Cichè rief ihn und brachte ihn zum Stehen. Dann zeigte er ihm von weitem den schwarzen Vogel:

„Da ist er, Ciccio! Wir haben ihn! Wir haben ihn!"

Er band ihn an den Füßen fest, hängte ihn an den Baum und begab sich wieder an die Arbeit. Beim Hacken überlegte er, wie er sich rächen sollte. Er würde ihm die Flügel stutzen, damit er nicht mehr fliegen konnte; dann würde er ihn seinen Kindern und den anderen Buben aus der Nachbarschaft geben, damit sie ihn ordentlich quälten. Und er lachte still vor sich hin.

Als der Abend gekommen war, legte er dem Esel den Sattel über den Rücken, band den Raben los, hing ihn mit den Füßen an den Gurt des Schwanzriemens, und fort ging's. Da begann das Glöckchen am Hals des Raben zu klingeln. Der Esel spitzte die Ohren und bockte.

„Arrí!" schrie Cichè und riß heftig am Halfter.

Und der Esel setzte sich wieder in Bewegung, wenn auch noch mißtrauisch gegen den ungewöhnlichen Klang, der seinen gemächlichen Trab im Staub der Straße begleitete.

Cichè dachte beim Reiten, von nun an würde niemand auf den Feldern den Raben von Mízzaro am Himmel mehr läuten hören. Der war nun in seiner Gewalt, und das verdammte Vieh gab kein Lebenszeichen mehr von sich.

„Wie geht's?" fragte er ihn, indem er sich nach ihm umwandte und ihm mit dem Halfter eins über den Kopf zog. „Bist du eingeschlafen?"

Der Rabe gab zu Antwort:

„Krah!"

Auf dieses unvermutete Krächzen blieb der Esel ruckartig stehen, den Hals gestreckt, die Ohren gespitzt. Cichè brach in Lachen aus.

„Arrí, Ciccio! Bist du erschrocken!"

Und er schlug den Esel mit dem Riemen über die Ohren. Bald darauf fragte er den Raben von neuem:

„Bist du eingeschlafen?"

Und wieder ein Hieb, noch kräftiger. Und darauf noch kräftiger der Rabe:

„Kraaah!"

Doch diesmal machte der Esel einen Bockssprung und ergriff die Flucht. Umsonst versuchte Cichè, ihn mit aller Gewalt der Arme und Beine zurückzuhalten. Der Rabe, der bei diesem wilden Ritt hin- und hergeschleudert wurde, krächzte wie ein Verzweifelter; doch je mehr er krächzte, um so schneller raste der erschreckte Esel davon.

„Kraaah! Kraaah! Kraaah!"

Cichè brüllte ebenfalls, zog und zerrte am Halfter; doch vor Angst, die sie einander krächzend und rennend einflößten, schienen die Tiere verrückt geworden zu sein. Eine geraume Weile hörte man durch die Nacht die wilde, verzweifelte Jagd; dann ein dumpfes Aufschlagen – und dann nichts mehr.

Am Tage darauf fand man Cichè in der Tiefe eines Abgrunds zerschmettert unter dem gleichfalls zerschmetterten Esel: eine unförmige Fleischmasse, die unter einem Fliegenschwarm in der Sonne dampfte.

Der Rabe von Mízzaro, schwarz im Blau des herrlichen Morgens, ließ sein Glöckchen wieder am Himmel ertönen, frei und glücklich.

ALFRED ANDERSCH

Der Augenblick der Freiheit

... Natürlich habe ich die Gefahr, geschnappt zu werden, erwogen, als ich den Plan zur Flucht faßte. Aber der Gedanke an die Feldpolizei hat in keiner Sekunde der Vorbereitung meiner Tat die Form der Angst angenommen. Angesichts meiner Aufgabe erfüllte mich ein Mut, der niemals die Phase der Furcht durchschritten hatte. Am ehrlichsten bin ich, wenn ich sage, daß mich, Aug' in Auge mit dem Risiko, das ich einging, eine Stimmung grandioser Unbekümmertheit ergriff.

Ich habe mich nicht einmal gefragt, ob ich mich hinterher wie der Reiter überm Bodensee fühlen würde.

Dagegen hatte ich, wie gesagt, gegenüber der Möglichkeit, in die absurde Blutzone des Krieges eintreten zu müssen, jene Art von instinktiver Abneigung, die man mit dem Worte Angst bezeichnet. Ich will aber damit sagen, daß ich nicht von panischem Schrecken erfaßt war. Die meisten Desertionen, besonders die geplanten Massendesertionen, etwa der italienischen Soldaten in Afrika, geschahen nicht aus der Furcht vor dem Tode, sondern aus dem Willen, zu leben. So, wie die meisten Selbstmorde nicht aus Angst vor dem Leben, sondern aus dem Wunsch, zu sterben, entstehen. Ich meine, daß man sich nur töten kann, wenn man von unwiderstehlicher Liebe zum Tode erfaßt ist. Der in den Kampf auf Leben und Tod

351

geht, muß sich zum Tode entschlossen haben, denn er kann nicht mit dem Leben rechnen; er ist ein potentieller Selbstmörder. (Ich spreche nicht von jener tierhaften Sorte Kämpfer, die kämpfen, weil sie siegen, also den Gegner töten wollen; sie sind potentielle Mörder. Daß er dem Tode ins Angesicht schauen kann, macht die Ehre des Kämpfers aus, wie schon Schiller sehr richtig bemerkte.

Wie es die Ehre des Deserteurs ausmacht, sich vom Angesicht des Todes abzuwenden, von dem Gorgonenhaupt, das nicht zur Tat befreit, sondern den, der es anblickt, versteinert.

Kopflose Furcht hat mich nur einmal in meinem Leben ergriffen, im Herbst 1933, in jener Zelle des Münchner Gestapo-Gefängnisses, als ich zum zweitenmal verhaftet worden war. Die Furcht und ihre höchste Steigerung, der Schrecken, kommen von außen auf den Menschen zu, während die Angst bereits von Anfang an in ihn eingeschlossen ist. Sie gehört, ebenso wie der Mut, zu seiner Natur. Zwischen Angst und Mut treten die beiden anderen natürlichen Eigenschaften des Menschen, Vernunft und Leidenschaft. Sie führen die Entscheidung, die er zwischen Mut und Angst zu treffen hat, herbei. In jenem winzigen Bruchteil einer Sekunde, welcher der Sekunde der Entscheidung vorausgeht, verwirklicht sich die Möglichkeit der absoluten Freiheit, die der Mensch besitzt. Nicht im Moment der Tat selbst ist der Mensch frei, denn indem er sie vollzieht, stellt er die alte Spannung wieder her, in deren Strom seine Natur kreist. Aufgehoben wird sie nur in dem einen flüchtigen Atemhauch zwischen Denken und Vollzug. Frei sind wir nur in Augenblicken. In Augenblicken, die kostbar sind.

Mein Buch hat nur eine Aufgabe: einen einzigen Augenblick der Freiheit zu beschreiben. Aber es hat nicht die Aufgabe, zu behaupten, daß die Größe des Menschen sich nur in solchen Augenblicken verwirkliche. Es ist ein Leben denkbar, in dem die Freiheit niemals erfahren wird und das dennoch seinen vollen Wert behauptet. Der Wert des Menschen besteht darin, daß er Mut und Angst, Vernunft und Leidenschaft nicht als feindliche Gegensätze begreift, die er zerstören muß, sondern als Pole des einen Spannungsfeldes, das er selber ist. Denn wie kann bis zum Mord entschlossene Feindschaft herrschen zwischen Eigenschaften, die so offensichtlich zur menschlichen Natur gehören, daß, wollte man auch nur eine von ihnen amputieren, die Seele sterben müßte? Wieviele lebende Leichname gibt es, die – mag ihr Fleisch noch so blühen – gestorben sind, weil sie entweder die Angst oder den Mut, die Vernunft oder die Leidenschaft, aus sich ausgerottet haben? Die Freiheit ist nur eine Möglichkeit, und wenn man sie vollziehen kann, so hat man Glück gehabt – worauf es ankommt, ist: sich die Anlage zur Freiheit zu erhalten.

HILDE DOMIN

Ich will dich

Freiheit
ich will dich
aufrauhen mit Schmirgelpapier
du geleckte

(die ich meine
meine
unsere
Freiheit von und zu)
Modefratz

Du wirst geleckt
mit Zungenspitzen
bis du ganz rund bist
Kugel
auf allen Tüchern

Freiheit Wort
das ich aufrauhen will
ich will dich mit Glassplittern spicken
daß man dich schwer auf die Zunge nimmt
und du niemandes Ball bist

Dich
und andere
Worte möchte ich mit Glassplittern spicken
wie es Konfuzius befiehlt
der alte Chinese

Die Eckenschale sagt er
muß
Ecken haben
sagt er
Oder der Staat geht zugrunde

Nichts weiter sagt er
ist vonnöten
Nennt
das Rund rund
und das Eckige eckig

ELIAS CANETTI

Der Nimmermuß

Den Nimmermuß zwingt keiner, es soll ihm einer kommen. Er hört nicht auf rechts, er hört nicht auf links, hört er vielleicht überhaupt nicht? Er versteht sehr wohl, was man von ihm will, doch schüttelt er schon, bevor er's versteht, Kopf und Schultern. Statt des Rückgrats hat er ein kräftiges Nein, verläßlicher als Knochen.

Der Nimmermuß spuckt aus, Befehle schwirren in der Luft herum und obwohl man sie meidet wie die Pest, irgend etwas davon bleibt doch in einem stecken. Er hat ein eigenes Taschentuch dafür und bevor es vollgespuckt ist, verbrennt er's.

Der Nimmermuß geht an keinen Schalter. Diese Gittergesichter bereiten ihm Übelkeit, man kennt sie nicht auseinander. Da geht er lieber gleich zu Automaten, holt sich von ihnen, was er braucht, und erspart sich den Ekel. Auch wird er von ihnen nicht angeschnauzt und muß nicht betteln und beteuern. Da wirft er die Münze ein, wann's ihm paßt, preßt den Knopf, bekommt, was er will, und was er nicht will, übersieht er.

Der Nimmermuß verabscheut Knöpfe an sich, alles macht er sich locker zurecht und trägt keine Hosen. Krawatten sind Teufelszeug für ihn, gut genug zum Erwürgen. „Ich häng mich nicht auf", sagt er, wenn er einen Gürtel sieht und wundert sich über die Ahnungslosigkeit seines Trägers.

Der Nimmermuß bewegt sich in Rösselsprüngen und hat keine Adresse. Er vergißt, wo er ist, um es nicht sagen zu können. Wird er angehalten und nach einer Straße gefragt, so sagt er: „Ich bin fremd hier." Die Kunst ist, daß er nicht nur hier, die Kunst ist, daß er überall fremd ist. Es ist vorgekommen, daß er ein Haus verließ und nicht wußte, daß er die Nacht darin geschlafen hatte. Ein Rösselsprung genügt und er ist abseits, alles heißt anders und sieht anders aus, statt sich zu verstecken, entspringt er.

Der Nimmermuß spricht nur, wenn es unbedingt sein muß. Worte üben einen Druck aus, die der andern wie die eigenen. Dieser Zustand nach einem Gespräch, wenn man allein ist und alle Worte sich wiedersagen! Sie hören nicht auf, man wird sie nicht los, sie pressen und pressen, man schnappt nach Luft, wohin sich vor den Worten retten! Es gibt welche darunter, die sich mit arger, mit teuflischer Hartnäckigkeit wiederholen, während andere allmählich nachlassen und versickern. Dieser Bedrängnis kann man nur mit Vorbedacht entkommen: man sagt die Worte gar nicht, man läßt sie schlafen.

Der Nimmermuß hat endlich seinen Namen abgelegt und läßt sich nicht nennen. Auf seinem Schachbrett springt er listig und leicht davon und niemand kann ihn rufen.

Max Frisch

Über Freiheit und Demokratie

Sicher in der Verneinung jeder Art von Diktatur, sowohl einer sogenannten Diktatur des Proletariats als auch einer Diktatur der Besitzenden, die sich freilich nie so nennen wird, bin ich Demokrat, als Demokrat nicht euphorisch. Demokrat ist man in der Hoffnung, daß Herrschaft in rationale Autorität übergeführt werde. Wir brauchen den Staat, nicht seine Vergötzung als Obrigkeit, was ein Relikt feudaler Herrschaft ist. Man weiß es: je mündiger wir wären, umso weniger Staat wäre vonnöten; schon das macht den Staat zum steten Ärgernis: seine Notwendigkeit verweist auf unseren Mangel an Solidarität, unsere Unzuverlässigkeit, unseren Mangel an Vorstellungskraft, wie mein Tun und Lassen sich für die Nachbarn auswirkt oder für die Nachkommen. *Eigentum verpflichtet,* so sagt das Grundgesetz und fügt hinzu: *Sein Gebrauch soll zugleich dem Wohle der Allgemeinheit dienen.* Kann man es höflicher sagen? *Noblesse oblige;* wenn aber die Eigentümer-Macht, zum Beispiel die Boden-Spekulation, auf solche Noblesse, die ihr die Väter des Grundgesetzes unterstellen, gar keinen Wert legt? Wir brauchen also den Staat. Der Ruf nach Freiheit, mehr Freiheit vom Staat, ist prüfenswert; kommt er von Mitbürgern, die zugleich die Polizei verstärkt haben möchten, so wissen wir, wessen Freiheit da gemeint ist: die Freiheit für die Wenigen, die den Staat, sobald sie ihn in der Hand haben, lieber nicht als Staat bezeichnen, sondern als Vaterland, das Opfer verlangt von der Mehrheit ...

WOLF BIERMANN

Ballade vom preußischen Ikarus

1

Da, wo die Friedrichstraße sacht
Den Schritt über das Wasser macht
  da hängt über der Spree
Die Weidendammerbrücke. Schön
Kannst du da Preußens Adler sehn
  wenn ich am Geländer steh.

  dann steht da der preußische Ikarus
  mit grauen Flügeln aus Eisenguß
    dem tun seine Arme so weh
  er fliegt nicht weg – er stürzt nicht ab
  macht keinen Wind – und macht nicht schlapp
    am Geländer über der Spree

2

Der Stacheldraht wächst langsam ein
Tief in die Haut, in Brust und Bein
  ins Hirn, in graue Zelln
Umgürtet mit dem Drahtverband
Ist unser Land ein Inselland
  umbrandet von bleiernen Welln

  da steht der preußische Ikarus
  mit grauen Flügeln aus Eisenguß
    dem tun seine Arme so weh
  er fliegt nicht hoch – und er stürzt nicht ab
  macht keinen Wind – und macht nicht schlapp
    am Geländer über der Spree

357

3

Und wenn du wegwillst, mußt du gehn
Ich hab schon viele abhaun sehn
aus unserm halben Land
Ich halt mich fest hier, bis mich kalt
Dieser verhaßte Vogel krallt
und zerrt mich übern Rand
dann bin ich der preußische Ikarus
mit grauen Flügeln aus Eisenguß
dann tun mir die Arme so weh
dann flieg ich hoch – dann stürz ich ab
mach bißchen Wind – dann mach ich schlapp
am Geländer über der Spree

LUDWIG FELS

Freiheit

Schön, die Freiheit ist
noch immer ein Wort und
ringsum alles eine riesengroße
Mausefalle voll mit dem schönsten Speck.

In meinem Wohnloch träume ich
von Kindern, die flink mit Steinen werfen
daß die Helme purzeln wie Spielzeug.
Nur ihre Eltern erinnern sich
an alle Unglücksfälle, die es gibt.
Denen sag ich
eure Freiheit ist meine Freiheit und unser Los
ist überall gleich, wenn wir nicht die alltäglichen
Kämpfe gewinnen, die alles entscheiden.
Mit euch teile ich die augenblickliche
Gefangenschaft, mit euch
besprech ich die Qualen der Utopie.
Kommt, schenkt den Kindern
wenigstens die Wünsche.
Der Mist ist ein guter Boden, fruchtbar
sind die erkannten Fehler, und wichtig ist
zu lernen, daß man lernen muß.
Jeder Satz füllt die Kassen der Revolution.
Die Zeichen der Liebe
sind leicht zu entziffern, das Salz
einer einzigen Träne brennt
in allen Wunden.

Schön, die Freiheit ist
noch immer ein Wort
doch die Betonung ist deutlich genug.

Zehntes Kapitel

Solidarität – Loyalität – Treue

❖ ❖ ❖

Kastor und Pollux

Die Dioskuren, d.h. Zeussöhne, Kastor und Polydeukes (Pollux), waren Söhne des Zeus und der Leda. Nach ihrem menschlichen Vater Tyndareos, König in Sparta, hießen sie auch Tyndariden. Sie waren tapfere Heldenjünglinge, Kastor vor allem geschickt im Bändigen und Lenken der Rosse, Polydeukes ein trefflicher Faustkämpfer. Sie beteiligten sich an den berühmtesten Heldenabenteuern ihrer Zeit, wie der Argonautenfahrt und der kalydonischen Jagd; besonders auch machten sie manchen kühnen Zug mit ihren Vettern, den Söhnen des Aphareus, Königs in Messenien, den Aphareïden Lynkeus und Idas. Von diesen hatte Lynkeus, d.i. Luchsauge, ein Auge so scharf, daß er selbst durch den Erdboden hindurch sah. Sein Bruder Idas zeichnete sich durch seine Stärke und seinen Mut aus, der ihn trieb, sogar mit Apollon sich in einen Kampf einzulassen. Er warb nämlich zugleich mit dem Gotte um Marpessa, die schöne Tochter des Flußgottes Euenos, und raubte sie auf einem geflügelten Wagen, den ihm Poseidon geschenkt. Apollon jagte ihm nach und wollte ihm die Jungfrau wieder abnehmen; aber Idas stellte sich zum Kampfe dem starken Gott gegenüber. Zeus jedoch trennte den Kampf und ließ der Marpessa die Wahl, welchem von beiden sie ihre Hand reichen wollte. Die Jungfrau wählte den Idas; denn sie fürchtete, der Gott werde sie einst verlassen, wenn das Alter die Schönheit von ihr genommen.

Mit diesem Brüderpaare also waren die beiden Dioskuren nahe

verwandt und durch Freundschaft verbunden, und sie machten manchen abenteuerlichen Zug miteinander. Einst fielen sie zusammen in Arkadien ein und trieben eine große Herde Rinder als Beute fort. Dem Idas übertrugen sie den Raub zu verteilen. Der zerlegte einen Stier in vier gleiche Teile und setzte fest, wer sein Teil zuerst verzehrt habe, dem solle die eine Hälfte der Herde gehören, wer zunächst, die andere Hälfte. Er selbst ward mit seinem Anteile zuerst fertig und half auch noch den seines Bruders zu verzehren. Somit glaubten er und sein Bruder das Recht zu haben, die ganze Herde zu nehmen, und trieben sie fort nach Messenien. Die Dioskuren aber, erzürnt über den Verlust ihres Anteils, fielen in Messenien ein und raubten die ganze Herde und noch anderes Vieh der Aphareïden hinzu. Auch entführten sie die beiden Bräute derselben, Phoibe und Hilaeira, die Töchter ihres gemeinsamen Oheims Leukippos, die Leukippiden.

Nachdem die Dioskuren ihre Beute in Sicherheit gebracht, bargen sie sich in einem Hinterhalte, um ihre Vettern, wenn sie sie verfolgten, zu überfallen. Lynkeus aber war auf die Spitze des Taygetos, des höchsten Berges des Peloponnes, von wo aus er die ganze Halbinsel überschauen konnte, hinaufgeeilt, um nach den Räubern zu spähen. Er sah mit seinem scharfen Auge beide in dem Stamme eines Baumes versteckt und zeigte sie dem wilden Idas. Schnell liefen sie dem Orte zu; Idas schleuderte seine Lanze durch den Baum und durchbohrte den Kastor. Nun stürzte Polydeukes zum Angriff auf sie ein, und sie flohen bis zum Grabe ihres Vaters. Da rissen sie einen behauenen Stein, ein Bild des Hades, vom Grabmale und schleuderten ihn dem Polydeukes wider die Brust. Aber sie zerschmetterten ihn nicht und brachten ihn nicht zum Weichen; unerschüttert tritt er vor und durchbohrt mit der Lanze dem Lynkeus die Brust, daß er sterbend niedersinkt. Nun entspann sich noch ein harter Kampf zwischen Polydeukes und Idas, welchen Zeus endete, indem er seinen flammenden Blitz auf Idas warf. Das himmlische Feuer verzehrte ihn und den toten Bruder.

Polydeukes eilte darauf zu seinem Bruder Kastor zurück, der mit dem Tode rang. Mit Seufzen und heißen Tränen rief er: „Vater Kronion, welche Lösung wird hier meinem Leide sein? Gib auch mir, o Herr, mit diesem gemeinsam den Tod. Der Mann, der seiner Lieben beraubt ist, entbehrt der Ehre; denn wenige der Sterblichen sind treu in der Not, daß sie teilnehmen an der Mühsal." Und Zeus kam ihm entgegen und sprach: „Du bist mein Sohn; diesen aber erzeugte ein sterblicher Mann. Wohlan, ich lasse dir völlig die Wahl, ob du, dem Tode und dem verhaßten Alter entflohen, im Olympos mit Athene und Ares wohnen, oder mit dem Bruder alles teilen willst, so daß du mit ihm die Hälfte der Zeit unter der Erde weilst, die andere Hälfte im goldenen Saale des Himmels." So sprach Zeus, und ohne Zaudern wählte Polydeukes das gemeinsame Los mit dem Bruder. Und Zeus öffnete das Auge des erzumgürteten Kastor und löste seine Stimme. So leben denn beide Heldenbrüder gemeinsam abwechselnd einen Tag um den andern unter den seligen Göttern im Olympos und in der Tiefe der Erde bei den Toten. Die Sterblichen verehren sie als göttliche Heroen; denn sie sind ihnen ein Schutz und Hort in allen Gefahren des Lebens, in und außer dem Hause, auf Wegen und Straßen, zu Land und zur See.

ÄSOP

Der Vater und seine Söhne

Ein ehrlicher Mann war so unglücklich, eine zanksüchtige Brut Kinder zu haben. Er forderte ein Bündel Ruten und hieß eines nach den andern versuchen, ob es, mit aller seiner Stärke, das Bündel entzweibrechen könne. Sie versuchten es umsonst. Gut, sprach er; bindet es nunmehr auf und nehmt jede Rute insbesondere und seht, ob es sich so tun läßt. Sie gehorchten und brachen mit leichter Mühe alle Ruten, eine nach der andern entzwei. Seht, sagt er, euer wahres Sinnbild; haltet alle zusammen, so seid ihr sicher; trennt euch, so seid ihr verloren.

LEHRE: Uneinigkeit spinnt Krieg an und bewaffnet einen wider den andern, Bruder wider Bruder. Solange aber das Band der Einigkeit besteht, fließt die Stärke aller verschiednen Teile in eines und ist so leicht nicht zu unterdrücken.

BETRACHTUNG: Diese Fabel zeigt uns die Stärke der Eintracht und die Gefahr der Uneinigkeit. Innerliche Aufrühre haben manchen mächtigen Staat zugrunde gerichtet, und Zwietracht ist in Privatangelegenheiten so verderblich als in öffentlichen. Eine uneinige Familie kann ebensowenig bestehen als ein uneiniges gemeines Wesen; denn jedes besondre Glied leidet unter der Verabsäumung der gemeinen Sicherheit. Es ist zu verwundern, daß die Menschen, unter der Regierung eines vernünftigen und klugen Geistes, törichter handeln, als die Wölfe und Bären nach ihrem angebornen Naturtriebe zu handeln pflegen. Denn diese, wie wir sehen, bieten, einer für alle und alle für einen, dem gemeinschaftlichen Feinde die Spitze, da hingegen bei dem menschlichen Geschlechte einer wider den andern ist und sich alle aufreiben, ohne die Notwendigkeit und den Nutzen der Eintracht in Erwägung zu ziehen.

Judas und Petrus

Es begab sich, nachdem Jesus alle diese Reden vollendet hatte, sprach er zu seinen Jüngern: Ihr wisset, daß nach zwei Tagen das Passah[1] ist; da wird des Menschen Sohn überantwortet werden, daß er gekreuzigt werde.

Damals versammelten sich die Hohenpriester und Ältesten des Volkes im Palast des Hohenpriesters, der da hieß Kaiaphas, und hielten Rat, wie sie Jesus mit List fingen und töteten. Sie sprachen aber: Ja nicht auf das Fest, auf daß nicht ein Aufruhr im Volk entstehe.

Als nun Jesus zu Bethanien war im Hause Simons des Aussätzigen und zu Tische saß, trat zu ihm ein Weib, das hatte ein Glas[2] mit köstlicher Salbe und goß es auf sein Haupt. Als seine Jünger das sahen, wurden sie unwillig und sprachen: Wozu diese Vergeudung? Man hätte dieses teuer verkaufen und den Armen geben können. Da Jesus das merkte, sprach er zu ihnen: Was bekümmert ihr das Weib? Sie hat ein gutes Werk an mir getan. Denn Arme habt ihr allezeit bei euch; mich aber habt ihr nicht allezeit. Daß sie diese Salbe auf

meinen Leib gegossen, das hat sie getan, mich zum Begräbnis zuzu-
rüsten. Wahrlich, ich sage euch: Wo dies Evangelium gepredigt wird
in aller Welt, da wird man auch sagen zu ihrem Gedächtnis, was sie
getan hat.

*

Da ging einer der Zwölfe, mit Namen Judas Ischarioth, hin zu den
Hohenpriestern und sprach: Was wollt ihr mir geben? Ich will ihn
euch verraten. Und sie wogen ihm dreißig Silberlinge dar. Von da an
suchte er Gelegenheit, ihn zu verraten.

Am ersten Tage der ungesäuerten Brote aber traten die Jünger zu
Jesus und sprachen zu ihm: Wo willst du, daß wir dir das Passahmahl
zubereiten? Er sprach: Gehet hin in die Stadt zu dem und dem und
saget ihm: Der Meister läßt dir sagen: „Meine Zeit ist da, ich will bei
dir das Passah halten mit meinen Jüngern." Und die Jünger taten, wie
Jesus ihnen befohlen hatte, und bereiteten das Passahmahl. Am
Abend aber setzte er sich zu Tische mit den Zwölfen; und als sie
aßen, sprach er: Wahrlich, ich sage euch: Einer unter euch wird mich
verraten. Da wurden sie sehr betrübt und hoben an, einer nach dem
andern, zu ihm zu sagen: Herr, bin ich's? Er antwortete: Der die
Hand mit mir in die Schüssel tauchte, wird mich verraten. Des
Menschen Sohn geht zwar dahin, wie von ihm geschrieben steht;
doch wehe dem Menschen, durch welchen des Menschen Sohn
verraten wird. Es wäre diesem Menschen besser, daß er nie geboren
wäre. Da antwortete Judas, der ihn verriet: Bin ich's, Meister? Er
sprach zu ihm: Du sagst es.

Da sie aber aßen, nahm Jesus das Brot, dankte, brach es und gab es
den Jüngern und sprach: Nehmet, esset, das ist mein Leib. Und er
nahm den Kelch, dankte, gab ihnen denselben und sprach: Trinket
alle daraus. Das ist mein Blut, das Blut des neuen Bundes, welches
vergossen wird für viele zur Vergebung der Sünden. Ich sage euch
aber: Ich werde von nun an nicht mehr vom Gewächs des Wein-
stockes trinken bis auf den Tag, da ich es neu trinken werde mit euch
in meines Vaters Reich.

*

Nachdem sie den Lobgesang gesprochen hatten, gingen sie hinaus
an den Ölberg. Da sprach Jesus zu ihnen: In dieser Nacht werdet ihr

euch alle an mir ärgern. Denn es steht geschrieben: Ich werde den Hirten schlagen, und die Schafe der Herde werden sich zerstreuen. Wenn ich aber auferstanden bin, will ich vor euch hingehen nach Galiläa. Petrus aber antwortete ihm: Wenn sie auch alle sich an dir ärgerten, so will ich mich doch nimmermehr ärgern. Jesus sprach zu ihm: Wahrlich, ich sage dir: In dieser Nacht, ehe der Hahn kräht, wirst du mich dreimal verleugnen. Petrus sprach zu ihm: Und wenn ich mit dir sterben müßte, so werde ich dich nicht verleugnen! Desgleichen sagten alle Jünger.

Da kam Jesus mit ihnen zu einem Garten, der hieß Gethsemane[3], und sprach zu seinen Jüngern: Setzet euch hier, derweil ich dorthin gehe und bete. Und er nahm zu sich Petrus und die beiden Söhne des Zebedäus und fing an zu trauern und zu zagen. Dann sprach er zu ihnen: Meine Seele ist betrübt bis in den Tod; bleibet hier und wachet mit mir. Und er ging hin ein wenig, fiel nieder auf sein Angesicht, betete und sprach: Mein Vater, ist es möglich, so gehe dieser Kelch an mir vorüber; doch nicht, wie ich will, sondern wie du willst. Und er kam zu seinen Jüngern, fand sie schlafend und sprach zu Petrus: Könnet ihr denn nicht eine Stunde mit mir wachen? Wachet und betet, daß ihr nicht in Versuchung fallet. Der Geist ist willig, aber das Fleisch ist schwach. Zum andern Mal ging er wieder hin, betete und sprach: Mein Vater, ist es nicht möglich, daß dieser Kelch an mir vorübergehe, ich trinke ihn denn, so geschehe dein Wille. Und er kam und fand sie abermals schlafend, und ihre Augen waren voll Schlaf. Er ließ sie, ging abermals hin und betete zum dritten Mal und redete dieselben Worte. Dann kam er zu seinen Jüngern und sprach zu ihnen: Ach, wollt ihr nun noch schlafen und ruhen? Siehe, die Stunde ist hier, daß des Menschen Sohn in der Sünder Hände übergeben wird. Stehet auf, lasset uns gehen! Siehe, der mich verrät, ist da.

Als er noch redete, siehe, da kam Judas, einer der Zwölfe, und mit ihm eine große Schar mit Schwertern und mit Stangen, gesandt von den Hohenpriestern und Ältesten des Volkes. Der Verräter aber hatte ihnen ein Zeichen gegeben und gesagt: Welchen ich küssen werde, der ist's, den greifet. Und alsbald trat er zu Jesus und sprach: Gegrüßet seist du, Meister! und küßte ihn. Jesus aber sprach zu ihm:

Mein Freund, wozu bist du gekommen? Da traten sie hinzu, legten Hand an Jesus und ergriffen ihn. Und siehe, einer aus denen, die mit Jesus waren, streckte die Hand aus, zog sein Schwert und schlug des Hohenpriesters Knecht und hieb ihm ein Ohr ab. Da sprach Jesus zu ihm: Stecke dein Schwert an seinen Ort; denn wer zum Schwerte greift, der soll durchs Schwert umkommen. Oder meinest du, ich könnte nicht meinen Vater bitten, daß er mir zuschicke mehr als zwölf Legionen Engel? Wie würde aber die Schrift erfüllt? Es muß also geschehen. Zu der Stunde sprach Jesus zu den Scharen: Wie gegen einen Mörder seid ihr ausgezogen mit Schwertern und mit Stangen, mich zu fangen. Ich bin doch täglich bei euch im Tempel gesessen und habe gelehrt, und ihr habt mich nicht ergriffen. Das alles aber ist geschehen, daß erfüllt würden die Schriften der Propheten. Da verließen ihn alle Jünger und flohen.

*

Die aber Jesus ergriffen hatten, führten ihn zu dem Hohenpriester Kaiaphas, wo die Schriftgelehrten und Ältesten sich versammelt hatten. Petrus aber folgte ihm von ferne nach bis in den Palast des Hohenpriesters und ging hinein und setzte sich zu den Knechten, daß er sähe, wo es hinaus wollte.

Die Hohenpriester aber und der ganze hohe Rat suchten falsches Zeugnis wider Jesus, auf daß sie ihn töteten, und wiewohl viele falschen Zeugen herzutraten, fanden sie doch keines. Zuletzt standen zwei auf und sprachen: Er hat gesagt: „Ich kann den Tempel Gottes abbrechen und in drei Tagen wieder bauen."

Da stand der Hohepriester auf und sprach zu ihm: Antwortest du nicht auf das, was diese wider dich zeugen? Aber Jesus schwieg stille. Und der Hohepriester sprach zu ihm: Ich beschwöre dich bei dem lebendigen Gott, daß du uns sagest, ob du der Christus seist, der Sohn Gottes. Jesus sprach zu ihm: Du sagst es. Doch sage ich euch: Von nun an werdet ihr sehen des Menschen Sohn sitzen zur Rechten der Kraft und kommen in den Wolken des Himmels. Da zerriß der Hohepriester seine Kleider und sprach: Er hat Gott gelästert! Was bedürfen wir weiter Zeugnis? Siehe, jetzt habt ihr seine Gotteslästerung gehört. Was dünket euch? Sie antworteten: Er ist des Todes schuldig. Da spieen sie aus in sein Angesicht und schlugen ihn mit Fäusten. Etliche aber schlugen ihn und sprachen: Weissage uns, Christus: Wer ist es, der dich schlug?

Petrus aber saß draußen im Hofe, und es trat eine Magd zu ihm und sprach: Du warst auch mit Jesus aus Galiläa. Er leugnete aber vor allen und sprach: Ich weiß nicht, was du sagst. Als er aber in den Vorhof hinausging, sah ihn eine andere und sprach zu denen, die da waren: Dieser war auch mit Jesus von Nazaret. Und er leugnete abermals und schwur dazu: Ich kenne den Menschen nicht. Nach einer kleinen Weile aber traten hinzu, die da standen, und sprachen zu Petrus: Wahrlich, du bist auch einer von denen; denn deine Sprache verrät dich. Da hob er an, sich zu verfluchen und zu schwören: Ich kenne den Menschen nicht! Alsbald krähte der Hahn. Da dachte Petrus an das Wort, das Jesus zu ihm gesagt hatte: „Ehe der Hahn kräht, wirst du mich dreimal verleugnen." Und er ging hinaus und weinte bitterlich.

Des Morgens aber hielten alle Hohenpriester und Ältesten des Volkes einen Rat über Jesus und beschlossen, ihn zu töten; und sie banden ihn, führten ihn hin und übergaben ihn dem Landpfleger Pontius Pilatus.

Da nun Judas, der ihn verraten hatte, sah, daß er zum Tode verurteilt war, reute es ihn, und er brachte die dreißig Silberlinge den Hohenpriestern und Ältesten wieder und sprach: Ich habe übel getan, daß ich unschuldig Blut verraten habe. Sie sprachen: Was geht das uns an? da siehe du zu. Und er warf die Silberlinge in den Tempel, eilte davon, ging hin und erhängte sich. Aber die Hohenpriester nahmen die Silberlinge und sprachen: Es geht nicht an, daß wir sie in den Gotteskasten legen; denn es ist Blutgeld. Sie hielten aber einen Rat und kauften den Töpfersacker darum zum Begräbnis der Pilger. Daher wird derselbe Acker Blutacker genannt bis auf den heutigen Tag.

(Matthäus-Evangelium, Kap. 26 und 27)

---

1 Das jüdische Osterfest zum Andenken an die Verschonung der Erstgeburt und den Auszug aus Ägypten.
2 Alabastergefäß.
3 D.h. die Ölkelter.

GIANFRANCESCO STRAPAROLA

Die ungetreue Polissena

Die Stadt Venedig, durch die Anordnung ihrer Obrigkeiten höchst edel, reich an verschiedenen Arten von Leuten und glücklich durch ihre geheiligten Gesetze, liegt am Ende des Meerbusens des Adriatischen Meeres und heißt die Königin der andern Städte, die Zuflucht der Unglücklichen, die Unterkunft der Unterdrückten und hat das Meer zur Mauer und den Himmel zum Dache; und wiewohl nichts daselbst wächst, so ist doch eine Fülle daselbst, wie sie für eine große Stadt paßt. In dieser edeln, großartigen Stadt nun befand sich in früherer Zeit ein Kaufmann mit Namen Dimitrio, ein rechtschaffener, braver und frommer Mann, aber aus niederem Stande. Da er sehr wünschte, Kinder zu bekommen, nahm er eine liebenswürdige, anmutige Jungfrau zur Ehe namens Polissena, die so heiß von ihm geliebt wurde, daß niemals noch ein Mann sein Weib so sehr liebte wie er sie. Sie kleidete sich so prächtig, daß außer den Edelfrauen ihr an Kleidern, Juwelen und großen Perlen es keine zuvortat. Dabei hatte sie einen Überfluß an den feinsten Speisen, welche, da sie für ihre niedrige Herkunft nicht paßten, sie üppiger und zärtlicher machten, als sie sonst geworden wäre.

Dimitrio, der schon früher viele Seereisen gemacht hatte, beschloß mit Waren nach Zypern zu gehen, bestellte und versah das Haus reichlich mit Lebensmitteln und allem, was in ein Haus gehört, ließ seine liebe Frau mit einer jungen kugelrunden Magd allein und nahm von Venedig Abschied, um seine Reise anzutreten. Polissena, die sich dem Wohlleben und der Üppigkeit ergab, fühlte sich sehr kräftig und konnte den scharfen Stachel der Liebe nicht länger ertragen, faßte daher einen Geistlichen ihres Kirchspiels ins Auge und verliebte sich heftig in ihn. Er war jung und nicht minder einnehmend als schön und gewahrte eines Tages, daß Polissena ihn mit Liebesblicken verfolgte. Ihr Aussehen gefiel ihm, ihre Person schien ihm reizend, und er bemerkte, daß sie alle Vorzüge des Äußern besitze, die zu einer schönen Frau gehören; deshalb fing er

denn an, sehr emsig und insgeheim mit ihr zu liebäugeln; und ihre
treuen frommen Seelen erfüllten sich so mit wechselseitiger Liebe,
daß in kurzem Polissena den Pfaffen ungesehen ins Haus führte, um
ihren Lüsten zu frönen. Dieser Liebeshandel dauerte in aller Ver-
borgenheit mehrere Monate fort, und sie erneuerten vielmals die
festen Umarmungen und süßen Küsse, während der törichte Ehemann den Gefahren des empörten Meeres sich aussetzte.

Als aber Dimitrio einige Zeit in Zypern gewesen war und aus
seinem Handel einen sehr hübschen Gewinn gezogen hatte, kehrte er
nach Venedig zurück, landete, ging nach seiner Wohnung und fand
sein liebes Weib, welches laut weinte. Auf die Frage nach der Ursache
ihres heftigen Weinens antwortete sie: „Teils wegen der schlimmen
Zeitung, die ich erhalten, teils auch wegen übergroßer Freude, die ich
über Eure Rückkehr empfinde. Denn ich hatte von vielen Seiten
gehört, die zyprischen Schiffe seien im Meer versunken, und fürchtete deshalb sehr, es möchte Euch ein Unfall begegnet sein. Da ich
Euch aber nunmehr durch Gottes Gnade gesund und wohlbehalten
nach Hause zurückkehren sehe, kann ich vor übergroßer Freude
mich nicht der Tränen erwehren."

Der arme Schelm war von Zypern nach Venedig zurückgekom-
men, um die Zeit einzubringen, die seine Frau durch seine lange
Abwesenheit verloren hatte, und meinte, Polissenas Tränen ent-
sprängen aus heißer, tiefbegründeter Liebe, die sie für ihn fühle; der
Unglückliche wußte nicht, daß sie in ihrem Herzen wünschte:
„Wollte Gott, er wäre in den drohenden Wellen ertrunken, damit ich
sicherer und ungestörter mich der Lust und dem Genusse mit meinem Liebhaber hingeben könnte, der mir so innig zugetan ist!"

Es war noch kein Monat um, so ging Dimitrio wieder auf die
Reise. Polissena war darüber so erfreut, wie sie nur sein konnte; sie
ließ es bald ihrem Geliebten sagen, der nicht weniger als sie sehn-
süchtig wartete und, als die passende verabredete Stunde gekommen
war, heimlich zu ihr schlich. Der Pfaffe konnte aber seine Gänge
nicht so verbergen, daß er nicht von Manusso, der dem Hause seines
Gevatters Dimitrio gegenüber wohnte, gesehen worden wäre.

Manusso, der Dimitrio sehr liebte, weil er ein umgänglicher,
dienstfertiger Mann war, hatte keinen geringen Verdacht auf die

Gevatterin und achtete oft und viel auf sie. Als er nun deutlich sah, daß dem Priester auf ein gewisses Zeichen und zu einer bestimmten Stunde die Tür geöffnet wurde und er ins Haus trat und unvorsichtiger als billig mit der Gevatterin scherzte, beschloß er, für jetzt stille zu sein, damit die Geschichte, die noch im stillen blieb, nicht ruchbar würde und kein öffentliches Ärgernis entstünde; er wollte warten, bis Dimitrio von der Reise zurückkäme, damit er selbst reiflich überlege, was in der Sache zu tun sei.

Als nun die Zeit seiner Heimkehr erschien, stieg Dimitrio in das Schiff, kehrte mit günstigem Winde nach Venedig zurück, landete, ging an seine Wohnung und klopfte an die Tür. Die Magd ging an das Fenster, um nachzusehen, erkannte ihn, lief hinab und öffnete ihm, fast zu Tränen gerührt vor Freude. Als Polissena von der Ankunft ihres Mannes hörte, stieg sie die Treppe hinunter, lief ihm mit offenen Armen entgegen, küßte ihn und überschüttete ihn mit den größten Liebkosungen von der Welt. Und da er etwas müde war und ganz zerschlagen von der Seereise, ging er ohne Abendessen zu Bette und schlief so fest ein, so daß der Tag anbrach, ohne daß er die letzten Freuden der Liebe genossen hätte. Als nun die dunkle Nacht vorüber und der helle Tag gekommen war, wachte Dimitrio auf, erhob sich aus dem Bette, ohne der Frau einen einzigen Kuß zu geben, und ging an ein Kistchen, aus dem er einige wertvolle Sachen nahm. Mit diesen kam er an das Bett zurück und übergab sie seiner Frau, die, da ihr anderes im Sinne lag, diese Geschenke wenig oder gar nicht beachtete.

Dimitrio hatte Veranlassung, nach einiger Zeit nach Apulien zu fahren wegen Öls und anderer Geschäfte; er sagte es also seiner Frau und schickte sich zur Abreise an. Das listige Weib aber tat, als schmerze sie sein Weggehen; sie überhäufte ihn mit Liebkosungen und bat, er möchte doch noch ein paar Tage bei ihr bleiben, und doch war ihr ein Tag so lang wie tausend, bis er ihr aus den Augen war und sie sich mit mehr Sicherheit den Umarmungen ihres Liebhabers hingeben konnte.

Manusso hatte den Priester öfters mit der Gevatterin liebäugeln, ja auch anderes tun sehen, was sich nicht schickt zu sagen, und so schien es ihm ein Unrecht gegen den Gevatter, wenn er ihm nicht eröffne, was er seine Frau hatte tun sehen. Er beschloß daher, komme daraus, was da wolle, ihm alles zu sagen. Er lud ihn also eines Tages zum Essen ein, und als sie bei Tische saßen, sagte Manusso zu Dimitrio: „Lieber Gevatter, Ihr wißt, wenn ich mich nicht täusche, daß ich Euch immer geliebt habe und lieben werde, solange der Geist diese Gebeine beherrscht, und nichts, wäre es auch noch so schwer, würde ich Euch zuliebe unterlassen; wenn es Euch daher nicht unangenehm wäre, könnte ich Euch Dinge erzählen, die Euch freilich eher Verdruß als Freude bereiten würden. Aber ich wage nicht, es auszusprechen, um nicht Eure heitere Stimmung zu trüben. Wenn Ihr aber klug seid, wie ich denke, und vorsichtig, so werdet Ihr die Wut zügeln, die niemand die Wahrheit erkennen läßt."

Dimitrio sagte: „Wißt Ihr nicht, daß Ihr mir alles mitteilen könnt? Habt Ihr vielleicht einen umgebracht? Sagt es nur ohne Furcht!"

„Ich", antwortete Manusso, „habe niemand umgebracht, wohl aber habe ich jemand Eure Ehre und Euern guten Namen umbringen sehen."

„Redet deutlich", versetzte Dimitrio, „und foltert mich nicht so lange mit Euern rätselhaften Worten!"

„Wollt Ihr, daß ich offen mit Euch rede", sagte Manusso, „so hört zu und nehmt ruhig auf, was ich Euch zu sagen habe: Polissena, die Ihr so sehr lieb und wert haltet, schläft, solange Ihr fort seid, jede Nacht mit einem Geistlichen und lebt froh und guter Dinge."

„Wie ist das möglich", rief Dimitrio, „da sie mich zärtlich liebt und ich nie von hier abreise, ohne daß sie den Schoß mit Tränen und die Luft mit Seufzern füllt? Und wenn ich es mit Augen sähe, würde ich es kaum glauben."

„Wenn Ihr", antwortete Manusso, „wie ich glaube, ein Mann von Verstand seid und nicht die Augen schließt, wie viele Toren zu tun pflegen, so will ich Euch mit eigenen Augen alles sehen und mit Händen tasten lassen."

„Ich bin bereit", sagte Dimitrio, „alles zu tun, was Ihr mir befehlt, wenn Ihr mich sehen laßt, was Ihr mir versprochen habt."

Da sagte Manusso: „Wenn Ihr tut, was ich Euch sage, so könnt Ihr Euch der Sache ganz versichern. Aber bewahrt das Geheimnis, zeigt Euch heiter und unbefangen: sonst verderbt Ihr, wie man im Sprichwort sagt, dem Fasan seinen Schwanz. Dann an dem Tage, wo Ihr abreisen wollt, stellt Euch, als steigt Ihr zu Schiffe, und kommt dann so heimlich, als Ihr könnt, in mein Haus! Ich versichere Euch, ich will Euch alles mit Augen sehen lassen."

Als nun der Tag kam, da Dimitrio abreisen sollte, war er sehr zärtlich zu seiner Frau, empfahl ihr das Haus, verabschiedete sich und tat, als ginge er zu Schiffe, schlich aber heimlich in Manussos Haus. Das Schicksal wollte, daß nicht zwei Stunden vorübergingen, als sich ein Sturm mit solchem Regen erhob, daß man meinte, der Himmel wolle herunterfallen, und es hörte die ganze Nacht nicht auf zu regnen. Der Geistliche, der bereits Dimitrios Abreise vernommen hatte, fürchtete weder Regen noch Wind, sondern erwartete nur die gewohnte Stunde, um zu seinem teuern Schatz zu kommen, gab also das Zeichen: plötzlich ward die Tür aufgetan, er trat hinein und gab ihr einen süßen, würzigen Kuß.

Das sah Dimitrio, der an einer verborgenen Öffnung stand, und konnte nun dem nicht mehr widersprechen, was der Gevatter ihm gesagt hatte, stand also ganz erstaunt da, und dann traten ihm vor gerechtem Schmerz die Tränen in die Augen.

„Was dünkt Euch nun?" sagte sodann der Gevatter zu Dimitrio; „habt Ihr nun mit Augen gesehen, was Ihr Euch nie eingebildet hättet? Aber seid still und entsetzt Euch nicht! Wenn Ihr auf mich hört und tut, was ich Euch sage, so werdet Ihr's noch besser sehen. Geht, zieht diese Kleider aus, nehmt die Lumpen eines Bettlers, legt sie an, überzieht Euch Hände und Gesicht mit Schmutz, verändert Eure Stimme, geht nach Hause und stellt Euch an als armer Mann, der eine Nachtherberge begehrt! Die Magd wird vielleicht, wenn sie das rauhe Wetter sieht, sich zum Mitleid rühren lassen und Euch aufnehmen; dann könnt Ihr leicht mitansehen, was Ihr nicht gerne sehen mögt."

Als Dimitrio dies hörte, zog er sich aus und legte die Lumpen eines Bettlers an, der eben in das Haus trat, um ein Unterkommen zu suchen. Während es immer heftig regnete, ging er dann an die Tür seines Hauses, pochte dreimal an, jammerte und seufzte heftig. Die Magd kam ans Fenster und sprach: „Wer pocht da unten?"

Mit zitternder Stimme antwortete er: „Ich bin ein armer alter

Mann, ich triefe ganz von Regen und bitte um Herberge für diese Nacht."

Die Magd, die nicht minder erbarmungsvoll gegen die Armen war als ihre Herrin gegen den Priester, lief zu der Frau und bat sie dringend zu erlauben, daß ein armer Bettler, der ganz durchnäßt und gebadet vom Regen sei, sich im Hause aufhalten dürfe, bis er gewärmt und getrocknet sei. „Er kann Wasser tragen, den Spieß drehen und das Feuer schüren, daß die Hähne um so schneller gebraten werden. Unterdessen kann ich die Pfanne überhängen, die Schüsseln rüsten und anderes in der Küche besorgen."

Die Frau war einverstanden, und die Magd öffnete die Tür. Sie rief ihn herein, ließ ihn sich ans Feuer setzen, und während der Arme den Bratspieß drehte, gaben sich der Priester und die Frau im Zimmer ihrer Lust hin. Dann kamen beide, sich an der Hand führend, in die Küche, grüßten den Armen, und da sie ihn so garstig beschmiert sahen, verspotteten sie ihn. Die Hausfrau trat zu ihm und fragte ihn, wie er heiße.

„Madonna", antwortete er ihr, „ich heiße Gramotiveggio, d.h. Traurig-seh-ich-dich."

Als die Frau diesen Namen hörte, begann sie zu lachen, daß ihr die Zähne hätten ausfallen sollen. Dann umarmte sie den Priester und sagte: „Komm, liebes Herz, laß mich dir einen Kuß geben!" Und vor den Augen des Bettlers drückte sie ihn fest an sich und küßte ihn. Da mag sich jeder selbst vorstellen, in welcher Stimmung der Ehemann war, als er sah, wie seine Frau und der Priester einander umarmten und küßten.

Als die Stunde des Abendessens kam, deckte die Magd den Liebenden den Tisch, kehrte dann in die Küche zurück und plauderte mit dem Alten.

„Mein lieber kleiner Paris", sagte sie, „meine Gebieterin hat einen Mann, rechtschaffen, wie nur irgendeiner im Lande, und der läßt es ihr an nichts mangeln. Weiß Gott, wo der arme Schelm in dem schlimmen Wetter jetzt ist! Die Undankbare aber denkt nicht an ihn und noch weniger an ihre Ehre; denn sie hat sich von Wollust blenden lassen, einen Liebhaber angenommen und verschließt jedem, außer ihm, das Haus. Kommt nur her: wir wollen leise an die Kammertür treten und sehen, was sie machen und wie sie essen."

Sie gingen an die Tür und sahen, wie sie einander die Bissen in den Mund steckten und Liebesgespräche führten. Als die Schlafenszeit kam, gingen sie zu Bette, scherzten und freuten sich miteinander und waren in ihrem Treiben so ungezwungen und laut, daß der Bettler, der im anstoßenden Zimmer lag, alles verstand. Der arme Schelm tat kein Auge zu die ganze Nacht; aber als es Tag wurde, stand er schnell auf, dankte der Magd für die Menschenfreundlichkeit, die sie ihm bewiesen, nahm Abschied und ging, ohne von jemand gesehen zu werden, in das Haus Manussos, seines Gevatters.

„Gevatter", sprach dieser lächelnd, „was macht das Handwerk? Habt Ihr wohl gefunden, was Ihr nicht finden wolltet?"

„Ja freilich", sagte Dimitrio, „und ich hätte es nie geglaubt, wenn ich es nicht mit eigenen Augen gesehen hätte. Doch Geduld! So will es nun einmal mein hartes Los."

Manusso sagte: „Gevatter, ich bitte Euch, tut, was ich Euch sage: Steht früh auf, nehmt Eure Kleider und zieht sie an und geht, ohne einen Augenblick zu verlieren, nach Hause, tut, als habt Ihr wegen des Gewitters nicht fortkommen können, und gebt acht, daß Euch der Priester nicht entwische! Wenn Ihr im Hause seid, wird er sich irgendwo verstecken und seinen Schlupfwinkel nicht verlassen, bis er mit Bequemlichkeit hinaus kann. Ihr schickt unterdessen nach den Verwandten der Frau, daß sie zu Euch zum Essen kommen, und wenn Ihr den Priester im Hause findet, so fangt mit ihm an, was Ihr wollt!"

Dimitrio gefiel der Rat seines Gevatters Manusso wohl; er zog die Lumpen aus, legte seine eigenen Kleider an, ging an sein Haus und klopfte an die Tür. Als die Magd sah, daß es der Herr sei, lief sie schnell in das Schlafzimmer der Frau, die noch mit dem Priester im Bette lag.

„Madonna", rief sie, „der Herr kommt zurück."

Als die Frau dies hörte, erschrak sie nicht wenig, stand auf, so schnell sie konnte, und verbarg den Priester, der im Hemde war, in einer Kiste, in der sie ihre Staatskleider verwahrte. Dann lief sie, einen Pelzrock umwerfend, barfuß hinunter und machte ihm auf.

„Ach, mein lieber Mann", rief sie, „seid willkommen! Ich habe aus Liebe zu Euch gar kein Auge zutun können, da ich immer an den heftigen Sturm denken mußte. Aber gottlob, daß Ihr nun wohlbehalten zurück seid!"

Dimitrio trat nun in das Zimmer und sagte zu seiner Frau: „Polissena, ich konnte heute nacht wegen des bösen Wetters gar nicht schlafen; ich möchte mich jetzt gerne ein wenig niederlegen; aber während ich schlafe, soll die Magd zu deinen Brüdern gehen und sie in unserem Namen einladen, heute mit uns zu speisen."

„Nicht heute", sagte Polissena, „aber auf einen andern Tag mögt Ihr sie einladen: denn heute regnet es, und die Magd hat zu tun mit Bügeln unserer Hemden, Leintücher und der übrigen Wäsche."

„Morgen ist vielleicht besseres Wetter", sagte Dimitrio, „dann muß ich abreisen."

„Ihr könntet auch hingehen", sagte Polissena, „und wenn Ihr zu müde seid, ruft unseren Gevatter Manusso da drüben, der wird es Euch schon zu Gefallen tun."

„Du hast recht", sagte Dimitrio.

Man ließ Manusso rufen; er kam und führte den Auftrag aus.

So kamen denn Polissenas Brüder zu Dimitrio, und sie speisten heiter zusammen. Als die Tafel aufgehoben war, sagte Dimitrio: „Liebe Schwäger, ich habe euch noch nie das Haus gezeigt und die Kleider, die ich eurer Schwester Polissena, meiner Frau, machen ließ; darum seid so gut und seht, wie gut sie es bei mir hat! Steh auf, Polissena! Zeigen wir deinen Brüdern ein wenig das Haus!" Sie standen auf; Dimitrio zeigte ihnen die vollen Vorratskammern mit Holz, Getreide, Öl, Spezereien, dann volle Fässer mit Malvasier, griechischen und andern köstlichen und ausgezeichneten Weinen. Darauf sagte er zu der Frau: „Zeige ihnen deinen Anhänger und die dicken weißen Perlen! Nimm aus diesem Kästchen die Smaragde, die Diamanten, die Rubine und andere Juwelen! Was dünkt euch nun, ihr Schwäger? Hat es eure Schwester nicht gut?"

Alle antworteten: „Das wußten wir wohl, und hätten wir nicht Euern Wohlstand und Eure Gesinnung gekannt, so hätten wir Euch unsere Schwester nicht zur Frau gegeben."

Damit nicht zufrieden, befahl er ihr, die Kisten aufzumachen und ihnen ihre mannigfaltigen schönen Kleider zu zeigen. Aber Polissena zitterte am ganzen Leibe und sagte: „Was brauche ich die Kisten aufzumachen und ihnen meine Kleider zu zeigen? Wissen sie denn nicht, daß Ihr mich ganz anständig gekleidet habt, ja weit über unseren Stand?"

Aber Dimitrio sprach fast zornig: „Mache diese Kiste auf! Mache die andere auf!" Und er zeigte ihnen die Kleider.

Nun war nur noch eine einzige Kiste zu öffnen übrig; dazu wollte sich aber der Schlüssel nicht finden, denn darin steckte der Priester verborgen. Als nun Dimitrio sah, daß der Schlüssel nicht zu bekommen war, nahm er einen Hammer und klopfte damit so lange, bis das Schloß zerbrach und die Kiste aufging. Der Pfaffe zitterte am ganzen Leibe vor Furcht, wußte sich aber nicht so zu verstecken, daß ihn nicht alle erkannten. Als Polissenas Brüder dies sahen, erschraken sie sehr und entbrannten so von Zorn und Wut, daß wenig fehlte, so hätten sie beide mit den Dolchen, die sie an der Seite trugen, ihn erstochen. Dimitrio litt es aber nicht, daß sie ihn umbrachten; denn er hielt es für niederträchtig, einen Mann im Hemde zu töten, wenn er auch noch so stark sei. Aber er wandte sich zu den Schwägern und sagte: „Was dünkt euch von diesem gottlosen Weibe, auf das ich einst alle meine Hoffnung gesetzt habe? Verdiene ich von ihr solche Ehre? Du unseliges, gottverlassenes Weib, was hält mich ab, dir die Adern zu durchschneiden?"

Die Schändliche konnte sich nicht weiter entschuldigen und schwieg, als ihr Mann ihr ins Gesicht sagte, was er in der vorigen Nacht getan und gesehen hatte: da konnte sie nicht mehr leugnen. Dann wandte er sich an den Pfaffen, der mit gesenktem Haupte dastand, und sagte: „Nimm deine Kleider und hebe dich alsbald von hinnen! Geh zum Henker und laß dich nicht wieder bei mir blicken! Ich gedenke nicht, wegen eines verbrecherischen Weibes meine Hände mit geweihtem Blute zu besudeln. Mache dich schnell auf! Was zögerst du?"

Ohne den Mund zu öffnen, ging der Pfaffe hinweg; es war ihm, als spüre er Dimitrio und die Schwäger mit ihren Dolchen hinter sich.

Dann wandte sich Dimitrio zu den Schwägern und sagte: „Führt eure Schwester hinweg, wohin es euch beliebt! Sie soll mir nicht mehr unter die Augen kommen."

Die Brüder waren kaum mit ihr nach Hause gekommen, so brachten sie sie ums Leben. Als Dimitrio dies hörte, bedachte er, wie schön seine Magd sei, und erinnerte sich, wie mitleidig sie sich gegen ihn erwiesen; daher nahm er sie zu seinem lieben Weibe. Er schenkte ihr alle Kleider und Juwelen seiner ersten Frau und lebte mit ihr lange glücklich und in Frieden.

ADELBERT VON CHAMISSO

Die Weiber von Winsperg

Der erste Hohenstaufen, der König Konrad, lag
mit Heeresmacht vor Winsperg seit manchem langen Tag;
der Welfe war geschlagen, noch wehrte sich das Nest,
die unverzagten Städter, die hielten es noch fest.

Der Hunger kam, der Hunger! das ist ein scharfer Dorn;
nun suchten sie die Gnade, nun fanden sie den Zorn.
„Ihr habt mir hier erschlagen gar manchen Degen wert,
und öffnet ihr die Tore, so trifft euch doch das Schwert."

Da sind die Weiber kommen: „Und muß es also sein,
gewährt uns freien Abzug, wir sind vom Blute rein."
Da hat sich vor den Armen des Helden Zorn gekühlt,
da hat ein sanft Erbarmen im Herzen er gefühlt.

„Die Weiber mögen abziehn, und jede habe frei,
was sie vermag zu tragen und ihr das Liebste sei!
Laßt ziehn mit ihrer Bürde sie ungehindert fort!
Das ist des Königs Meinung, das ist des Königs Wort."

Und als der frühe Morgen im Osten kaum gegraut,
da hat ein seltnes Schauspiel vom Lager man geschaut;
es öffnet leise, leise sich das bedrängte Tor,
es schwankt ein Zug von Weibern mit schwerem Schritt hervor

Tief beugt die Last sie nieder, die auf dem Nacken ruht,
sie tragen ihre Ehherrn, das ist ihr liebstes Gut.
„Halt an die argen Weiber!" ruft drohend mancher Wicht;
der Kanzler spricht bedeutsam: „Das war die Meinung nicht."

Da hat, wie er's vernommen, der fromme Herr gelacht:
„Und war es nicht die Meinung, sie haben's gut gemacht;
gesprochen ist gesprochen, das Königswort besteht,
und zwar von keinem Kanzler zerdeutelt und zerdreht."

So war das Gold der Krone wohl rein und unentweiht.
Die Sage schallt herüber aus halbvergeßner Zeit.
Im Jahr elfhundertvierzig, wie ich's verzeichnet fand,
galt Königswort noch heilig im deutschen Vaterland.

LUDWIG UHLAND

Das alte, gute Recht

Wo je bei altem, gutem Wein
der Württemberger zecht,
da soll der erste Trinkspruch sein
„Das alte, gute Recht!"

Das Recht, das unsres Fürsten Haus
als starker Pfeiler stützt,
und das im Lande ein und aus
der Armut Hütten schützt;

das Recht, das uns Gesetze gibt,
die keine Willkür bricht,
das offene Gerichte liebt
und gültig Urteil spricht;

das Recht, das mäßig Steuern schreibt
und wohl zu rechnen weiß,
das an der Kasse sitzen bleibt
und kargt mit unserem Schweiß;...

das Recht, das jedem freien Mann
die Waffen gibt zur Hand,
damit er stets verfechten kann
den Fürsten und das Land;

das Recht, das jedem offen läßt
den Zug in alle Welt,
das uns allein durch Liebe fest
am Mutterboden hält;...

das Recht, das eine schlimme Zeit
lebendig uns begrub,
das jetzt mit neuer Regsamkeit
sich aus dem Grab erhub.

Ja, wenn auch wir von hinnen sind,
besteh' es fort und fort
und sei für Kind und Kindeskind
des schönsten Glückes Hort!...

Stuttgarter „Schuldbekenntnis" des Rates der Evangelischen Kirche Deutschland, 19. Oktober 1945

Der Rat der Evangelischen Kirche Deutschland begrüßt bei seiner Sitzung am 18. und 19. Oktober 1945 in Stuttgart Vertreter des Ökumenischen Rates der Kirchen. Wir sind für diesen Besuch um so dankbarer, als wir uns mit unserem Volk nicht nur in einer großen Gemeinschaft der Leiden wissen, sondern auch in einer Solidarität der Schuld. Mit großem Schmerz sagen wir: Durch uns ist unendliches Leid über viele Völker und Länder gebracht worden. Was wir unseren Gemeinden oft bezeugt haben, das sprechen wir jetzt im Namen der ganzen Kirche aus: Wohl haben wir lange Jahre hindurch im Namen Jesu Christi gegen den Geist gekämpft, der im nationalsozialistischen Gewaltregiment seinen furchtbaren Ausdruck gefunden hat; aber wir klagen uns an, daß wir nicht mutiger bekannt, nicht treuer gebetet, nicht fröhlicher geglaubt und nicht brennender geliebt haben.

Nun soll in unseren Kirchen ein neuer Anfang gemacht werden. Gegründet auf die Heilige Schrift, mit ganzem Ernst ausgerichtet auf den Heiligen Herrn der Kirche, gehen sie daran, sich von glaubensfremden Einflüssen zu reinigen und sich selber zu ordnen. Wir hoffen zu dem Gott der Gnade und Barmherzigkeit, daß Er unsere Kirchen als Sein Werkzeug brauchen und ihnen Vollmacht geben wird, Sein Wort zu verkündigen und Seinem Willen Gehorsam zu schaffen bei uns selbst und bei unserem ganzen Volk. ...

Wir hoffen zu Gott, daß durch den gemeinsamen Dienst der Kirchen dem Geist der Gewalt und der Vergeltung, der heute von neuem mächtig werden will, in aller Welt entgegengesteuert werde und der Geist des Friedens und der Liebe zur Herrschaft komme, in dem allein die gequälte Menschheit Genesung finden kann.

So bitten wir in einer Stunde, in der die ganze Welt einen neuen Anfang braucht: Veni creator spiritus!

gez.	Landesbischof D. Wurm	Pastor Niemöller D. D.
	Landesbischof D. Meiser	Landesoberkirchenrat Dr. Lilje
	Bischof D. Dr. Dibelius	Superintendent Held
	Superintendent Hahn	Pastor Lic. Niesel
	Pastor Asmussen D. D.	Dr. Dr. Heinemann

STEPHAN HERMLIN

Die Bank

In den Jahren meiner Kindheit hatte ich den Berliner Norden nicht gekannt, ich lernte ihn erst flüchtig kennen in den kurzen drei Jahren, die zwischen dem Regierungsantritt der Nationalsozialisten und meinem Weggang aus Deutschland verstrichen.

An einem Spätsommertag befand ich mich in der Schönhauser Allee, schräg gegenüber der großen Brauerei, deren langgestreckter Bau heute anderen Zwecken dient, an jener Stelle etwa, wo die Gleise der Hochbahn unter der Erde verschwinden. In einem Laden hatte ich mir eine Tüte Kirschen gekauft und mich auf einer von drei oder vier Bänken niedergelassen, die dort im Halbkreis angeordnet waren. Die äußerste Bank rechts von mir war frisch mit gelber Farbe gestrichen, der jahrhundertealten Farbe der Schande. Vor kurzem waren die Nürnberger Gesetze verkündet worden. „Nur für Juden" stand mit schwarzen Buchstaben auf der Rückenlehne der gelben Bank. In diesem Viertel wohnten nicht wenige arme Juden, meistens kleine Handwerker und Händler. Einer der alten jüdischen Friedhöfe der Stadt befand sich nur wenige Schritte entfernt; auf ihm lag seit ein paar Monaten ein Freund meiner Familie, der Maler Max Liebermann.

Ich saß noch nicht lange auf meinem Platz, als zwei große Männer über den Fahrdamm langsam auf mich zu kamen. Sie waren nicht einfach groß, sie waren riesenhaft wie die Karyatiden an den Eingängen der Gründerzeithäuser, ihre mächtigen Körper waren von messingbeschlagenen Lederschürzen bedeckt. Ihresgleichen hatte ich schon oft gesehen. Damals brachten noch zwei- oder vierspännige Wagen die Bierfässer in die Läden und Gaststätten; auf dem Bock der stattlichen, festlichen Wagen saßen die athletischen Männer, die die schweren oldenburgischen und belgischen Pferde lenkten. Die Tiere, ihren Meistern an Kraft und Würde ähnlich, waren stets schön geschmückt, ihre Mähnen waren mit Bändern durchflochten, die Messingbeschläge an ihrem Geschirr blitzten. Die beiden Männer, die blond und rotgesichtig auf mich zu wandelten, wollten offenbar ihre Arbeitspause an diesem Platz verbringen. Sie hielten Bierflaschen und Pakete mit Frühstücksbroten und würdigten mich keines Blicks. Schon wollte der eine sich auf die Nachbarbank niedersetzen, als der andere ihn mit einer Handbewegung zurückhielt. „Nein, Karl", sagte er mit tiefer Stimme, die sich aus ihm erst hervorarbeiten mußte und einem leisen Brüllen glich, „nein, nicht hier. Dort ist unser Platz." Und beide gingen weiter und ließen sich auf der Bank nieder, die die Aufschrift „Nur für Juden" trug. Mit gemessenen Bewegungen begannen sie ernst ihre Mahlzeit, ohne ihre Umgebung zu beachten, stumm bis auf gelegentliche einsilbige Bemerkungen, die sie einander mit undurchdringlicher Miene knurrend hinwarfen. Ich mußte mich abwenden.

Bei Lenin hatte ich gelesen, daß auch nur die kleinste Nuance des Antisemitismus vom reaktionären Charakter der Gruppe oder Einzelperson zeugt, an der sie sichtbar wird. Ich begriff, daß diese Bemerkung das Wesen einer Formel, einer mathematischen Gleichung in sich trug. Wo immer die feige Pest sichtbar würde, da könnte, allen großen Worten zum Trotz, kein Sozialismus sein. Hier folgten Millionen willig einem Wahn, der sich nationaler Sozialismus nannte.

Ich wußte, daß ich den Beiden nichts sagen konnte. Aber nie würde ich die ungeschlachten Männer vergessen, ihre Müdigkeit, ihre Verachtung einer erbärmlichen Zeit, ihren wortlosen Edelmut. Allein gelassen von ihresgleichen boten sie dem Pöbel die Stirn.

Peter Weiss

Die Ermittlung

Gesang vom Ende der Lili Tofler

RICHTER
Frau Zeugin
Ist Ihnen der Name Lili Tofler
bekannt
ZEUGIN 5
Ja
Lili Tofler war ein ausgesprochen
hübsches Mädchen
Sie war verhaftet worden
weil sie einem Häftling
einen Brief geschrieben hatte
Beim Versuch
dem Häftling den Brief zuzuschmuggeln
war dieser gefunden worden
Lili Tofler wurde vernommen
Sie sollte den Namen des Häftlings nennen
Boger leitete die Verhöre
Auf seinen Befehl
wurde sie in den Bunkerblock gebracht
Dort mußte sie sich viele Male
nackt zur Wand stellen
und es wurde getan als sollte sie
erschossen werden
Man gab die Kommandos zum Schein
Zum Schluß flehte sie auf den Knien
man möge sie erschießen
RICHTER
Wurde sie erschossen
ZEUGIN 5
Ja

ZEUGE 6

Ich befand mich im Bunkerarrest
als Lili Tofler zusammen mit 2 anderen Häftlingen
die an dem Briefschmuggel beteiligt waren
dort eingesperrt wurde
Während dieser Tage durfte ich einmal
durch das Entgegenkommen des Funktionshäftlings
Jakob
der die Aufsicht im Bunker führte
den Waschraum benutzen
Doch auf dem Weg dorthin
drängte Jakob mich plötzlich in einen Nebenraum
Durch den Türspalt sah ich
wie Lili Tofler von Boger
in den Waschraum geführt wurde
Ich hörte zwei Schüsse
und sah nach dem Fortgang Bogers
das Mädchen tot auf dem Boden liegen
Die beiden anderen Häftlinge wurden später
von Boger im Hof liquidiert

RICHTER

Angeklagter Boger
ist Ihnen dieser Fall bekannt

ANGEKLAGTER 2

Die Erschießung der Lili Tofler
stimmt mit der Wahrheit überein
Sie war als Schreiberin der Politischen Abteilung
Geheimnisträgerin
und durfte keinerlei Kontakt
mit anderen Häftlingen aufnehmen
Ich habe mit ihrer Erschießung
nichts zu tun gehabt
Ich war über ihren Tod damals ebenso erschüttert
wie der Bunkerjakob
dem die Tränen über die Backen liefen

RICHTER
    Können Sie uns sagen
    was in dem Brief stand
ANGEKLAGTER 2
    Nein
RICHTER
    Frau Zeugin
    wissen Sie was in dem Brief stand
ZEUGIN 5
    Lili Tofler fragte in dem Brief
    ob es ihnen möglich sein könnte
    jemals weiterzuleben
    nach den Dingen die sie hier gesehen hatten
    und von denen sie wüßten
    Ich erinnere mich auch
    daß sie in ihrem Brief
    zunächst den Freund fragte
    ob er ihre vorige Nachricht erhalten habe
    Sie schrieb auch von ermutigenden Meldungen
    die sie gehört hatte
VERTEIDIGER
    Frau Zeugin
    woher haben Sie diese Kenntnisse
ZEUGIN 5
    Ich war mit Lili Tofler befreundet
    Wir wohnten im gleichen Block
    Sie hatte mir von diesem Brief erzählt
    Später sah ich den Brief
    Ich arbeitete im Standesamt des Lagers
    Da lief die Todesbescheinigung Lili Toflers ein
    Der Brief war beigefügt
RICHTER
    Kannten Sie den Häftling
    an den der Brief gerichtet war
ZEUGIN 5
    Ja

RICHTER
  Verriet Lili Tofler seinen Namen
ZEUGIN 5
  Nein
  Die Häftlinge mußten auf dem Appellplatz antreten
  und Lili sollte ihren Freund denunzieren
  Ich erinnere mich noch genau
  wie sie vor ihm stand
  ihm kurz in die Augen sah
  und sofort weiterging
  ohne ein Wort zu sagen
VERTEIDIGER
  Mußten Sie auch zum Appell antreten
ZEUGIN 5
  Ja
VERTEIDIGER
  Wo war der Appellplatz
ZEUGIN 5
  Es war die Straße und der freie Platz
  vor den Küchengebäuden im alten Lager
VERTEIDIGER
  Wie sah der Platz aus
ZEUGIN 5
  Rechts neben dem Galgen
  stand das Wachthäuschen des Rapportführers
  das war aus Holz gezimmert
  und mit Steinfugen bemalt
  Auf dem spitzen Dach war eine Wetterfahne
  Es sah aus wie aus einem Baukasten
  Die Häftlinge standen auf der Straße
  und auf allen Wegen zwischen den Blocks
  Lili Tofler wurde an ihnen entlang geführt
  Ich las an diesem Tag auch
  was auf dem Dach der Küche stand
  da war mit großen Lettern geschrieben
  ES GIBT EINEN WEG ZUR FREIHEIT

SEINE MEILENSTEINE HEISSEN
GEHORSAM FLEISS SAUBERKEIT
EHRLICHKEIT WAHRHAFTIGKEIT
UND LIEBE ZUM VATERLAND
RICHTER
    Wurde der Häftling
    an den der Brief gerichtet war
    nie entdeckt
ZEUGIN 5
    Nein

HEINAR KIPPHARDT

In der Sache J. Robert Oppenheimer

Aus dem Verhör des 5. Tages:
Wo endet die Loyalität einem Bruder gegenüber, wo gegenüber dem Staat?
Darf ein Mensch seiner Ansichten wegen verfolgt werden?

4. Szene

MORGAN Was mich interessiert, Dr. Oppenheimer, die praktische
    Seite. Nicht das Emblem auf einem Geldschein, sondern der Wert,
    nicht die Ansichten, sondern die Folgen.
    Sie hatten in Los Alamos die Wissenschaftler für das Projekt
    zusammenzubringen, nicht wahr?
OPPENHEIMER Ja, ich schlug Leute vor, die ich für fähig hielt. Die
    Entscheidung lag bei General Groves und Colonel Lansdale, dem
    Sicherheitschef.
MORGAN Kann nach Ihrer Meinung ein Kommunist an einem ge-
    heimen Kriegsprojekt arbeiten?
OPPENHEIMER Damals oder heute?
MORGAN Sagen wir heute.
OPPENHEIMER In der Regel nein.
MORGAN Damals?

388

OPPENHEIMER Eine Ausnahme wird mir damals möglicher erschienen sein.

MORGAN Wieso?

OPPENHEIMER Damals war Rußland unser Verbündeter, heute unser wahrscheinlicher Kriegsgegner.

MORGAN Es ist also die Beziehung der Kommunistischen Partei zu Rußland, die die Arbeit eines Kommunisten an einem geheimen Kriegsobjekt unmöglich macht?

OPPENHEIMER Offensichtlich.

MORGAN Wann wurde das für Sie offensichtlich?

OPPENHEIMER 46, 47.

MORGAN Lassen Sie mich eine plumpe Frage stellen, Dr. Oppenheimer: Wußten Sie im Jahre 1943 nicht, daß die Kommunistische Partei ein Spionageinstrument in diesem Lande war?

OPPENHEIMER Nein.

MORGAN Sie haben das auch nie vermutet, damals?

OPPENHEIMER Nein. Sie war eine legale Partei. Die Russen waren unsere gepriesenen Verbündeten, die Hitler bei Stalingrad gerade geschlagen hatten.

MORGAN Ich habe sie nie gepriesen, glaube ich.

OPPENHEIMER Sie haben mir aber auch nie einen Tip gegeben. Oder der Regierung.

MORGAN Woher wissen Sie das?

OPPENHEIMER Was die praktische Seite angeht, Mr. Morgan, es ist in Los Alamos niemand eingestellt worden, von dem man wußte, daß er Mitglied der Kommunistischen Partei war.

MORGAN Und haben Sie auch niemanden vorgeschlagen, Dr. Oppenheimer?

OPPENHEIMER Nein.

MORGAN Warum nicht?

OPPENHEIMER Wegen der geteilten Loyalität.

MORGAN Zwischen wem geteilt?

OPPENHEIMER Es schien mir unvereinbar, daß ein Mensch einerseits an den geheimen Kriegsprojekten einer Regierung arbeitet, die er andererseits nach dem Programm seiner Partei beseitigen soll.

MORGAN Ich verstehe.

ROBB Auf Los Alamos bezogen, Doktor, welche Gefahren sahen Sie bei einer solchen Mitarbeit?

OPPENHEIMER Die der Indiskretion.

ROBB Ist das ein anderes Wort für Spionage?

OPPENHEIMER Es ist weniger. Es schließt die Gefahr ein.

ROBB Sie hielten einen Kommunisten jedenfalls für ein zu großes Sicherheitsrisiko?

OPPENHEIMER Ein aktives Mitglied ja.

ROBB Und ehemalige Mitglieder? Wie verhielten Sie sich, wenn sie einen Physiker vorzuschlagen hatten, der ehemals Mitglied der Kommunistischen Partei gewesen war?

OPPENHEIMER Wenn ich das wußte, und wenn ich ihn im Hinblick auf die geheime Kriegsarbeit für gefährlich hielt, dann machte ich meinen Vorschlag mit diesem Vorbehalt.

ROBB Wie prüften Sie, ob ein ehemaliges Mitglied noch gefährlich war?

OPPENHEIMER Ich gab meinen Eindruck. Es war sehr schwer, gute Leute zu kriegen. Wir arbeiteten unter äußerst harten, äußerst unangenehmen Bedingungen.

ROBB Sie haben meine Frage nicht beantwortet, Sir.

OPPENHEIMER Wiederholen Sie die Frage.

ROBB Welchen Test machten Sie damals, um beruhigt zu sein, daß ein ehemaliges Mitglied nicht mehr gefährlich war?

OPPENHEIMER Welchen Test? Bei wem? Bei meiner Frau?

ROBB Nehmen wir Ihren Bruder, der wie Sie Physiker ist. Beschreiben Sie uns den Test, den Sie angestellt haben, um ihm vertrauen zu können.

OPPENHEIMER Bei seinem Bruder stellt man keinen Test an. Ich wenigstens nicht. Ich kannte meinen Bruder.

ROBB Gut, woran erkannten Sie, daß Ihr Bruder nicht mehr gefährlich war?

OPPENHEIMER Ich hielt meinen Bruder nie für gefährlich. Die Gefahr, daß ein Mitglied der Kommunistischen Partei Spionage betreiben könnte, hieß für mich nie, daß jedes Mitglied tatsächlich Spionage betreiben würde.

ROBB Ich verstehe. Ihr Bruder war eine Ausnahme von der Regel, die Sie vorhin aufgestellt haben?

OPPENHEIMER Nein. Ich sagte nicht, daß jeder Kommunist ein Sicherheitsrisiko sein muß, daß es aber sinnvoll ist, diese Regel aufzustellen. Joliot Curie in Frankreich ist ein Gegenbeispiel. Er ist Kommunist, und er ist für das französische Atomwaffenprogramm verantwortlich.

ROBB Die Atomspione Klaus Fuchs, Nunn May und Pontecorvo sind andere Beispiele?

OPPENHEIMER Ja.

. . .

ROBB Wann wurde Ihr Bruder Mitglied der Kommunistischen Partei?

OPPENHEIMER 1936 oder 1937.

ROBB Und wann ist er wieder ausgetreten?

OPPENHEIMER Ich glaube, im Herbst 1941.

ROBB Das war die Zeit, als er von Stanford nach Berkeley an das Strahlungslaboratorium ging, nicht wahr?

OPPENHEIMER Ja. Lawrence holte ihn zu nicht geheimen Arbeiten.

ROBB Kurz danach war er aber in Berkeley an geheimen Kriegsprojekten beteiligt?

OPPENHEIMER Nach einem Jahr etwa.

ROBB Nach Pearl Harbor?

OPPENHEIMER Möglich.

ROBB Teilten Sie den Sicherheitsbehörden daraufhin mit, daß Ihr Bruder Parteimitglied gewesen ist?

OPPENHEIMER Es hat mich niemand danach gefragt.

ROBB Es hat Sie niemand gefragt. – Teilten Sie das Lawrence oder sonst jemand mit?

OPPENHEIMER Ich sagte Lawrence, daß die Schwierigkeiten meines Bruders in Stanford von dessen linken Verbindungen herrührten.

ROBB Das war nicht ganz meine Frage, Doktor. Teilten Sie Lawrence oder sonst jemand mit, daß Ihr Bruder Frank Mitglied der Kommunistischen Partei gewesen ist?

OPPENHEIMER Nein.

ROBB Warum nicht?

OPPENHEIMER Ich glaube, ich bin nicht verpflichtet, die Karriere meines Bruders zu zerstören, wenn ich volles Vertrauen zu ihm habe.

ROBB Woraus schlossen Sie, daß Ihr Bruder nicht mehr Mitglied war?

OPPENHEIMER Er hat es mir gesagt.

ROBB Und das genügte Ihnen?

OPPENHEIMER Ja.

ROBB Wissen Sie, daß Ihr Bruder damals und auch später offiziell bestritten hat, daß er jemals Mitglied war?

OPPENHEIMER Ich weiß, daß er das im Jahre 1947 bestritten hat.

ROBB Warum hat er das nach Ihrer Meinung bestritten?

OPPENHEIMER Vermutlich wollte er weiter als Physiker arbeiten und nicht als Farmer, wie er das seit dieser Zeit tun muß.

ROBB Billigen Sie sein Verhalten, Doktor?

OPPENHEIMER Ich billige es nicht, ich verstehe es. Ich mißbillige, daß ein Mensch wegen seiner gegenwärtigen oder vergangenen Ansichten vernichtet wird. Das mißbillige ich.

ROBB Wir sprechen von der Arbeit an geheimen Kriegsprojekten und von den möglicherweise unbequemen Maßnahmen, die wir treffen müssen, unsere Freiheit zu schützen, Doktor.

OPPENHEIMER Ich weiß. Es gibt Leute, die bereit sind, die Freiheit zu schützen, bis nichts mehr von ihr übrig ist.

ROBB Kann man im Falle ihres Bruders sagen, Sir, daß die natürliche Loyalität, die sie ihm entgegenbrachten, die Loyalität unseren Sicherheitsbehörden gegenüber überwog?

OPPENHEIMER Ich habe dargelegt, daß es einen solchen Loyalitätskonflikt nicht gab.

ROBB Obwohl Sie nach Ihrem eigenen Zeugnis der Ansicht waren, daß es für die Sicherheitsbehörden wichtig sein kann, zu wissen, ob jemand Mitglied der Kommunistischen Partei war, verschwiegen Sie das im Falle Ihres Bruders, oder nicht?

OPPENHEIMER Ich verschwieg es nicht ausdrücklich, ich wurde nicht gefragt.

ROBB Und Sie sagten es nicht von sich aus?

OPPENHEIMER Nein.

ROBB Das wollte ich wissen, Doktor.

Elftes Kapitel

Friedenswille – Gewaltlosigkeit

❖ ❖ ❖

Johann Peter Hebel

Das wohlfeile Mittagessen

Es ist ein altes Sprichwort: Wer andern eine Grube gräbt, fällt selber darein. – Aber der Löwenwirt in einem gewissen Städtlein war schon vorher darin. Zu diesem kam ein wohlgekleideter Gast. Kurz und trotzig verlangte er für *sein* Geld eine gute Fleischsuppe. Hierauf forderte er auch ein Stück Rindfleisch und ein Gemüs für sein Geld. Der Wirt fragte ganz höflich: ob ihm nicht auch ein Glas Wein beliebe? „O freilich ja!" erwiderte der Gast, „wenn ich etwas Gutes haben kann für *mein* Geld." Nachdem er sich alles wohl hatte schmecken lassen, zog er einen abgeschliffenen Sechser aus der Tasche und sagte: „Hier, Herr Wirt, ist *mein* Geld." Der Wirt sagte: „Was soll das heißen? Seid Ihr mir nicht einen Taler schuldig?" Der Gast erwiderte: „Ich habe für keinen Taler Speise von Euch verlangt, sondern *für mein Geld*. Mehr hab ich nicht. Habt Ihr mir zu viel dafür gegeben, so ist's Eure Schuld." – Dieser Einfall war eigentlich nicht weit her. Es gehörte nur Unverschämtheit dazu und ein unbekümmertes Gemüt, wie es am Ende ablaufen werde. Aber das Beste kommt noch. „Ihr seid ein durchtriebener Schalk", erwiderte der Wirt, „und hättet wohl etwas anders verdient. Aber ich schenke Euch das Mittagessen und hier noch ein Vierundzwanzigkreuzerstück dazu. Nur seid stille zur Sache und geht zu meinem Nachbarn, dem Bärenwirt, und macht es ihm ebenso!" Das sagte er, weil er mit seinem Nachbarn, dem Bärenwirt, aus Brotneid in Unfrieden lebte und einer dem andern jeglichen Tort und Schimpf gerne antat und erwiderte. Aber der schlaue Gast griff lächelnd mit der einen Hand nach dem angebotenen Geld, mit der andern vorsichtig nach der Türe, wünschte dem Wirt einen guten Abend und sagte: „Bei Eurem Nachbarn, dem Herrn Bärenwirt, bin ich schon gewesen, und eben der hat mich zu Euch geschickt und kein anderer."

So waren im Grunde beide hintergangen, und der dritte hatte den Nutzen davon. Aber der listige Kunde hätte sich noch obendrein einen schönen Dank von beiden verdient, wenn sie eine gute Lehre daraus gezogen und sich miteinander ausgesöhnt hätten. Denn Frieden ernährt, aber Unfrieden verzehrt.

GOTTFRIED KELLER

Frühlingsglaube

Es wandert eine schöne Sage
wie Veilchenduft auf Erden um,
wie sehnend eine Liebesklage
geht sie bei Tag und Nacht herum.

Das ist das Lied vom Völkerfrieden
und von der Menschheit letztem Glück,
von goldner Zeit, die einst hienieden,
der Traum als Wahrheit, kehrt zurück,

wo einig alle Völker beten
zum Einen König, Gott und Hirt;
von jenem Tag, wo den Propheten
ihr leuchtend Recht gesprochen wird.

Dann wirds nur eine Schmach noch geben
nur eine Sünde in der Welt:

Des Eigen-Neides Widerstreben,
der es für Traum und Wahnsinn hält.

Wer jene Hoffnung gab verloren
und böslich sie verloren gab,
der wäre besser ungeboren:
Denn lebend wohnt er schon im Grab.

STEFAN ZWEIG

Polyphem

Drei Jahre schon leben wir
In deiner Höhle,
Höhle des Dunkels, des Grauens und böser Erwartung,
Polyphem,
Du ewig hungriger, menschenfressender Riese,
Dessen Auge
Starr, stählern und wimpernlos
Die selige Träne nicht kennt.

Tag für Tag
Greift deine harte haarige Hand
In unsere Reihen,
Fühlt, betastet und wägt unsre schauernden Glieder,
Reißt
Freunde von Freunden,
Bruder von Brüdern
Schlägt
Schädel und Hirne, gefüllt mit Liebe und warmen Gedanken,
Körper und Stirnen, durchglüht von Samen und Süße des Lebens
Gegen die Felsen des Schicksals,
und gierig schlürft
Dein breites, wulstiges tierisches Maul

Das heilige Fleisch
Göttlicher Menschen.

Wie Tiere gedrängt
Schauernd im Dunkel
Der blutigen Höhle
Sitzen wir nachts und fragen uns an mit sklavischen Augen:
Wann du? Wann ich? Wann der letzte
Göttlicher Menschen
In den Wanst,
Den sich ewig weitenden,
Dieses aufgeblähten sinnlosen Tiers?
Unsere Wangen
Sind mürb
Von vergossenen Tränen,
Unsere Augen
Verdunkelt vom täglichen Anblick der Schmach,
Ein eiserner Ring
Erdrückt unsere Kehle,
Die einstens lobsang die Schönheit der Welt.
Wir können nicht reden,
Wir können nur stöhnen.
Wie die Vögel im Sturm
Gesträubten Gefieders
Niedergeduckt
Wärmen wir uns
Einer am andern,
Aber wir ballen die Fäuste,
Daß das Blut uns rot aus den Nägeln springt.

Er aber,
Trunken von Blut,
Frech von der Mast
Heiliger Menschen,
Räkelt sich breit
Auf der ewigen Erde,

Vom Morgen bis Mittag
Liegt er hingestreckt,
Zermalmend die Äcker,
Zerberstend die Wälder,
Zerdrückend die Städte,
Der Menschenschlinger
Und lacht
Mit dem kalten Auge, dem tränenlosen
In die Himmel,
Wo die Götter, die schläfrigen, schlafen und schlafen.

Aber hüte dich, Polyphem!
Es brennen heimlich
Die Feuer der Rache
In unseren Seelen.
Der Atem der Toten facht sie zur Glut.
Schon schmieden
Wir nächtlich den Pfahl,
Den Pfahl für dein Auge,
Das harte, das kalte, das tränenlose!
Hüte dich, hüte dich, Polyphem,
Schon schärfen wir
Die Spitze im Feuer!
Friß nur, saufe, mäste dich an,
Polyphem,
Doch wenn du dann träumst vom ewigen Fraße,
Stoßen wir dir die Nacht in die Stirn,
Und aus der Höhle des Bluts und des Grauens
Schreiten
Wir, Brüder der Völker, Brüder der Zeiten,
Über deine stinkende Leiche
In die ewigen Himmel der Welt.

BERTOLT BRECHT

Legende vom toten Soldaten

1

Und als der Krieg im vierten Lenz
Keinen Ausblick auf Frieden bot
Da zog der Soldat seine Konsequenz
Und starb den Heldentod.

2

Der Krieg war aber noch nicht gar
Drum tat es dem Kaiser leid
Daß sein Soldat gestorben war:
Es schien ihm noch vor der Zeit.

3

Der Sommer zog über die Gräber her
Und der Soldat schlief schon
Da kam eines Nachts eine militär-
ische ärztliche Kommission.

4

Es zog die ärztliche Kommission
Zum Gottesacker hinaus
Und grub mit geweihtem Spaten den
Gefallnen Soldaten aus.

5

Der Doktor besah den Soldaten genau
Oder was von ihm noch da war
Und der Doktor fand, der Soldat war k.v.
Und er drückte sich vor der Gefahr.

6

Und sie nahmen sogleich den Soldaten mit
Die Nacht war blau und schön.
Man konnte, wenn man keinen Helm aufhatte
Die Sterne der Heimat sehn.

7

Sie schütteten ihm einen feurigen Schnaps
In den verwesten Leib
Und hängten zwei Schwestern in seinen Arm
Und ein halb entblößtes Weib.

8

Und weil der Soldat nach Verwesung stinkt
Drum hinkt ein Pfaffe voran
Der über ihn ein Weihrauchfaß schwingt
Daß er nicht stinken kann.

9

Voran die Musik mit Tschindrara
Spielt einen flotten Marsch.
Und der Soldat, so wie er's gelernt
Schmeißt seine Beine vom Arsch.

10

Und brüderlich den Arm um ihn
Zwei Sanitäter gehn
Sonst flög er noch in den Dreck ihnen hin
Und das darf nicht geschehn.

11

Sie malten auf sein Leichenhemd
Die Farben Schwarz-Weiß-Rot
Und trugen's vor ihm her; man sah
Vor Farben nicht mehr den Kot.

12

Ein Herr im Frack schritt auch voran
Mit einer gestärkten Brust
Der war sich als ein deutscher Mann
Seiner Pflicht genau bewußt.

13

So zogen sie mit Tschindrara
Hinab die dunkle Chaussee
Und der Soldat zog taumelnd mit
Wie im Sturm die Flocke Schnee.

14

Die Katzen und die Hunde schrein
Die Ratzen im Feld pfeifen wüst:
Sie wollen nicht französisch sein
Weil das eine Schande ist.

15

Und wenn sie durch die Dörfer ziehn
Waren alle Weiber da
Die Bäume verneigten sich, Vollmond schien
Und alles schrie hurra.

16

Mit Tschindrara und Wiedersehn!
Und Weib und Hund und Pfaff!
Und mitten drin der tote Soldat
Wie ein besoffner Aff.

17

Und wenn sie durch die Dörfer ziehn
Kommt's, daß ihn keiner sah
So viele waren herum um ihn
Mit Tschindra und Hurra.

18

So viele tanzten und johlten um ihn
Daß ihn keiner sah.
Man konnte ihn einzig von oben noch sehn
Und da sind nur Sterne da.

19

Die Sterne sind nicht immer da
Es kommt ein Morgenrot.
Doch der Soldat, so wie er's gelernt
Zieht in den Heldentod.

MAHATMA GANDHI

Gewaltlosigkeit und ziviler Ungehorsam

Lieber Freund!

Bevor ich den zivilen Ungehorsam entfessele und damit ein Risiko auf mich nehme, von dem ich all die Jahre zurückgeschreckt bin, möchte ich mich an Sie wenden und versuchen, noch einen Ausweg zu finden.

Mein eigener Standpunkt ist vollkommen klar. Ich bin nicht imstande, irgendeinem Lebewesen, geschweige denn meinen Mitmenschen weh zu tun, selbst dann nicht, wenn sie mir und den Meinen das größte Unrecht zufügen. Daher habe ich, obwohl ich die englische Herrschaft für einen Fluch halte, nicht die Absicht, irgendeinem Engländer oder den rechtmäßigen Interessen, die er in Indien haben mag, zu schaden.

Ich möchte nicht mißverstanden werden. Obwohl ich die englische Herrschaft in Indien für einen Fluch halte, glaube ich nicht, daß die Engländer im allgemeinen schlechter sind als irgendein anderes Volk auf Erden. Ich genieße das Vorrecht, viele Engländer zu meinen liebsten Freunden zählen zu dürfen. Und in der Tat verdanke ich viel von meinem Wissen über die Mißstände der britischen Herrschaft den Aufsätzen ehrlicher und mutiger Engländer, die sich nicht scheuten, die traurige Wahrheit über diese Herrschaft zu berichten.

Und warum betrachte ich die englische Herrschaft als einen Fluch?

Sie hat durch ein System progressiver Ausbeutung und durch eine ungeheuer kostspielige Militär- und Zivilverwaltung, die das Land niemals tragen kann, die stummen Millionen an den Bettelstab gebracht.

Sie hat uns politisch zu Sklaven gemacht. Sie hat die Grundlagen unserer Kultur untergraben. Und da sie uns systematisch und brutal jeder Waffe beraubte, hat sie uns seelisch erniedrigt. Weil es uns an innerer Stärke fehlt, hat man uns durch eine fast vollständige Entwaffnung in eine an Hilflosigkeit grenzende Lage versetzt. . . .

Es liegt offen zutage, daß die verantwortlichen britischen Staatsmänner nicht die geringste Änderung ihrer Politik in Betracht ziehen, die den Handel Englands mit Indien in ungünstiger Weise beeinflussen könnte oder eine genaue und unparteiische Überprüfung der Handelsgeschäfte Englands mit Indien erfordern würde. Wenn nichts geschieht, um dem Ausbeutungsprozeß Einhalt zu gebieten, dann schreitet die Ausblutung Indiens immer schneller voran. Der Finanzsachverständige betrachtet das Verhältnis eins zu sechs als feststehende Tatsache; das würde mit einem Federstrich Indien um einige Millionen ärmer machen. Und wenn ein ernsthafter Versuch unternommen wird, durch eine in ordentlicher Form durchgeführte direkte Aktion diese Tatsache, neben vielen anderen, aus dem Wege zu räumen, dann können Sie selbst nicht umhin, die wohlhabende Klasse der Grundbesitzer aufzurufen, Ihnen bei der Vereitelung dieses Versuches im Namen einer Herrschaft, die Indien völlig vernichtet, zu helfen. . . .

Es hat den Anschein, als sei nicht eine der politischen Parteien Englands bereit, die Ausbeutung Indiens aufzugeben, die England von Tag zu Tag oft trotz einmütigen Widerstandes der indischen Öffentlichkeit betreibt.

Wenn Indien jedoch als Nation weiterleben soll, wenn dem lang-

samen Hungertod Einhalt geboten werden soll, dann muß ein Mittel
zur sofortigen Linderung der Not gefunden werden. Die vorgeschla-
gene Konferenz ist gewiß nicht dieses Mittel. Hier handelt es sich
nicht darum, durch Argumente zu überzeugen. Es ist nun so weit,
daß sich Kräfte miteinander messen. Überzeugung hin oder her –
England würde immer seinen Handel und seine Interessen in Indien
mit aller ihm zur Verfügung stehenden Macht verteidigen. Indien
muß infolgedessen versuchen, so viel Kraft aufzubringen, daß es sich
selbst von der Hand des Todes befreien kann.

Man ist allgemein der Auffassung, daß die Partei der Gewalt,
obwohl sie nicht organisiert und zur Zeit noch unbedeutend ist, an
Boden gewinnen und sich fühlbar machen wird. Ihr Ziel ist dasselbe
wie meines. Aber ich bin überzeugt, daß sie nicht die ersehnte Hilfe
für die stummen Millionen bringen kann. In mir wächst mehr und
mehr die Überzeugung heran, daß nur reine Gewaltlosigkeit die
organisierte Gewalt Großbritanniens in Schach halten kann. Viele
glauben, Gewaltlosigkeit sei keine wirkende Kraft. Meine Erfahrung,
so begrenzt sie auch sicherlich sein mag, sagt mir, daß Gewaltlosigkeit eine sehr starke, wirkende Kraft darstellt. Es ist meine
Absicht, diese Kraft sowohl gegen die organisierte Gewalt der britischen Herrschaft als auch gegen die nicht organisierte Gewalt der an
Stärke zunehmenden Partei der Gewalt einzusetzen. Untätig bleiben
hieße, diesen beiden Mächten die Zügel schießen zu lassen. Da ich
bedingungsloses und unbeirrbares Vertrauen in die Wirksamkeit der
Gewaltlosigkeit, so wie ich sie verstehe, habe, wäre es von mir eine
Sünde, länger zu warten.

Diese Gewaltlosigkeit wird in einem bürgerlichen Ungehorsam
zum Ausdruck kommen; augenblicklich beschränkt sich diese Bewegung noch auf die Insassen des Satyagraha-Ashram, doch sie ist dazu
bestimmt, alle die zu umfassen, die sich der Bewegung mit ihren
eindeutigen Beschränkungen anschließen wollen.

Ich weiß, daß ich mich mit dem Aufruf zum gewaltlosen Widerstand auf etwas einlasse, was man ruhig ein ungeheures Risiko nennen kann. Doch der Wahrheit wurde nie ohne Risiko, oft von ganz
erheblichem Umfang, zum Siege verholfen. Eine Nation zur Einsicht
zu bringen, die bewußt oder unbewußt eine andere weit größere, weit

ältere und nicht weniger kultivierte ausplünderte, ist jedes noch so große Risiko wert. Ich habe das Wort Einsicht mit Absicht gewählt. Denn ich habe keinen geringeren Ehrgeiz als den, das englische Volk durch Gewaltlosigkeit zu bekehren und es so zu der Erkenntnis zu bringen, daß es Indien unendlich viel Leid zugefügt hat. Ich möchte Ihrem Volk nicht schaden. Ich habe den Wunsch, ihm.ebenso wie dem meinigen zu dienen. Ich glaube, ihm immer gedient zu haben. Blind diente ich ihm bis 1919. Als aber meine Augen sehend wurden, und ich auf den Gedanken kam, nicht länger zusammenzuarbeiten, war mein Ziel immer noch, ihm zu dienen. ... Da ich für Ihr Volk die gleiche Liebe hege wie für das meine, kann das nicht lange verborgen bleiben. Es wird sie anerkennen, so wie die Angehörigen meiner Familie, nachdem sie mich mehrere Jahre auf die Probe gestellt hatten. Wenn sich das indische Volk mir, wie ich hoffe, anschließt, wird das Leid, das es auf sich nimmt, wenn die britische Regierung nicht vorher nachgibt, so groß sein, daß es auch das steinernste Herz erweichen muß.

Durch bürgerlichen Ungehorsam wollen wir gegen die von mir beispielhaft aufgeführten Übelstände ankämpfen. Wenn wir die Verbindung mit England lösen wollen, so wegen solcher Übelstände. Wenn diese behoben sind, ist der Weg frei. Dann ist er offen für Verhandlungen in freundschaftlicher Atmosphäre. Wenn die britischen Beziehungen zu Indien von aller Gier frei sind, wird es Ihnen nicht schwer fallen, unsere Unabhängigkeit anzuerkennen. Ich ersuche Sie deshalb, den Weg zur sofortigen Beseitigung dieser Übelstände zu ebnen und so die Voraussetzungen für eine echte Konferenz unter Gleichberechtigten zu schaffen, die nur an einer Förderung des gemeinsamen Wohlergehens der Menschheit und an der Schaffung von Bedingungen interessiert sind, die beiden Seiten in gleicher Weise Vorteile bringen und zur gegenseitigen Hilfe und zum Güteraustausch beitragen. ... Falls Sie aber keine Möglichkeit sehen, mit diesen Übeln fertig zu werden, und Ihnen mein Brief nicht zu Herzen geht, dann übertrete ich mit den Mitgliedern des Ashram, die sich mir anschließen wollen, am elften Tage des Monats das Salzgesetz. Ich betrachte die Salzsteuer als die ungerechteste vom Standpunkt des armen Mannes aus. Da die Unabhängigkeitsbewegung vor allem den Ärmsten des Landes helfen soll, muß der Anfang bei diesem Mißstand gemacht werden. Es ist ein Wunder, daß wir dieses grausame Monopol so lange ertragen haben. Ich weiß, Sie haben die Möglichkeit, meinen Plan durch meine Verhaftung zu vereiteln. Ich hoffe, daß dann Zehntausende bereit sein werden, mein Werk in Ruhe und Ordnung weiterzuführen und sich durch den Ungehorsam gegenüber dem Salzgesetz freiwillig der Bestrafung durch ein Gesetz auszusetzen, das niemals das Gesetzbuch hätte verunstalten dürfen. ...

Mein Brief ist keineswegs als Drohung gedacht, er ist nur Ausdruck einer einfachen, heiligen Pflicht, die jedem Anhänger des gewaltlosen Widerstands obliegt...

Ich verbleibe Ihr Ihnen ergebener Freund
M. K. Gandhi

MARTIN LUTHER KING

Mein Weg zur Gewaltlosigkeit

Da die Lehre vom gewaltlosen Widerstand eine so positive Rolle in der Montgomery-Bewegung spielte, ist es vielleicht angebracht, einige grundlegende Gesichtspunkte kurz zu erörtern.

Zuerst muß betont werden, daß gewaltloser Widerstand keine Methode für Feiglinge ist. Es wird Widerstand geleistet. Wenn jemand diese Methode anwendet, weil er Angst hat oder nur weil ihm die Werkzeuge zur Gewaltanwendung fehlen, so handelt er in Wirklichkeit gar nicht gewaltlos. Aus diesem Grunde hat Gandhi oft gesagt, man solle, wenn man nur die Wahl zwischen Feigheit und Gewalt hat, lieber kämpfen. Er wußte, daß es immer noch eine andere Möglichkeit gibt: Weder eine Einzelperson noch eine Gruppe von Menschen braucht sich einem Unrecht zu unterwerfen oder Gewalt anzuwenden, um sich wieder Recht zu verschaffen; denn es gibt den Weg des gewaltlosen Widerstands. Das ist letzten Endes der Weg des Starken. Es ist keine Methode träger Passivität. Der Ausdruck „passiver Widerstand" erweckt oft den falschen Eindruck, daß das eine Methode des Nichtstuns sei, bei der derjenige, der Widerstand leistet, ruhig und passiv das Böse hinnimmt. Aber nichts ist weiter von der Wahrheit entfernt. Denn der Anhänger des gewaltlosen Widerstandes ist nur insofern passiv, als er seinen Gegner nicht physisch angreift; sein Geist und seine Gefühle aber sind immer aktiv. Sie versuchen ständig den Gegner zu überzeugen, daß er im Unrecht ist. Die Methode ist körperlich passiv, aber geistig stark aktiv. Es ist keine Widerstandslosigkeit gegenüber dem Bösen, sondern aktiver gewaltloser Widerstand gegen das Böse.

Ein anderer charakteristischer Zug des gewaltlosen Widerstandes ist der, daß er den Gegner nicht vernichten oder demütigen, sondern seine Freundschaft und sein Verständnis gewinnen will. Wer gewaltlosen Widerstand leistet, muß oft durch Boykotte oder dadurch, daß er seine Mitarbeit versagt, protestieren. Aber er weiß, daß diese Mittel nicht Selbstzweck sind. Sie sollen beim Gegner nur ein Gefühl der Scham wecken. Der Zweck ist Wiedergutmachung und Aussöhnung. Die Frucht des gewaltlosen Widerstandes ist eine neue innige Gemeinschaft , während die Folge der Gewalttätigkeit tragische Verbitterung ist.

Ein drittes Charakteristikum dieser Methode ist, daß ihr Angriff gegen die Mächte des Bösen gerichtet ist, nicht gegen Personen, die das Böse tun. Der Anhänger des gewaltlosen Widerstandes will das Böse vernichten, nicht die Menschen, die dem Bösen verfallen sind. Wenn er sich gegen die Rassendiskriminierung auflehnt, so tut er es in der Erkenntnis, daß die eigentliche Spannung nicht zwischen den Rassen besteht. Ich sage es den Leuten in Montgomery gern so: „Die Spannung in dieser Stadt besteht nicht zwischen Weißen und Negern. Sie besteht im Grunde genommen zwischen Gerechtigkeit und Ungerechtigkeit, zwischen den Mächten des Lichts und den Mächten der Finsternis. Und wenn hier ein Sieg errungen ist, wird es nicht nur ein Sieg für 50 000 Neger sein, sondern ein Sieg für die Gerechtigkeit und die Mächte des Lichts. Wir wollen die Ungerechtigkeit vernichten und nicht weiße Menschen, die ungerecht sind."

Ein vierter charakteristischer Zug des gewaltlosen Widerstandes ist die Bereitschaft, Demütigungen zu erdulden, ohne sich zu rächen, und Schläge hinzunehmen, ohne zurückzuschlagen. „Vielleicht müssen Ströme von Blut fließen, ehe wir unsere Freiheit gewinnen, aber es muß unser Blut sein", sagte Gandhi zu seinen Landsleuten. Der Anhänger des gewaltlosen Widerstandes ist bereit, wenn es sein muß, Gewalttätigkeit hinzunehmen; aber er wird sie anderen niemals zufügen. Er versucht nicht, einer Verhaftung aus dem Wege zu gehen. Wenn er ins Gefängnis muß, geht er hinein „wie ein Bräutigam in die Kammer der Braut".

Man könnte nun fragen: Mit welchem Recht fordert der Anhänger des gewaltlosen Widerstandes die Menschen auf, eine so schwere Prüfung auf sich zu nehmen? Mit welchem Recht wendet er die alte Lehre vom „Die-andere-Backe-Hinreichen" auf die politischen Massen an? Die Antwort ist: Er hat erkannt, daß unverdientes Leiden erlöst. Im Leiden liegt eine gewaltige erzieherische und umwandelnde Kraft. Gandhi sagt: „Alles, was von fundamentaler Bedeutung für ein Volk ist, läßt sich nicht durch Vernunft allein erreichen, es muß durch Leiden erkauft werden. Leiden ist eine unendlich viel stärkere Macht als das Gesetz des Dschungels. Es kann den Gegner umwandeln und ihm die Ohren öffnen, die sonst der Stimme der Vernunft verschlossen sind."

Fünftens läßt sich der Anhänger des gewaltlosen Widerstandes weder äußerlich noch innerlich zur Gewalttätigkeit hinreißen. Er weigert sich nicht nur, seinen Gegner niederzuschießen, sondern auch, ihn zu hassen. Im Mittelpunkt der Lehre vom gewaltlosen Widerstand steht das Gebot der Liebe. Der Anhänger des gewaltlosen Widerstandes kämpft darum, daß die unterdrückten Völker der Welt in ihrem Ringen um die Menschenwürde nicht verbittert werden oder sich in Haßfeldzügen ergehen. Mit gleicher Münze vergelten, würde den Haß in der Welt nur vermehren. Jeder müßte Verstand und Moral genug haben, um die Kette des Hasses zu zerreißen. Das kann nur geschehen, wenn wir die Liebe zum Mittelpunkt unseres Lebens machen.

Wenn wir an dieser Stelle von der Liebe sprechen, meinen wir damit nicht irgendein sentimentales oder zärtliches Gefühl. Es wäre Unsinn, wenn wir die Menschen auffordern wollten, ihre Unterdrücker zärtlich zu lieben. Mit Liebe meinen wir in unserem Falle

Verstehen, guten Willen, der erlösende Kraft hat. Hier kommt uns die griechische Sprache zu Hilfe. Es gibt im griechischen Neuen Testament drei Worte für Liebe. Erstens das Wort „eros". In Platos Philosophie bedeutet „eros" das Verlangen der Seele nach dem Bereich des Göttlichen. Heute verstehen wir darunter eine Art ästhetischer oder romantischer Liebe. Das zweite Wort ist „philia", das innige Zuneigung zwischen zwei Freunden bedeutet. Philia kennzeichnet eine auf Gegenseitigkeit beruhende Liebe. Man liebt, weil man geliebt wird.

Wenn wir von einer Liebe zu denen sprechen, die uns feindlich gegenüberstehen, benutzen wir weder das Wort „eros" noch das Wort „philia", sondern das griechische Wort „agape". Agape bedeutet verstehender, erlösender guter Wille allen Menschen gegenüber. Sie ist eine überströmende Liebe, die völlig freiwillig, unmotiviert, grundlos und schöpferisch ist. Sie wird nicht durch irgendeine gute Eigenschaft oder Leistung ihres Objekts ausgelöst. Sie ist die Liebe Gottes, die im Herzen des Menschen wirkt.

Agape ist eine uneigennützige Liebe, in der der Mensch nicht sein Bestes sucht, sondern „was des andern ist" (1. Kor. 10, 24). Sie macht keinen Unterschied zwischen würdigen und unwürdigen Menschen oder zwischen irgendwelchen Eigenschaften, die die Menschen besitzen. Sie liebt die andern um ihretwillen und sieht in jedem Menschen, dem sie begegnet, den Nächsten. Daher macht sie auch keinen Unterschied zwischen Freund und Feind. Sie wendet sich beiden zu. Wer einen Menschen nur seiner Freundlichkeit wegen liebt, liebt ihn mehr um des Vorteils willen, den er aus der Freundschaft zieht, als um seinetwillen. Wenn wir also sicher sein wollen, daß unsere Liebe uneigennützig ist, müssen wir den Nächsten lieben, der unser Feind ist und von dem wir nichts Gutes, sondern nur Feindseligkeit und Verfolgung erwarten können.

Ein anderer Grundzug der Agape ist, daß sie aus dem dringenden Verlangen des andern entspringt – seinem Verlangen, zu den Besten in der menschlichen Familie zu gehören. Der Samariter, der dem Juden auf der Straße nach Jericho half, war „gut", weil er auf die menschliche Not reagierte, der er begegnete. Gottes Liebe ist ewig und versagt nicht, weil der Mensch sie braucht. Paulus versichert uns, daß „wir Gott versöhnt sind durch den Tod seines Sohnes, als wir noch Feinde waren" – das heißt, zu der Zeit, als wir die Liebe am meisten brauchten. Da der Charakter des weißen Menschen durch die Segregation sehr entstellt ist und seine Seele sehr gelitten hat, braucht er die Liebe des Negers. Der Neger muß den Weißen lieben, damit dessen Spannungen, Unsicherheiten und Ängste beseitigt werden.

Agape ist keine schwache, passive Liebe. Sie ist eine tätige Liebe, eine Liebe, die danach trachtet, Gemeinschaft zu schaffen und zu erhalten, auch wenn man sie zerstören will. Sie ist bereit, Opfer zu bringen und alles zu tun, um die Gemeinschaft wiederherzustellen. Sie bleibt deshalb nicht bei der ersten Meile stehen, sondern sie geht auch die zweite Meile. Sie ist bereit, nicht siebenmal, sondern siebenzigmal siebenmal zu vergeben. Das Kreuz ist das ewige Zeichen dafür, wie weit Gott gehen will, um eine zerbrochene Gemeinschaft wiederherzustellen. Die Auferstehung ist ein Symbol des Sieges Gottes über alle die Mächte, die die Gemeinschaft zu verhindern suchen. Der Heilige Geist ist im Verlauf der Geschichte die Realität, die ständig Gemeinschaft schafft. Wer gegen die Gemeinschaft handelt, handelt gegen die ganze Schöpfung. Wenn ich daher Haß mit Haß begegne, vergrößere ich nur die Kluft in der zerbrochenen Gemeinschaft. Ich kann diese Kluft nur so schließen, daß ich Haß mit Liebe begegne. Wenn ich Haß mit Haß begegne, werde ich entpersönlicht, weil sich meine Persönlichkeit nach dem Schöpfungswillen Gottes nur innerhalb der Gemeinschaft entwickeln kann ...

Und schließlich bedeutet „agape" Anerkennung der Tatsache, daß alles Leben in Beziehung zueinander steht. Die ganze Menschheit ist in einen einzigen Prozeß verwickelt, und alle Menschen sind Brüder. In dem Maße, wie ich meinem Bruder schade, ganz gleich, was er mir antut, in dem Maße schade ich mir selbst. Die Weißen lehnen zum Beispiel oft eine finanzielle Unterstützung des Schulwesens aus Bundesmitteln ab, um den Negern nicht ihr Recht geben zu müssen. Da aber alle Menschen Brüder sind, können sie Negerkindern nichts verweigern, ohne ihren eigenen Kindern zu schaden. Entgegen all ihren Anstrengungen schaden sie sich schließlich selbst. Warum ist das so? Weil alle Menschen Brüder sind. Wenn du mir schadest, schadest du dir selbst ...

Sechstens gründet sich der gewaltlose Widerstand auf die Überzeugung, daß das Universum auf der Seite der Gerechtigkeit steht. Infolgedessen hat der, der an Gewaltlosigkeit glaubt, einen tiefen Glauben an die Zukunft. Dieser Glaube ist ein weiterer Grund, warum der Anhänger des gewaltlosen Widerstandes Leiden ertragen kann, ohne wiederzuvergelten. Denn er weiß, daß er in seinem Kampf für die Gerechtigkeit den Kosmos auf seiner Seite hat. Es ist wahr, daß es eifrige Anhänger der Gewaltlosigkeit gibt, denen es schwerfällt, an einen persönlichen Gott zu glauben. Aber selbst diese glauben an die Existenz irgendeiner schöpferischen Kraft, die für das universale Ganze wirkt. Ob wir sie nun einen unbewußten Prozeß, einen unpersönlichen Brahma oder ein persönliches Wesen von unvergleichlicher Macht und unendlicher Liebe nennen – es gibt eine schöpferische Kraft in diesem Weltall, die am Werk ist, die getrennten Erscheinungen der Wirklichkeit zu einem harmonischen Ganzen zusammenzufügen.

WOLF BIERMANN

Kleiner Frieden

Kinder, die aufwachen
Frauen, die Morgenwäsche machen
Männer, die ein Gedicht schreiben *über*:

Kinder
    die aufwachen
Frauen
    die Morgenwäsche machen
Männer
    die ein Gedicht schreiben

KARL MICKEL

Das Kindlein am Himmelstor

Das Kindlein kam zum Himmelstor
Der Pförtner Petrus stand davor.
Das Kindlein war so zart und fein
Es hatte weder Arm noch Bein.

„O lieber Pförtner laß mich ein
Ich bin weiß Gott ein armes Schwein
Geboren zu Hiroshima
Im zwölften Jahr nachdems geschah."

„Du Kindlein kommst mir nicht herein
Dort muß die Höll gewesen sein.
Wer in der Hölle ist geborn
Dem ewig Leben ist verlorn."

REINER KUNZE

Zweites gedicht über das fensterputzen

Den rahmen säubern
von der möglichkeit des gitters, den wirbel
von der möglichkeit des galgens, den sims
von der möglichkeit des letzten schritts

Die scheiben putzen, nichts
trübe den blick

Atmen
den frieden der fenster die
nachts nicht verschweigen müssen
ihr licht

MAX FRISCH

Wir hoffen

Eine friedensfähige Gesellschaft wäre eine Gesellschaft, die ohne Feindbilder auskommt. Es gibt Phasen, wo wir nicht ohne Auseinandersetzung auskommen, nicht ohne Zorn, aber ohne Haß, ohne Feindbild: wenn wir (einfach gesprochen) glücklich sind oder zumindest lebendig – zum Beispiel durch eine Art von Arbeit, die nicht nur Lohn einbringt, sondern Befriedigung (die nicht entfremdete Arbeit), und durch eine Art des Zusammenlebens von Menschen, das Selbstverwirklichung zuläßt. Was meint Freiheit, ein so mißbrauchbares Wort, im Grunde anderes? Freiheit nicht als Faustrecht für den Starken, Freiheit nicht durch Macht über andere. Selbstverwirklichung; sagen wir: wenn es möglich ist, kreativ zu leben. Wie viele Menschen haben in den vorhandenen Gesellschaften aber die Möglichkeit, kreativ zu leben? Das ist durch Wohlstand allein noch nicht gegeben ... Ob der Überlebenswille der Gattung ausreichen wird zum Umbau unsrer Gesellschaften in eine friedensfähige, weiß ich nicht. Wir hoffen. Es ist dringlich. Das Gebet entbindet nicht von der Frage nach unserem politischen Umgang mit dieser Hoffnung, die eine radikale ist. Der Glaube an eine Möglichkeit des Friedens (und also des Überlebens der Menschen) ist ein revolutionärer Glaube.

ASTRID LINDGREN

Niemals Gewalt

Müssen wir uns nach diesen Jahrtausenden ständiger Kriege nicht fragen, ob der Mensch nicht vielleicht schon in seiner Anlage fehlerhaft ist? Und sind wir unserer Aggressionen wegen zum Untergang verurteilt? Wir alle *wollen* ja den Frieden. Gibt es denn da keine

Möglichkeit, uns zu ändern, ehe es zu spät ist? Könnten wir es nicht vielleicht lernen, auf Gewalt zu verzichten? Könnten wir nicht versuchen, eine ganz neue Art Mensch zu werden? Wie aber sollte das geschehen, und wo sollte man anfangen? Ich glaube, wir müssen von Grund auf beginnen. Bei den Kindern. Sie, meine Freunde, haben Ihren Friedenspreis einer Kinderbuchautorin verliehen, und da werden Sie kaum weite politische Ausblicke oder Vorschläge zur Lösung internationaler Probleme erwarten. Ich möchte zu Ihnen über die Kinder sprechen. Über meine Sorge um sie und meine Hoffnungen für sie. Die jetzt Kinder sind, werden ja einst die Geschäfte unserer Welt übernehmen, sofern dann noch etwas von ihr übrig ist. Sie sind es, die über Krieg und Frieden bestimmen werden und darüber, in was für einer Gesellschaft sie leben wollen. In einer, wo die Gewalt nur ständig weiterwächst, oder in einer, wo die Menschen in Frieden und Eintracht miteinander leben. Gibt es auch nur die geringste Hoffnung darauf, daß die heutigen Kinder dereinst eine friedlichere Welt aufbauen werden, als wir es vermocht haben? Und warum ist uns dies trotz allen guten Willens so schlecht gelungen? ...

Freie und un-autoritäre Erziehung bedeutet *nicht*, daß man die Kinder sich selber überläßt, daß sie tun und lassen dürfen, was sie wollen. Es bedeutet *nicht*, daß sie ohne Normen aufwachsen sollen, was sie selber übrigens gar nicht wünschen. Verhaltensnormen brauchen wir alle, Kinder und Erwachsene, und durch das *Beispiel* ihrer Eltern lernen die Kinder mehr als durch irgendwelche anderen Methoden. Ganz gewiß sollen Kinder Achtung vor ihren Eltern haben, aber ganz gewiß sollen auch Eltern Achtung vor ihren Kindern haben, und niemals dürfen sie ihre natürliche Überlegenheit mißbrauchen. Liebevolle Achtung voreinander, das möchte man allen Eltern und allen Kindern wünschen.

Jenen aber, die jetzt so vernehmlich nach härterer Zucht und strafferen Zügeln rufen, möchte ich das erzählen, was mir einmal eine alte Dame berichtet hat. Sie war eine junge Mutter zu der Zeit, als man noch an diesen Bibelspruch glaubte, dieses „Wer die Rute schont, verdirbt den Knaben". Im Grunde ihres Herzens glaubte sie wohl gar nicht daran, aber eines Tages hatte ihr kleiner Sohn etwas getan, wofür er ihrer Meinung nach eine Tracht Prügel verdient hatte, die erste in seinem Leben. Sie trug ihm auf, in den Garten zu gehen und selber nach einem Stock zu suchen, den er ihr dann bringen sollte. Der kleine Junge ging und blieb lange fort. Schließlich kam er weinend zurück und sagte: „Ich habe keinen Stock finden können, aber hier hast du einen Stein, den kannst du ja nach mir werfen." Da aber fing auch die Mutter an zu weinen, denn plötzlich sah sie alles mit den Augen des Kindes. Das Kind mußte gedacht haben, „meine Mutter will mir wirklich weh tun, und das kann sie ja auch mit einem Stein."

Sie nahm ihren kleinen Sohn in die Arme, und beide weinten eine Weile gemeinsam. Dann legte sie den Stein auf ein Bord in der Küche, und dort blieb er liegen als ständige Mahnung an das Versprechen, das sie sich in dieser Stunde selber gegeben hatte: „NIEMALS GEWALT!"

Ja, aber wenn wir unsere Kinder nun ohne Gewalt und ohne irgendwelche straffen Zügel erziehen, entsteht dadurch schon ein neues Menschengeschlecht, das in ewigem Frieden lebt? Etwas so Einfältiges kann sich wohl nur ein Kinderbuchautor erhoffen! Ich weiß, daß es eine Utopie ist. Und ganz gewiß gibt es in unserer armen, kranken Welt noch sehr viel anderes, das gleichfalls geändert werden muß, soll es Frieden geben. Aber in dieser unserer Gegenwart gibt es – selbst ohne Krieg – so unfaßbar viel Grausamkeit, Gewalt und Unterdrückung auf Erden, und das bleibt den Kindern keineswegs verborgen. Sie sehen und hören und lesen es täglich, und schließlich glauben sie gar, Gewalt sei ein natürlicher Zustand. Müssen wir ihnen dann nicht wenigstens daheim durch unser Beispiel zeigen, daß es eine andere Art zu leben gibt? Vielleicht wäre es gut, wenn wir alle einen kleinen Stein auf das Küchenbord legten als Mahnung für uns und für die Kinder: NIEMALS GEWALT!

Es könnte trotz allem mit der Zeit ein winziger Beitrag sein zum Frieden in der Welt.

Zwölftes Kapitel

Gemeinsinn – Verantwortungsbewußtsein Verläßlichkeit

❖ ❖ ❖

Kain und Abel

Eva, Adams Weib, gabar den Kain (Gewinn) und sprach: Ich habe einen Sohn mit des Herrn Hilfe gewonnen. Weiter gebar sie den Abel, seinen Bruder. Abel war ein Schäfer, Kain aber ein Ackermann. Es begab sich aber nach einiger Zeit, daß Kain dem Herrn von den Früchten des Feldes Opfer brachte; und auch Abel brachte von den Erstlingen seiner Herde und von ihrem Fett. Und der Herr sah gnädig auf Abel und sein Opfer; aber Kain und sein Opfer sah er nicht gnädig an. Da ergrimmte Kain sehr, und sein Angesicht verfinsterte sich. Da sprach der Herr zu Kain: Warum ergrimmst du, und warum verfinstert sich dein Angesicht? Ist es nicht also? Wenn du fromm bist, so bist du angenehm; bist du aber nicht fromm, so lauert die Sünde vor der Tür, und ihr Verlangen steht nach dir; du aber herrsche über sie.

Da redete Kain mit seinem Bruder Abel; und da sie auf dem Felde waren, erhob sich Kain wider seinen Bruder und schlug ihn tot. Da sprach der Herr zu Kain: Wo ist dein Bruder Abel? Er sprach: Ich weiß es nicht; soll ich meines Bruders Hüter sein? Gott aber sprach: Was hast du getan? Das Blut deines Bruders schreit zu mir von der Erde; und nun seist du verflucht auf der Erde, die ihren Mund aufgetan und deines Bruders Blut von deiner Hand empfangen hat. Wenn du den Acker bauen wirst, soll er dir hinfort seinen Ertrag nicht geben. Unstet und flüchtig sollst du sein auf Erden.

Kain aber sprach zu dem Herrn: Meine Schuld ist größer, als daß ich sie tragen könnte. Siehe, du treibst mich heute aus dem Lande, und ich muß mich vor deinem Angesicht verbergen und muß unstet und flüchtig sein auf Erden. So wird's mir gehen, daß mich totschlägt, wer mich findet. Aber der Herr sprach zu ihm: Nein; sondern wer Kain totschlägt, das soll siebenfältig gerächt werden. Und der Herr machte ein Zeichen an Kain, daß ihn niemand erschlüge, wer ihn fände. Also ging Kain von dem Angesichte des Herrn weg und wohnte im Lande der Verbannung jenseits Eden gegen Morgen.

(1. Buch Moses)

Die Sage von Daidalos und Ikaros

Daidalos von Athen, der größte Künstler des mythischen Altertums, stammte ebenfalls aus dem Geschlechte des Erechtheus. Er war weit und breit berühmt durch seine herrlichen Kunstwerke. Er errichtete viele schöne Tempel und sonstige Bauten und schuf Bildsäulen, von denen man sagte, sie lebten, sähen und gingen. Denn während die früheren Künstler ihre Standbilder mumienartig mit steif zusammengeschlossenen Füßen, an den Seiten anliegenden Armen und geschlossenen Augen bildeten, öffnete Daidalos seinen Bildern die Augen, löste die Arme frei von dem Körper und gab ihnen eine schreitende Stellung. Er hatte für seine Kunst eine Menge nützlicher Werkzeuge erfunden, wie die Axt, den Bohrer, die Setzwage. Die Künstlereifersucht aber trieb ihn zum Verbrechen. Er hatte einen Neffen und Schüler namens Talos von so genialer Erfindungsgabe, daß er seinen Meister einst an Ruhm weit zu überstrahlen drohte; schon als Knabe hatte er ohne Hilfe des Meisters die Säge erfunden nach dem Vorbilde einer Fischgräte, ferner den Zirkel, das Dreheisen, die Töpferscheibe und anderes. Dadurch wurde der Neid und die Eifersucht des Daidalos erregt, und er tötete den Neffen heimlich, indem er ihn von dem athenischen Burgfelsen hinabstürzte. Die Sache kam aber doch ans Licht, und er mußte aus der Heimat flüchten, um dem Tode zu entgehen. Er floh nach Kreta zu dem König Minos in Knossos, der ihn mit offenen Armen aufnahm und sich von ihm viele schöne Kunstwerke fertigen ließ. Unter andern baute Daidalos auch zu Knossos das berühmte Labyrinth, in welchem das Ungeheuer Minotauros aufbewahrt wurde, ein weitläufiges Gebäude mit vielfach gewundenen und verschlungenen Irrgängen.

Obgleich Daidalos von König Minos aufs Freundlichste behandelt wurde, so merkte er doch bald, daß der König, um möglichst viel Nutzen von seiner Kunst zu ziehen, ihn wie einen Gefangenen hielt und keine Lust zeigte, ihn je in seine Heimat zurückkehren zu lassen. Sobald Daidalos sah, wie er beobachtet und bewacht wurde, war ihm die Verbannung doppelt drückend, und die Liebe zur Heimat erwachte mit doppelter Macht. Er beschloß zu entfliehen, auf welche Weise es auch sei. „Mag er Land und Meer verschließen, so steht doch der Himmel mir noch offen. Auf diesem Wege will ich ziehen. Alles mag Minos besitzen, die Luft besitzt er nicht." So sprach er zu sich und versenkte seinen Geist in unbekannte Künste und erneuerte die Natur. Er legte Federn ordnend zusammen, indem er mit der kleinsten anfing und stets eine größere auf die kleinere folgen ließ, heftete sie in der Mitte mit Fäden zusammen, und unten verband er sie mit Wachs. Dann gab er den so zusammengesetzten Flügeln eine kleine Biegung, so daß sie völlig den wahren Flügeln gleich waren.

Während er so mit seinem Werke beschäftigt war, stand sein Knabe Ikaros neben ihm und hinderte durch allerlei Spiel die wunderbare Arbeit des Vaters. Bald haschte er mit lächelndem Munde nach den Federn, die leicht in der Luft umherflogen, bald knetete er mit dem Daumen das gelbe Wachs, mit dem der Künstler arbeitete. Als Daidalos die letzte Hand an sein Werk gelegt, schwang er seinen Körper in beide Flügel hinein und hing bald rudernd in den Lüften. Er unterwies auch seinen Sohn, dem er ein kleineres Flügelpaar verfertigt hatte. „Fliege mir schön auf der Mittelstraße", sprach er; „denn wenn du zu tief gehst, wird die Welle die Federn zu sehr beschweren; steigst du zu hoch, so verbrennt die Sonnenglut dein Gefieder. Zwischen Wasser und Sonne fliege in der Mitte, stets nur meinem Wege folgend."

Darauf heftete er ihm die Flügel an die Schultern und lehrte ihn die Kunst des Fliegens und die Regeln des Flügelschlags.

Während dieses Werkes und seiner Unterweisung wurden die Wangen des Greises feucht und seine Hände zitterten. Dann umarmte er den Sohn in banger Rührung, drückte den letzten Kuß auf seine Lippen und schwang sich in die Lüfte dem Sohne voran. Ängstlich schaut er zurück nach dem Begleiter und ermutigt ihn zu folgen und zeigt ihm, wie er die Flügel bewegen soll, gleich einem Vogel, der die junge Brut zum ersten Mal aus dem Neste führt. So kamen sie bald in die hohe Luft, und alles ging anfangs glücklich vonstatten. Mehr als ein Mann sah sie auf ihrem luftigen Pfad, ein Fischer, der mit zitterndem Rohre Fische fing, ein Hirte, auf seinen Stab, ein Ackersmann, auf seine Sterze gestützt, – sie sahen und staunten und glaubten, daß es Götter seien, die so durch den Äther fliegen könnten. Und schon hatten sie eine weite Strecke des Meeres hinter sich, schon waren Paros und Delos zurückgelassen, zur Linken war Samos, zur Rechten Lebinthos und Kalymne: da begann der Knabe, durch den glücklichen Fortgang ermutigt, an kühnerem Flug sich zu ergötzen; er verließ den Führer und stieg hoch empor in die Nähe des Himmels, um die junge Brust im reinen Äther zu baden. Da aber erweichte die Nähe der Sonne das Wachs, welches die Flügel zusammenhielt; es schmolz herab, und die Flügel zerfielen. Der unglückliche Knabe schwang verzweifelt die leeren Arme, er faßte keine Luft mehr und stürzte in die Tiefe. Als er eben noch in Angst den Namen des Vaters rief, füllte die verschlingende Flut den schreienden Mund. Der Vater, schon nicht mehr Vater, spähte durch den ängstlichen Ruf erschreckt, vergebens in den Lüften umher. „Ikaros", rief er, „Ikaros, wo bist du, in welchen Regionen soll ich dich suchen?" Da sah er die Federn auf den Wellen schwimmen und erkannte, was geschehen. Trostlos seine Kunst verwünschend, senkte er seinen Flug zur nächsten Insel und irrte an dem Ufer so lange suchend umher, bis die Wellen den Leichnam des Knaben ans Land spülten. Er bestattete die Leiche auf der Insel, die seitdem den Namen Ikaria trägt. Das Meer, in welches Ikaros fiel, heißt das ikarische.

Von Ikaria aus begab sich Daidalos nach der Insel Sizilien. Dort wurde er von dem König Kokalos gastlich aufgenommen und verfertigte diesem und seinen Töchtern manch' schönes Kunstwerk. Sobald Minos von dem Aufenthalte des Daidalos hörte, machte er sich mit einer großen Kriegsflotte auf, um den Entflohenen zurückzuholen. Als er von Kokalos die Auslieferung desselben forderte, wurde er von dessen Töchtern, die den Daidalos wegen seiner Kunst liebgewonnen hatten, durch eine List getötet. Sie bereiteten dem König ein warmes Bad, und als er in der Wanne saß, heizten sie das Wasser so, daß er in dem siedenden Schwall erstickte.

Daidalos starb auf der Insel Sizilien, oder er kehrte, wie die Athener erzählen, später nach Athen zurück, wo das Künstlergeschlecht der Daidaliden, zu dem auch der weise Sokrates gehörte, sich von ihm herleitete.

Die Legende vom heiligen Georg als Drachentöter

Es war in der Umgebung von Beirut; in einem See hauste ein ungeheurer Drache und machte Wasser und Land unsicher. Manchmal kam er bis vor die Tore der Stadt, wo er die Luft verpestete. Man beschloß, ihm zwei Schafe täglich zum Opfer zu bringen. Aber bald gingen die Schafe aus. Man befragte das Orakel. Die Antwort lautete, man müsse dem Drachen Menschenopfer bringen und die, die dem Tode geweiht würden, durch das Los bestimmen ...

Eines Tages fiel in Beirut das Los auf Margarete, die Tochter des Königs. Der König verweigerte seine Tochter, aber das Volk war aufrührerisch und drohte, das Schloß in Brand zu stecken. Der König gab nach: er lieferte seine Tochter aus, mit Festkleidern geschmückt. Man führte Margarete zu der Stätte, an der das Ungeheuer sich ihrer bemächtigen würde. Sie lehnte sich, in Tränen zerfließend, an einen Felsen. Aber siehe, am Felsen vorüber kommt der hl. Georg des Weges. Er sieht die weinende Jungfrau, tritt herzu und fragt sie nach dem Grund ihres Kummers. Sie erzählt ihm alles. Der heilige Held bleibt ihr zur Seite. Plötzlich kocht das Wasser auf: Der Drache windet sich heraus, teilt die Wogen, schauerliches Zischen erfüllt die Luft, stinkende Gerüche vergiften sie. Das junge Mädchen stößt

Schreie des Schreckens aus. „Fürchte dich nicht", sagt der hl. Georg, steigt auf sein Pferd, befiehlt sich Gott, stürzt sich auf das Ungeheuer, bringt ihm einen tiefen Stich mit der Lanze bei und zwingt es zu seinen Füßen. „Jetzt", so sagt Georg zu dem jungen Mädchen, „nimm deinen Gürtel und lege ihn dem Tier um den Hals!" Und sie führte das Ungeheuer in die Stadt, wo das versammelte Volk in Freudengeschrei und Dankesrufe ausbrach. Und Georg sprach zum Volke, wenn es an Gott glauben wolle, so werde er das Ungeheuer vollends töten. Da empfing der König die Taufe, und zwanzigtausend Menschen mit ihm.

Der König wollte Georg mit Ehren überhäufen und seine Schätze mit ihm teilen. Aber Georg ließ alles an die Armen verteilen, was man ihm geben wollte, umarmte den König, empfahl ihm alle Unglücklichen und kehrte in sein Land zurück.

RENÉ DESCARTES

Einige Regeln der Sittenlehre

Ehe man das Haus, in dem man wohnt, von neuem aufzubauen beginnt, muß man es nicht bloß niederreißen und sich Material und Bauleute besorgen oder sich selbst in der Baukunst üben und außerdem auch den Grundriß sorgfältig gezeichnet haben, sondern man muß auch ein anderes Haus haben, wo man solange, als hier gearbeitet wird, bequem wohnen kann. Um also in meinen Handlungen nicht unentschlossen zu bleiben, solange die Vernunft mich verpflichten würde, es in meinen Urteilen zu sein, und um so glücklich wie möglich weiterzuleben, bildete ich mir vor der Hand eine Moral nur aus drei oder vier Grundsätzen, die ich euch gern mitteilen will.

Der *erste* war, den Gesetzen und Sitten meines Vaterlandes zu gehorchen, die Religion standhaft beizubehalten, in der von meiner Kindheit an belehrt zu werden Gott mir die Wohltat erwiesen hat, in allen übrigen Dingen mich nach den mäßigsten und von dem Übermaß entferntesten Ansichten zu richten, die unter den Leuten mei-

nes Umgangs die Verständigsten in ihre Handlungsweise gemei-
niglich würden aufgenommen haben. Hatte ich damit begonnen,
meine eigenen Ansichten für nichts gelten zu lassen, weil ich sie alle
der Prüfung anheim geben wollte, so war ich sicher, daß es das beste
sei, den Ansichten der *Verständigsten* zu folgen. Und wenn es auch
vielleicht ebenso verständige Leute unter den Persern oder Chinesen
geben mag wie unter uns, so schien es mir doch am nützlichsten,
mich nach denen zu richten, mit welchen ich *umgehen* würde, und
daß, um ihre wirklichen Ansichten zu erfahren, ich mehr auf ihre
Handlungen als auf ihre *Worte* achten müßte, nicht bloß, weil es bei
der heutigen Sittenverderbnis wenig Leute gibt, die alles sagen wollen, was sie glauben, sondern auch, weil viele es selbst gar *nicht wissen*,
denn die Geistestätigkeit, wodurch man etwas glaubt, ist von der
verschieden, wodurch man erkennt, daß man diesen Glauben hat,
und so ist oft die eine ohne die andere. Und unter mehreren
Ansichten von gleichem Ansehen wählte ich nur die gemäßigtsten:
einmal, weil sie stets für die Praxis die bequemsten und wahrscheinlich die besten sind, denn alles Übermaß ist in der Regel schlecht;
dann auch, um im Fall des Fehlgriffs mich von dem wahren Weg
weniger abzuwenden, als wenn ich das eine Extrem ergriffen hätte,
während ich das andere hätte ergreifen sollen. Und besonders rech-
nete ich zum Übermaß alle *Versprechungen*, wodurch man etwas an
seiner Freiheit aufgibt. Nicht, daß ich die Gesetze tadelte, die der
Unbeständigkeit schwacher Geister zu Hilfe kommen wollen und
deshalb zulassen, wenn man eine gute oder auch für die Sicherheit
des Verkehrs eine nur gleichgültige Absicht hat, daß man Gelübde
oder Verträge macht, die zum Beharren verpflichten, sondern, weil
ich nichts in der Welt in demselben Zustande bleiben sah, und weil,
was mich insbesondere betrifft, ich mir das Versprechen gegeben
hatte, meine Urteile immer mehr zu vervollkommnen, nicht aber sie
zu verschlechtern. So hätte ich gemeint, einen großen Fehler gegen
die gesunde Vernunft zu begehen, wenn ich deshalb, weil ich einmal
irgendeine Sache gutgeheißen, mich verpflichtet hätte, sie auch dann
noch für gut zu achten, nachdem sie aufgehört, es zu sein, oder ich
aufgehört, sie dafür zu halten.

Mein *zweiter* Grundsatz war, in meinen Handlungen so fest und entschlossen wie möglich zu sein und den zweifelhaftesten Ansichten, sobald ich mich einmal dafür entschieden, nicht weniger standhaft zu folgen, als wenn sie ganz sicher gewesen wären, indem ich hierin wie die Reisenden verfuhr, die, wenn sie sich im Walde verirrt finden, nicht bald hierhin, bald dorthin schweifen, noch weniger auf derselben Stelle stehenbleiben, sondern immer so viel wie möglich gerade und nach derselben Richtung fortgehen müssen und diese nicht aus schwachen Rücksichten verändern dürfen, auch wenn es anfänglich vielleicht bloß der Zufall war, der sie bestimmt hat, diese Richtung zu wählen; denn so werden sie, wenn auch nicht, wohin sie wollen, doch wenigstens an irgendein Ziel kommen, wo sie sich wahrscheinlich besser befinden werden als mitten im Walde. Und so ist es, weil die Handlungen des Lebens oft keinen Aufschub dulden, ein richtiger Grundsatz, daß, wenn wir die *wahrsten* Ansichten nicht deutlich zu erkennen (discerner) vermögen, wir den *wahrscheinlichsten* folgen und selbst, wenn wir keine größere Wahrscheinlichkeit bei den einen als bei den andern bemerken, wir dennoch für eine uns entscheiden (déterminer) müssen und sie dann, soweit ihre *praktische* Bedeutung reicht, nicht mehr als zweifelhaft ansehen dürfen, sondern als ganz wahr und sicher, weil so jener Grundsatz ist, der uns zu dieser Entscheidung vermocht hat. Und dadurch habe ich die Fähigkeit gewonnen, mich von aller Reue und allen inneren Vorwürfen zu befreien, welche die Gewissen schwacher und schwankender Gemüter zu beunruhigen pflegen, die sich gehen lassen ohne feste Richtung und die Dinge als gut behandeln, die sie nachher als schlecht beurteilen.

Mein *dritter* Grundsatz war, immer bemüht zu sein, lieber mich als das Schicksal zu besiegen, lieber meine Wünsche als die Weltordnung zu verändern, und überhaupt mich an den Glauben zu gewöhnen, daß nichts vollständig in unserer Macht sei als *unsere Gedanken*; daß mithin, wenn wir in betreff der Dinge außer uns unser Bestes getan haben, alles, was am Gelingen fehlt, in Rücksicht auf uns vollkommen unmöglich ist. Und dieses allein schien mir hinreichend, um mich für die Zukunft nicht mehr Unerreichbares wünschen zu lassen und also mich zufrieden zu machen, denn unser Wille geht in seinen Wünschen von Natur nur auf solche Dinge, die unser Verstand ihm irgendwie als möglich darstellt, und wenn wir nun alle Güter außer uns als gleicherweise jenseits unserer Macht betrachten, so werden wir uns über den unverschuldeten Verlust unserer natürlichen Glücksgüter gewiß ebensowenig grämen, wie daß wir die Reiche China oder Mexiko nicht besitzen; und indem wir, wie man zu sagen pflegt, aus der Not eine Tugend machen, werden wir im kranken Zustande die Gesundheit und im gefangenen die Freiheit nicht mehr wünschen, als wir etwa im Augenblick einen Körper haben möchten von einem so wenig zerstörbaren Stoff wie Diamanten, oder Flügel, um wie die Vögel zu fliegen.

Thomas Jefferson

Einleitung zur Unabhängigkeitserklärung

Wenn es im Laufe der geschichtlichen Ereignisse für ein Volk notwendig wird, die politischen Bande zu lösen, die es mit einem anderen verknüpft haben, und unter den Mächten der Erde die gesonderte und gleichwertige Stellung einzunehmen, zu der die Gesetze der Natur und des Schöpfers es berechtigen, so erfordert eine geziemende Achtung vor der Meinung der Welt, daß es die Gründe angibt, die es zu der Trennung zwingen.

Wir halten diese Wahrheiten für in sich einleuchtend: daß alle Menschen gleich geschaffen sind; daß sie von ihrem Schöpfer mit gewissen unveräußerlichen Rechten ausgestattet sind, darunter Leben, Freiheit und Streben nach Glück; daß zur Sicherung dieser Rechte Regierungen unter den Menschen eingesetzt sind, die ihre gerechten Vollmachten von der Einwilligung der Regierten herleiten; daß, wenn immer eine Regierungsform diesen Zielen zum Schaden gereicht, es das Recht des Volkes ist, sie zu ändern oder abzuschaffen und eine neue Regierung einzusetzen, die sich auf solchen Grundsätzen aufbaut und ihre Macht in einer Weise organisiert, wie sie am geeignetsten erscheint, seine Sicherheit und sein Glück zu schaffen...

THEODOR FONTANE

John Maynard

John Maynard!
  „Wer ist John Maynard?"

„John Maynard war unser Steuermann,
aushielt er, bis er das Ufer gewann,
er hat uns gerettet, er trägt die Kron',
er starb für uns, unsre Liebe sein Lohn.
  John Maynard."

Die „Schwalbe" fliegt über den Eriesee,
Gischt schäumt um den Bug wie Flocken von Schnee,
von Detroit fliegt sie nach Buffalo –
die Herzen aber sind frei und froh,
und die Passagiere mit Kindern und Fraun
im Dämmerlicht schon das Ufer schaun,
und plaudernd an John Maynard heran
tritt alles: „Wie weit noch, Steuermann?"
Der schaut nach vorn und schaut in die Rund:
„Noch dreißig Minuten ... halbe Stund."

Alle Herzen sind froh, alle Herzen sind frei –
da klingt's aus dem Schiffsraum her wie Schrei,
„Feuer!" war es, was da klang,
ein Qualm aus Kajüt' und Luke drang,
ein Qualm, dann Flammen lichterloh,
und noch zwanzig Minuten bis Buffalo.

Und die Passagiere, buntgemengt,
am Bugspriet stehn sie zusammengedrängt,
am Bugspriet vorn ist noch Luft und Licht,
am Steuer aber lagert sich's dicht,
und ein Jammern wird laut: „Wo sind wir? wo?"
Und noch fünfzehn Minuten bis Buffalo. –

Der Zugwind wächst, doch die Qualmwolke steht,
der Kapitän nach dem Steuer späht,
er sieht nicht mehr seinen Steuermann,
aber durchs Sprachrohr fragt er an:
„Noch da, John Maynard?" „Ja, Herr. Ich bin."
„Auf den Strand! In die Brandung!" „Ich halte drauf hin
Und das Schiffsvolk jubelt: „Halt aus! Hallo!"
Und noch zehn Minuten bis Buffalo. – –

„Noch da, John Maynard?" Und Antwort schallt's
mit ersterbender Stimme: „Ja, Herr, ich halt's!"
Und in die Brandung, was Klippe, was Stein,
jagt er die „Schwalbe" mitten hinein.
Soll Rettung kommen, so kommt sie nur so.
Rettung: der Strand von Buffalo!

Das Schiff geborsten. Das Feuer verschwelt.
Gerettet alle. Nur einer fehlt!

Alle Glocken gehn; ihre Töne schwelln
himmelan aus Kirchen und Kapelln,
ein Klingen und Läuten, sonst schweigt die Stadt,
ein Dienst nur, den sie heute hat:
Zehntausend folgen oder mehr,
und kein Aug' im Zuge, das tränenleer.

Sie lassen den Sarg in Blumen hinab,
mit Blumen schließen sie das Grab,
und mit goldner Schrift in den Marmorstein
schreibt die Stadt ihren Dankspruch ein:
„Hier ruht John Maynard! In Qualm und Brand
hielt er das Steuer fest in der Hand,
er hat uns gerettet, er trägt die Kron',
er starb für uns, unsre Liebe sein Lohn.
John Maynard."

BERTOLT BRECHT

In finsteren Zeiten

Man wird nicht sagen: Als da der Nußbaum sich im Wind
    schüttelte
Sondern: Als da der Anstreicher die Arbeiter niedertrat.
Man wird nicht sagen: Als das Kind den flachen Kiesel
    über die Stromschnelle springen ließ
Sondern: Als da die großen Kriege vorbereitet wurden.
Man wird nicht sagen: Als da die Frau ins Zimmer kam
Sondern: Als da die großen Mächte sich gegen die Arbeiter
    verbündeten.
Aber man wird nicht sagen: Die Zeiten waren finster
Sondern: Warum haben ihre Dichter geschwiegen?

Thomas Mann

Brief an den Dekan
der Philosophischen Fakultät der Universität Bonn
vom 31. Dezember 1936

... In diesen vier Jahren eines Exils, das feiwillig zu nennen wohl
eine Beschönigung wäre, da ich, in Deutschland verblieben oder
dorthin zurückgekehrt, wahrscheinlich nicht mehr am Leben wäre,
hat die sonderbare Schicksalsirrtümlichkeit meiner Lage nicht aufgehört, mir Gedanken zu machen. Ich habe es mir nicht träumen
lassen, es ist mir nicht an der Wiege gesungen worden, daß ich meine
höheren Tage als Emigrant, zu Hause enteignet und verfemt, in tief
notwendigem politischem Protest verbringen würde. Seit ich ins
geistige Leben eintrat, habe ich mir in glücklichem Einvernehmen
mit den seelischen Anlagen meiner Nation, in ihren geistigen Traditionen sicher geborgen gefühlt. Ich bin weit eher zum Repräsen-
tanten geboren als zum Märtyrer, weit eher dazu, ein wenig höhere
Heiterkeit in die Welt zu tragen, als den Kampf, den Haß zu nähren.
Höchst Falsches mußte geschehen, damit sich mein Leben so falsch,
so unnatürlich gestaltete. Ich suchte es aufzuhalten nach meinen
schwachen Kräften, dies grauenhaft Falsche – und eben dadurch
bereitete ich mir das Los, das ich nun lernen muß, mit meiner ihm
eigentlich fremden Natur zu vereinigen.

Gewiß, ich habe die Wut dieser Machthaber herausgefordert nicht
erst in den letzten vier Jahren, durch mein Außenbleiben, die un-
unterdrückbaren Kundgebungen meines Abscheus. Lange vorher
schon hatte ich es getan und mußte es tun, weil ich früher als das
heute verzweifelte deutsche Bürgertum sah, wer und was da herauf-
kam. Als Deutschland dann wirklich in diese Hände gefallen war,
gedachte ich zu schweigen; ich meinte, mir durch die Opfer, die ich
gebracht, das Recht auf ein Schweigen verdient zu haben, das es mir
ermöglichen würde, etwas mir herzlich Wichtiges, den Kontakt mit
meinem innerdeutschen Publikum aufrechtzuerhalten. Meine Bücher, so sagte ich mir, sind für Deutsche geschrieben, für solche

zuerst; die „Welt" und ihre Teilnahme waren mir immer nur ein erfreuliches Akzidens. Sie sind, diese Bücher, das Produkt einer wechselseitigen erzieherischen Verbundenheit von Nation und Autor und rechnen mit Voraussetzungen, die ich selber erst in Deutschland habe schaffen helfen. Das sind zarte und hütenswerte Beziehungen, die plump zu zerreißen man der Politik nicht erlauben soll. Gab es Ungeduldige daheim, die, selbst geknebelt, dem in der Freiheit Lebenden sein Stillschweigen verübeln würden; die große Mehrzahl, durfte ich hoffen, würde meine Zurückhaltung verstehen, ja sie mir danken. So meine Vorsätze. Sie waren undurchführbar. Ich hätte nicht leben, nicht arbeiten können, ich wäre erstickt, ohne dann und wann zwischendrein, wie alte Völker sagten, „mein Herz zu waschen", ohne von Zeit zu Zeit meinen unergründlichen Abscheu vor dem, was zu Hause in elenden Worten und elenderen Taten geschah, unverhohlenen Ausdruck zu geben. Verdient oder nicht, mein Name hatte sich nun einmal für die Welt mit dem Begriff eines Deutschtums verbunden, das sie liebt und ehrt; daß gerade ich der wüsten Verfälschung klar widerspräche, welche dies Deutschtum jetzt erlitt, war eine in alle freien Kunstträume, denen ich mich so gern überlassen hätte, beunruhigend hineintönende Forderung. Eine Forderung, schwer abzuweisen für einen, dem immer gegeben gewesen war, sich auszudrücken, sich im Wort zu befreien, dem immer Erleben eins gewesen war mit reinigend bewahrender Sprache.

Das Geheimnis der Sprache ist groß; die Verantwortlichkeit für sie und ihre Reinheit ist symbolischer und geistiger Art, sie hat keineswegs nur künstlerischen, sondern allgemein moralischen Sinn, sie ist die Verantwortlichkeit selbst, menschliche Verantwortlichkeit schlechthin, auch die Verantwortung für das eigene Volk, die Reinerhaltung seines Bildes vorm Angesichte der Menschheit, und in ihr wird die Einheit des Menschlichen erlebt, die Ganzheit des humanen Problems, die es niemandem erlaubt, heute am wenigsten, das Geistig-Künstlerische vom Politisch-Sozialen zu trennen und sich gegen dieses im Vornehm-„Kulturellen" zu isolieren; diese wahre Totalität, welche die Humanität selber ist und gegen die verbrecherisch verstieße, wer etwa ein Teilgebiet des Menschlichen, die Politik, den Staat, zu „totalisieren" unternähme.

Ein deutscher Schriftsteller, an Verantwortung gewöhnt durch die Sprache; ein Deutscher, dessen Patriotismus sich – vielleicht naiverweise – in dem Glauben an die *unvergleichliche moralische Wichtigkeit* dessen äußert, was in Deutschland geschieht – und sollte schweigen, *ganz* schweigen zu all dem unsühnbar Schlechten, was in meinem Lande an Körpern, Seelen und Geistern, an Recht und Wahrheit, an Menschen und an dem Menschen täglich begangen wurde und wird? Zu der furchtbaren Gefahr, die dies menschenverderberische, in unsäglicher Unwissenheit über das, was die Weltglocke geschlagen hat, lebende Regime für den Erdteil bedeutet? Es war nicht möglich. Und so kamen, gegen das Programm, die Äußerungen, die unvermeidlich Stellung nehmenden Gesten zustande, die nun den absurden und kläglichen Akt meiner nationalen Exkommunikation herbeigeführt haben.

Der einfache Gedanke daran, wer die Menschen sind, denen die erbärmlich-äußerliche Zufallsmacht gegeben ist, mir mein Deutschtum abzusprechen, reicht hin, diesen Akt in seiner ganzen Lächerlichkeit erscheinen zu lassen. Das Reich, Deutschland soll ich beschimpft haben, indem ich mich gegen *sie* bekannte! Sie haben die unglaubwürdige Kühnheit, sich mit Deutschland zu verwechseln! Wo doch vielleicht der Augenblick nicht fern ist, da dem deutschen Volke das Letzte daran gelegen sein wird, nicht mit ihnen verwechselt zu werden.

HANS SCHOLL UND ALEXANDER SCHMORELL

Zweites Flugblatt der Weißen Rose

Man kann sich mit dem Nationalsozialismus geistig nicht auseinandersetzen, weil er ungeistig ist. Es ist falsch, wenn man von einer nationalsozialistischen Weltanschauung spricht, denn wenn es diese gäbe, müßte man versuchen, sie mit geistigen Mitteln zu beweisen oder zu bekämpfen – die Wirklichkeit aber bietet uns ein völlig anderes Bild: schon in ihrem ersten Keim war diese Bewegung auf den Betrug des Mitmenschen angewiesen, schon damals war sie im

Innersten verfault und konnte sich nur durch die stete Lüge retten. Schreibt doch Hitler selbst in einer frühen Auflage „seines" Buches (ein Buch, das in dem übelsten Deutsch geschrieben worden ist, das ich je gelesen habe; dennoch ist es von dem Volke der Dichter und Denker zur Bibel erhoben worden): „Man glaubt nicht, wie man ein Volk betrügen muß, um es zu regieren." Wenn sich nun am Anfang dieses Krebsgeschwür des deutschen Volkes noch nicht allzusehr bemerkbar gemacht hatte, so nur deshalb, weil noch gute Kräfte genug am Werk waren, es zurückzuhalten. Wie es aber größer und größer wurde und schließlich mittels einer letzten gemeinen Korruption zur Macht kam, das Geschwür gleichsam aufbrach und den ganzen Körper besudelte, versteckte sich die Mehrzahl der früheren Gegner, flüchtete die deutsche Intelligenz in ein Kellerloch, um dort als Nachtschattengewächs, dem Licht und der Sonne verborgen, allmählich zu ersticken. Jetzt stehen wir vor dem Ende. Jetzt kommt es darauf an, sich gegenseitig wiederzufinden, aufzuklären von Mensch zu Mensch, immer daran zu denken und sich keine Ruhe zu geben, bis auch der Letzte von der äußersten Notwendigkeit seines Kampfes wider dieses System überzeugt ist. Wenn so eine Welle des Aufruhrs durch das Land geht, wenn „es in der Luft liegt", wenn viele mitmachen, dann kann in einer letzten, gewaltigen Anstrengung dieses System abgeschüttelt werden. Ein Ende mit Schrecken ist immer noch besser als ein Schrecken ohne Ende.

Es ist uns nicht gegeben, ein endgültiges Urteil über den Sinn unserer Geschichte zu fällen. Aber wenn diese Katastrophe uns zum Heile dienen soll, so doch nur dadurch: durch das Leid gereinigt zu werden, aus der tiefsten Nacht heraus das Licht zu ersehnen, sich aufzuraffen und endlich mitzuhelfen, das Joch abzuschütteln, das die Welt bedrückt.

Nicht über die Judenfrage wollen wir in diesem Blatte schreiben, keine Verteidigungsrede verfassen – nein, nur als Beispiel wollen wir die Tatsache kurz anführen, die Tatsache, daß seit der Eroberung Polens *dreihunderttausend* Juden in diesem Land auf bestialische Art ermordet worden sind. Hier sehen wir das fürchterlichste Verbrechen an der Würde des Menschen, ein Verbrechen, dem sich kein ähnliches in der ganzen Menschengeschichte an die Seite stellen kann.

Auch die Juden sind doch Menschen – man mag sich zur Judenfrage stellen wie man will –, und an Menschen wurde solches verübt. Vielleicht sagt jemand, die Juden hätten ein solches Schicksal verdient; diese Behauptung wäre eine ungeheure Anmaßung; aber angenommen, es sagte jemand dies, wie stellt er sich dann zu der Tatsache, daß die gesamte polnische adelige Jugend vernichtet worden ist (gebe Gott, daß sie es noch nicht ist!)? Auf welche Art, fragen Sie, ist solches geschehen? Alle männlichen Sprößlinge aus adeligen Geschlechtern zwischen 15 und 20 Jahren wurden in Konzentrationslager nach Deutschland zu Zwangsarbeit, alle Mädchen gleichen Alters nach Norwegen in die Bordelle der SS verschleppt! Wozu wir dies Ihnen alles erzählen, da Sie es schon selber wissen, wenn nicht diese, so andere gleich schwere Verbrechen des fürchterlichen Untermenschentums? Weil hier eine Frage berührt wird, die uns alle zutiefst angeht und allen zu denken geben *muß*. Warum verhält sich das deutsche Volk angesichts all dieser scheußlichsten, menschenunwürdigsten Verbrechen so apathisch? Kaum irgend jemand macht sich Gedanken darüber. Die Tatsache wird als solche hingenommen und ad acta gelegt. Und wieder schläft das deutsche Volk in seinem stumpfen, blöden Schlaf weiter und gibt diesen faschistischen Verbrechern Mut und Gelegenheit, weiterzuwüten – und diese tun es. Sollte dies ein Zeichen dafür sein, daß die Deutschen in ihren primitivsten menschlichen Gefühlen verroht sind, daß keine Saite in ihnen schrill aufschreit im Angesicht solcher Taten, daß sie in einen tödlichen Schlaf versunken sind, aus dem es kein Erwachen mehr gibt, nie, niemals? Es scheint so und ist es bestimmt, wenn der Deutsche nicht endlich aus dieser Dumpfheit auffährt, wenn er nicht protestiert, wo immer er nur kann, gegen diese Verbrecherclique, wenn er mit diesen Hunderttausenden von Opfern nicht mitleidet. Und nicht nur Mitleid muß er empfinden, nein, noch viel mehr: *Mitschuld*. Denn er gibt durch sein apathisches Verhalten diesen dunklen Menschen erst die Möglichkeit, so zu handeln, er leidet diese „Regierung", die eine so unendliche Schuld auf sich geladen hat, ja, er ist doch selbst schuld daran, daß sie überhaupt entstehen konnte! Ein jeder will sich von einer solchen Mitschuld freisprechen, ein jeder tut es und schläft dann wieder mit ruhigstem, bestem

Gewissen. Aber er kann sich nicht freisprechen, ein jeder ist *schuldig, schuldig, schuldig!* Doch ist es noch nicht zu spät, diese abscheulichste aller Mißgeburten von Regierungen aus der Welt zu schaffen, um nicht noch mehr Schuld auf sich zu laden. Jetzt, da uns in den letzten Jahren die Augen vollkommen geöffnet worden sind, da wir wissen, mit wem wir es zu tun haben, jetzt ist es allerhöchste Zeit, diese braune Horde auszurotten. Bis zum Ausbruch des Krieges war der größte Teil des deutschen Volkes geblendet, die Nationalsozialisten zeigten sich nicht in ihrer wahren Gestalt, doch jetzt, da man sie erkannt hat, muß es die einzige und höchste Pflicht, ja heiligste Pflicht eines jeden Deutschen sein, diese Bestien zu vertilgen.

FABIAN VON SCHLABRENDORFF

Das Vermächtnis Henning von Tresckows

Am 20. Juli fuhr ich morgens zur Heeresgruppe Mitte und sprach dort mit unseren Gesinnungsgenossen. Kaum war ich nach meiner Dienststelle zurückgekehrt, als bei der Heeresgruppe Mitte der Anruf des Oberst Mertz von Quirnheim eintraf, aus dem zu entnehmen war, das Attentat sei geglückt, ich müsse unverzüglich nach Berlin. Bald darauf kam die erste offizielle Nachricht über den Rundfunk, daß gegen Hitler ein Attentat unternommen worden sei. Er sei aber nur unwesentlich verletzt.

Zunächst glaubten Tresckow und ich, die offizielle Mitteilung beruhe auf einer Lüge. Unsere Zweifel wurden erst wach, als auf dem üblichen militärischen Dienstweg der Befehl kam, es seien keine Befehle aus Berlin entgegenzunehmen. Als Begründung wurde hinzugesetzt, es gäbe in Berlin Kreise, die angesichts des Attentats im trüben fischten. Eines war klar. Der große Schlag war versucht worden. Daß er mißglückt war, erfuhr ich, als um Mitternacht Hitler seine Rede über alle deutschen Rundfunksender hielt.

Ich eilte zu Tresckow, der sich schon schlafen gelegt hatte, und teilte ihm das Gehörte mit. Tresckow erwiderte sofort: „Ich werde mich jetzt erschießen. Denn bei der Untersuchung müssen sie auf mich kommen und werden versuchen, aus mir andere Namen zu erpressen. Um das zu verhindern, werde ich mir das Leben nehmen." Ich widersprach ihm und riet, noch abzuwarten. So rangen wir beinahe die ganze Nacht miteinander und kamen zu folgendem Entschluß: Tresckow wollte sich am anderen Tag an der Front das Leben nehmen, während ich versuchen sollte, so lange es vertretbar war, am Leben zu bleiben.

Am folgenden Tage, am 21. Juli 1944, nahmen Tresckow und ich Abschied voneinander. Hierbei war Tresckow vollkommen ruhig und gelassen. Er sagte: „Jetzt wird die ganze Welt über uns herfallen und uns beschimpfen. Aber ich bin nach wie vor der felsenfesten Überzeugung, daß wir recht gehandelt haben. Ich halte Hitler nicht nur für den Erzfeind Deutschlands, sondern auch für den Erzfeind der Welt. Wenn ich in wenigen Stunden vor den Richterstuhl Gottes treten werde, um Rechenschaft abzulegen über mein Tun und Unterlassen, so glaube ich mit gutem Gewissen das vertreten zu können, was ich im Kampf gegen Hitler getan habe. Wenn einst Gott Abraham verheißen hat, er werde Sodom nicht verderben, wenn auch nur zehn Gerechte darin seien, so hoffe ich, daß Gott auch Deutschland um unsertwillen nicht vernichten wird. Niemand von uns kann über seinen Tod Klage führen. Wer in unseren Kreis getreten ist, hat damit das Nessushemd angezogen. Der sittliche Wert eines Menschen beginnt erst dort, wo er bereit ist, für seine Überzeugung sein Leben hinzugeben." Tresckow fuhr zur 28. Jägerdivision, dessen erster Generalstabsoffizier Major Kuhn war. Er unterrichtete diesen von allem, was er wußte, fuhr nach vorne, begab sich ohne Begleitung in das Niemandsland, täuschte mit Hilfe zweier Pistolen einen Kugelwechsel vor, zog dann eine Gewehrgranate ab und sprengte sich dadurch den Kopf vom Rumpf. Zunächst glaubten alle, er sei gefallen.

Ich erhielt den Auftrag, die Leiche nach Deutschland zu bringen. Tresckow wurde in der Mark Brandenburg, in seiner Heimat, neben seinen Eltern beigesetzt.

ERICH FRIED

Gründe

„Weil das alles nicht hilft
Sie tun ja doch was sie wollen

Weil ich mir nicht nochmals
die Finger verbrennen will

Weil man nur lachen wird:
Auf dich haben sie gewartet

Und warum immer ich?
Keiner wird es mir danken

Weil da niemand mehr durchsieht
sondern höchstens noch mehr kaputtgeht

Weil jedes Schlechte
vielleicht auch sein Gutes hat

Weil es Sache des Standpunktes ist
und überhaupt wem soll man glauben?

Weil auch bei den andern nur
mit Wasser gekocht wird

Weil ich das lieber
Berufeneren überlasse

Weil man nie weiß
wie einem das schaden kann

Weil sich die Mühe nicht lohnt
weil sie alle das gar nicht wert sind"

Das sind Todesursachen
zu schreiben auf unsere Gräber

die nicht mehr gegraben werden
wenn das die Ursachen sind

Dreizehntes Kapitel

Tat- und Schaffenskraft – Arbeitsamkeit – Fleiß

❖ ❖ ❖

Herkules reinigt den Stall des Augeias

Die fünfte Arbeit, die Herkules vom König Eurystheus aufgetragen wurde, war eines Helden wenig würdig. Er sollte den Viehhof des Augeias in einem einzigen Tage ausmisten. Augeias war König in Elis und hatte eine Menge Viehherden. Sein Vieh stand nach Art der Alten in einer großen Verzäunung vor dem Palast. Dreitausend Rinder waren da geraume Zeit gestanden, und so hatte sich seit vielen Jahren eine unendliche Menge Mist angehäuft, den nun Herkules zur Schmach, und, was unmöglich schien, in einem einzigen Tage hinausschaffen sollte.

Als der Held vor den König Augeias trat und, ohne etwas von dem Auftrage des Eurystheus zu erwähnen, sich zu dem genannten Dienste erbot, maß dieser die herrliche Gestalt in der Löwenhaut und konnte kaum das Lachen unterdrücken, wenn er dachte, daß einen so edlen Krieger nach so gemeinem Knechtsdienst gelüsten könne. Indessen dachte er bei sich, der Eigennutz hat schon manchen wackeren Mann verführt; es mag sein, daß er sich an mir bereichern will. Das wird ihm wenig helfen. Ich darf ihm immerhin einen großen Lohn versprechen, wenn er mir den ganzen Stall ausmistet, denn er wird in dem einen Tage wenig genug hinaustragen. Darum sprach er getrost: „Höre, Fremdling, wenn du das kannst, und mir an einem Tage all den Mist hinausschaffest, so will ich dir den zehnten Teil meines ganzen Viehstandes zur Belohnung überlassen." Herkules ging die Bedingung ein, und der König dachte nun nichts anderes, als daß er zu schaufeln anfangen würde. Herkules aber, nachdem er zuvor den Sohn des Augeias, Phyleus, zum Zeugen jenes Vertrages genommen hatte, riß den Grund des Viehhofes auf der einen Seite auf, leitete die nicht weit davon fließenden Ströme Alpheios und Peneios durch einen Kanal herzu und ließ sie den Mist wegspülen und durch eine andere Öffnung wieder ausströmen. So vollzog er einen schmachvollen Auftrag, ohne zu einer Handlung sich zu erniedrigen, die eines Unsterblichen unwürdig gewesen wäre. Als aber Augeias erfuhr, daß dies von Herkules im Auftrag des Eurystheus geschehen sei, verweigerte er den Lohn und leugnete geradezu, ihn versprochen zu haben; doch erklärte er sich bereit, die Streitsache einem richterlichen Spruche anheimzustellen. Als die Richter beisammen saßen, das Urteil zu fällen, trat Phyleus, von Herkules aufgefordert, auf, zeugte gegen seinen eigenen Vater und erklärte, daß dieser allerdings über einen Lohn mit Herkules übereingekommen sei. Augeias wartete den Spruch nicht ab, er ergrimmte und befahl dem Sohne wie dem Fremdling, sein Reich auf der Stelle zu verlassen.

ÄSOP

Die Ameise und die Feldheime

Als die Ameisen einstmals im Winter ihren Vorrat lüfteten, bettelte eine hungrige Feldheime (Grille) eine Gabe von ihnen. Die Ameisen sagten zu ihr, sie hätte im Sommer fein arbeiten sollen, wenn sie nicht im Winter darben wollte. Ganz gut, versetzte die Feldheime, ich bin aber auch nicht müßig gewesen, denn ich habe den ganzen Sommer hindurch gesungen. Nun wohl, sprach eine Ameise; so laß das ganze Jahr ein Jahr der Freude sein, und tanze jetzt im Winter zu den Melodien, die du im Sommer gesungen hast.

LEHRE: Tätigkeit und Fleiß ist das Geschäfte eines weisen und rechtschaffnen Mannes, und nichts kann verächtlicher sein, als Faulheit. Gehe hin zur Ameise, du Fauler, sagt Salomo, siehe ihre Weise an und lerne; in welchen wenigen Worten die ganze Moral dieser Fabel zusammengefaßt ist.

BETRACHTUNG: Es läßt sich schwer bestimmen, ob Faulheit und Üppigkeit mehr schändliche oder mehr gefährliche Übel sind. Die Seele des Faulen liegt schlummernd in seinem Körper, und der ganze Mensch ist der Sinnlichkeit preisgegeben; der Nutzen hingegen und der Segen der Arbeitsamkeit ist wirklich, gewiß und dauerhaft; Sicherheit und Fülle begleiten sie, und niemals ist sie außer der Zeit. Was war nun das ganze Vergnügen.der Feldheime mehr als ein Sommergesang? Konnte eine eitlere und nichtigere Ergötzlichkeit sein? Man hüte sich aber ja, schändlichen Geiz unter dem Mantel der Wirtschaft und Sparsamkeit zu verbergen und alle Werke der Milde und Barmherzigkeit dadurch aufzuheben. Freilich müssen wir vor allen Dingen unsre eignen Bedürfnisse in Erwägung ziehen; nachher aber müssen wir auch notwendig bedenken, daß die Bedürfnisse unsers Nächsten ein christliches Recht auf einen Teil unsers Überflusses haben.

MARC AUREL

Über Arbeit und Selbstliebe

Wenn du beim Morgengrauen verdrießlich aufwachst, dann denk daran: „Ich stehe auf zur Arbeit eines Menschen. Und da bin ich schlechter Laune, wo ich mich anschicke, das zu tun, wozu ich da bin und wozu ich auf die Welt gekommen bin? Oder bin ich dazu bestimmt, daß ich im Bette liege und mich wärme?" „Aber das ist behaglicher!" – Bist du etwa zum Behagen geboren? Überhaupt, bist du zum Genießen oder zum Handeln da? Siehst du nicht die Blümlein, die Vöglein, die Ameisen, die Spinnen, die Bienen, wie sie ihre Arbeit tun und – soviel an ihnen liegt – den Kosmos mit aufbauen? Und da willst du nicht die Aufgaben des Menschen erfüllen? Rennst du nicht zum Ziele, das dir deine Natur gewiesen hat? „Aber man muß sich auch ausruhen!" – Gewiß, auch ich meine das. Doch hat die Natur auch hierfür Grenzen gesetzt und ebenso für Essen und Trinken. Und trotzdem gehst du über die Grenzen, über das, was dir genügen sollte, hinaus? Nur nicht, wenn es zur Arbeit geht; da bleibst du „im Bereich des Möglichen"! Weil du dich nicht selber liebhast; denn sonst würdest du auch deine Natur und ihren Willen lieben. Andere Menschen, die ihre Kunst lieben, zehren sich bei ihrer Arbeit ab, ohne sich zu waschen oder zu essen! Du aber ehrst deine Natur weniger als der Erzgießer die Erzbildnerei oder der Tänzer die Tanzkunst oder der Habsüchtige das Geld oder der Ruhmsüchtige das bißchen Ruhm? Wenn diese Leute mit Feuereifer bei ihrer Arbeit sind, dann wollen sie weder essen noch schlafen, wenn sie nur das fertigbringen, was ihnen am Herzen liegt. Und da scheinen dir Taten der Menschenliebe weniger wertvoll und weniger Eifer zu verdienen?

Die faule Frau und die Flöhe

Das ist also jetzt schon sehr lange her, da soll es auf den Höhen von Hergaray eine ausgezeichnete Quelle gegeben haben, die Ur-onttoa (das gute Wässerchen) genannt wurde. Ganz in der Nähe von Ur-onttoa lebte eine Frau, die war faul, aber so faul ... kurz, eine abgefeimte Faulenzerin. Sie verrichtete nie die allergeringste Arbeit, ganz als ob sie von dem guten Wässerchen gelebt hätte – hurrup und klick –, das heißt, sie trank es und schluckte es hinunter.

Der liebe Gott war es schließlich müde, sie so faul zu sehen wie einen Siebenschläfer, und um diese widerwärtige Frau zu zwingen, endlich etwas zu tun, schuf er ... die beiden ersten Flöhe. Und im Nu kamen unzählige andere zur Welt.

Von jetzt an hatte die Frau Arbeit; wenigstens mußte sie auf Flohjagd gehen.

Unglücklicherweise tötete sie nicht alle, sie war ja so faul, und da die Flöhe auf alle Männer und Frauen gesprungen waren, die an Ur-onttoa vorüberkamen, so gibt es jetzt überall Flöhe, es gibt sie myriadenweise.

LEON BATTISTA ALBERTI

Wider den Müßiggang

... Wir haben nun, wie gesagt, das Haus voller Leute, voller Jugend: sie will geübt sein, man darf sie nicht in Trägheit versinken lassen. Müßiggang ist ebenso nutzlos und wenig löblich für die Jugend wie für die Familien schädlich und höchst unheilvoll. Indessen ist es nicht nötig, bei euch Abscheu vor dem Müßiggang zu erregen, da ich sehe, wie eifrig und bemüht ihr seid. Aber trotzdem, um euch noch mehr anzuspornen, fortzufahren, wie ihr tut, in jeder Bemühung und anstrengenden Übung, um Tüchtigkeit zu erwerben und guten Ruf zu verdienen, merkt auf und erwägt bei euch, welchen Menschen, der, ich sage nicht: ehrgeizig ist, sondern nur irgendwie üblen Ruf fürchtet, ihr – nicht finden könntet, sondern bloß euch vorstellen, dem Müßiggang und Trägheit nicht höchlich mißfielen? Wer könnte je meinen, irgend Wert und Würde gewinnen zu können ohne brennendes Bemühen um die vorzüglichsten Fähigkeiten, ohne beständige Arbeit, ohne vielen Schweiß in den anstrengendsten, männlichsten Betätigungen? Gewiß wird es nötig sein für den, der Sorge trägt sich mit Lob und Ruf zu zieren, Müßiggang und Trägheit zu meiden und ihnen zu widerstehen, nicht minder als den tödlichsten und tückischsten Feinden. Es gibt nichts, woraus so leicht Unehre und übler Ruf entsteht, wie Müßiggang. Der Schoß der Müßigen war immer Nest und Brutstätte der Laster. Es gibt nichts, was so sehr in öffentlichen und privaten Angelegenheiten schädlich und verderblich ist, wie es träge und untätige Bürger sind. Aus Müßiggang erwächst Sittenlosigkeit; aus Sittenlosigkeit Verachtung der Gesetze; die Folge von Ungehorsam gegenüber den Gesetzen ist Zusammenbruch und Vernichtung der Länder. Sobald man beginnt, wider Art und Sitte des Vaterlandes zu trotzen, nimmt in der Seele Anmaßung überhand, Hochmut und alle Unbill von Habsucht und Gewalttat. Man wagt Raub, Mord, Ehebruch und schrickt vor keiner verbrecherischen und verderblichen Willkür zurück. Daher muß der Müßiggang als Ursache von so viel Übel guten Menschen gar sehr verhaßt sein. Und wäre er auch nicht wie doch jeder weiß, daß er ist: verderblich und Feind der guten Sitten und Ursprung und Erzeugung aller Laster, welcher noch so alberne Mensch möchte jemals am Leben sein ohne seinen Geist, seine Glieder, alle seine Fähigkeiten zu betätigen? Worin siehst du den Unterschied zwischen einem Holzklotz, einem Standbild, einem verwesenden Leichnam und einem durchaus müßigen Menschen? Was mich betrifft, ich möchte den nicht für recht lebendig halten, der Ehre und Schande nicht fühlt und seine Glieder und sich selbst nicht mit Verstand und Weltkenntnis bewegt; den aber kann ich gar nicht für lebend erachten, der begraben ist in Müßiggang und Tatenlosigkeit und alles redliche Streben und Bemühen meidet. Mir erscheint der nicht würdig des Lebens, der nicht alle Empfindung und Regung auf Tugend und Lob verwenden will. Und eben dieser Müßiggänger, während er fortfährt zu altern in Trägheit und Untätigkeit, ohne von sich aus den Seinen und em Vaterlande irgendeinen Nutzen zu erweisen, wird gewiß unter tüchtigen Männern nur für weniger als ein unnützer Klotz angesehen werden können, da man doch an jedem Wesen, das seinen Platz im Leben hat, offenbar sieht, wie die Natur allen Bewegung und Empfindung zugeteilt hat, ohne die kein Wesen als wahrhaft lebend gelten kann. Und wie, obgleich du Augen hast, wenn du sie geschlossen hältst und zu ihrem Geschäft nicht anwendest, sie dir so wenig helfen, wie wenn du sie nicht hättest, so wird man von dem, der die Betätigungen, durch die das Leben sich auszeichnet, für sich nicht ausnützt, nicht urteilen können, daß er Leben habe. Man sieht, wie sehr sich die Kräuter, die Stauden, die Bäumchen bemühen, zu wachsen und dir von sich aus einen Gefallen oder Nutzen zu erweisen; die andern Lebewesen, Fische, Vögel und die vierfüßigen, alle ermüden sich beständig in irgendeiner Betätigung und Arbeit; nie sieht man sie müßig, immer mühen sie sich ab, um für sich und andere nicht unnütz zu sein. Du findest solche, die für die Brut Nester bauen, du siehst welche umhereilen, im ihre Jungen zu füttern, alle sind tätig, als ob von Natur aus jeder Müßiggang ihnen verhaßt wäre, alle fliehen mit irgendeiner nützlichen Arbeit die Trägheit. Und deshalb, scheint mir, darf man glauben, daß der Mensch nicht geboren ist, um sich verliegend hinzuwelken, sondern um aufrecht tätig zu sein. Geist, Verstand, Urteil, Gedächtnis, Streben der Seele, Zorn, Denken, Vernunft und die anderen göttlichen Kräfte und Fähigkeiten, mit denen der Mensch die Kraft, den Willen und die Wildheit jedes anderen Lebewesens überwindet – ich weiß nicht, welcher Dummkopf behaupten könnte, daß sie uns gegeben sind, damit wir nicht viel Gebrauch davon machen ...

FRIEDRICH VON LOGAU

Vergebene Arbeit

Einen Mohren weiß erwaschen,
Trinken aus geleerten Flaschen,
Einen Pelz im Heißen baden,
Mit dem Siebe Wasser laden,
Einem Tauben Lieder singen,
Sand in ein Register bringen,
In den Wind und Wasser schreiben,
Flugwerk ohne Flügel treiben,
Auf den Sand Paläste bauen,
Weibern auf die Tücke schauen,
Wind, Luft, Lieb und Rauch verhalten,
Jünger machen einen Alten,
Einen dürren Wetzstein mästen,
Osten setzen zu dem Westen,
Allen Leuten wohl behagen,
Allen was gefällig sagen:
Wer sich deß will unterstehen,
Muß mit Schimpf zurücke gehen.

Baltasar Gracián

Fleiß und Talent

Fleiß und Talent: ohne beide ist man nie ausgezeichnet, jedoch im höchsten Grade, wenn man sie in sich vereint. Mit dem Fleiße bringt ein mittelmäßiger Kopf es weiter, als ein überlegener ohne denselben. Die Arbeit ist der Preis, für den man den Ruhm erkauft: was wenig kostet, ist wenig wert. Sogar für die höchsten Ämter hat es einigen nur an Fleiß gefehlt: nur selten ließ das Talent sie im Stich. Daß man lieber auf einem hohen Posten mittelmäßig, als auf einem niedrigen ausgezeichnet ist, hat die Entschuldigung eines hohen Sinnes für sich; hingegen daß man sich begnügt, auf dem untersten Posten mittelmäßig zu sein, während man auf dem obersten ausgezeichnet sein könnte, hat sie nicht. Also sind Natur und Kunst erfordert, und der Fleiß drückt ihnen das Siegel auf.

Michel de Montaigne

Vom Müßiggang oder der Untätigkeit

So, wie wir an brachliegenden Äckern sehen, daß sie, wenn sie fett und fruchtbar sind, tausenderlei wilde und unnütze Kräuter hervortreiben und, wenn wir sie urbar erhalten wollen, wir sie zu unserem Zweck an gewisse Feldfrüchte binden und gewöhnen müssen ... ebenso ist es mit dem menschlichen Geiste. Beschäftigt man ihn nicht mit festgesetzten Dingen, die ihn in Zwang und Zaum halten, so schweift er wild umher und verirrt sich ins grenzenlose Feld der Einbildung.

Und es ist keine Torheit, keine Grille zu erdenken, die er in diesem Zustand nicht hervorbringen sollte. Wenn die Seele kein festgesetztes Ziel hat, so verirrt sie sich; denn, wie man zu sagen pflegt: der ist nirgend, der allenthalben ist.

Als ich mich letzthin in mein Hauswesen zurückzog, mit dem festen Entschlusse, so viel wie möglich mich hinfort mit nichts mehr abzugeben und meine übrige Lebenszeit in stiller Ruhe für mich hinzubringen: da meinte ich, ich könne meinem Geist nichts besseres tun, als wenn ich ihn von aller Beschäftigung befreite, damit er sich mit sich selbst unterhalten, sich selbst genießen und an sich selbst erlaben könne; und ich hoffte, das würde ihm jetzt um so leichter sein, da er mit der Zeit gesetzter und reifer geworden. Aber ich finde das Gegenteil: wie ein Pferd, das den Reiter abgeworfen hat, gallopiert er noch ärger, bloß für sich, als er sonst für andere tat. Und er heckt aus keiner anderen Ursache so viel Ungeheuer aus und so viele Traumgestalten, ohne alle Ordnung und Schick, als damit ich die gepfuschten Wunderfratzen der Läng' und Breite nach beschauen könne. Ich habe aber angefangen ihn wieder aufzuschirren, und hoffe ihn mit der Zeit dahin zu bringen, daß er sich des Unfugs selbst schämen soll.

JOHANN PETER HEBEL

Nützliche Lehren

Es sagt ein altes Sprichwort: Selber essen macht fett. Ich will noch ein paar dazusetzen: Selber Achtung geben macht verständig. Und selber arbeiten macht reich. Wer nicht mit eigenen Augen sieht, sondern sich auf andere verläßt, und wer nicht selber Hand anlegt, wo es nötig ist, sondern andere tun läßt, was er selber tun soll, der bringt's nicht weit, und mit dem Fettwerden hat es bald ein Ende.

*

„Rom ist nicht in einem Tage erbaut worden." Damit entschuldigen sich viele fahrlässige und träge Menschen, welche ihr Geschäft nicht treiben und vollenden mögen und schon müde sind, ehe sie recht anfangen. Mit dem Rom ist es aber eigentlich so zugegangen. Es haben viele fleißige Hände viele Tage lang vom frühen Morgen bis

zum späten Abend unverdrossen daran gearbeitet und nicht abge-
lassen, bis es fertig war und der Hahn auf dem Kirchturm stand. So
ist Rom entstanden. Was du zu tun hast, mach's auch so!

BRÜDER GRIMM

Frau Holle

Eine Witwe hatte zwei Töchter, davon war die eine schön und
fleißig, die andere häßlich und faul. Sie hatte aber die häßliche und
faule, weil sie ihre rechte Tochter war, viel lieber, und die andere
mußte alle Arbeit tun und der Aschenputtel im Hause sein. Das arme
Mädchen mußte sich täglich auf die große Straße bei einem Brunnen
setzen, und mußte so viel spinnen, daß ihm das Blut aus den Fingern
sprang. Nun trug es sich zu, daß die Spule einmal ganz blutig war, da
bückte es sich damit in den Brunnen und wollte sie abwaschen: sie
sprang ihm aber aus der Hand und fiel hinab. Es weinte, lief zur
Stiefmutter und erzählte ihr das Unglück. Sie schalt es aber so heftig
und war so unbarmherzig, daß sie sprach „hast du die Spule hinun-
terfallen lassen, so hol sie auch wieder herauf."
Da ging das Mädchen zu dem Brunnen zurück und wußte nicht,
was es anfangen sollte: und in seiner Herzensangst sprang es in den
Brunnen hinein, um die Spule zu holen. Es verlor die Besinnung,
und als es erwachte und wieder zu sich selber kam, war es auf einer
schönen Wiese, wo die Sonne schien und viel tausend Blumen
standen. Auf dieser Wiese ging es fort und kam zu einem Backofen,
der war voller Brot; das Brot aber rief „ach, zieh mich raus, zieh mich
raus, sonst verbrenn ich: ich bin schon längst ausgebacken." Da trat
es herzu, und holte mit dem Brotschieber alles nacheinander heraus.
Danach ging es weiter und kam zu einem Baum, der hing voll Äpfel
und rief ihm zu „ach schüttel mich, schüttel mich, wir Äpfel sind alle
miteinander reif." Da schüttelte es den Baum, daß die Äpfel fielen,
als regneten sie, und schüttelte, bis keiner mehr oben war; und als es
alle in einen Haufen zusammengelegt hatte, ging es wieder weiter.

Endlich kam es zu einem kleinen Haus, daraus guckte eine alte Frau, weil sie aber so große Zähne hatte, ward ihm angst, und es wollte fortlaufen. Die alte Frau aber rief ihm nach „was fürchtest du dich, liebes Kind? bleib bei mir, wenn du alle Arbeit im Hause ordentlich tun willst, so soll dirs gut gehn. Du mußt nur acht geben, daß du mein Bett gut machst und es fleißig aufschüttelst, daß die Federn fliegen, dann schneit es in der Welt; ich bin die Frau Holle." Weil die Alte ihm so gut zusprach, so faßte sich das Mädchen ein Herz, willigte ein und begab sich in ihren Dienst. Es besorgte auch alles nach ihrer Zufriedenheit, und schüttelte ihr das Bett immer gewaltig auf, daß die Federn wie Schneeflocken umherflogen; dafür hatte es auch ein gut Leben bei ihr, kein böses Wort, und alle Tage Gesottenes und Gebratenes.

Nun war es eine Zeitlang bei der Frau Holle, da ward es traurig und wußte anfangs selbst nicht, was ihm fehlte, endlich merkte es, daß es Heimweh war; obgleich es ihm hier viel tausendmal besser ging als zu Hause, so hatte es doch ein Verlangen dahin. Endlich sagte es zu ihr „ich habe den Jammer nach Haus kriegt, und wenn es mir auch noch so gut hier unten geht, so kann ich doch nicht länger bleiben, ich muß wieder hinauf zu den Meinigen." Die Frau Holle sagte „es gefällt mir, daß du wieder nach Hause verlangst, und weil du mir so treu gedient hast, so will ich dich selbst wieder hinaufbringen." Sie nahm es darauf bei der Hand und führte es vor ein großes Tor. Das Tor ward aufgetan, und wie das Mädchen gerade darunter stand, fiel ein gewaltiger Goldregen, und alles Gold blieb an ihm hängen, so daß es über und über davon bedeckt war. „Das sollst du haben, weil du so fleißig gewesen bist", sprach die Frau Holle und gab ihm auch die Spule wieder, die ihm in den Brunnen gefallen war. Darauf ward das Tor verschlossen, und das Mädchen befand sich oben auf der Welt, nicht weit von seiner Mutter Haus: und als es in den Hof kam, saß der Hahn auf dem Brunnen und rief:

> „kikeriki,
> unsere goldene Jungfrau ist wieder hie."

Da ging es hinein zu seiner Mutter, und weil es so mit Gold bedeckt ankam, ward es von ihr und der Schwester gut aufgenommen.

Das Mädchen erzählte alles, was ihm begegnet war, und als die Mutter hörte, wie es zu dem großen Reichtum gekommen war, wollte sie der andern häßlichen und faulen Tochter gerne dasselbe Glück verschaffen. Sie mußte sich an den Brunnen setzen und spinnen; und damit ihre Spule blutig ward, stach sie sich in die Finger und stieß sich die Hand in die Dornhecke.

Dann warf sie die Spule in den Brunnen und sprang selber hinein. Sie kam, wie die andere, auf die schöne Wiese und ging auf demselben Pfade weiter. Als sie zu dem Backofen gelangte, schrie das Brot wieder „ach zieh mich raus, zieh mich raus, sonst verbrenn ich, ich bin schon längst ausgebacken." Die Faule aber antwortete „da hätt ich Lust, mich schmutzig zu machen", und ging fort. Bald kam sie zu dem Apfelbaum, der rief „ach schüttel mich, schüttel mich, wir Äpfel sind alle miteinander reif." Sie antwortete aber „du kommst mir recht, es könnte mir einer auf den Kopf fallen", und ging damit weiter.

Als sie vor der Frau Holle Haus kam, fürchtete sie sich nicht, weil sie von ihren großen Zähnen schon gehört hatte, und verdingte sich gleich zu ihr. Am ersten Tag tat sie sich Gewalt an, war fleißig und folgte der Frau Holle, wenn sie ihr etwas sagte, denn sie dachte an das viele Gold, das sie ihr schenken würde; am zweiten Tag aber fing sie schon an zu faulenzen, am dritten noch mehr, da wollte sie morgens gar nicht aufstehen. Sie machte auch der Frau Holle das Bett nicht, wie sichs gebührte, und schüttelte es nicht, daß die Federn aufflogen. Das ward die Frau Holle bald müde und sagte ihr den Dienst auf. Die Faule war das wohl zufrieden und meinte, nun würde der Goldregen kommen; die Frau Holle führte sie auch zu dem Tor, als sie aber darunter stand, ward statt des Goldes ein großer Kessel voll Pech ausgeschüttet. „Das ist zur Belohnung deiner Dienste", sagte die Frau Holle und schloß das Tor zu.

Da kam die Faule heim, aber sie war ganz mit Pech bedeckt, und der Hahn auf dem Brunnen, als er sie sah, rief

> „kikeriki,
> unsere schmutzige Jungfrau ist wieder hie."

Das Pech aber blieb fest an ihr hängen und wollte, solange sie lebte, nicht abgehen.

BRÜDER GRIMM

Die Wichtelmänner

Es war ein Schuster ohne seine Schuld so arm geworden, daß ihm endlich nichts mehr übrig blieb als Leder zu einem einzigen Paar Schuhe. Nun schnitt er am Abend die Schuhe zu, die wollte er den nächsten Morgen in Arbeit nehmen; und weil er ein gutes Gewissen hatte, so legte er sich ruhig zu Bett, befahl sich dem lieben Gott und schlief ein. Morgens, nachdem er sein Gebet verrichtet hatte und sich zur Arbeit niedersetzen wollte, so standen die beiden Schuhe ganz fertig auf seinem Tisch. Er verwunderte sich und wußte nicht, was er dazu sagen sollte. Er nahm die Schuhe in die Hand, um sie näher zu betrachten: sie waren so sauber gearbeitet, daß kein Stich daran falsch war, gerade als wenn es ein Meisterstück sein sollte. Bald darauf trat auch schon ein Käufer ein, und weil ihm die Schuhe so gut gefielen, so bezahlte er mehr als gewöhnlich dafür, und der Schuster konnte von dem Geld Leder zu zwei Paar Schuhen erhandeln. Er schnitt sie abends zu und wollte den nächsten Morgen mit frischem Mut an die Arbeit gehen, aber er brauchte es nicht, denn als er aufstand, waren sie schon fertig, und es blieben auch nicht die Käufer aus, die ihm so viel Geld gaben, daß er Leder zu vier Paar Schuhen einkaufen konnte. Er fand frühmorgens auch die vier Paar fertig; und so gings immer fort, was er abends zuschnitt, das war am Morgen verarbeitet, also daß er bald wieder sein ehrliches Auskommen hatte und endlich ein wohlhabender Mann ward.

Nun geschah es eines Abends nicht lange vor Weihnachten, als der Mann wieder zugeschnitten hatte, daß er vor dem Schlafengehen zu seiner Frau sprach „wie wärs, wenn wir diese Nacht aufblieben, um zu sehen, wer uns solche hilfreiche Hand leistet?" Die Frau wars zufrieden und steckte ein Licht an; darauf verbargen sie sich in den Stubenecken, hinter den Kleidern, die da aufgehängt waren, und gaben acht. Als es Mitternacht war, da kamen zwei kleine niedliche nackte Männlein, setzten sich vor des Schusters Tisch, nahmen alle zugeschnittene Arbeit zu sich und fingen an, mit ihren Fingerlein so behend und schnell zu stechen, zu nähen, zu klopfen, daß der Schuster vor Verwunderung die Augen nicht abwenden konnte. Sie ließen nicht nach, bis alles zu Ende gebracht war und fertig auf dem Tisch stand, dann sprangen sie schnell fort. Am andern Morgen sprach die Frau „die kleinen Männer haben uns reich gemacht, wir müßten uns doch dankbar dafür bezeigen. Sie laufen so herum, haben nichts am Leib und müssen frieren. Weißt du was? Ich will Hemdlein, Rock, Wams und Höslein für sie nähen, auch jedem ein Paar Strümpfe stricken; mach du jedem ein Paar Schühlein dazu." Der Mann sprach „das bin ich wohl zufrieden", und abends, wie sie alles fertig hatten, legten sie die Geschenke statt der zugeschnittenen Arbeit zusammen auf den Tisch und versteckten sich dann, um mit anzusehen, wie sich die Männlein dazu anstellen würden. Um Mitternacht kamen sie herangesprungen und wollten sich gleich an die Arbeit machen, als sie aber kein zugeschnittenes Leder, sondern die niedlichen Kleidungsstücke fanden, verwunderten sie sich erst, dann aber bezeigten sie eine gewaltige Freude. Mit der größten Geschwindigkeit zogen sie sich an, strichen die schönen Kleider am Leib und sangen

„sind wir nicht Knaben glatt und fein?
was sollen wir länger Schuster sein!"

Dann hüpften und tanzten sie, und sprangen über Stühle und Bänke. Endlich tanzten sie zur Tür hinaus. Von nun an kamen sie nicht wieder, dem Schuster aber ging es wohl, solang er lebte, und es glückte ihm alles, was er unternahm.

FRIEDRICH RÜCKERT
Bedingungen des Lebens

Wer nicht die Körner säet,
Dem wachsen nicht die Ähren;
Und wer die Saat nicht mähet,
Wovon will er sich nähren?
Wenn du nicht jagen gingest,
O sage mir, wo fingest
Die Füchse du, Geselle,
Die Füchse, deren Felle
Du rings hier auf zum Prunk an deinen Wänden hingest?
Kein Weiser ist, noch wohlerfahren,
Wer essen will, doch Arbeit sparen.
Wer nicht die Körner säet,
Dem wachsen nicht die Ähren;
Und wer die Saat nicht mähet,
Kann er ein Haus ernähren?
Sprich, hättest du gezogen
Die Netze nicht; wie flogen
Dir her die Lerchen alle,
Die Lerchen, die im Schwalle
Wir zierlich sehn gereiht am Küchenfensterbogen?
Kein Weiser ist, noch wohlerfahren,
Wer essen will, doch Arbeit sparen.
Wer nicht die Körner säet,
Dem wachsen nicht die Ähren;
Und wer die Saat nicht mähet,
Kann keine Gäst' ernähren.
Wenn du nicht gingest fischen,
O sage, wo die frischen
Forellen hergekommen,
Wie sie ins Haus geschwommen,
Die wir uns winken sehn mit Lust auf deinen Tischen?
Kein Weiser ist, noch wohlerfahren,
Wer essen will, doch Arbeit sparen.

RUDYARD KIPLING

Wie das Kamel zu seinem Buckel kam

Als man anfing, die Jahre zu zählen und die Welt noch neu und frisch war und die Tiere gerade begannen, für den Menschen zu arbeiten, da gab es ein Kamel, und es lebte inmitten einer unerträglichen trägen Wüste, weil es nichts arbeiten wollte, denn es war selber unerträglich träge. So fraß es Zweige und Dornen und Tamarisken und Unkraut und Disteln und war höchst aufreizend faul; und wenn jemand es ansprach, dann sagte es: „Buh!" Gerade nur „Buh!" und sonst nichts.

Am Montagmorgen kam das Pferd zu ihm, einen Sattel auf dem Rücken und ein Gebiß im Maul, und sagte: „Kamel, o Kamel, komm heraus und trabe wie wir andern auch."

„Buh!" sagte das Kamel; und das Pferd ging fort und erzählte es dem Menschen.

Nun kam der Hund zu ihm, einen Stock im Maul, und sagte: „Kamel, o Kamel, komm heraus und zieh und trage wie wir andern auch."

„Buh!" sagte das Kamel; und der Hund ging fort und erzählte es dem Menschen.

Nun kam der Ochs zu ihm, das Joch auf dem Nacken, und sagte: „Kamel, o Kamel, komm und pflüge wie wir andern auch."

„Buh!" sagte das Kamel; und der Ochs ging fort und erzählte es dem Menschen.

Am Ende des Tages rief der Mensch das Pferd und den Hund und den Ochsen zu sich und sagte: „Ihr drei, o ihr drei, es tut mir sehr leid um euch – da die Welt doch so neu und frisch ist – aber dieses Buh-Ding in der Wüste kann nicht arbeiten, sonst wäre es doch schon hier gewesen, und so muß ich es eben lassen, wo es ist, und ihr müßt doppelt so lange arbeiten, um auch seine Arbeit zu machen."

Das ärgerte die drei sehr – da die Welt doch so neu und frisch war – und sie hielten eine Versammlung ab und ein Palaver und einen Schwatz am Rande der Wüste; und das Kamel kam, Unkraut kauend und höchst aufreizend faul, heran und lachte sie aus. Und dann sagte es „Buh!" und ging wieder davon.

Nun aber kam der Djinn, der alle Wüsten verwaltet, in einer Staubwolke angerollt – Djinns reisen immer so, weil da mehr Zauber dabei ist – und er blieb stehen, um mit den dreien zu palavern und zu schwatzen.

„Djinn aller Wüsten", sagte das Pferd, „ist es recht, daß einer faulenzt, wo doch die Welt so neu und frisch ist?"

„Gewiß nicht", sagte der Djinn.

„Nun", sagte das Pferd, „da gibt es ein Ding inmitten deiner unerträglich trägen Wüste – und es ist selber unerträglich träge – mit einem langen Hals und langen Beinen, und es hat seit Montag morgen noch kein bißchen Arbeit getan. Es will nicht traben.".

„Pfuih!" piff da der Djinn, „bei allem Gold Arabiens, das ist mein Kamel! Und was sagt es dazu?"

„Es sagt: ‚Buh'", sagte der Hund; „und es will weder ziehen noch tragen."

„Sagt es sonst gar nichts?"

Nur ‚Buh!' und es will auch nicht pflügen", sagte der Ochs.

„Sehr schön", sagte der Djinn. „Ich will ihm was buhen, wenn ihr so freundlich sein wollt, eine Minute zu warten."

Der Djinn wickelte sich in seinen Staubmantel und schlug die Richtung quer durch die Wüste ein und fand das Kamel, das höchst aufreizend faul sein Spiegelbild in einem Tümpel begaffte.

„Mein langer, widerspiegelnder Freund", sagte der Djinn, „was habe ich von dir gehört? Du willst nicht arbeiten, wo doch die Welt so neu und frisch ist?"

„Buh!" sagte das Kamel.

Der Djinn setzte sich, das Kinn auf die Hand gestützt, nieder und begann einen mächtigen Zauber auszudenken, während das Kamel sein Spiegelbild im Wasser begaffte.

„Mit deiner aufreizenden Faulheit hast du den dreien seit Montag morgen ständig Extraarbeit verursacht", sagte der Djinn; und, das Kinn auf die Hand gestützt, fuhr er fort, einen mächtigen Zauber auszudenken.

„Buh!" sagte das Kamel.

„Wenn ich du wäre, würde ich das nicht wieder sagen", meinte der Djinn; „du könntest es einmal zu oft sagen. Spiegelbild, ich wünschte, du würdest arbeiten."

Und das Kamel sagte abermals: „Buh!" Doch kaum hatte es das gesagt, da sah es, wie sein Rücken, auf den es so stolz war, sich blähte und blähte und zu einem großen, greulichen, wackelnden Buckel bauschte.

„Siehst du das?" sagte der Djinn. „Das ist der Buckel, der aus deinem ‚Buh' entstanden ist, und den du über dich gebracht hast, weil du nicht arbeiten wolltest. Heute ist Donnerstag, und du hast seit Montag, da die Arbeit begann, noch nichts getan. Und jetzt geh an die Arbeit!"

„Wie kann ich", sagte das Kamel, „mit diesem Buckel auf meinem Rücken?".

„Das ist mit gutem Bedacht geschehen", sagte der Djinn, „weil du diese drei Tage versäumt hast. Jetzt wirst du imstande sein, drei Tage lang zu arbeiten, ohne zu essen, weil du von deinem Buckel leben kannst; und sag niemals, ich hätte nichts für dich getan. Jetzt aber komm aus der Wüste heraus, geh zu den dreien und benimm dich anständig, Buh!"

Und das Kamel buckelte davon und ging zu den dreien. Und von jenem Tage an bis heute trägt das Kamel immer seinen Buckel, aber es hat niemals jene drei Tage eingeholt, die es am Anfang der Welt versäumte, und es hat niemals gelernt, sich anständig zu benehmen.

MARK TWAIN

Der kluge Anstreicher

Der Samstagmorgen war gekommen; die ganze sommerliche Welt war strahlend frisch und bis zum Überströmen vom Leben erfüllt. In jedem Herzen erklang ein Lied, und war das Herz jung, dann drang die Melodie auch über die Lippen. In jedem Gesicht lag Fröhlichkeit und in jedem Schritt federnde Kraft. Die Robinien standen in voller Blüte, und ihr Duft erfüllte die Luft.

Der Cardiff-Hügel, der sich auf der anderen Seite über die kleine
Stadt erhob, war mit üppigem Grün bedeckt, und er lag gerade fern
genug, um als ein „Gelobtes Land" zu scheinen, träumerisch, ruhe-
voll und einladend.

Auf dem Bürgersteig erschien Tom mit einem Eimer Weißkalk und
einem langstieligen Pinsel. Er besah sich den Zaun, und die Natur
verlor ihren frohen Glanz; tiefe Schwermut senkte sich auf sein
Gemüt. Ein dreißig Yard langer, drei Yard hoher Zaun! Das Leben
schien ihm hohl und leer und das Dasein nichts als eine Last.
Seufzend tauchte er den Pinsel ein und ließ ihn über die oberste
Planke gleiten; er wiederholte das Verfahren, und dann noch ein
zweites Mal, verglich den unbedeutenden Streifen Tünche mit dem
sich weithin erstreckenden Kontinent ungeweißten Zauns und setzte
sich entmutigt auf die Verschalung eines Baumes.

...

Bald mußten die Jungen, die frei waren, auf allen möglichen
herrlichen Expeditionen hier vorbeigesprungen kommen, und sie
würden ihn furchtbar auslachen, weil er arbeiten mußte – schon der
Gedanke daran brannte wie Feuer. Er holte seine weltlichen Schätze
hervor und betrachtete sie – Teile von Spielsachen, Murmeln und
allerlei Plunder, genug, um vielleicht einen Arbeitstausch zu erkaufen, aber nicht genug, um auch nur eine halbe Stunde wahrer
Freiheit zu erhandeln. So steckte er seine beschränkten Mittel wieder
in die Tasche und gab den Gedanken an den Versuch auf, die Jungen
zu kaufen. In diesem düsteren, hoffnungslosen Augenblick durch-
fuhr ihn eine Eingebung. Nicht mehr und nicht weniger als eine
grandiose, fabelhafte Eingebung.

Er nahm seinen Pinsel zur Hand und begab sich ruhig an die
Arbeit. Kurze Zeit darauf kam Ben Rogers in Sicht, genau der Junge,
vor dessen Spott er sich am meisten gefürchtet hatte. Bens Gang war
ein einziges Hüpfen, Tanzen und Springen – Beweis genug, daß sein
Herz leicht und voll hochgespannter Erwartungen war. Er aß einen
Apfel und stieß in regelmäßigen Abständen ein langes, melodisches
Heulen aus, dem ein tieftönendes Bim-bam-bam, Bim-bam-bam
folgte, denn er stellte einen Dampfer dar. Als er heranzog, drosselte

er die Geschwindigkeit, hielt sich in der Straßenmitte, lehnte sich
weit nach steuerbord über und drehte gemessen, umständlich und
mit großem Aufwand bei, denn er verkörperte den Dampfer „Big
Missouri" und war sich bewußt, neun Fuß Tiefgang zu haben. Er war
Dampfer, Kapitän und Schiffsglocke in einem, und so mußte er sich
einbilden, er stehe auf seinem eigenen Hurrikandeck, erteile Befehle
und führe sie auch aus.

„Stop, Sir! Bim-bim-bim." Die Vorwärtsbewegung hörte fast gänzlich auf, und er steuerte langsam den Bürgersteig an. „Maschine volle
Kraft rückwärts! Bim-bim-bim!" Er streckte die Arme steif an den
Seiten hinab. „Steuerbord achteraus! Bim-bim-bim! Tschuk-tsch-
tschuk-tschuk-tschuk!" Seine rechte Hand beschrieb stattliche Kreise,
denn sie stellte ein vierzig Fuß hohes Schaufelrad dar. „Backbord
achteraus! Bim-bim-bim! Tschuk-tsch-tschuk-tschuk!" Nun begann
die linke Hand, Kreise zu beschreiben.

„Steuerbord stop! Bim-bim-bim! Backbord stop! Steuerbord langsame Fahrt voraus! Stop! Das äußere Rad langsame Fahrt! Bim-bim-
bim! Tschuk-uk-uk! Bugleine heraus! Los jetzt! Kommt – raus mit
dem Spanntau – was macht ihr denn da? Vertäut doch das Doppel-
part über den Poller. Ran an die Landungsbrücke jetzt – los! Alle
Maschinen stop jetzt, Sir! Bim-bim-bim!"

„Scht! Scht! Scht!" (Ausprobieren der Dampfhähne.)

Tom tünchte weiter – er kümmerte sich nicht um den Dampfer.
Ben starrte ihn einen Augenblick an und sagte dann:

„Heda! Du steckst in der Patsche, was?"

Keine Antwort. Mit dem Auge des Künstlers begutachtete Tom
seinen letzten Strich; dann fuhr sein Pinsel noch einmal mit leichtem
Schwung darüber hinweg, und er begutachtete das Ergebnis von
neuem. Ben bezog neben ihm Stellung. Beim Anblick des Apfels lief
Tom das Wasser im Munde zusammen, er blieb jedoch bei seiner
Arbeit. Da sagte Ben: „Hallo, alter Junge; mußt arbeiten, was?"

„Ach, du bist's, Ben. Hab's gar nicht gemerkt."

„Ich geh schwimmen, hörst du? Würdest du nicht auch lieber mit-
kommen? Aber natürlich, du möchtest lieber schuften, nicht wahr?"

Tom betrachtete den Jungen ein Weilchen und fragte dann: „Was
nennst du denn Arbeit?"

„Na, ist das vielleicht keine Arbeit?"
Tom machte sich wieder ans Tünchen und meinte gleichgültig:
„Na, vielleicht, vielleicht auch nicht. Ich weiß nur eins: Tom Sawyer
gefällt's."
„Ach, geh doch, du willst mir doch nicht etwa einreden, daß es dir
Spaß macht?"
Der Pinsel fuhr weiter.
„Ob's mir Spaß macht? Na, ich wüßte nicht, weshalb es mir
keinen Spaß machen sollte. Bekommt ein Junge vielleicht jeden Tag
einen Zaun zu streichen?"
Das ließ die Sache in neuem Licht erscheinen. Ben hörte auf, an
seinem Apfel zu knabbern. Tom schwang seinen Pinsel mit behut-
samer Eleganz hin und her – trat dann zurück, um die Wirkung
festzustellen – setzte hier und da noch einen Tupfer hinzu – kriti-
sierte die Wirkung von neuem, während Ben jede seiner Bewegungen
beobachtete und ihn die Sache immer mehr interessierte, immer
stärker fesselte. Nach einer Weile sagte er: „Du, Tom, laß mich auch
mal ein bißchen streichen."
Tom dachte nach, war schon drauf und dran zuzustimmen, überlegte sich's dann aber wieder anders: „Nein, nein, geht nicht, Ben.
Schau, Tante Polly nimmt's arg genau mit dem Zaun hier, er steht ja
direkt an der Straße –, wenn's der hinten wär, mir würde es nicht
drauf ankommen und ihr auch nicht. Ja, arg genau nimmt sie's mit
dem Zaun hier, ganz sorgfältig muß der gestrichen werden; ich
glaube, kaum einer von tausend Jungen ist imstande, es so zu
machen, wie es sich gehört – vielleicht nicht mal einer von zwei-
tausend."
„Tatsächlich? Ach, komm schon! Laß mich bloß mal versuchen,
bloß ein kleines bißchen. An deiner Stelle würd ich dich lassen,
Tom."
„Ben, ich würd's ja gerne tun, aber Tante Polly – weißt du, Jim
wollte, und sie hat ihn nicht gelassen. Sid wollte auch, und sie hat
ihn auch nicht gelassen. Siehst du nicht, wie ich in der Klemme
sitze? Wenn du dich dranmachst und es passiert was damit ..."
„Ach, Quatsch; ich mach's genauso vorsichtig. Komm, laß mich
mal versuchen. Ich geb dir ein Stück von meinem Apfel, ja?"

„Nun – ach, Ben, lieber nicht, ich hab Angst ...“
„Ich laß dir den ganzen!“
Tom gab den Pinsel her, Widerstreben im Antlitz, aber frohe
Bereitwilligkeit im Herzen. Und während der vormalige Dampfer
„Big Missouri“ in der Sonne arbeitete und schwitzte, ließ sich der in
den Ruhestand getretene Künstler daneben im Schatten auf einem
Faß nieder, baumelte mit den Beinen, verdrückte den Apfel und
schmiedete Pläne, wie er noch weitere Unschuldige zur Strecke
bringen könnte. An Material mangelte es nicht, immer wieder schlen-
derten Jungen vorbei; sie kamen, um zu spotten, und blieben, um zu
weißeln. Als Ben abgekämpft war, hatte Tom bereits die nächste
Gelegenheit, sich zu beteiligen, für einen gut erhaltenen Drachen an
Billy Fisher verhandelt, und als der verschnaufen mußte, kaufte sich
Johnny Miller ein mit einer toten Ratte samt einer Schnur, mit der
man sie herumschwingen konnte; so ging es weiter und immer weiter,
Stunde um Stunde. Und als der Nachmittag zur Hälfte vorüber war,
da war aus dem am Morgen noch armen Tom ein Junge geworden,
der sich buchstäblich in Reichtum wälzte. Neben den Dingen, die
ich bereits erwähnt habe, besaß er zwölf Murmeln, ein Stück von
einer Mundharmonika, einen Scherben blaues Flaschenglas, durch
den man hindurchschauen konnte, einen Revolver, einen Schlüssel,
der nichts aufschloß, ein Stück Kreide, einen Glasstöpsel von einer
Karaffe, einen Zinnsoldaten, zwei Kaulquappen, sechs Knallfrösche,
ein einäugiges Kätzchen, einen Türgriff aus Messing, ein Hunde-
halsband – aber keinen Hund –, einen Messergriff, vier Orangen-
schalen und einen verrotteten alten Fensterrahmen.
Die ganze Zeit über hatte er hübsch behaglich gefaulenzt und eine
Menge Gesellschaft gehabt – und den Zaun bedeckte eine dreifache
Schicht Farbe! Wäre Tom nicht der Weißkalk ausgegangen, so hätte
er sämtliche Jungen des Ortes bankrott gemacht.
Tom sagte sich, die Welt sei doch nicht so hohl und leer. Er hatte,
ohne es zu wissen, ein wichtiges Gesetz entdeckt, welches das
menschliche Handeln bestimmt: daß nämlich, um das Begehren
eines Mannes oder eines Jungen nach etwas zu wecken, weiter nichts
nötig ist, als die Sache schwer erreichbar zu machen. Wäre er ein
großer und weiser Philosoph gewesen wie der Schreiber dieses

Buches, dann hätte er jetzt verstanden, daß Arbeit in dem besteht, was man zu tun verpflichtet ist, und daß Spiel in dem besteht, was man nicht zu tun verpflichtet ist. Das hätte ihm begreifbar gemacht, weshalb es Arbeit ist, künstliche Blumen herzustellen oder in einer Tretmühle tätig zu sein, während es ein Vergnügen ist, Kegel zu schieben oder auf den Montblanc zu klettern. Es gibt in England reiche Herren, die im Sommer täglich verkehrende vierspännige Reisekutschen zwanzig oder dreißig Meilen weit lenken, weil dieses Vorrecht sie ziemlich viel Geld kostet; böte man ihnen aber Lohn für diesen Dienst, so würde er zur Arbeit, und dann gäben sie ihn auf.

BERTOLT BRECHT

Lob des Lernens

Lerne das Einfachste! Für die
Deren Zeit gekommen ist
Ist es nie zu spät!
Lerne das Abc, es genügt nicht, aber
Lerne es! Laß es dich nicht verdrießen!
Fang an! Du mußt alles wissen!
Du mußt die Führung übernehmen.

Lerne, Mann im Asyl!
Lerne, Mann im Gefängnis!
Lerne, Frau in der Küche!
Lerne, Sechzigjährige!
Du mußt die Führung übernehmen.
Suche die Schule auf, Obdachloser!
Verschaffe dir Wissen, Frierender!
Hungriger, greif nach dem Buch: es ist eine Waffe.
Du mußt die Führung übernehmen.

Scheue dich nicht zu fragen, Genosse!
Laß dir nichts einreden
Sieh selber nach!
Was du nicht selber weißt
Weißt du nicht.
Prüfe die Rechnung.
Du mußt sie bezahlen.
Lege den Finger auf jeden Posten
Frage: Wie kommt er hierher?
Du mußt die Führung übernehmen.

ERNST JANDL

menschenfleiß

ein faulsein
ist nicht lesen kein buch
ist nicht lesen keine zeitung
ist überhaupt nicht kein lesen

ein faulsein
ist nicht lernen kein lesen und schreiben
ist nicht lernen kein rechnen
ist überhaupt nicht kein lernen

ein faulsein
ist nicht rühren keinen finger
ist nicht tun keinen handgriff
ist überhaupt nicht kein arbeiten

ein faulsein
solang mund geht auf und zu
solang luft geht aus und ein
ist überhaupt nicht

Vierzehntes Kapitel

Selbsterziehung – Maßvolles Handeln
Selbsterkenntnis

❖ ❖ ❖

David und Bathseba

Im folgenden Jahr, zur Zeit, wann die Könige ins Feld zu ziehen pflegen, sandte David Joab und seine Knechte und ganz Israel, das Land der Ammoniter zu verheeren und Rabba[1] zu belagern. David aber blieb zu Jerusalem. Und es begab sich, daß David um den Abend von seinem Lager aufstand und auf dem Dache[2] des Königshauses umherwandelte. Da sah er vom Dache ein Weib sich waschen, das war von sehr schöner Gestalt. David sandte hin und ließ nach dem Weibe fragen, und man sagte: Das ist *Bathseba*, das Weib Urias, des Hethiters.

Da schrieb David einen Brief an Joab und sandte ihn durch Uria. Er schrieb aber im Briefe so: Stellet Uria in den Streit, wo er am härtesten ist, und wendet euch hinter ihm ab, daß er erschlagen werde und sterbe. Als nun Joab die Stadt belagerte, stellte er Uria an den Ort, wo er wußte, daß streitbare Männer waren. Und als die Männer der Stadt herausfielen und wider Joab stritten, fielen etliche aus dem Volke von den Knechten Davids, und Uria, der Hethiter, starb auch. Da sandte Joab hin und ließ David den ganzen Hergang des Streites ansagen.

Da nun Urias Weib hörte, daß ihr Mann tot war, trug sie Leid um ihn. Als sie aber ausgetrauert hatte, sandte David hin und ließ sie in sein Haus holen, und sie ward sein Weib und gebar ihm einen Sohn. Aber diese Tat Davids gefiel dem Herrn übel.

Und der Herr sandte Nathan zu David. Der kam zu ihm und
sprach: Es waren zwei Männer in einer Stadt, der eine reich, der
andere arm. Der Reiche hatte sehr viele Schafe und Rinder, aber der
Arme hatte nichts als ein einziges kleines Schäflein, das er gekauft
hatte, und er nährte es, daß es groß ward bei ihm zugleich mit den
Kindern; es aß von seinem Bissen und trank aus seinem Becher und
schlief in seinem Schoße, und er hielt es wie eine Tochter. Da aber
ein Gast zu dem reichen Manne kam, reute es ihn, eines von seinen
Schafen und Rindern zu nehmen, und dem Gaste etwas zuzurichten,
und er nahm das Schäflein des armen Mannes und richtete es dem
Gaste zu, der zu ihm gekommen war. Da ergrimmte David in großem
Zorn wider den Mann und sprach zu Nathan: So wahr der Herr lebt,
der Mann, der das getan hat, ist ein Kind des Todes! Er soll das Schaf
vierfältig bezahlen, darum daß er solches getan und des Armen nicht
geschont hat.

Da sprach Nathan zu David: Du bist der Mann! So spricht der
Herr, der Gott Israels: „Ich habe dich zum König über Israel gesalbt
und dich errettet aus der Hand Sauls. Ich habe dir deines Herrn Haus
und das Haus Israel und Juda gegeben, und war das zu wenig, so
wollte ich noch dies und das dazu tun. Warum hast du denn das
Wort des Herrn verachtet und solches Übel vor seinen Augen getan?
Uria, den Hethiter, hast du erschlagen mit dem Schwerte der Ammoniter, und sein Weib hast du dir zum Weibe genommen. Nun, so soll
von deinem Hause das Schwert nicht lassen ewiglich, darum daß du
mich verachtet hast! Siehe, ich will Unglück aus deinem eigenen
Hause über dich erwecken. Du hast es heimlich getan; ich aber will es
vor dem ganzen Israel und an der Sonne tun." Da sprach David zu
Nathan: Ich habe wider den Herrn gesündigt. Nathan sprach: So hat
auch der Herr deine Sünde weggenommen.[3] Du wirst nicht sterben.
Aber weil du den Feinden des Herrn durch diese Tat Ursache zur
Lästerung gegeben hast, wird der Sohn, der dir geboren ist, des Todes
sterben!

Nathan ging heim, und der Herr schlug das Kind, das Urias Weib
dem David geboren hatte, daß es todkrank ward. David aber suchte
Gott um des Knäbleins willen, fastete und lag über Nacht auf der
Erde. Da standen die Ältesten seines Hauses auf und wollten ihn

aufrichten von der Erde; er aber wollte nicht und aß auch nicht mit ihnen. Am siebenten Tage starb das Kind. Und die Knechte Davids fürchteten sich, ihm anzusagen, daß das Kind tot wäre. Denn sie dachten: als das Kind noch lebendig war, redeten wir mit ihm, und er hörte nicht auf unsere Stimme; wie viel mehr wird es ihm wehe tun, wenn wir sagen: „Das Kind ist tot." Da aber David sah, daß seine Knechte leise redeten, merkte er, daß das Kind tot sei, und fragte: Ist das Kind tot? Sie sprachen: Ja. Da stand David von der Erde auf, wusch sich und salbte sich und tat andere Kleider an, ging in das Haus des Herrn und betete. Und als er wieder heim kam, ließ er sich Speise auftragen und aß. Da sprachen seine Knechte zu ihm: Was soll das, was du tust? als das Kind lebte, fastetest du und weintest; nun es aber gestorben ist, stehst du auf und issest? Er sprach: So lange das Kind lebte, fastete ich und weinte; denn ich dachte: wer weiß, ob mir der Herr gnädig ist, daß das Kind am Leben bleibe? Nun es aber tot ist, was soll ich fasten? Kann ich es auch wiederum holen? Ich werde wohl zu ihm fahren; das Kind kommt aber nicht wieder zu mir!

Bathseba bekam einen andern Sohn, den hieß er Salomo und der Herr liebte ihn. David tat ihn unter die Hand des Propheten Nathan; der hieß ihn Jedidja um des Herrn willen.

(2. Buch Samuel)

1 Hauptstadt der Ammoniter, welche Davids Gesandte beschimpft hatten.
2 Im Morgenlande sind die Dächer flach.
3 Psalm 32; 1 Joh. 1, 9.

ÄSOP

Die Wespen im Honigtopfe

Ein ganzer Schwarm Wespen war in einen Honigtopf gekrochen, wo sie so gierig zu zehren anfingen, daß sie endlich nicht wieder herauskommen konnten. Als sie nun sahen, daß sie in dieser geliebten Süßigkeit umkommen müßten, erkannten sie zu spät, wie teuer ihnen ihre Lust zu stehen komme.

463

LEHRE: Wenn sinnliche Lüste einmal zu Angewohnheiten werden, so ist es schwer, sich von ihnen loszuwickeln; sondern wer ihnen unordentlich nachgehangen hat, wird selten dem Schicksale, das die Wespen in der Fabel traf, entgehen.

BETRACHTUNG: Wir haben hier ein Bild von den törichten Wollüstlingen, welche Ruhe und Ehre und alle wirklichen Güter des menschlichen Lebens den Versuchungen einer sinnlichen Begierde aufopfern. Und wenn sie einmal an ihren Lüsten und Vergnügen gleichsam kleben, so können sie sich nicht leicht wieder losreißen, sondern fallen, wie die Wespen, die in dem Honigtopfe erstickten, immer tiefer herein, bis das, woran sie ihre Lust fanden, zu ihrem Verderben, beides an Leib und Seele, ausschlägt.

KONFUZIUS

Sein wahres Selbst sein

Wenn die Menschen niederen Standes den höherstehenden nicht vertrauen, ist es unmöglich, ein Volk zu regieren. Es gibt nur eine Art, das Vertrauen anderer zu gewinnen: wenn man das Vertrauen seiner Freunde nicht besitzt, wird man auch seinen Vorgesetzten nicht trauen. Es gibt nur eine Art, das Vertrauen seiner Freunde zu gewinnen: wenn man gegen seine Eltern nicht liebevoll ist, werden einem die Freunde nicht trauen. Es gibt nur eine Art, seine Eltern zu lieben: wenn man in seinem innersten Herzen sich selbst gegenüber nicht wahr ist, wird man seine Eltern nicht lieben. Es gibt nur eine Art, sich selbst gegenüber wahr zu sein: wenn man nicht weiß, was gut ist, kann man sich selbst gegenüber nicht wahr sein.

Sich selbst gegenüber wahr sein, ist Gottes Gesetz. Versuchen, sich selbst gegenüber wahr zu sein, ist der Menschen Gesetz.

Wer sich selbst gegenüber natürlicherweise wahr ist, kann mühelos das Richtige erfassen, versteht ohne langes Überlegen, was er wissen will; sein Leben steht reibungslos und ganz von selbst mit dem

Sittengesetz in Einklang. Einen solchen Menschen könnte man einen Heiligen oder einen Menschen mit göttlicher Natur nennen. Wer lernt, wahrhaft er selbst zu sein, wird entdecken, was gut ist, und daran festhalten. Will man lernen, sein wahres Selbst zu sein, ist es notwendig, sich ein umfassendes Wissen von den Dingen anzueignen, die in der Welt gesagt und getan worden sind, sie kritisch zu untersuchen; sie behutsam zu erwägen; sie sorgfältig zu sichten und sie ernsthaft durchzuführen.

Es kommt nicht darauf an, was man lernt; aber wenn man etwas lernt, darf man nicht davon ablassen, bevor man es völlig beherrscht. Es kommt nicht darauf an, was man untersucht; aber wenn man etwas untersucht, darf man nicht ruhen, bis man es gründlich verstanden hat. Es kommt nicht darauf an, was man zu erwägen sucht; aber wenn man etwas zu erwägen sucht, darf man nicht ruhen, bis man gefunden hat, was man suchte. Es kommt nicht darauf an, was man zu sichten versucht; aber wenn man etwas zu sichten versucht, darf man nicht ruhen, bis es klar und genau geordnet ist. Es kommt nicht darauf an, was man durchzuführen versucht; aber wenn man etwas durchzuführen versucht, darf man nicht ruhen, bis man es gründlich und gut getan hat. Was einem anderen beim ersten Wurf gelingt, wird dir erst beim hundertsten Wurf gelingen. Was einem anderen beim zehnten Wurf gelingt, wird dir erst beim tausendsten gelingen.

PLATON

Sokrates über Besonnenheit und Gerechtigkeit

SOKRATES: Ich meine, daß jeder einzelne über sich selber herrsche. Oder muß das nicht sein, daß er über sich selbst herrscht, sondern nur über die anderen?

KALLIKLES: Wie meinst du das: über sich selber herrschen?

SOKRATES: Nichts Besonderes, sondern so, wie es die Menge versteht: besonnen sein, sich selbst im Zügel halten und die Lüste und Begierden in sich beherrschen.

KALLIKLES: Wie naiv du bist! Die Einfältigen bezeichnest du als die Besonnenen.

SOKRATES: Wieso? Es muß doch jeder merken, daß ich nicht das meine.

KALLIKLES: Doch, ganz gewiß, Sokrates. Denn wie könnte ein Mensch glücklich sein, der irgendeinem anderen dienen muß? Das ist vielmehr von Natur das Schöne und Gerechte, was ich dir jetzt mit allem Freimut sage: wer richtig leben möchte, der muß seine Triebe so mächtig als möglich werden lassen und darf sie nicht beschneiden. Und er muß imstande sein, ihnen, wie groß sie auch sind, durch Tapferkeit und Klugheit zu willfahren und das zu befriedigen, wonach jeweils die Begierde in ihm wach wird. Dazu aber, meine ich, sind die meisten nicht fähig. Und weil sie sich dessen schämen, tadeln sie solche Menschen, verbergen so ihre eigene Ohnmacht und bezeichnen die Zügellosigkeit als etwas Häßliches – ich habe das schon vorhin gesagt –, und sie knechten die Menschen, die von Natur besser sind, und weil sie selber nicht imstande sind, ihren Begierden Erfüllung zu verschaffen, sprechen sie aus ihrer eigenen Feigheit heraus das Lob der Besonnenheit und der Gerechtigkeit. Denn was gäbe es für die, die von Anfang an das Glück hatten, Königssöhne zu sein, oder die von Natur aus imstande sind, sich eine Herrschaft zu erwerben, eine Tyrannis oder einen Königsthron – was gäbe es für solche Menschen in Wahrheit Häßlicheres und Schlimmeres als Besonnenheit und Gerechtigkeit? Während es ihnen frei stände, das Gute zu genießen, ohne daß sie jemand daran hinderte, sollten sie sich selbst einen Herrn setzen, das Gesetz und die Meinung und den Tadel der Menge? Und wie sollten sie nicht unglücklich sein durch diese edle Gerechtigkeit und Besonnenheit, wenn sie ihren Freunden nicht mehr zuteilen könnten als ihren Feinden, und dies als Herrscher in ihrem Staat? So verhält es sich mit der Wahrheit, nach der du zu streben behauptest: Luxus, Ungebundenheit und Freiheit, darin bestehen, wenn jemand die Fähigkeit hat, sich zu helfen, Tugend und Glück; das andere aber ist äußerer Putz, widernatürliche, von den Menschen aufgestellte Abmachungen und nutzloses Geschwätz.

SOKRATES: Nicht ohne Mut, Kallikles, ziehst du mit deiner offenen Rede zu Felde. Denn du sagst jetzt ganz frei heraus, was die anderen zwar denken, aber nicht aussprechen wollen. Ich bitte dich, in keiner Weise nachzulassen, damit in der Tat klar wird, wie man leben soll. Sage mir: soll man, nach deiner Ansicht, seine Begierden nicht zügeln, wenn man so sein will, wie man sein soll? Soll man sie so mächtig wie möglich werden lassen und ihnen auf jede Weise Erfüllung verschaffen – und das ist dann die Tugend?

KALLIKLES: Das behaupte ich.

SOKRATES: So stimmt es also nicht, wenn man die glücklich nennt, die nichts bedürfen?

KALLIKLES: Dann wären ja die Steine und die Toten am glücklichsten.

SOKRATES: Aber auch so, wie du es beschreibst, ist das Leben unerträglich....

Überlege dir, ob du über die beiden Lebensweisen, die maßvolle und die zügellose, etwa folgender Meinung bist. Nehmen wir an, von zwei Männern besitze jeder zahlreiche Fässer; die des einen wären in gutem Zustand und angefüllt, das eine mit Wein, ein anderes mit Honig, ein drittes mit Milch und viele andere mit vielen anderen Dingen; die Flüssigkeiten in allen diesen Gefäßen aber wären rar und schwer erhältlich und nur mit vielen Mühen und Schwierigkeiten zu beschaffen. Dieser eine würde nun, wenn er die Gefäße angefüllt hat, nichts mehr zugießen und sich nicht mehr darum bekümmern, sondern wäre ihretwegen ganz ruhig. Auch der andere könnte sich, wie der erste, die Flüssigkeiten beschaffen, aber nur mit Mühe; seine Gefäße aber wären durchlöchert und verfault, und er müßte sie Tag und Nacht immer wieder auffüllen oder dann die äußersten Beschwerden erleben. Meinst du nun, wenn es sich mit diesen beiden Lebensweisen so verhält, daß die des Zügellosen glücklicher sei als die des Sittsamen? Kann ich dich mit meinen Worten wohl zu dem Zugeständnis bringen, daß das sittsame Leben besser sei als das des Zügellosen, oder kann ich es nicht?

KALLIKLES: Du bringst mich nicht dazu, Sokrates. Denn für den, der seine Gefäße gefüllt hat, gibt es keine Lust mehr, sondern er lebt, wie ich eben gesagt habe, wie ein Stein, wenn er einmal befriedigt ist, und er empfindet keine Freude und keinen Schmerz mehr. Aber das macht doch gerade das Angenehme des Lebens aus: daß möglichst viel hinzufließt.

SOKRATES: Muß denn aber nicht auch viel abfließen, wenn viel hinzufließen soll, und müssen dann die Ausflüsse nicht weite Löcher haben?

KALLIKLES: Allerdings.

SOKRATES: Dann denkst du also etwa an das Leben eines gefräßigen Vogels, aber nicht an das eines Leichnams oder eines Steins. Doch sage mir: denkst du an so etwas wie Hunger haben und dann als Hungriger essen?

KALLIKLES: Ja.

SOKRATES: Oder Durst haben und dann als Durstiger trinken?

KALLIKLES: Das meine ich, und daß man alle anderen Begierden hat, sie befriedigen kann und sich so an einem glücklichen Leben freut.

...

SOKRATES: Höre denn zu, wie ich unser Gespräch von Anfang an wiederhole:

Ist das Angenehme und das Gute dasselbe? – Es ist nicht dasselbe, wie ich und Kallikles übereingekommen sind.

Muß man das Angenehme um des Guten oder das Gute um des Angenehmen willen tun? – Das Angenehme um des Guten willen.

Angenehm aber ist das, über dessen Vorhandensein wir uns freuen, gut dagegen, durch dessen Gegenwart wir gut sind? – Gewiß. – Aber gut sind wir und alles übrige, was gut ist, doch durch das Vorhandensein irgendeiner Tugend? Das scheint mir notwendig so zu sein, Kallikles. – Nun ist aber die Tauglichkeit eines jeden Dinges, sei es die eines Gerätes oder eines Körpers oder auch die einer Seele oder eines jeden Lebewesens, wie sie einem jeden von ihnen gegeben ist, nicht von selbst vorhanden, sondern durch Ordnung und kunstgemäße Richtigkeit. Ist dem so? – Auch ich bin dieser Ansicht.

Durch Ordnung also wird die Tauglichkeit eines jeden bedingt und gestaltet? – Das möchte ich bejahen.

Wenn also jedem Ding seine ihm zukommende Ordnung innewohnt, dann macht sie alle Dinge gut? – So scheint mir. Und die Seele, die ihre zugehörige Ordnung besitzt, ist besser als die ungeordnete? – Notwendigerweise. Die Seele aber, die ihre Ordnung hat, ist wohlgesittet? – Wie wird es anders sein können. Die wohlgesittete aber ist besonnen? – Ohne jeden Zweifel. Die besonnene Seele ist also gut? – Ich weiß dagegen nichts anderes zu sagen, mein lieber Kallikles. Weißt du aber etwas, so belehre mich.

KALLIKLES: Sprich nur weiter, mein Bester!

SOKRATES: So sage ich denn: wenn die besonnene Seele gut ist, dann ist die der besonnenen entgegengesetzte schlecht. Das aber war die unbesonnene und zügellose. – Gewiß. Nun wird doch gewiß der Besonnene seine Pflicht gegenüber Göttern und Menschen erfüllen. Denn er wäre ja nicht besonnen, wenn er diesen Pflichten zuwiderhandelte. – Notwendig muß das so sein. Erfüllt er aber den Menschen gegenüber seine Pflichten, so wird er gewiß das tun, was gerecht ist; erfüllt er sie den Göttern gegenüber, so tut er das, was fromm ist. Wer aber tut, was gerecht und fromm ist, der muß selbst gerecht und fromm sein. – So ist es. Und er muß auch tapfer sein. Denn es gehört sich doch für einen besonnenen Mann nicht, daß er etwas erstrebt oder meidet, was er nicht soll; sondern daß er das meidet und erstrebt, was er soll, seien es Dinge oder Menschen, Freuden oder Leiden, und daß er wacker standhält, wo es nötig ist. Demzufolge, Kallikles, muß ohne Zweifel der Besonnene, weil er – wie wir gezeigt haben – auch gerecht, tapfer und fromm ist, ein vollendet guter Mann sein; der Gute aber muß in allen Fällen gut und schön handeln; wer aber gut handelt, der muß auch selig und glücklich, der Schlechte dagegen, der schlecht handelt, unglücklich sein; das aber wäre der, der sich gerade umgekehrt verhält wie der Besonnene, der Zügellose, den du gepriesen hast. Ich betrachte das so als ausgemacht und behaupte, dies sei wahr. Ist es aber wahr, dann muß offenbar jemand, der glücklich sein will, nach der Besonnenheit streben und sie üben, die Zügellosigkeit dagegen fliehen, so schnell einen jeden von uns die Füße tragen; und vor allem muß er danach trachten, daß er keiner Strafe bedarf. Hat er aber eine Strafe nötig, entweder selbst oder sonst einer von denen, die ihm nahestehen, sei es ein einzelner oder ein ganzer Staat, dann soll er sich die Strafe auferlegen und sich züchtigen lassen, wenn er glücklich sein will. Das ist nach meiner Ansicht das Ziel, das wir in unserem Leben vor Augen haben sollen; und danach müssen wir in unserem Tun alles richten, in unserem eigenen und im öffentlichen Leben, damit Gerechtigkeit und Besonnenheit in dem wohne, der glücklich sein will. Auch dürfen wir unsere Begierden nicht zügellos gewähren lassen und sie zu befriedigen suchen - das wäre ein Übel ohne Ende und ein Leben, wie ein Räuber es führt. Denn ein solcher Mensch könnte weder einem anderen Menschen lieb sein noch einem Gott, weil er zur Gemeinschaft unfähig ist. Wer aber keinen Gemeingeist in sich hat, kann auch keine Freundschaft besitzen. Die weisen Männer behaupten, Kallikles, daß Himmel und Erde, Götter und Menschen durch die Gemeinschaft und die Freundschaft, durch Ordnung, Besonnenheit und Gerechtigkeit zusammengehalten werden, und dieses Ganze nennen sie deswegen Weltordnung, mein Freund, und nicht Unordnung oder Zuchtlosigkeit.

EPIKTET

Von dem, was in unserer Gewalt steht, und was nicht

Von den Dingen stehen die einen in unserer Gewalt, die andern nicht.

In unserer Gewalt steht unser Denken, unser Tun, unser Begehren, unsere Abneigung, kurz: alles, was von uns selber kommt. Nicht in unserer Gewalt steht unser Leib, unsere Habe, unser Ansehen, unsere äußere Stellung – mit einem Wort, alles, was nicht von uns selber kommt.

Was in unserer Gewalt steht, ist von Natur frei, es kann nicht gehindert und nicht gehemmt werden. Was nicht in unserer Gewalt steht, ist anfällig, abhängig, steht in fremder Hand und kann gehindert werden.

Sei dir also bewußt: Hältst du für frei, was seiner Natur nach unfrei ist, und für dein eigen, was fremd ist, so wirst du viele Schwierigkeiten haben, Aufregung und Trauer, und wirst mit Gott und allen Menschen hadern. Hältst du aber nur das Deine für dein eigen und Fremdes für das, was es ist: fremd, so wird nie jemand dich zwingen, nie jemand dich hindern, du wirst nie jemand Vorwürfe machen, nie jemand schelten, nie etwas wider Willen tun. Niemand wird dir schaden, du wirst keinen Feind haben; denn nichts Schädliches trifft dich.

Wenn du so Großes erstrebst, bedenke: es reicht nicht, in flüchtigem Interesse die Hand danach auszustrecken. Du mußt manches für immer lassen, manches für den Augenblick.

Wenn du aber daneben auch nach Ehrenstellen und Reichtümern jagst, so wirst du vielleicht, weil du sogleich jenes erstrebst, nicht einmal diese erlangen. Sicher wirst du das verfehlen, wodurch allein Glück und innere Freiheit kommen.

Gewöhne dich nun, bei allem, was bedrohlich wirkt, zu sagen: du bist nicht das, was du scheinst, sondern nur eine Vorstellung. Sodann prüfe es an den Regeln, die du gelernt hast, besonders an der ersten, indem du fragst: gehört es zu dem, was in meiner Gewalt steht, oder nicht? Und gehört es zu dem, was nicht in deiner Gewalt steht, so sage zu dir selber: es geht mich nichts an!

MARC AUREL

Beobachtung des eigenen Ich

Verzettele nicht den Rest deines Lebens mit Nachdenken über andere Menschen – falls du damit nicht die Beziehung auf einen gemeinnützigen Gedanken verbindest; denn sonst wirst du dadurch an einer anderen Arbeit gehindert -, d.h. indem du dir darüber den Kopf zerbrichst, was der und der tut und warum er das tut und was er sagt und was er denkt und im Schilde führt und all solche Fragen, die bewirken, daß man von der Beobachtung des eigenen Ich abgelenkt wird.

Man muß daher auch das Ziel- und Zwecklose in der Kette seiner Vorstellungen meiden, vor allem die Sucht, sich um fremde Dinge zu kümmern, die einen nichts angehen, und alle bösen Gedanken. Und man muß sich gewöhnen, nur solche Vorstellungen zu haben, über die man, falls uns jemand plötzlich fragte: „Was denkst du jetzt?", sofort antworten könnte „Das und das", so daß sofort von selbst offenbar ist, daß alles in deinen Gedanken einfach und wohlgesinnt ist und einem Wesen gehört, das Gemeinsinn hat und sich um lüsterne oder überhaupt wollüstige Vorstellungen nicht kümmert oder irgendwelchen Ehrgeiz oder Neid oder Argwohn oder dergleichen empfindet, worüber du erröten müßtest, wenn du erzähltest, daß du gerade daran gedacht hättest. Denn wahrlich ein solcher Mann, der es nicht mehr aufschiebt, nunmehr zu den Besten zu gehören, ist ein Priester und Diener der Götter, der auch in engem Verkehr mit dem Wesen steht, das in seinem Innern wohnt, das den Menschen gegen Lüste gefeit, unverwundbar durch jede Mühsal, unberührt von jedem Frevel, unempfindlich gegen jede Schlechtigkeit, ... von Gerechtigkeit durchdrungen bis in seine Tiefen; von ganzer Seele alles begrüßend, was geschieht und ihm widerfährt ...

Denn nur seine eigenen Pflichten sucht er zu erfüllen, und er denkt dauernd über das nach, was ihm selber aus dem Allgeschehen beschieden wird; und jene Aufgaben bringt er zu schöner Erfüllung, während er davon überzeugt ist, daß dies gut ist. Denn das einem

jeden zugeteilte Schicksalslos wird mit in das Weltgeschehen hinein-
gezogen und zieht ihn zugleich mit in dieses hinein. Er denkt auch
daran, daß alle vernünftigen Wesen miteinander verwandt sind und
daß es gemäß der menschlichen Natur ist, sich um alle Menschen zu
kümmern, daß man sich aber nicht an die Meinung aller Menschen
halten darf, sondern nur an diejenigen, die im Einklang mit der
Allnatur leben. Wie sich aber diejenigen, die nicht so leben, bei sich
zu Hause und außerhalb des Hauses, am Tage und bei Nacht benehmen, was für Menschen sich so mit was für Menschen im Kote
wälzen, das hat er dauernd im Bewußtsein. Aufs Lob solcher Menschen, die ja nicht einmal mit sich selber zufrieden sind, legt er
natürlich keinen Wert.

BALTASAR GRACIÁN

Kenntnis seiner selbst

Kenntnis seiner selbst, an Sinnesart, an Geist, an Urteil, an Neigungen. Keiner kann Herr über sich sein, wenn er sich nicht zuvor
begriffen hat. Spiegel gibt es für das Antlitz, aber keine für die Seele:
daher sei ein solcher das verständige Nachdenken über sich: allenfalls
vergesse man sein äußeres Bild, aber erhalte sich das innere gegenwärtig, um es zu verbessern, zu vervollkommnen: man lerne die
Kräfte seines Verstandes und seine Feinheit zu Unternehmungen
kennen: man untersuche seine Tapferkeit, zum Einlassen in Händel:
man ergründe seine ganze Tiefe und wäge seine sämtlichen Fähigkeiten, zu allem.

RENÉ DESCARTES

Die Beweisgründe für das Dasein Gottes und der menschlichen Seele als Grundlage der Metaphysik

... Seit lange hatte ich bemerkt, daß in betreff der *Sitten* man bisweilen Ansichten, die man als sehr unsicher kennt, folgen müsse (wie schon oben gesagt worden), als ob sie ganz zweifellos wären. Aber weil ich damals bloß der Erforschung der Wahrheit leben wollte, so meinte ich gerade das Gegenteil tun zu müssen und alles, worin sich auch nur das kleinste Bedenken auffinden ließe, als vollkommen falsch verwerfen, um zu sehen, ob danach nicht ganz Unzweifelhaftes in meinem Fürwahrhalten übrigbleiben würde. So wollte ich, weil unsere *Sinne* uns bisweilen täuschen, annehmen, daß kein Ding so wäre, wie die Sinne es uns vorstellen lassen; und weil sich manche Leute in ihren *Urteilen* selbst bei den einfachsten Materien der Geometrie täuschen und Fehlschlüsse machen, so verwarf ich, weil ich meinte, dem Irrtum so gut wie jeder andere unterworfen zu sein, alle Gründe als falsch, die ich vorher zu meinen Beweisen genommen hatte; endlich, wie ich bedachte, daß alle Gedanken, die wir im Wachen haben, uns auch im *Schlaf* kommen können, ohne daß dann einer davon wahr sei, so machte ich mir absichtlich die erdichtete Vorstellung, daß alle Dinge, die jemals in meinen Geist gekommen, nicht wahrer seien als die Trugbilder meiner Träume. Alsbald aber machte ich die Beobachtung, daß, während ich so denken wollte, alles sei falsch, doch notwendig *ich*, der das dachte, irgend etwas sein müsse, und da ich bemerkte, daß diese Wahrheit *„ich denke, also bin ich„* (je pense, donc je suis; Ego cogito, ergo sum, sive existo) so fest und sicher wäre, daß auch die überspanntesten Annahmen der Skeptiker sie nicht zu erschüttern vermöchten, so konnte ich sie meinem Dafürhalten nach als das erste Prinzip der Philosophie, die ich suchte, annehmen.

Dann prüfte ich aufmerksam, *was* ich wäre, und sah, daß ich mir vorstellen könnte, ich hätte keinen Körper, es gäbe keine Welt und keinen Ort, wo ich mich befände, aber daß ich mir deshalb nicht vorstellen könnte, daß *ich* nicht wäre; im Gegenteil, selbst daraus, daß ich an der Wahrheit der anderen Dinge zu zweifeln dachte, folgte ja ganz einleuchtend (évidemment) und sicher, daß ich war; sobald ich dagegen aufgehört zu denken, mochte wohl alles andere, das ich mir jemals vorgestellt, wahr gewesen sein, *ich* aber hatte keinen Grund mehr, an mein Dasein zu glauben. Ich erkannte daraus, daß ich eine Substanz sei, deren ganze Wesenheit (essence) oder Natur bloß im *Denken* bestehe und die zu ihrem Dasein weder eines Ortes bedürfe noch von einem materiellen Dinge abhänge, so daß dieses *Ich*, das heißt die *Seele*, wodurch ich bin, was ich bin, vom Körper völlig verschieden und selbst leichter zu erkennen ist als dieser und auch ohne Körper nicht aufhören werde, alles zu sein, was sie ist . . .

FRIEDRICH VON SCHILLER

Eine großmütige Handlung aus der neuesten Geschichte

Schauspiele und Romane eröffnen uns die glänzendsten Züge des menschlichen Herzens; unsre Phantasie wird entzündet; unser Herz bleibt kalt; wenigstens ist die Glut, in die es auf diese Weise versetzt wird, nur augenblicklich und erfriert fürs praktische Leben. In dem nämlichen Augenblick, da uns die schmucklose Gutherzigkeit des ehrlichen Puffs bis beinahe zu Tränen rührt, zanken wir vielleicht einen anklopfenden Bettler mit Ungestüm ab. Wer weiß, ob nicht eben diese gekünstelte Existenz in einer idealischen Welt unsre Existenz in der wirklichen untergräbt? Wir schweben hier gleichsam um die zwei äußersten Enden der Moralität, Engel und Teufel, und die Mitte – den Menschen – lassen wir liegen.

Gegenwärtige Anekdote von zweien Deutschen – mit stolzer Freude schreib ich das nieder – hat ein unabstreitbares Verdienst – sie ist *wahr*. Ich hoffe, daß sie meine Leser wärmer zurücklassen werde als alle Bände des „Grandison" und der „Pamela".

Zwei Brüder, Baronen von Wrmb., hatten sich beide in ein junges vortreffliches Fräulein von Wrthr. verliebt, ohne daß der eine um des andern Leidenschaft wußte. Beider Liebe war zärtlich und stark, weil sie die erste war. Das Fräulein war schön und zur Empfindung geschaffen. Beide ließen ihre Neigung zur ganzen Leidenschaft aufwachsen, weil keiner die Gefahr kannte, die für sein Herz die schrecklichste war – seinen Bruder zum Nebenbuhler zu haben. Beide verschonten das Mädchen mit einem frühen Geständnis, und so hintergingen sich beide, bis ein unerwartetes Begegnis ihrer Empfindungen das ganze Geheimnis entdeckte.

Schon war die Liebe eines jeden bis auf den höchsten Grad gestiegen, der unglückseligste Affekt, der im Geschlechte der Menschen beinah so grausame Verwüstungen angerichtet hat als sein abscheuliches Gegenteil, hatte schon die ganze Fläche ihres Herzens eingenommen, daß wohl von keiner Seite eine Aufopferung möglich war. Das Fräulein, voll Gefühl für die traurige Lage dieser beiden Unglücklichen, wagte es nicht, ausschließend für einen zu entscheiden und unterwarf ihre Neigung dem Urteil der brüderlichen Liebe.

Sieger in diesem zweifelhaften Kampf der Pflicht und Empfindung, den unsre Philosophen so allzeit fertig entscheiden und der praktische Mensch so langsam unternimmt, sagte der ältere Bruder zum jüngern: „Ich weiß, daß du mein Mädchen liebst, feurig wie ich. Ich will nicht fragen, für wen ein älteres Recht entscheidet. – Bleibe du hier, ich suche die weite Welt, ich will streben, daß ich sie vergesse. Kann ich das – Bruder! dann ist sie dein, und der Himmel segne deine Liebe! – Kann ich es nicht – nun dann, so geh auch du hin – und tu ein gleiches."

Er verließ gählings Deutschland und eilte nach Holland – aber das Bild seines Mädchens eilte ihm nach. Fern von dem Himmelstrich seiner Liebe, aus einer Gegend verbannt, die seines Herzens ganze Seligkeit einschloß, in der er allein zu leben vermochte, erkrankte der Unglückliche, wie die Pflanze dahinschwindet, die der gewalttätige Europäer aus dem mütterlichen Asien entführt und fern von der milderen Sonne in rauhere Beete zwingt. Er erreichte verzweifelnd Amsterdam, dort warf ihn ein hitziges Fieber auf ein gefährliches Lager. Das Bild seiner Einzigen herrschte in seinen wahnsinnigen Träumen, seine Genesung hing an ihrem Besitze. Die Ärzte zweifelten für sein Leben, nur die Versicherung, ihn seiner Geliebten wiederzugeben, riß ihn mühsam aus den Armen des Todes. Halbverwest, ein wandelndes Gerippe, das erschrecklichste Bild des zehrenden Kummers, kam er in seiner Vaterstadt an – schwindelte er über die Treppe seiner Geliebten, seines Bruders. „Bruder, hier bin ich wieder. Was ich meinem Herzen zumutete, weiß *Der* im Himmel. – Mehr kann ich nicht." Ohnmächtig sank er in die Arme des Fräuleins.

Der jüngere Bruder war nicht minder entschlossen. In wenigen Wochen stand er reisefertig da: „Bruder, du trugst deinen Schmerz bis nach Holland. – Ich will versuchen, ihn weiter zu tragen. Führe sie nicht zum Altar, bis ich dir weiter schreibe. *Nur diese* Bedingung erlaubt sich die brüderliche Liebe. Bin ich glücklicher als du? – In Gottes Namen, so sei sie dein, und der Himmel segne eure Liebe. Bin ich es nicht? – Nun dann, so möge der Himmel weiter über uns richten! Lebe wohl. Behalte dieses versiegelte Päckchen, erbrich es nicht, bis ich von hinnen bin. – Ich geh nach Batavia." – Hier sprang er in den Wagen.

Halb entseelt starrten ihm die Hinterbliebenen nach. Er hatte den Bruder an Edelmut übertroffen. Am Herzen dieses zerrten beide, Liebe und Verlust des edelsten Manns. Das Geräusch des fliehenden Wagens durchdonnerte sein Herz. Man besorgte für sein Leben. Das Fräulein – doch nein! Davon wird das Ende reden.

Man erbrach das Paket. Es war eine vollgültige Verschreibung aller seiner deutschen Besitzungen, die der Bruder erheben sollte, wenn es dem Fliehenden in Batavia glückte.

Der Überwinder seiner selbst ging mit holländischen Kauffahrern unter Segel und kam glücklich in Batavia an. Wenige Wochen, so übersandte er dem Bruder folgende Zeilen: „Hier, wo ich Gott dem Allmächtigen danke, hier auf der neuen Erde denk ich *deiner* und unsrer Lieben mit aller Wonne eines Märtyrers. Die neuen Szenen und Schicksale haben meine Seele erweitert, Gott hat mir Kraft geschenkt, der Freundschaft das höchste Opfer zu bringen, *dein* ist – Gott! hier fiel eine Träne – die letzte – Ich hab überwunden – *Dein ist das Fräulein.* Bruder, ich hab sie nicht besitzen sollen, das heißt, sie wäre mir nicht glücklich gewesen. Wenn ihr je der Gedanke käme –

sie wäre es mit mir gewesen – Bruder! Bruder! schwer wälze ich sie auf deine Seele. Vergiß nicht, wie schwer sie dir erworben werden mußte. – Behandle den Engel immer, wie es jetzt deine junge Liebe dich lehrt. – Behandle sie als ein teures Vermächtnis eines Bruders, den deine Arme nimmer umstricken werden. Lebe wohl. Schreibe mir nicht, wenn du deine Brautnacht feierst. Meine Wunde blutet noch immer. Schreibe mir, wie glücklich du bist. – Meine Tat ist mir Bürge, daß auch mich Gott in der fremden Welt nicht verlassen wird."

Die Vermählung wurde vollzogen. *Ein Jahr* dauerte die seligste der Ehen. – Dann starb die Frau. Sterbend erst bekannte sie ihrer Vertrautesten das unglückseligste Geheimnis ihres Busens: sie hatte den Entflohenen stärker geliebt.

Beide Brüder leben noch wirklich. Der ältere auf seinen Gütern in Deutschland, aufs neue vermählt. Der jüngere blieb in Batavia und gedieh zum glücklichen, glänzenden Mann. Er tat ein Gelübde, niemals zu heiraten, und hat es gehalten.

PHILIPP OTTO RUNGE

Von dem Fischer un syner Fru

Dar wöör mall eens en Fischer un syne Fru, de waanden tosamen in'n Pißputt, dicht an der See, un de Fischer güng alle Dage hen un angeld: un he angeld un angeld.

So seet he ook eens by de Angel und seeg jümmer in das blanke Water henin: un he seet un seet.

Do güng de Angel to Grund, deep ünner, un as he se heruphaald, so haald he enen grooten Butt heruut. Do säd de Butt to em „hör mal, Fischer, ik bidd dy, laat my lewen, ik bün keen rechten Butt, ik bün'n verwünschten Prins. Was helpt dy dat, dat du my doot maakst? i würr dy doch nich rechts mecken: sett my wedder in dat Water un laat my swemmen." „Nu", säd de Mann, „du bruukst nich so veel Wöörd to maken, eenen Butt, der spreken kann, hadd ik doch wol swemmen laten." Mit den sett't he em wedder in dat blanke Water, do güng de Butt to Grund und leet enen langen Strypen Bloot achter sik. So stünn de Fischer up un güng nach syne Fru in'n Pißputt. „Mann", säd de Fru, „hest du hüüt niks fungen?" „Ne," säd de Mann, „ik füng enen Butt, de säd, he wöör en verwünschten Prins, da hebb ik em wedder swemmen laten." „Hest du dy denn niks wünschd?" söd de Fru. „Ne," säd de Mann, "wat schull ik my wünschen?" „Ach", säd de Fru, „dat is doch äwel, hyr man jümmer in'n Pißputt to waanen, dat stinkt un is so eeklig: du haddst uns doch ene lüttje Hütt wünschen kunnt. Ga noch hen un roop em: segg em, wy wält 'ne lüttje Hütt hebben, he dait dat gewiß." „Ach", säd de Mann, „wat schull ich door noch hengaan?" „I", säd de Fru, „du haddst em doch fungen, un hest em wedder swemmen laten, he dait dar gewiß. Ga glyk hen." De Mann wull noch nicht recht, wull awerst syn Fru ook nicht to weddern syn un güng hen na der See.

As he door köhm, wöör de See ganß grövn un geel un goor nich mee so blank. So güng he staan und säd

„Manntje, Manntje, Timpe Te,
Buttje, Buttje in der See,
myne Fru de Ilsebill
will nich so, as ik wol will."

Do köhm de Butt answemmen und säd „na, wat will se denn?" „Ach", säd de Mann, „ik hebb di doch fungen hatt, nun säd myn Fru, ik hadd my doch wat wünschen schullt. Se mag nich meer in'n Pißputt wanen, se wull geern 'ne Hütt." „Ga man hen," säd de Butt, „se hett se all."

Do güng de Mann hen, un syne Fru seet nich meer in'n Pißputt, dar stünn awerst ene lüttje Hütt, un syne Fru seet vor de Döhr up ene Bänk. Da nöhm syne Fru em by de Hand un säd to em „kumm man herin, süh, nu is dar doch veel beter." Do güngen se henin, un in de Hütt was een lüttjen Vörplatz un ene lüttje herrliche Stuw un Kamer, wo jem eer Beed stünn, un Kääk un Spysekamer, allens up dat beste mit Gerädschoppen, un up dat schönnste upgefleyt, Tinntüüg un Mischen (Messing), wat sik darin höört. Un achter was ook en lüttjen

Hof mit Hönern un Aanten, un en lüttjen Goorn mit Grönigkeiten un Aaft (Obst). „Süh", säd de Fru, „is dat nich nett?" „Ja," säd de Mann, „so schall't blywen, nu wähl wy recht vergnöögt lewen." „Dat wähl wy uns bedenken," säd de Fru. Mit des eeten se wat un güngen to Bedd.

So güng dat wol'n acht oder veertein Dag, do säd de Fru „hör, Mann, de Hütt is ook goor to eng, un de Hof un de Goorn is so kleen: de Butt hadd uns ook wol een grötter Huus schenken kunnt. Ich much woll in enem grooten stenern Slott wanen: ga hen tom Butt, he schall uns en Slott schenken." „Ach, Fru," säd de Mann, „de Hütt is jo god noog, wat wähl wy in'n Slott wanen." „I wat," säd de Fru, „ga du man hen, de Butt kann dat jümmer doon." „Ne, Fru," säd de Mann, „de Butt hett uns eerst de Hütt gewen, ik mag nu nich all wedder kamen, den Butt muchd et vördreten." „Ga doch," säd de Fru, „he kann dat recht good und dait dat geern; ga du man hen." Dem Mann wöör syn Hart so swoor, un wull nich; he säd by sik sülwen „dat is nich recht," he güng awerst doch hen.

As he an de See köhm, wöör dat Water ganß vigelett und dunkelblau un grau un dick, un goor nich meer so gröön und geel, doch wöör't noch still. Do güng he staan un säd

„Manntje, Manntje, Timpe Te,
Buttje, Buttje in der See,
myne Fru de Ilsebill
will nich so, as ik wol will."

„Na wat will se denn?" säd de Butt. „Ach," säd de Mann half bedrööft, „se will in'n groot stenern Slott wanen." „Ga man hen, se stait vör de Döhr," säd de Butt.

Da güng de Mann hen und dachd, he wull na Huus gaan, as he awerst daar köhm, so stünn door'n grooten stenern Pallast, un syn Fru stünn ewen up de Trepp und wull henin gaan: do nöhm se em by de hand und säd „kumm man herein." Mit des güng he mit ehr henin, un in dem Slott wöör ene grote Dehl mit marmelstenern Asters (Estrich), und dar wören so veel Bedeenters, de reten de grooten Dören up, un de Wende wören all blank un mit schöne

Tapeten, un in de Zimmers lute gollne Stöhl und Dischen, un krystallen Kroonlüchters hüngen an dem Bähn, un so wöör dat all de Stuwen und Kamers mit Footdeken: un dat Äten un de allerbeste Wyn stünn up den Dischen, as wenn se breken wullen. Un achter dem Huse wöör ook'n grooten Hof mit Peerd- und Kohstall, un Kutschwagens up dat allerbeste, ook was door en grooten herrlichen Goron mit de schönnsten Blomen un fyne Aaftbömer, un en Lustholt wol 'ne halwe Myl lang, door wören Hirschen un Reh un Hasen drin un allens, wat man sik jümmer wünschen mag. „Na," säd de Fru, „is dat nun nich schön?" „Ach ja," säd de Mann, „so schallt't ook blywen, nu wähl wy ook in das schöne Slott wanen un wähl tofreden syn." „Dat wähl wy uns bedenken," säd de Fru, „un wählen't beslapen." Mit des güngen se to Bedd.

Den annern Morgen waakd de Fru to eerst up, dat was jüst Dag, un seeg uut jem ehr Bedd dat herrliche Land vör sik liggen. De Mann reckd sik noch, do stödd se em mit dem Ellbagen in de Syd und säd „Mann, sta up un kyk mal uut dem Fenster. Süh, kunnen wy nich König warden äwer all düt Land? Ga hen tom Butt, wy wählt König syn." „Ach, Fru", säd de Mann, „wat wähln wy König syn! ik mag nich König syn." „Na," säd de Fru, „wult du nich König syn, so will ik König syn. Ga hen tom Butt, ik will König syn." „Ach, Fru," säd de Mann, „wat wullst du König syn? dat mag ik em nich seggen." „Worüm nich?" säd de Fru, „ga stracks hen, ik mutt König syn". Do güng de Mann hen un wöör ganß bedröft, dat syne Fru König warden wull. „Dat is nich recht un is nicht recht," dachd de Mann. He wull nich hen gaan, güng awerst doch hen.

Un as he an de See köhm, do wöör de See ganß swartgrau, un dat Water geerd so von ünnen up und stünk ook ganß fuul. Do güng he staan und säd

„Manntje, Manntje, Timpe Te,
Buttje, Buttje in der See,
myne Fru de Ilsebill
will nich so, as ik wol will."

481

„Na wat will se denn?" säd de Butt. „Ach," säd de Mann, „se will König warden." „Ga man hen, se is't all," säd de Butt.

Do güng de Mann hen, und as he na dem Pallast köhm, so wöör dat Slott veel grötter worren, mit enem grooten Toorn un herrlyken Zyraat doran: un de Schildwach stünn vor de Döhr, un dar wören so väle Soldaten un Pauken un Trumpeten. Un as he in dat Huus köhm, so wöör allens von purem Marmelsteen mit Gold, un sammtne Deken un groote gollne Quasten. Do güngen de Dören von dem Saal up, door de ganße Hofstaat wöör, un syne Fru seet up enem hogen Troon von Gold und Demant, un hadd ene groote gollne Kroon up un den Zepter in der Hand von purem Gold un Edelsteen, un up beyden Syden by ehr stünnen ses Jumpfern in ene Reeg, jümmer ene enen Kops lüttjer as de annere. Do güng he staan und säd „ach, Fru, büst du nu König?" „Ja," säd de Fru, „nu bün ik König." Do stünn he und seeg se an, un as he do een Flach (eine Zeitlang) so ansehn hadd, säd he „ach, Fru, wat lett dat schöön, wenn du König büst! nu wähl wy ook niks meer wünschen." „Ne, Mann," säd de Fru un wöör ganß unruhig, „my waart de Tyd un Wyl al lang, ik kann dat nich meer uthollen. Ga hen tom Butt, König bün ik, nu mutt ik ook Kaiser warden." „Ach, Fru," säd de Mann, „wat wullst du Kaiser warden?" „Mann," säd se, „ga tom Butt, ik will Kaiser syn." „Ach, Fru," säd de Mann, „Kaiser kann he nich maken, ik mag dem Butt dat nich seggen; Kaiser is man eenmal im Reich: Kaiser kann de Butt jo nich maken, dat kann un kann he nich." „Wat," säd de Fru, „ik bünn König, un du büst man myn Mann, wullt du glyk hengaan? glyk ga hen, kann he König maken, kann he ook Kaiser maaken, ik will un will Kaiser syn; glyk ga hen." Do mussd he hengaan. Do de Mann awer hengüng, wöör em ganß bang, un as he so güng, dachd he be sik „düt gait und gait nich good: Kaiser is to uutvörschaamt, de Butt wart am Ende möd."

Mit des köhm he an de See, do wöör de See noch ganß swart un dick un füng al so von ünnen up to geeren, dat et so blasen smeet, un et güng so em Keekwind äwer hen, dat et sik so köhrd; un de Mann wurr groen (grauen). Do güng he staan un säd

„Manntje, Manntje, Timpe Te,
Buttje, Buttje in der See,
myne Fru de Ilsebill
will nich so, as ik wol will."

„Na, wat will se denn" säd de Butt. „Ach butt," säd he, „myn Fru will Kaiser werden." „Ga man hen," säd de Butt, "se is't all." Do güng de Mann hen, un as he door köhm, so wöör das ganße Slott von poleertem Marmelsteen mit albasternen Figuren un gollnen Zyraten. Vör der Döhr marscheerden die Soldaten und se blösen Trumpeten und slögen Pauken un Trummeln: awerst in dem Huse, da güngen de Baronen un Grawen un Herzogen man so as Bedeenters herüm: do makten se em de Dören up, de von luter Gold wören. Un as he herinköhm, door seet syne Fru up enem Troon, de wörr von een Stück Gold, un wöör wol twe Myl hoog: un hadd ene groote gollne Kroon up, de wöör dre Elen hoog un mit Briljanten un Karfunkelsteen beset't: in de ene Hand hadde se den Zepter un in de annere Hand den Reichsappel, un up beyden Syden by eer, door stünnen de Trabanten so in twe Regen, jümmer en lüttjer as de annere, von dem allergröttesten Rysen, de wörr twe Myl hoog, bet to dem allerlüttjesten Dwaark, de wöör man so groot as min lüttje Finger. Un vör ehr stünnen so vele Fürsten un Herzogen. Door güng de Mann tüschen staan und säd „Fru, büst du nu Kaiser?" „Ja," säd se, „ik bün Kaiser." Do güng he staan un beseeg se sik so recht, un as he se so'n Flach ansehen hadd, so säd he „ach, Fru, wat lett dat schöön, wenn du Kaiser büst." „Mann," säd se, „wat staist do door? ik bün nu Kaiser, nu will ik awerst ook Paabst warden, ga hen tom Butt." „Ach, Fru," säd de Mann, „watt wulst du man nich? Paabst kannst du nich warden, Paabst is man eenmal in der Kristenhait, dat kann he doch nich maken." „Mann," säd se, „ik will Paabst warden, ga glyk hen, ik mutt hüüt noch Paabst warden." „Ne, Fru," säd de Mann, „dat mag ik em nich seggen, dat gait nich good, dat is to groff, tom Paabst kann de Butt nich maken." „Mann, wat Snack!" säd de Fru, „kann he Kaiser maken, kann he ook Paabst maken. Ga foorts hen, ik bünn Kaiser, un du büst man myn Mann, wult du wol hengaan?" Do wurr he bang und güng hen, em wöör awerst ganß flau, un zitterd un

beewd, un de Knee un de Waden slakkerden em. Un dar streek so'n
Wind äwer dat Land, un de Wolken flögen, as dat düster wurr gegen
Awend: de Bläder waiden von den Bömern, und dat Water güng un
bruusd, as kaakd dat, un platschd an dat Äver, un von feern seeg he
de Schepen, de schöten in der Noot, un danßden un sprüngen up
den Bülgen. Doch wöör de Himmel noch so'n bitten blau in de
Midd, awerst an den Syden, door toog dat so recht rood up as en
swohr Gewitter. Do güng he recht vörzufft (verzagt) staan in de Angst
und säd

> „Manntje, Manntje, Timpe Te,
> Buttje, Buttje in der See,
> myne Fru de Ilsebill
> will nich so, as ik wol will."

„Na, wat will se denn?" säd de Butt. „Ach," säd de Mann, „se will
Paabst warden." „Ga man hen, se is't all," säd de Butt.

Do güng he hen, un as he door köhm, so wöör dar as en groote
Kirch mit luter Pallastens ümgewen. Door drängd he sik dorch dat
Volk: inwendig was awer allens mit dausend un dausend Lichtern
erleuchtet, un syne Fru wöör in luter Gold gekledet, un seet noch up
enem veel högeren Troon, un hadde dre groote gollne Kronen up, un
üm ehr dar wöör so veel von geistlykem Staat, un up beyden Syden
by ehr, door stünnen twe Regen Lichter, dat gröttste so dick und
groot as de allergröttste Toorn, bet to dem allerkleensten Käkenlicht;
un alle de Kaisers un de Königen, de legen vör ehr up de Kne und
küßden ehr den Tüffel. „Fru," säd de Mann und seeg se so recht an,
„büst du nun Paabst?" „Ja", säd se, „ik bün Paabst." Doch güng he
staan un seeg se recht an, un dat wöör, as wenn he in de hell Sunn
seeg. As he se do en Flach ansehn hadd, so segt he „ach, Fru, wat lett
dat schöön, wenn du Paabst büst!" Se seet awerst ganß styf as en
Boom, un rüppeld un röhrd sik nich. Do säd he „Fru, nu sy tofreden,
nu du Paabst büst, nu kannst du doch niks meer warden." „Dat will ik
my bedenken," säd de Fru. Mit des güngen se beyde to Bedd, awerst
se wöör nich tofreden, un de Girighait leet se nich slapen, se dachd
jümmer, wat se noch warden wull.

De Mann sleep recht good un fast, he hadd den Dag veel lopen, de Fru awerst kunn goor nich inslapen, un smeet sik von en Syd to der annern de ganße Nacht un dachd man jümmer, wat se noch wol warden kunn, un kunn sik doch up niks meer besinnen. Mit des wull de Sünn upgan, un as se dat Margenrood seeg, richt'd se sik äwer End im Bedd un seeg door henin, un as se uut dem Fenster de Sünn so herup kamen seeg, „ha," dachd se, „kunn ik nich ook de Sünn un de Maan upgaan laten?" „Mann", säd se un stöd em mit dem Ellbagen in de Ribben, „waak up, ga hen tom Butt, ik will warden as de lewe Gott." De Mann was noch meist in'n Slaap, awerst he vörschrock sik so, dat he uut dem Bedd füll. He meend, he hadd sik vörhöörd, un reef sik de Ogen ut un säd „ach, Fru, wat säd'st du?" „Mann," säd se, „wenn ik nich de Sünn un de Maan kan upgaan laten, un mutt dat so ansehn, dat de Sünn un de Maan upgaan, ik kann dat nich uuthollen, un hebb kene geruhige Stünd meer, dat ik se nich sülwst kann upgaan laten." Do seeg se em so recht gräsig an, dat em so'n Schudder äwerleep. „Glyk ga hen, ik will warden as de lewe Gott." „Ach, Fru," säd de Mann, un füll vör eer up de Knee, „dat kann de Butt nich. Kaiser un Paabst kann he maaken, ik bidd dy, sla in dy un blyf Paabst." Do köhm se in de Booshait, de Hoor flögen eher so wild üm den Kopp, do reet se sik dat Lyfken up un geef em eens mit dem Foot un schreed „ik holl dat nich uut, un holl dat nich länger uut, wult du hengaan?" Do slööpd he sik de Büxen an un leep wech as unsinnig.

Buten awer güng de Storm, und bruusde, dat he kumm up de Föten staan kunn: de Huser un de Bömer waiden um, un de Baarge beewden, un de Felsenstücken rullden in de See, un de Himmel wöör ganß pickswart, un dat dunnerd un blitzd, un de See güng in so hoge swarte Bülgen as Kirchentöörn un as Baarge, un de hadden bawen alle ene witte Kroon von Schumm up. So schre he, un kun syn egen Woord nich hören,

„Manntje, Manntje, Timpe Te,
Buttje, Buttje in der See,
myne Fru de Ilsebill
will nich so, as ik wol will."

"Na, wat will se denn?" säd de Butt. „Ach," säd he, „se will warden as de lewe Gott." „Ga man hen, se sitt all weder in'n Pißputt."
Door sitten se noch bet up hüüt un düssen Dag.

Fünfzehntes Kapitel

Naturbewahrung
Ökologische Verantwortung

❖ ❖ ❖

Friedrich Nietzsche

Die Hybris unseres modernen Seins

Selbst noch mit dem Maße der alten Griechen gemessen, nimmt sich unser ganzes modernes Sein, soweit es nicht Schwäche, sondern Macht und Machtbewußtsein ist, wie lauter Hybris und Gottlosigkeit aus: denn gerade die umgekehrten Dinge, als die sind, welche wir heute verehren, haben die längste Zeit das Gewissen auf ihrer Seite und Gott zu ihrem Wächter gehabt. Hybris ist heute unsre ganze Stellung zur Natur, unsre Natur-Vergewaltigung mit Hilfe der Maschinen und der so unbedenklichen Techniker- und Ingenieur-Erfindsamkeit; Hybris ist unsre Stellung zu Gott, will sagen zu irgendeiner angeblichen Zweck- und Sittlichkeits-Spinne hinter dem großen Fangnetz-Gewebe der Ursächlichkeit, ... Hybris ist unsre Stellung zu *uns*, denn wir experimentieren mit uns, wie wir es uns mit keinem Tiere erlauben würden, und schlitzen uns vergnügt und neugierig die Seele bei lebendigem Leibe auf: was liegt uns noch am „Heil" der Seele!

487

CHRISTOPH MECKEL

Als ich erwachte

Als ich erwachte, waren die Städte schon über alle Berge.
kein Stein mehr rollte. kein Gras mehr verriet.
wohin der Felsen zog mit Wanderdünen.
die Flüsse waren verreist. im Treibsand gingen
die letzten Haie auf große Jagd.

Ein Morgenstern hing schimmernd hoch in Helle.
doch meine Welt war ausgewandert.
ich lag am Ort, wo einmal Wälder standen.
den letzten Kuckuck in der Hand.

PETER HUCHEL

Psalm

Daß aus dem Samen des Menschen
Kein Mensch
Und aus dem Samen des Ölbaums
Kein Ölbaum
Werde,
Es ist zu messen
Mit der Elle des Todes.

Die da wohnen
Unter der Erde
In einer Kugel aus Zement,
Ihre Stärke gleicht
Dem Halm
Im peitschenden Schnee.

Die Öde wird Geschichte.
Termiten schreiben sie
Mit ihren Zangen
In den Sand.

Und nicht erforscht wird werden
Ein Geschlecht,
Eifrig bemüht,
Sich zu vernichten.

CARL AMERY

Die neue Ethik der planetarischen Verantwortung

Leistungsethik prägt in säkularisierter, aber funktional kaum veränderter Form noch heute die ‚offiziellen' Werttafeln von West und Ost. Sie ist als Produktionsethik unentbehrlich geblieben; Arbeitsmoral ist selbst in unserer ‚dekadenten' westlichen Welt die letzte Bastion der alten Tugendlehren. Ihre Belohnungen und Strafen, der Ausweis von Erfolg bzw. Tugend und Mißerfolg bzw. Laster, ist handfester geworden, das ist alles; er besteht in vermehrten oder verminderten individuellen und kollektiven Lohntüten ...
Im Westen ist allerdings eine neue ethische Haltung entstanden, die scheinbar zu ihr in krassem Gegensatz steht: die Konsumentenmoral. Sie ist durch einen Triumph der alten Ethik entstanden, und zwar durch die unheimlich wachsende Produktivität pro Arbeitsstunde. Bibliotheken sind über diese Tatsache und ihre Folge geschrieben worden; hier genügt es festzuhalten, daß die Konsumer-Moral mit ihrer heiligen Pflicht zum Verschleiß und Verbrauch nur die Kehrseite der Produktionsmoral ist. Dieselbe mönchische Energie, die sich in den letzten Jahrhunderten damit befaßt hatte, die Produktion auszuweiten, wendet sich nun der kaum minder anstrengenden Aufgabe zu, das Produzierte mittels Verbrauch, Verschleiß und glatter Zerstörung zu bewältigen ...

Beide Systeme – das der Produktionsethik wie das der Konsumethik – gehen von der blinden, längst unhaltbaren Macht der Vorsehung aus, für produktive wie für konsumierende Raubzüge ständig und überall die nötigen Ressourcen bereitzuhalten; das eßbare Floß also, das von selbt auf wundersame Weise nachwächst. Beide Orientierungen verstoßen also ganz klar und offensichtlich gegen die langfristigen Interessen der Menschheit, wie sie jedem Einsichtigen heute erkennbar sind. Man kann die Schwierigkeit betonen, die darin besteht, sie abzuschaffen; man kann auf die vielen intraspezifischen Probleme hinweisen, die es noch zu lösen gilt: Reichtum und Armut, Rassenfrage, Wettrüsten. Man kann ... die historischen Wurzln solcher Fehlhaltung freilegen. All das ist gut und schön, aber es ändert nichts an den Tatsachen, und von diesen Tatsachen ist die gültigste die Gleichung zwischen dem Planeten und seinen Bewohnern. Man kann die eine Seite der Gleichung quantitativ nur innerhalb der einzelnen Faktoren verändern – das Produkt auf der anderen Seite bleibt konstant. Solange sich die Menschheit noch auf Kosten anderer Faktoren in Zahl und Macht vermehren konnte, war ihr Wachstum gesichert. Nun erreicht sie den Punkt in der Rechnung, wo dies nicht mehr möglich ist, das ist alles. Ist ein Ausweg möglich? Wie kann die totale Krise, in der wir leben und die nichts anderes ist als das Resultat eines sehr realen Sieges, überhaupt noch gemeistert werden? ...

All das gehört bereits zum unmittelbaren Bereich ... einer Ethik, die wir vorläufig nicht oder nur in blassen Konturen wahrnehmen. Seit dem Beginn der Geschichte, das heißt der großen Menschheitsüberlieferung, hat sich mindestens ein Teil der Menschheit auf eine Moral geeinigt, die das Überleben sozialer Grupen in einer feindlichen Um- und Mitwelt sicherstellen sollte. In dem Maß, in dem dieses Problem kollektiv bewältigt erscheint (und für die Spezies *ist* es bewältigt – die Elendszustände der meisten Kontinente sind kein naturgeschichtliches, sondern ein humanitäres und soziales Problem), wird die alte Ethik fragwürdig, und das heißt heute, die Produktions- und die Konsumentenethik.

Soll dies heißen, daß die großen Erkenntnisse aller großen Menschenfreunde der Geschichte irrelevant geworden sind? Keineswegs.

Im Gegenteil: Das Zusammenleben der Menschen auf engem Raum (und das wird wohl auf unabsehbare Zeit unser Los bleiben) ist heute schon unerträglich barbarisiert, und es bedarf der Verfeinerung der Kommunikation, des Aufbaus oder der Wiederaufnahme aller bisherigen Einsichten, um es erträglich zu machen. *Aber* – und darauf kommt es hier an – die Menschheit hat sich an den Gedanken zu gewöhnen, daß ihre erste und realste Verantwortung heute eine kollektive Verantwortung nicht nur für die eigene Gruppe oder die eigene Art, sondern für den Planeten als Ganzes geworden ist ...

Diese Ethik der planetarischen Verantwortung wird, wenn sie noch Erfolg haben soll, einen ungeheuren Schock auslösen müssen. Sie wird gegen den Strich der sogenannten Menschennatur gehen; zumindest jener Menschennatur, die in unseren Breiten mit immer neuen Prämien des Erfolges überschüttet wurde. Sie wird auf die vereinigte Wut der Reaktionäre wie der Progressiven stoßen. Beiden wird sie, wenn sie Erfolg haben soll, ihre Lieblingsspielzeuge wegnehmen. Die Propheten dieser Ethik werden – darüber kann gar kein Zweifel bestehen – in dem Augenblick hingeschlachtet werden, in dem der Umfang der Agonie klar wird, die sie der siegreichen und krisengeschüttelten Menschheit zumuten. Greifen wir, um diese Tatsache zu illustrieren, noch einmal ein einziges modernes Symptom auf: unsere Art zu wirtschaften. Angesichts der planetarischen Krise, vor der wir stehen, ist sie grotesk und kriminell; und zwar in allen bisher bekannten Spielarten, ob sie nun kapitalistisch oder sozialistisch firmieren. Was die Ausbeutung des Menschen durch den Menschen betrifft, haben wir inzwischen gelernt, diese Kriminalität zu erkennen; völlig außerhalb der Betrachtung blieb die Kriminalität der Ausbeutung der nichtmenschlichen Hilfsquellen des Planeten. Sie wird mit der totalen Unbekümmertheit betrieben, die Herrenschichten von einst gegenüber ihren Hintersassen, Leibeigenen und Sklaven auszeichnete. Bisher war es einigen Naturaposteln vorbehalten, ihre Stimme für den Singkranich, den Zedernwald, den geschändeten deutschen Rhein oder den Mississippi zu erheben; jetzt ist daraus längst eine Frage des Überlebens geworden – eine Frage nackter Interessen. Und zwar nicht der Interessen der USA, nicht der

Interessen des Zehnerklubs, des sozialistischen Blocks oder der Dritten Welt, sondern eine Frage der gesamten ungeborenen, vielleicht schon der nach 1950 geborenen Generationen. Die bisherigen Wirtschaftsformen basieren restlos auf dem sogenannten Rentabilitätsprinzip und der sogenannten Expansion; das heißt auf dem Prinzip des unbekümmerten Verschleißes der Ressourcen von morgen.

...

Erstens kann die neue Ethik weitgehend darauf verzichten, mit Bewußtseinsmanipulationen zu arbeiten. Sie ist eine schlichte Ethik der Verursachung; Gut und Böse bedeuten in ihr nichts anderes mehr als Überleben – und zwar kollektives Überleben – oder Sterben – und zwar den Untergang der Spezies, jedenfalls an ihren bisher bekannten Lebensmöglichkeiten. Sie wird der Menschheit vorstellen, was sie sich leisten kann, und was sie sich nicht leisten kann. Sie ist *selfenforcing*; das heißt, sie bedarf keines weltlichen Arms und keiner verinnerlichten Schuld-Strafe-Mechanismen, um ihre Wertwelt zu begründen. Sie hat die schlichte und massive Einsichtigkeit eines Betonblocks, der an einem Nylonfaden über unsere Köpfen hängt. Reißt der Faden (oder raspeln wir ihn an), werden wir plattgequetscht. So einfach ist der Schuld-Strafe-Mechanismus, der ihr zugrunde liegt. Der Industrielle, der die letzte, biologisch entscheidende Dosis Gift in die Weltmeere kippt, kann persönlich noch so feinsinnig sein, er mag ein Förderer der Künste, ein zärtlicher Ehemann, ein vorbildlicher Arbeitgeber, ein überzeugter Christ oder Sozialist sein; in dem Augenblick, wo seine Ladung von der Kippe oder vom Schleppkahn rutscht, ist er der planetarische Schurke Nummer Eins. Der Sittenstrolch, der Heroin-Fixer, der Massenmörder mögen nach unserem gegenwärtigen Empfinden wesentlich tiefer stehen; ihre Taten oder Unterlassungen sind ein wahres Nichts, vergleichen mit der Endgültigkeit des Verbrechens, das er ... an der Menschheit begeht.

In jedem Fall – ist die Ethik der neuen Situation eine solche der schlichten Kausalität. ,Schuld' ist auf dieser Ebene nicht mehr eine Frage komplizierter Beziehungen zu einem unsichtbaren, aus religiösen oder philosophischen Voraussetzungen abstrahierten Prinzip,

sondern so evident und berechenbar wie der Tritt oder der Kiesel-
stein, der eine Lawine auslöst ...

Die neue Ethik wird wirkungslos bleiben, wenn es ihr nicht
gelingt, große Massen mit ihrer planetarischen Geschichtsmächtig-
keit vertraut zu machen; ihnen klarzumachen, daß es sich dabei
nicht um eine verborgene Heilsgeschichte, auch nicht um das Pathos
eines zukünftigen Reiches, sondern um das Leben oder Sterben der
einzigen Heimstatt geht, die wir und unsere Nachkommen mit allen
unseren Sinnen erleben. Alle bisherigen Sinngebungen – ganz gleich,
ob sie religiös firmierten oder nicht – waren und sind insofern noch
mythisch bzw. magisch, als sie einen verborgenen, einen noch zu
enthüllenden, einen futurischen oder eschatologischen Sinn pro-
klamieren mußten, um ihren Jüngern das Gefühl ihrer Mächtigkeit
zu vermitteln.

Sie mußten die Jünger davon überzeugen, daß sie selbst an der
Unterseite des Teppichs tätig seien, dessen strahlendes Muster eines
Tages durch einen eschatologischen Akt sichtbar werden würde. Die
neue Ethik wird diese Vorstellung (die uns allen, auch den sogenannten Ungläubigen und insbesondere den Marxisten, in Fleisch und
Blut übergegangen ist) radikal widerrufen. Sie wird zeigen, daß Heil
oder Unheil hier und heute gewirkt wird, daß seine Muster offen
zutage liegen und in ihrer schlichten Kausalität ohne weiteres ein-
zusehen sind. Und es wird sich dabei vielleicht herausstellen, daß die
Suche nach dem Glück, auch nach dem kollektiven Glück, die sich
immer wieder in die Suche nach dem Reich der Zukunft organisierte,
viel stärker durch die Methoden der Glücksuche selbst als durch
äußere feindliche Einflüsse behindert und frustriert wurde. Indem
wir die Welt hominisierten, das heißt zum alleinigen Rohstoff einer
einzigen Spezies machten, haben wir sie enthumanisiert. Sie zu
rehumanisieren wird nur möglich sein, wenn wir die Partnerschaft
mit allem Lebenden bejahen und praktisch ernst nehmen. Der Typus
des Beutemachers, des Expansionisten, der bisher von unseren eigenen Vorstellungen mit der Prämie des Erfolgs honoriert wurde, wird
geächtet werden und einer Haltung Platz machen müssen, die man
ohne Scheu als weltliche Askese bezeichnen soll.

SARAH KIRSCH

Im Sommer

Dünnbesiedelt das Land.
Trotz riesiger Felder und Maschinen
Liegen die Dörfer schläfrig
In Buchsbaumgärten; die Katzen
Trifft selten ein Steinwurf.

Im August fallen Sterne.
Im September bläst man die Jagd an.
Noch fliegt die Graugans, spaziert der Storch
Durch unvergiftete Wiesen. Ach, die Wolken
Wie Berge fliegen sie über die Wälder.

Wenn man hier keine Zeitung hält
Ist die Welt in Ordnung.
In Pflaumenmuskesseln
Spiegelt sich schön das eigene Gesicht und
Feuerrot leuchten die Felder.

WALTER E. RICHARTZ

Picknick vor Cleveland

Die Hügellandschaft um uns war grün – geradezu *giftgrün*; Wiesen
und Maisfelder. Hin und wieder, halb versteckt hinter Kuppen und
Bäumen, eine Farm, von der ein dünner Rauch aufstieg, oder auch
nur der Rauch.

Die Straße verbreiterte sich zu einer Piste, und abrupt änderte sich
das Bild. Wir durchquerten die schmutzüberzogene Reifenstadt
Acron. Schornsteine, Sägezahnhallen, Werksiedlungen. Fast nur aus

Stangen und Draht bestehende Reklamen und Firmennamen, für die
Nacht bestimmt. Dann mußte es märchenhaft aussehen. ‚Goodyear'
etc. Alles menschenleer. Nur ein paar Schwarze hockten auf Stufen,
unbeweglich, wie Säcke.
Aber sofort wieder Farmland. Meilen, Meilen schwere satte
Fruchtbarkeit. Was wollte man mehr?
Zwanzig Meilen vor Cleveland trat eine nachhaltige Änderung
ein. Das Land wurde struppig, krautig, Haufen von Undefinierbarem,
vergessene Maschinen, vergessene Materiallager, schiefe Barecken,
Betonhallen mit zerbrochenen Fenstern; viel Rostiges, Filziges, auch
Plastik in grellen Farben. Rechts von der Straße erhoben sich steil-
brüstige Hügel, Schlackenhalden, schütter bewachsen. Links schien
es sich abzusenken. Wir durchfuhren Wellen von Gestank.
Die Karawane bog von der Hauptstraße auf einen Seitenweg;
vielleicht früher einmal gepflastert oder asphaltiert – jetzt nur noch
Schotter und Schlaglöcher. Die Karawane schaukelte wie ein Zug
hinkender Männer. Am Wegrand graues oder rostrotes Schilf, an dem
sich fliegende Stoff-Fetzen, Asbest oder Holzwolle verfangen hatten.
Der Weg ging durch mehrere riesige Abfallplätze, es waren Senken
zwischen zwei Müll-Lawinen; vorsichtig humpelten die Wagen über
Schichten von zusammenknickendem Blech oder Plastik, durch stinkende Tümpel. Schließlich verbreitete sich der Weg zu einer grau-
schwarzen Ebene ohne jede Vegetation; sie glitzerte etwas. An einer
Biegung sah man: auf der einen Seite fiel eine Böschung in einen
gewundenen Wasserlauf. Die ersten hielten an, parkten regellos. Wir
waren am Ziel, *am Flußlauf des Cuyahoga.*
Überall stiegen sie aus, reckten sich nach der Enge, fast wortlos,
mit bunten und sehr verschiedenartigen Kleidungsstücken, ein starker Kontrast zur Umgebung. Sie standen auf einer knirschenden
Mondlandschaft. Sie stiefelten tastend herum, als könne man einbrechen, Pärchen aneinandergeschmiegt, ratlose Schritte vorwärts,
seitwärts. Ein junger Mann kniete nieder, wühlte wie rasend im
Boden ein Loch mit den Händen. Ein Mädchen kehrte zum Auto
zurück und legte den Kopf auf den Kühler, wie zur Andacht. Keith
drehte sich um und fragte halblaut: „Gefällt's dir hier?"
Ich zuckte die Achseln. Was war da zu sagen. Durch eine Dunst-

bank, nach Norden zu, sah man die Silhouetten von Schornsteinen und Kühltürmen; Clevelands Industrie-Skyline.

Es wurde jetzt überall ausgeladen. zwei in leuchtenden indischen Hemden zogen von einem Lastwagen eine große Rolle und rollten sie auf; eine grüne Matte, ein künstlicher Rasen. Sie stellten ein paar Campingstühle drauf, Klapptische, und eine großer, chromblitzender Grill wurde aus einem Pappkarton geholt und entfaltet. Sie schleppten dann Kartons voller Lebensmittel und schütteten sie aus – Äpfel, Tomaten, Blumenkohl, Hähnchen, Maiskolben, Brote, Paprika – eine wahllose Mischung; mit ledernen Geräuschen aufprallend, gummihaft hüpfend, mit schlaffem Herumrollen: Plastic Food. Gleich wurde der Grill mit Holzkohle und Benzin in Gang gesetzt.

Andere hatten unterdessen an verschiedenen Stellen der Schlakkenebene ihre Transparente aufgestellt. ‚Schöne neue Welt!' – ‚Come and see the Land of the Free!' – ‚Diese Landschaft ist Napalm-fest!' Weit weg und regellos. Es flatterte da auch eine amerikanische Flagge im Wind, und daneben hockte ein junger Schwarzer mit Gitarre und einer mit einer Mundharmonika, und die Männer und Mädchen vom Lastwagen standen und sangen; eine Gospelstimme ragte heraus: ‚Didn't it rain!' und ‚Wade in the water'. Andere standen in einer Kette an der Böschung und blickten auf das Wasser des Flusses. Keith rannte herum, stand oder kniete nieder, um die Veranstaltung aus allen Blickwinkeln mit dem Videogerät aufzunehmen. Gus Meckler war wie angewurzelt mitten auf der Fläche stehengeblieben; er sah aus wie ein Kalkfelsen; er drehte den Kopf hin und her und rief so laut er konnte: „No no no! No no no!" Von Zeit zu Zeit kam der Hubschrauber wieder und zog seine Kreise über uns. Später kam ein zweiter dazu, der sehr niedrig flog. Beide zusammen machten ein Wummern und ein Lufterschüttern, das betäubend war.

Vom ‚Grillplatz' stieg dichter weißer Qualm auf, Fahnen von beißendem Gestank wehten über den Platz. Die beiden Männer, die dort beschäftigt waren, hatten sich Gasmasken aufgesetzt. Das Plastikgemüse und das Plastikfleisch, das sie brieten, schmolz und entzündete sich, wurde mit Zangen gepackt, als blakende Klumpen über den Platz geschleudert. Es wurde methodisch neues zugelegt. Ich schlenderte kreuz und quer, war unschlüssig und verwirrt, niemand achtete auf mich. Von Cleveland her, aus dem Dunst, näherte sich ein blaues Blitzen. Der Sinn der Veranstaltung war offenkundig. Aber wem war sie zugedacht? Wer war das Publikum? Der Hubschrauber, der nun raubvogelhaft unbeweglich über uns stand?

Ein stärkerer Brand entstand auf dem Grillplatz; beim Versuch, eine größere Masse des schwelenden, nun klebrigen Plastikteiges vom Grillgitter abzulösen, war das ganze Gestell umgefallen. Überall kleine Herde; auch das restliche ‚Obst‘ und ‚Gemüse‘, das noch auf dem Boden lag, begann zu qualmen und zu zischen; farbige Flämmchen schlugen aus dem Rasen. Die Köche mit den Gasmasken zogen sich zurück. Einer holte einen Feuerlöscher aus einem Auto und hielt ihn bereit, obgleich sonst weit und breit nichts Brennbares war. Zu dem singenden Grüppchen an der Fahne hatte sich noch eine Handvoll Sänger gestellt. Die übrigen Teilnehmer standen nun alle am Flußufer und blickten erwartungsvoll hinunter. Auch ich wanderte dorthin, widerstrebend, wie mir das alles widerstrebte. Zugleich bemerkte ich, in anderer Blickrichtung, daß vier oder fünf blaublitzende Polizeiwagen sich am nördlichen Ende des Schuttplatzes in Formation aufgestellt hatten, und daß eine Gruppe von Polizisten danebenstand und uns beobachtete. Sie trugen Lederhelme. Zwei von ihnen kamen ein Stück weit über den Platz und blieben hundert Meter von dem brennenden Grillplatz stehen. Blechern verzerrt, fast unverständlich, schallte eine Stimme herüber: „... Police ... Cleve ... by order of ... trespassing ... illegal ... area immediately!" Der Chor sang noch lauter. Der zweite Hubschrauber knatterte dicht darüber, so daß die losen, bunten Kleider und die amerikanische Flagge heftig flatterten. Ich erreichte den Rand der Böschung und sah die schwarze Flüssigkeit des Flusses, fast unbewegt, mit treibenden Kisten, Brocken, Fässern. Das Wasser selbst schien klumpig oder breiig. Zwei, drei der am Rand Stehenden hatten brennende Fackeln in der Hand. Ich sah Keith an dem bröckelnden Schräghang knien und filmen, wobei er mehrmals abzurutschen drohte. Zoe stand oben und hielt den Arm bereit. Hinter uns stand Gus noch immer wie angewurzelt, hell und allein auf der schwärzlichen Fläche, über die jetzt eilig ein großer Wolkenschatten glitt, mit sekundenlanger Finsternis.

Die Polizisten waren zu einer Kette ausgeschwärmt und näherten sich rasch. Hinter ihnen blitzten die Autos; alles wie ein Weltraumfilm. Aus dem Megaphon kam noch einmal eine ähnlich klingende, weiterhin unverständliche Verlautbarung. Ich hörte neben mir einen kleinen, chinesisch aussehenden Mann zu seiner rothaarigen Freundin sagen, sie solle zum Auto gehen und es anlassen. Ich sah noch andere, die sich, mit erzwungener Ruhe, mit Seitenblicken auf die Polizei, zu ihren Autos zurückzogen. Plötzlich flogen die Fackeln durch die Luft. Als die die Oberfläche des Flusses berührten, fuhr eine heiße Welle an unseren Gesichtern vorbei; es gab eine kaum hörbare, aber fühlbare starke Lufterschütterung, dann brannte der Fluß. *Der Fluß brannte!* Er war so mit Abfällen vermischt und beladen, daß er brennbar wurde! *Der Fluß brannte!*

WOLFGANG HILDESHEIMER

Klage und Anklage

Wer bei Volksabstimmungen von je auf seiten der Verlierer gestanden hat und feststellt, wie die Erde immer feindlicher, der Mensch immer mehr verunsichert, das Individuum immer schutzloser, das Leben immer härter und unberechenbarer wird, wie die Möglichkeiten menschlicher Disposition sich rapide reduzieren, die Natur sich zunehmend versagt, der beginnt sich allmählich zu fragen, wie es möglich ist, daß der ansteigende Verlust an Handlungsfreiheit, die Häufung der unvorhergesehenen Schrecken und Katastrophen den Leuten auf der anderen Seite, also den Gewinnern der Abstimmungen, nicht auffällt. Daß sie sich, während die Berichte über die schleichende Einschränkung unserer Lebenssubstanz, und damit die Gefährdung unserer Zukunft, einander jagen, nicht irgendwann zu fragen beginnen, ob sie nicht vielleicht doch die falsche Seite unterstützt haben: die kurze Sicht anstelle der langen; den materiellen Aspekt anstelle eines Konzepts gerechter Verteilung der Lebensgüter, den Wohlstand für sich anstelle der Sicherheit für ihre

Nachkommen. In ihrem eigenen Umkreis mag ihnen vielleicht nicht auffallen, in welch erschreckender Potenzierung die Spezies der Tierwelt und die Pflanzenwelt aussterben, demnach Verödung und Verkarstung die Erde überziehen, Hunger und Seuchen sich ausbreiten, aber in sämtlichen Medien bekommen sie es Tag für Tag vorgeführt, oder etwa nicht? Daß die Armen immer ärmer, die Reichen immer reicher werden, ficht den nicht an, der zu den letzteren gehört – im Gegenteil –, aber er hat doch gewiß Kinder und Enkel, die leben wollen, zumindest jetzt noch. (Nein, ich bin kein „Linker", sondern politisch heimatlos.)

Gewiß, da die negativen Auswirkungen aller jener scheinbaren Errungenschaften der Gewinner sich nur sehr allmählich einstellen, wird es ihnen leichtgemacht, die Schattenseiten des Erreichten zu verdrängen und Fehlplanungen hinwegzuerklären, wovon sie denn auch in sorglosester Zuversicht Gebrauch machen. Unter allen Umständen wollen sie Atomkraftwerke, obgleich die Frage der Vernichtung des Atommülls, entgegen ihren Behauptungen, alles andere als geklärt ist und somit eine Gefahr ersten Ranges bleibt. Der Gemeinplatz der „sauberen Energie" dürfte sich nach den neuen Statistiken erschöpft haben. Sie wollen sich in ihrem Energiehaushalt nicht bevormunden lassen, das wäre verständlich, wenn sie sich selbst den Maßstab zu setzen fähig wären. Sie sind es aber nicht, sie planen in eine nur allzu zweifelhafte Zukunft, obgleich sie täglich vorgeführt bekommen, daß, nicht zuletzt angesichts der katastrophalen Bevölkerungsexplosion, die Versorgung auch bei uns spärlicher werden und in berechenbarer Zukunft versiegen muß. In der Tat, man fragt sich, bis zu welcher Grenze der Mensch eigentlich verdrängen kann.

Wie gern hätte ich vor den entsprechenden Abstimmungen etwa den folgenden Spruch verbreitet: Stimme ab, wie dein Gewissen es dir befiehlt, aber sage deinem Enkel, für welche Seite du gestimmt hast, damit er dich dereinst segnen oder verfluchen kann. – Wie gern würde ich den Gewinnern nahelegen, nur ein einziges Mal jeden Affekt auszuschalten, der letztlich nur der unterschwelligen Angst – der Quelle aller kollektiven Verdrängung – entspringt, und mit aller ihnen zu Gebote stehenden rationalen Vernunft an jene Zukunft zu denken, in der wir in Wirklichkeit natürlich schon zutiefst stecken.

Das ist schwer, ich weiß es, aber wer Kinder hat, trägt die ethische Verpflichtung, es zu tun. Die Bäume sterben. Als nächstes stirbt der Boden, auf dem sie wachsen, ja, auf dem alles wächst, was uns nicht nur physisch ernährt, sondern auch psychisch aufrechterhält. Die Verseuchung der Meere nimmt drastisch zu, wer hätte davon nicht schon grauenvolle Bilder und Filme gesehen! In wenigen Dekaden wird, wenn wir von einem Atomkrieg und von globalen Seuchen verschont bleiben, die Menschheit um ein Mehrfaches ihrer heutigen Zahl angewachsen sein. Wenn nicht ein noch so geringer Teil der von uns verschuldeten Schäden reversibel ist, wird der Mensch seine gesamte Kraft dem Überleben zu widmen haben, so daß seine geistige Existenz allmählich erlischt. Dieses unheilvolle Bild entspringt nicht etwa makabrer Einbildungskraft, sondern prognostischer Realität, wie jedermann sie – wahrhaft überdeutlich vorgeführt – den statistischen Berichten, vor allem aber den Reporten der Biotechniker, der Genetiker, der Ernährungswissenschaftler und der Ärzte entnehmen kann, wenn er will.

Er will nicht. Die Verdrängungsmechanismen der Gewinner – nennen wir sie mit großzügigem Euphemismus Optimisten – gebieten und propagieren eine Art der Zukunftsplanung, deren verderbliche Zuversicht aller Vernunft gleichzeitig entbehrt und trotzt. Es wird kaltblütig gefällt, gerodet und eingeebnet. In den Städten werden die Grünflächen zum Opfer einer geradezu psychotischen Bauwut ebenjener Institutionen, mit denen wir in absehbarer Zukunft nicht mehr das geringste anfangen können. Wälder werden zu Papier, um uns zu jenen elenden Postwurfsendungen zu verhelfen, die darauf berechnet sind, unsere Nachfrage nach hochgradig Unnützem zu züchten. Landschaften werden rücksichtslos und schadenstiftend zerstört, um Siedlungen für solche zu bauen, die dringend Zweitwohnungen brauchen. Maßhalten wird zum Spottobjekt, Maßnahmen zum Sparen von Energie werden verschmäht, sobald es das Aufgeben der geringsten Bequemlichkeit oder selbst der automatischen Gewohnheit bedeutet, nicht zu reden von der Demonstration des sozialen Status. (Im Tessin habe ich beobachtet, wie etwa 70 Werktätige aus demselben Dorf täglich zu ihrem gemeinsamen Arbeitsplatz fuhren, jeder in seinem eigenen Auto.)

Es herrscht eine Art feindseliger Gleichgültigkeit, wenn nicht gar Apathie gegenüber den ökologischen Geboten, Egoismus paart sich mit hartnäckiger Verleugnung unserer bedrohten Zukunft und wird zu einer geradezu programmatischen Versagung. Die planende Vernunft liegt bei der Minderzahl, eben bei den Verlierern, und sie werden das Schicksal jener zu teilen haben, die eifrig an der Unbewohnbarmachung der Erde arbeiten, freilich – das sei ihnen zugestanden – ohne das Böse zu wollen.

Ich bin mir im klaren, daß ich moralisiere. Aber so will es die Zeit, vor allem will es so die Sache, die hier ein sonst kaum zulässiges Maß an Pathos gebietet und verlangt, daß auch ein Agnostiker nach biblischen Gleichnissen greife, um Unbelehrte – und, wie zu fürchten steht, auch Unbelehrbare – zu erreichen. (Auch in der Bibel gibt es solche, die alle Warnung in den Wind schlugen. Ihr Schicksal ist bekannt.) Die Apokalypse droht, und zwar um zu strafen. Sie wird, wenn sie kommt, auch die Gerechten vernichten, aber diese dürfen wenigstens ihr gutes Gewissen bis zum Ende hüten.

BRUCE CHATWIN

Traumpfade – The Songlines

Arkady bestellte zwei Cappuccinos im Coffee-Shop. Wir trugen sie zu einem Tisch am Fenster, und er begann zu erzählen.

Sein schnelles Denken machte mich ganz benommen, wenn ich auch manchmal den Eindruck hatte, daß er redete, als stünde er auf einem Podium, und daß vieles von dem, was er sagte, schon einmal gesagt worden war.

Die Aborigines hatten eine erdgebundene Philosophie. Die Erde schenkte einem Menschen das Leben, gab ihm seine Nahrung, seine Sprache und Intelligenz; und die Erde nahm ihn zurück, wenn er starb. Eines Menschen „eigenes Land" und war es auch nur ein öder Landstrich mit Spinifexgestrüpp, war eine heilige Ikone, die unversehrt bleiben mußte.

„Unversehrt, meinen Sie, von Straßen und Bergwerken und Eisenbahnen?"

„Wenn man die Erde verwundet, verwundet man sich selbst", sagte er ernst, „und wenn andere die Erde verwunden, verwunden sie dich. Das Land sollte unberührt bleiben: so wie in der Traumzeit, als die Ahnen die Welt ins Dasein sangen."

„Rilke", sagte ich, „hatte eine ähnliche Vorstellung. Auch er sagte: Gesang ist Dasein."

„Ich weiß", sagte Arkady und stützte sein Kinn in beide Hände. „Drittes Sonett an Orpheus."

Die Aborigines, fuhr er fort, waren ein Volk, das auf leichten Füßen über die Erde schritt; und je weniger sie der Erde wegnahmen, um so weniger mußten sie ihr zurückgeben. Sie hatten nie verstanden, warum die Missionare ihnen ihre unschuldigen Opferriten verboten. Sie schlachteten nicht, weder Tiere noch Menschen. Wenn sie jedoch der Erde für ihre Geschenke danken wollten, schlitzten sie sich einfach eine Ader am Unterarm auf und ließen ihr eigenes Blut auf den Boden tropfen.

„Kein sehr hoher Preis", sagte er. „Die Kriege des zwanzigsten Jahrhunderts sind der Preis dafür, daß zu viel genommen wurde."

„Ich verstehe", sagte ich und nickte ratlos. „Aber könnten wir zu den Songlines zurückkehren?"

„Können wir."

Ich war nach Australien gekommen, um nach Möglichkeit selber in Erfahrung zu bringen und nicht aus Büchern anderer zu lernen, was eine Songline war – und wie sie funktionierte. Es war offensichtlich, daß ich nicht bis zum Kern der Sache vorstoßen würde, aber das wollte ich auch gar nicht. Ich hatte eine Freundin in Adelaide gefragt, ob sie einen Experten kenne. Sie gab mir Arkadys Telefonnummer.

„Haben Sie etwas dagegen, wenn ich mein Notizbuch benutze?" fragte ich.

„Nur zu!"

Ich zog ein Notizbuch mit einem schwarzen Wachstucheinband aus meiner Tasche; die Seiten wurden von einem Gummiband zusammengehalten.

„Ein hübsches Notizbuch", sagte er.

„Ich habe sie immer in Paris gekauft", sagte ich. „Aber jetzt werden sie nicht mehr hergestellt."

„Paris?" wiederholte er und runzelte die Brauen, als sei ihm so etwas Anmaßendes noch nie zu Ohren gekommen.

Dann zwinkerte er mir zu und sprach weiter.

Um die Vorstellung der Traumzeit zu verstehen, sagte er, müsse man sie als eine Aborigine-Version der ersten beiden Kapitel der Genesis ansehen – mit einem entscheidenden Unterschied.

In der Genesis erschuf Gott zuerst die „lebenden Dinge", und dann formte er Vater Adam aus Lehm. Hier in Australien erschufen sich die Ahnen selbst aus Lehm, zu Hunderten und Tausenden, je einen für jedes totemistische Wesen.

„Wenn also ein Aborigine Ihnen sagt: ‚Ich habe einen Wallaby-Traum', will er damit sagen: ‚Mein Totem ist das Wallaby. Ich bin ein Mitglied des Wallaby-Klans.'"

„Ein Traum ist also ein Klan-Emblem? eine Art Abzeichen, das ‚uns' von ‚ihnen' unterscheidet? ‚Unser Land' von ‚ihrem Land'?"

„Das geht noch sehr viel weiter", sagte er.

Jeder Wallaby-Mensch glaubte, von einem universalen Wallaby-Vater abzustammen, der der Ahne aller Wallaby-Menschen und aller lebenden Wallabys war. Wallabys waren daher seine Brüder. Eins zu töten, um es zu verzehren war sowohl Brudermord als auch Kannibalismus.

„Und doch", beharrte ich, „war der Mensch nicht mehr ein Wallaby, als die Briten Löwen, die Russen Bären oder die Amerikaner Weißkopf-Seeadler sind?"

„Jede Spezies kann ein Traum sein", sagte er. „Ein Virus kann ein Traum sein. Man kann einen Windpocken-Traum haben, einen Regen-Traum, einen Wüstenorangen-Traum, einen Läuse-Traum. Auf dem Kimverley-Plateau haben sie jetzt einen Geld-Traum."

„Und die Waliser haben Lauch, die Schotten Disteln, und Daphne wurde in einen Lorbeerbaum verwandelt."

„Immer dieselbe alte Geschichte", sagte er.

Er fuhr fort, mir zu erklären, daß jeder totemistische Ahne auf seiner Reise durch das Land eine Spur von Wörtern und Noten neben seinen Fußspuren ausgestreut habe und daß sich diese Traum-

pfade wie Verkehrs-„Wege" zwischen den am weitesten auseinander-
liegenden Stämmen über das ganze Land hinzögen.
„Ein Lied", sagte er, „war gleichzeitig Karte und Kompaß. Wenn
man das Lied kannte, konnte man immer seinen Weg durch das Land
finden."
„Und wanderte ein Mann beim ‚Walkabout' immer an einer dieser
Songlines entlang?"
„In den alten Zeiten, ja", stimmte er zu. „Heutzutage nehmen sie
den Zug oder das Auto."
„Und wenn der Mann von seiner Songline abwich?"
„Das war Betreten fremden Bodens. Dafür konnte er mit dem
Speer getötet werden."
„Aber solange er sich an seinen Pfad hielt, fand er immer Men-
schen, die seinen Traum teilten? Die in Wirklichkeit seine Brüder
waren?"
„Ja."
„Von denen er Gastfreundschaft erwarten konnte?"
„Und umgekehrt."
»Ein Lied ist also eine Art Paß, ein Gutschein für eine Mahlzeit?"
„Auch das ist komplizierter."
Zumindest theoretisch konnte ganz Australien wie eine Partitur
gelesen werden. Es gab kaum einen Felsen oder einen Bach im Land,
der nicht gesungen werden konnte oder gesungen worden war. Man
mußte sich die Songlines wie Spaghetti aus Iliaden und Odysseen
vorstellen, die sich hierhin und dorthin schlängelten, wobei jede
„Episode" den geologischen Formen abzulesen war.
„Unter Episode verstehen Sie ‚heilige Stätte'?" fragte ich.
„So ist es."
„Stätten wie die, die Sie zur Zeit für die Eisenbahngesellschaft
vermessen?"
„Sie müssen es so sehen", sagte er. „Überall im Busch können Sie
auf irgendeine Stelle in der Landschaft zeigen und den Aborigine an
Ihrer Seite fragen: ‚Was für eine Geschichte ist das?' oder: ‚Wer ist
das?' Es ist möglich, daß er ‚Känguruh' oder ‚Wellensittich' oder
‚Eidechse' antwortet, je nachdem, welcher Ahne diesen Weg ge-
gangen ist."

„Und die Entfernung zwischen zwei solcher Stätten kann als Abschnitt des Lieds gemessen werden?"

„Deshalb", sagte Arkady, „habe ich so viele Schwierigkeiten mit den Leuten von der Eisenbahn."

Es war nicht leicht, einen Vermesser davon zu überzeugen, daß ein Haufen Flußsteine die Eier einer Regenbogenschlange oder ein rötlicher Sandsteinbrocken die Leber eines mit dem Speer erlegten Känguruhs war. Schwerer noch war es, ihm einsichtig zu machen, daß eine öde Schotterlandschaft die musikalische Entsprechung zu Beethovens Opus III war.

Indem sie die Welt ins Dasein sangen, sagte er, seien die Ahnen Dichter in der ursprünglichen Bedeutung des Wortes *poesis* gewesen, das „Schöpfung" besage. Kein Aborigine könne sich vorstellen, daß die erschaffene Welt in irgendeiner Weise unvollkommen sei. Sein religiöses Leben hatte nur ein Ziel: das Land so zu erhalten, wie es war und wie es sein sollte. Ein Mann, der „Walkabout" ging, machte eine rituelle Reise. Er folgte den Fußspuren seines Ahnen. Er sang die Strophen seines Ahnen, ohne ein Wort oder eine Note zu ändern – und erschuf so die Schöpfung neu.

„Manchmal", sagte Arkady, „wenn ich meine ‚alten Männer' durch die Wüste fahre und wir zu einer Kette von Sandhügeln kommen, fangen sie plötzlich alle an zu singen. ‚Was singt ihr Leute da?' frage ich sie, und sie antworteten: ‚Wir singen das Land herbei, Boß. Dann kommt das Land schneller.'"

Aborigines konnten nicht glauben, daß das Land existierte, bevor sie es sehen und singen konnten – wie auch das Land in der Traumzeit nicht existierte, bevor die Ahnen es sangen.

„Das Land muß also zuerst als Vorstellung im Kopf existieren?" sagte ich. „Und dann gesungen werden? erst dann kann es als existent bezeichnet werden?"

„Richtig."

„Mit anderen Worten, ‚existieren' bedeutet ‚wahrgenommen werden'?".

„Ja."

„Hört sich verdächtig nach Bischof Berkeleys Widerlegung der Materie an."

„Oder wie der Buddhismus des reinen Denkens", sagte Arkady, „für den die Welt ebenfalls eine Illusion ist."

„Dann ist es also so, daß diese dreihundert Meilen Stahl, die zahllose Songs durchschneiden, zwangsläufig das psychische Gleichgewicht Ihrer ‚alten Männer' erschüttern werden?"

„Ja und nein", sagte er. „Sie sind in emotionaler Hinsicht sehr stark, und sie sind sehr pragmatisch. Außerdem haben sie weitaus Schlimmeres erlebt als die Eisenbahn."

Aborigines glaubten, daß alle „lebenden Dinge" im verborgenen unter der Erdkruste gemacht worden waren, wie auch alle Maschinen des weißen Mannes – seine Flugzeuge, seine Gewehre, seine Toyota-Landcruiser – und alle Erfindungen, die man noch erfinden würde; sie schlummerten unter der Oberfläche und warteten, bis sie gerufen wurden.

„Vielleicht können sie die Eisenbahn in die erschaffene Welt Gottes zurücksingen?" schlug ich vor.

„Da können Sie sicher sein", sagte Arkady.

HANS JONAS

Verantwortung und Freiheit

... Die nukleare, ökologische, bio-ethische, gentechnologische Debatte dieser Jahrzente bringt es unaufhörlich zu Wort – ein wachsender öffentlicher Chor mit wachsender Thematik, in dem meine Stimme eine unter vielen ist. Aus der Euphorie des faustischen Traumes sind wir ins kalte Tageslicht der Furcht erwacht. Es darf nicht das des Fatalismus sein. Nie darf apokalyptische Panik uns vergessen machen, daß die Technik ein Werk der uns Menschen eigenen Freiheit ist. Taten dieser Freiheit haben uns zum gegenwärtigen Punkt gebracht. Taten derselben Freiheit – die sie bleibt trotz der selbstgeschaffenen Zwänge zum Fortfahren auf der eingeschlagenen Bahn – werden über die globale Zukunft entscheiden, die zum ersten Mal in ihren Händen liegt. Ich spreche von der Freiheit als

Gattungseigenschaft, die noch nicht die politische ist, sie aber ermöglicht.

. . .

Mit der einseitigen Überlegenheit seiner nicht mehr natürlichen, sondern künstlichen Waffen ist der Mensch aus dem Kreis symbiotischen Gleichgewichts ausgebrochen. Er rottet aus, wo bis dahin der Streit nur Schranken setzte. Er gibt nicht mehr brauchbar zurück, was er dem Ganzen nimmt. So treibt er Raubbau an ihm. Im Erwerb seiner Übermacht war er sehend, ist sie doch ein Werk immer höherer erfinderischer Intelligenz; in ihrem Gebrauch war er blind und konnte es so lange bleiben, wie die Strafen der Erde immer noch vom Lohn der Siege überglänzt wurden. Diese lange Schonzeit der Blindheit ist vorbei. Das Verhältnis von Mensch und Natur ist in eine neue Phase eingetreten.

Was ist das Neue, und wie kam es dazu? Ein Faktor ist der biologische unserer rasanten Vermehrung, deren organischer Bedarf allein die planetarischen Nahrungsquellen zu überfordern droht. Aber dem liegt ursächlich schon ein ganz und gar Unorganisches zugrunde: der qualitative Sprung in unserer technologischen Macht, den der kaum zweihundert Jahre alte Bund zwischen Technik und exakter Naturwissenschaft bewirkte. Durch dies epochale, einzigartig westliche Praktischwerden reiner Theorie ist die Überlegenheit des Menschen so einseitig geworden, seine Eingriffe nach Größe, Art und Tiefgang so bedrohlich für das Ganze jetziger und künftiger Erdnatur, daß die Freiheit auch hierin endlich sehend werden mußte. Sie sieht: der zu große Sieg bedroht den Sieger selbst.

Das qualitativ Neue sei an einem einzigen Beispiel illustriert, das auch erklärt, was ich mit dem neuen „Tiefgang" unserer Eingriffe meine. Alle vormoderne Technik war makroskopisch, wie es das älteste Werkzeug war und heute noch die Maschine ist. Mit den Größen der sichtbaren Körperwelt hantierend, hielt sich die Technik sozusagen noch an die Oberfläche der Dinge. Seither ist sie in die molekulare Ebene hinabgestiegen. Diese kann sie jetzt manipulieren, von dorther nie gewesene Stoffe erbauen, Lebensformen ändern, Kräfte freisetzen. Nie vorher ist Kunst der Natur so in ihren Elementen zu Leibe gerückt. Vom Untersten her regiert sie jetzt das Oberste, vom Kleinsten das Größte. Dies Schöpfertum am „Kerne" bedeutet mit neuer Macht neue Gefahr. Eine ist die Belastung der Umwelt mit Substanzen, die ihr Stoffwechsel nicht bewältigen kann. Zur mechanischen Verwüstung tritt chemische und radioaktive Vergiftung hinzu. Und in der Molekularbiologie erscheint die prometheische Versuchung, vom Keime her verbessernd an unserem eigenen „Bilde" zu basteln. Die gesteigerte Macht entstammt also gesteigertem Erkennen. Dasselbe Erkennen nun, das *in* der Technik waltet, setzt uns auch instande, ihre globalen und künftigen Auswirkungen zu errechnen. Dafür sehend gemacht, muß die Freiheit erkennen: durch sie selbst steht das Ganze auf dem Spiel, und sie allein ist dafür verantwortlich. Damit komme ich von Wurzel und Macht zur Pflicht unserer Freiheit.

Daß sie sich Grenzen setzt, ist erste Pflicht aller Freiheit, ja, die Bedingung ihres Bestand, denn nur so ist Gesellschaft möglich, ohne die der Mensch nicht sein kann und auch nicht seine Herrschaft über die Natur. Je freier die Gesellschaft selber ist, je weniger also die natürliche Gattungsfreiheit durch die Herrschaft von Menschen über Menschen beeinträchtigt wird, desto evidenter und unerläßlicher wird im zwischenmenschlichen Verhältnis die Pflicht freiwilliger Begrenzung. Vergleichbares nun tritt ein im Verhältnis der Menschheit zur Natur. Wir sind freier darin geworden durch unsere Macht, und eben diese Freiheit bringt ihre Pflichten mit sich. Schritthaltend mit den Taten unserer Macht reicht unsere Pflicht jetzt über den ganzen Erdkreis und in die ferne Zukunft. Sie ist unser aller Pflicht, denn wir alle sind Mittäter an den Taten und Nutznießer an den Gewinnen der kollektiven Macht. Jetzt und hier, so sagt uns die Pflicht, sollen wir unsere Macht zügeln, also unseren Genuß kürzen, um einer künftigen Menschheit willen, die unsere Augen nicht mehr sehen werden. Ist unsere moralische Natur auch dafür ausgerüstet, wie sie es für das zwischenmenschliche Nahverhältnis ist? Gerechtigkeit, Achtung, Mitleid, Liebe – Impulse dieser Art, die in uns schlummern und im konkreten Miteinander wachgerufen werden, helfen uns da aus der Enge der Selbstsucht heraus ...

Wir vom sogenannten „Westen" haben den technologischen Koloß geschaffen und auf die Welt losgelassen; wir sind weiterhin die Hauptverzehrer seiner Früchte und darin Hauptsünder an der Erde. Unserer Üppigkeit auch ist Einschränkung wohl zuzumuten. Es wäre obszön, den Hungernden verarmter Weltteile Umweltschonung zum Besten der Zukunft, gar noch der globalen, zu predigen. Sie zwingt die nackte Not des Tages zu eben dem Zerstören, das in noch größere Not späterer Jahre führt. Sie vorab aus diesem Zwang zu befreien, muß das Ziel aller Entwicklungshilfe sein, zu welchem sie ihrerseits freilich mindestens die Geburtenbeschränkung beitragen müßten. Doch das eigentliche Problem liegt bei den Reichen dieser Erde, den Prassern mit ihrer globalen Schuld und Pflicht. Es ist ein Problem nicht der Ohnmacht, sondern der Macht und damit – vorläufig immer noch – der Freiheit ...

Über eines müssen wir uns zum Schluß im klaren sein: Eine Patentlösung für unser Problem, ein Allheilmittel für unsere Krankheit gibt es nicht. Dafür ist das technologische Syndrom viel zu komplex, und von einem Aussteigen daraus kann nicht die Rede sein. Selbst mit der einen großen „Umkehr" und Reform unserer Sitten würde das Grundproblem nicht verschwinden. Denn das technologische Abenteuer selbst muß ja weitergehen; schon die rettenden Berichtigungen erfordern immer neuen Einsatz des technischen und wissenschaftlichen Ingeniums, der seine eigenen neuen Risiken erzeugt. So ist die Aufgabe der Abwendung permanent, und ihre Erfüllung muß immer Stückwerk bleiben und oft nur Flickwerk.

Das bedeutet, daß wir wohl in aller Zukunft im Schatten drohender Kalamität leben müssen. Sich des Schattens bewußt sein aber, wie wir es jetzt eben werden, wird zum paradoxen Lichtblick der Hoffnung: Er läßt die Stimme der Verantwortung nicht verstummen. Dies Licht leuchtet nicht wie das der Utopie, aber seine Warnung erhellt unsern Weg – zusammen mit dem Glauben an Freiheit und Vernunft. So kommt am Ende doch das Prinzip Verantwortung mit dem Prinzip Hoffnung zusammen – nicht mehr die überschwengliche Hoffnung auf ein irdisches Paradies, aber die bescheidenere auf eine Weiterwohnlichkeit der Welt und ein menschenwürdiges Fortleben unserer Gattung auf dem ihr anvertrauten, gewiß nicht armseligen, aber doch beschränkten Erbe. Auf diese Karte möchte ich setzen.

Autorenregister und Quellennachweis

ALBERTI, LEON BATTISTA (1404–1472)
Liebe und Freundschaft 286
Wider den Müßiggang 441
Beide Texte stehen in der moralphilosophischen Schrift *Della famiglia libri IV*, entstanden 1434–1441; zitiert nach der Ausgabe *Vom Hauswesen* (Übers. Walter Kraus), Zürich: Artemis 1962.

AMERY, CARL (eigentl. Christian Mayer, geb. 1922)
Die neue Ethik der planetarischen Verantwortung 489
Aus dem Essay *Das Ende der Vorsehung*, erschienen 1972, mit dem Amery zu einem Vordenker der Ökologiebewegung wurde; zitiert nach der Neuausgabe in dem Band *Die ökologische Chance*, Süddeutscher Verlag, München 1985; © Paul List Verlag, München

ANDERS, GÜNTHER (1902–1992)
Der betrogene Philosoph 78
Die Fabel entstand 1954; zitiert nach der Sammlung G. Anders, *Der Blick vom Turm*, Verlag C. H. Beck, München, ISBN 3 406 003362.

ANDERSCH, ALFRED (1914–1980)
Der Augenblick der Freiheit 351
aus: A. Andersch, *Die Kirschen der Freiheit*
Copyright © 1968 Diogenes Verlag AG, Zürich.

ANDERSEN, HANS CHRISTIAN (1805–1875)
Des Kaisers neue Kleider 96
Der standhafte Zinnsoldat 180
Das kleine Mädchen mit den Schwefelhölzchen 253
Die meisten Märchen Andersens erschienen zwischen 1835 und 1848 in elf Heften unter dem Titel *Eventyr, fortalte for børn (Märchen, für Kinder erzählt)*. Die in unsere Sammlung aufgenommenen Geschichten stehen in der Ausgabe *Gesammelte Märchen*, Band 1, hgg. von F. Storrer-Madelung, © Manesse Verlag, Zürich 1949.

ARISTOTELES (384–322 v. Chr.)
Über das Wesen der Tugend 29
Über Freundschaft 282
Beide Texte wurden dem moralphilosophischen Hauptwerk des griechischen Denkers übernommen, dem 2. bzw. 8. Buch seiner *Nikomachischen Ethik*; in der Übersetzung von Olof Gigon erschienen 1967 im Artemis Verlag, Zürich.

Entnommen aus einer von dem englischen Romanautor und Moralisten Samuel Richardson (1689–1761) stammenden Bearbeitung, *Äsopische Fabeln mit moralischen Lehren und Betrachtungen* (1740), deren Übersetzung ins Deutsche Gotthold Ephraim Lessing 1757 veröffentlichte; herausgegeben und bearbeitet von Walter Pape. © der deutschen Übersetzung 1994, Diogenes Verlag AG, Zürich.

Aus: W. Biermann, *Alle Gedichte*. © 1995 by Verlag Kiepenheuer & Witsch, Köln.
Aus: W. Biermann, *Alle Lieder*. © 1991 by Verlag Kiepenheuer & Witsch, Köln.

Eine Geschichte aus Boccaccios Novellensammlung *Il Decamerone*, entstanden um 1350; *Der Falke* ist die neunte Geschichte des fünften Tages.

Alle drei Texte stehen in einer *Nach zehn Jahren* genannten Aufzeichnung, einer »Rechenschaft an der Wende zum Jahr 1943«, die der protestantische Theologe als Freundesgabe zum Jahreswechsel 1942/43 verfasst hat. Schon kurze Zeit danach, am 5. April 1943, wurde Bonhoeffer, eine der herausragenden Persönlichkeiten des Widerstands gegen Hitler, verhaftet. Noch kurz vor Kriegsende, am 9. April 1945, wurde er im KZ Flossenbürg ermordet. Die Zitate entstammen dem Band D. Bonhoeffer, *Widerstand und Ergebung*, hgg. von Eberhard Bethge. © Chr. Kaiser/Gütersloher Verlagshaus, Gütersloh, 14. Auflage 1994.

BRECHT, BERTOLT (1898–1956)
Maßnahmen gegen die Gewalt 196
aus: *Geschichten vom Herrn Keuner* (1930)
O Falladah, die du hangest! 270
Entstanden ca. 1931. Brecht greift hier das Motiv des sprechenden Pferdes (dessen Name »Falladah« ist) auf; er entnahm es dem Märchen *Die Gänsemagd* der Brüder Grimm. Erstdruck dieser Fassung: *Hundert Gedichte 1918–1950*, Berlin/DDR: Aufbau Verlag 1951.
Freundschaftsdienste 308
aus: *Geschichten vom Herrn Keuner*
Legende vom toten Soldaten 398
Entstanden 1918. Erstdruck in Brechts Stück *Trommeln in der Nacht* (1922)
In finsteren Zeiten 426
Entstanden 1937.
Lob des Lernens 459
aus Brechts Stück *Die Mutter* (1932)
Alle Brecht-Texte erscheinen mit Genehmigung des Suhrkamp Verlags, Frankfurt a. M.

BÜCHNER, GEORG (1803–1837)
Der Hessische Landbote 344
Beide Zitate entstammen der 1834 anonym erschienenen revolutionären Flugschrift *Der Hessische Landbote*, die Büchner zusammen mit seinem Freund Ludwig Weidig (1791–1837) schrieb; als er unter den Verdacht der Autorschaft geriet, konnte er im März 1835 nach Straßburg fliehen.

CANETTI, ELIAS (1905–1994)
Der Nimmermuß 354
aus: E. Canetti, *Der Ohrenzeuge*, © 1974 Carl Hanser Verlag, München – Wien.

CHAMISSO, ADELBERT VON (1781–1838)
Die Weiber von Winsperg 378
Das Gedicht, von Chamisso in eine Reihe von »Deutschen Volkssagen« gestellt, die er in balladesker Form schrieb, entstand 1831; ihm liegt die berühmte Sage von den listigen Weibern von Weinsberg zu Grunde, die bei der Übergabe der Burg an den Stauferkönig Konrad III. ihre Männer auf die in Chamissos Gedicht beschriebene Weise in Sicherheit gebracht haben sollen.

CHATWIN, BRUCE (1940–1989)
Traumpfade – The Songlines 501

Aus dem dritten Kapitel des in Australien angesiedelten Romans *Traumpfade*, aus dem Englischen von Anna Kamp. © 1990 Carl Hanser Verlag, München–Wien.

CHURCHILL, WINSTON (1874–1965)
Aus der Rede im Unterhaus am 4. Juni 1940   197
Churchill hielt diese historische Unterhausrede, nachdem Hitlers Pläne zur Invasion Englands bekannt geworden waren; am 10. Mai 1940 hatte ihn König George VI. mit der Bildung einer neuen Regierung beauftragt. Aus Churchills Memoirenwerk *Der Zweite Weltkrieg*, Bd. 2: *Englands größte Stunde* (Übers. N. O. Scarpi u. a.). © 1949 alle deutschsprachigen Rechte by Scherz Verlag, Bern, München, Wien.

CICERO, MARCUS TULLIUS (104–43 v. Chr.)
Laelius – Über Freundschaft   283
Aus Ciceros Abhandlung über das Wesen der Freundschaft, die er als einen fiktiven Dialog zwischen dem berühmten römischen Politiker und Redner Gaius Laelius (um 190– nach 129 v. Chr.) und dessen Schwiegersöhnen anlegte. Daher lautet der Originaltitel *Laelius de amititia* (entst. 44 v. Chr.).
Zitiert nach der deutschen Ausgabe *Laelius – Über die Freundschaft*, hgg. von Max Faltner, München/Zürich: Artemis 1988.

CLAUDIUS, MATTHIAS (1740–1815)
Abendlied   216
Erstdruck: In *Vossischer Musenalmanach auf das Jahr 1779*.

DACH, SIMON (1605–1659)
Lied der Freundschaft   289
Erstdruck in Heinrich Albert, *Arien und Melodeyen*, Königsberg 1638.

DAUDET, ALPHONSE (1840–1897)
Meister Cornilles Geheimnis   186
Die Erzählung *(Le secret de maître Cornille)* ist enthalten in dem von Daudet selbst zusammengestellten Sammelband *Briefe aus meiner Mühle (Lettres de mon moulin)*, erschienen 1887. Aus der Ausgabe der *Briefe* (Übers. Alice Seiffert), Reclam Verlag, Leipzig 1977.

DELP, ALFRED (1907–1945)
Nach der Verurteilung   221
Aus den Aufzeichnungen, die der Jesuitenpater Alfred Delp im Gefängnis niederschrieb, nachdem er am 28. Juli 1944 in München, wo er Pfarrer der Bogenhauser Gemeinde St. Georg war, verhaftet worden war. Er gehörte zur Widerstandsgruppierung des »Kreisauer Kreises« und wurde, wie die meisten anderen Mitglieder dieses in gemeinsamer welt-

anschaulich-politischer Überzeugung verbundenen Freundeskreises nach dem Attentat des 20. Juli 1944 entdeckt und – obwohl ihnen direkte Staatsstreichsplanungen nicht bewiesen werden konnten – zum Tode verurteilt. Das Urteil erging am 11. Januar 1945; am 2. Februar wurde Delp in Berlin-Plötzensee gehängt.
Aus A. Delp, *Gesammelte Schriften*, Hg. Roman Bleistein, 4 Bde., die Textpassage in Bd. 4: *Aus dem Gefängnis.* © Verlag Joseph Knecht · Carolusdruckerei GmbH, Frankfurt/Main 1984.

DESCARTES, RENÉ (1596–1650)
Einige Regeln der Sittenlehre 420
Die Beweisgründe für das Dasein Gottes und der menschlichen Seele als Grundlage der Metaphysik 474
Die beiden Kapitel, aus denen diese Textpassagen übernommen wurden, sind enthalten in Descartes' grundlegender erkenntnistheoretischer Schrift *Abhandlung über die Methode des richtigen Vernunftgebrauchs (Discours de la méthode pour bien conduire la raison; 1637);* die Übersetzung stammt von Kuno Fischer. Zitiert nach der Ausgabe Stuttgart: Reclam 1961, hgg. von Hermann Glockner.

DIDEROT, DENIS (1713–1784)
Menschlichkeit 86
Toleranz (von Jean Edme Romilly) 321
Natürliche Freiheit (von Jaucourt) 343
Drei Artikel aus der von Diderot und Jean le Rond d'Alembert (1717–1783) herausgegebenen *Enzyklopädie (Encyclopédia ou Dictionnaire raisonné des sciences, des arts et des métiers),* erschienen 1751–1780 in 35 Bänden, das erste lexikalische Großwerk des Zeitalters der europäischen Aufklärung; von den drei zitierten Texten stammt nur der Artikel *Menschlichkeit* von Diderot selbst.
Entnommen aus dem Auswahlband *Artikel aus der von Diderot und d'Alembert herausgegebenen Enzyklopädie* (Übers. Theodor Lücke), ausgew. von Manfred Naumann, Reclam Verlag, Leipzig 1984.

DOMIN, HILDE (geb. 1912)
Ich will dich 353
Aus *Gesammelte Gedichte.* © S. Fischer Verlag GmbH, Frankfurt am Main.

DSCHAMI, ABDURRAHAM (15. Jhdt.)
Das Kamel im Mausloch 70
Die Adaption dieses altarabischen Gedichts stammt von Friedrich Rückert (1823).

EICHENDORFF, JOSEPH FREIHERR VON (1788–1857)
Vier geistliche Gedichte 218
Der Wächter 218
Zuerst erschienen in der Erzählung *Dichter und ihre Gesellen* (1834).
Nachtgruß 219
Morgenlied 219
Mondnacht 220
Diese drei Gedichte sind enthalten in Eichendorffs Ausgabe seiner *Gedichte*, Berlin 1837.

EMERSON, RALPH WALDO (1803–1882)
Selbstvertrauen 154
Freundschaft 299
Der amerikanische Philosoph veröffentlichte die erste Folge seines *Essays* mit 12 Aufsätzen 1844, darin auch jene über *Self-Reliance* und *Friendship*. Zitiert nach der Ausgabe *Essays*, übers. u. hgg. von Harald Kiczka, Copyright © der deutschen Übersetzung 1983, Diogenes Verlag AG, Zürich.

ENZENSBERGER, HANS MAGNUS (geb. 1929)
Vorschlag zur Strafrechtsreform 105
Erstmals erschienen in dem Band *Gedichte 1955–1970*, Frankfurt a. M.: Suhrkamp 1971.
Anweisung an Sisyphos 199
Erstmals erschienen in dem Band *Verteidigung der Wölfe*, Frankfurt a. M.: Suhrkamp 1957.

EPIKTET (um 55 – um 135 n. Chr.)
Von dem, was in unserer Gewalt steht, und was nicht 470
Aus dem *Handbüchlein (Enchiridion)* des griechischen Stoikers, das dessen Lebensmaximen enthält und von einem seiner Schüler, Flavius Arrianus, aufgezeichnet wurde.
Zitiert nach der Ausgabe *Handbüchlein der Moral und Unterredungen*, hgg. von Heinrich Schmidt, Kröners Taschenausgabe Bd. 2, 11. Aufl. 1984. Alfred Kröner Verlag, Stuttgart.

FAULKNER, WILLIAM (1897–1962)
Rede zur Verleihung des Literaturnobelpreises 197
Faulkner erhielt den Nobelpreis im Jahre 1950 (es war der Preis für 1949); seine Dankesrede wurde in deutscher Sprache, übers. von Wulf Teichmann und Walter Hertenstein, veröffentlicht in dem von Gerd Haffmans hgg. Sammelband *Über William Faulkner*, Copyright © der deutschen Übersetzung 1973, Diogenes Verlag AG, Zürich.

FELS, LUDWIG (geb. 1946)
Freiheit 359
Aus dem Gedichtband *Alles geht weiter*, Darmstadt/Neuwied: Luchterhand 1977, © Ludwig Fels, Wien.

FONTANE, THEODOR (1819–1898)
Herr von Ribbeck auf Ribbeck im Havelland 256
John Maynard 424
Aus Fontanes Ausgabe seiner *Gedichte*, 3. Aufl. Berlin 1889.

FRIED, ERICH (1921–1988)
Gründe (1966) 434
Aus *und Vietnam und. 41 Gedichte. Mit einer Chronik.* © 1966 Verlag Klaus Wagenbach, Berlin
siehe auch: *Gesammelte Werke.* © 1993 Verlag Klaus Wagenbach, Berlin.

FRISCH, MAX (1911–1991)
Über Freiheit und Demokratie 356
Wir hoffen 412
Beide Zitate wurden der Rede entnommen, die Frisch 1976 in der Frankfurter Paulskirche zur Verleihung des Friedenspreises des Deutschen Buchhandels unter dem Titel *Wir hoffen* hielt.
Zitiert nach dem Sammelband *Friedenspreis des Deutschen Buchhandels. Reden u. Würdigungen 1976–1985*, Frankfurt a. M.: Börsenverein 1985. © Suhrkamp Verlag, Frankfurt/Main.

GANDHI, MAHATMA (1869–1948)
Gewaltlosigkeit und ziviler Ungehorsam 401
Aus einem Brief Gandhis an Lord Irwin, den damaligen britischen Vizekönig in Indien, vom 2. März 1930. Anlass des Schreibens war die von Gandhi als erste Maßnahme des Kampfes für die Unabhängigkeit Indiens geplante massenhafte Verweigerung der Salzsteuer, die er selbst später mit dem Marsch an die Meeresküste vollzog.
Zitiert nach dem Sammelband *Briefe zur Weltgeschichte*, hgg. von Karl Heinrich Peter, München: dtv 1964; Übers. von Erich Weis.

GELLERT, CHRISTIAN FÜRCHTEGOTT (1715–1769)
Nicht jede Besserung ist Tugend … 38
Aus dem Gedicht *Die Wachsamkeit* in *Geistliche Oden und Lieder*, Leipzig 1757.

GERHARDT, PAUL (1607–1676)
Passionslied 214
Aus Gerhardts Liedsammlung *Geistliche Andachten*, erschienen 1666/67.
Das *Passionslied* wurde von J. S. Bach in der *Matthäuspassion* vertont.

GOETHE, JOHANN WOLFGANG VON (1749–1832)
Das Göttliche 39
Entstanden 1783; Erstdruck (ohne Wissen des Autors) in: F. H. Jacobi,
Über die Lehre des Spinoza in Briefen an den Herrn Moses Mendels-
sohn, Berlin 1785; danach in Goethes *Schriften*, Bd. 8, 1789.
Beherzigung 139
Entstanden Ende 1776 als ein Gedicht in Goethes »Festspiel« *Lila;* Erst-
druck in *Schriften*, Bd. 6, 1790.
An den Mond 291
Erstdruck in *Schriften*, Bd. 8, 1789.
GRACIÁN, BALTASAR (1601–1658)
Nachdenken 71
Gerechtigkeit 85
Fleiß und Talent
Kenntnis seiner selbst 473
Alle Texte aus der Spruchsammlung des spanischen Jesuitenpaters, die
unter dem Titel *Oraculo manual y arte de prudencia* erschien; zitiert
nach der Übersetzung von Arthur Schopenhauer: *Handorakel und*
Kunst der Weltklugheit, Leipzig, 1862.
GRIMM, BRÜDER
(JACOB, 1785–1863; WILHELM, 1786–1859)
Die kluge Bauerntochter 75
Diesem Märchen entnahm Carl Orff den Stoff für seine Oper *Die Kluge*
(1943).
Der Froschkönig oder der eiserne Heinrich 91
Hänsel und Gretel 147
Vorlage für das Märchenspiel gleichen Titels von Engelbert Humper-
dinck (1893)
Katze und Maus in Gesellschaft 297
Frau Holle 446
Die Wichtelmänner 449
Alle Märchen sind enthalten in der Sammlung *Kinder- und Hausmär-*
chen, 2 Bde., Berlin 1812–1815.
HAVEL, VÁCLAV (geb. 1936)
Ein Wort über das Wort 335
Aus der Rede gleichen Titels, die der tschechische Staatspräsident und
Dramatiker zur Verleihung des Friedenspreises des Deutschen Buch-
handels 1989 gehalten hat.
Zitiert nach dem Sammelband mit Texten von Havel, *Am Anfang war*

das Wort, Übers. Joachim Bruss, © 1990 by Rowohlt Taschenbuch Verlag GmbH, Reinbek bei Hamburg.

HEBEL, JOHANN PETER (1760–1826)
Nützliche Lehren (»Ist denn der Mensch ...«); 1805   46
Der kluge Sultan; 1810   74
Der kluge Richter; 1805   86
Die Besatzung von Oggersheim; 1814   145
Unverhofftes Wiedersehen; 1811   173
Nützliche Lehren (»Gott grüßt manchen ...«); 1811   218
Das wohlfeile Mittagessen; 1804   393
Nützliche Lehren
(»Es sagt ein altes Sprichwort«, 1806; »Rom ist nicht an einem Tage ...«,
1807)   445
Alle Geschichten stammen aus Hebels Sammlung seiner Kurzprosa, *Schatzkästlein des Rheinischen Hausfreundes,* Tübingen 1811, 2. Aufl. 1818, wurde von ihm aber zuerst für den Jahreskalender *Rheinländischer Hausfreund* geschrieben (vgl. die angegebenen Jahreszahlen), an dem er seit 1803 mitarbeitete.

HEINE, HEINRICH (1797–1856)
Der tugendhafte Hund   47
Die schlesischen Weber   95
Erstdruck in der Zeitschrift »Vorwärts!« (Paris), 10. Juli 1844. Mit diesem Gedicht nahm Heine zur Revolte der schlesischen Leinenweber Stellung, die sich, provoziert durch die seit Jahrzehnten zunehmende Verelendung der Textil-Heimarbeiter, Anfang Juni 1844 in den Weberdörfern des schlesischen Eulengebirges gewaltsam entladen hatte. Der Aufstand wurde militärisch niedergeschlagen; elf Menschen wurden erschossen, zahlreiche schwer verletzt. – Die fortdauernde politische Brisanz des Problems zeigt die Tatsache, dass Gerhart Hauptmanns fast fünfzig Jahre später entstandene Tragödie *Die Weber* (1892) zunächst zur öffentlichen Aufführung verboten war.

HERMLIN, STEPHAN (geb. 1915)
Ballade von der Dame Hoffnung   224
Entstanden 1947; Erstdruck in der Zeitschrift »Aufbau«, I, 1948. Zitiert nach dem Band *Gesammelte Gedichte,* © 1979 Carl Hanser Verlag, München–Wien.
Die Bank   382
Aus dem Band *Abendlicht. Prosa,* © 1979 Klaus Wagenbach Verlag, Berlin.

HILDESHEIMER, WOLFGANG (1916–1991)
Klage und Anklage 498
Erschienen als Einzelveröffentlichung 1989 im Suhrkamp Verlag, Frankfurt a. M.

HOMER (8. Jhdt. v. Chr.)
Odysseus bei den Kyklopen. Kampf gegen Polyphem 119
Aus dem 9. Gesang der *Odyssee*, in der 1781 erschienenen Übersetzung von Johann Heinrich Voß.

HUCHEL, PETER (1903–1981)
Psalm 488
Aus Huchels Gedichtband *Chausseen Chausseen*, © S. Fischer Verlag GmbH, Frankfurt am Main 1963.

JANDL, ERNST (1925–2000)
für einen gastgeber 313
Aus: Ernst Jandl, *poetische Werke*, hgg. von Klaus Siblewski, Band 5 *(dingfest & verstreute gedichte 4)*, S. 162, © 1997 Luchterhand Literaturverlag GmbH, München.
menschenfleiß 460
Aus: Ernst Jandl, dto., Band 7 *(die bearbeitung der mütze & der versteckte hirte & verstreute gedichte 5)*, S. 128, © 1997 Luchterhand Literaturverlag GmbH, München.

JEFFERSON, THOMAS (1743–1826)
Einleitung zur Unabhängigkeitserklärung 423
Jefferson, ein Rechtsanwalt und Gutsbesitzer aus Virginia, formulierte die Unabhängigkeitserklärung der Vereinigten Staaten, mit der die dreizehn britischen Kolonien in Nordamerika am 4. Juli 1776 einstimmig ihre Zugehörigkeit zum britischen Königreich aufkündigten. In der Einleitung sind die Gründe für diesen Schritt dargelegt. Jefferson war damals Abgeordneter im Parlament von Virginia, in den Jahren 1801–1809 war er der dritte Präsident der USA.

JONAS, HANS (1909–1993)
Verantwortung und Freiheit 506
Aus der Rede *Technik, Freiheit und Pflicht*, die der Philosoph aus Anlass der Verleihung des Friedenspreises des Deutschen Buchhandels 1987 hielt. Zitiert nach dem Abdruck in H. Jonas, *Wissenschaft als persönliches Erlebnis*, Göttingen: Vandenhoeck & Ruprecht 1987.

KELLER, GOTTFRIED (1819–1890)
Erkenntnis 49
Erstdruck in G. Keller, *Neuere Gedichte*, Braunschweig 1851.

KLEIST, HEINRICH VON (1777–1811)
Anekdote aus dem letzten preußischen Kriege 137
Erstdruck in der von Kleist selbst redigierten Tageszeitung »Berliner Abendblätter«, 6. Oktober 1810.

KOLAKOWSKI, LESZEK (geb. 1927)
Erziehung zum Haß, Erziehung zur Würde 333
Aus der Rede, die der polnische Philosoph aus Anlass der Verleihung des Friedenspreises des Deutschen Buchhandels 1977 hielt. Zitiert nach der Broschüre *Ansprachen anlässlich der Verleihung des Friedenspreises*. Frankfurt a. M.: Börsenverein des Deutschen Buchhandels 1977.

KONFUZIUS (6./5. Jhdt. v. Chr.)
Über Geist und Weisheit 61
Sein wahres Selbst sein 464
Beide Zitate des chinesischen Denkers wurden entnommen aus dem Band *Konfuzius*, hgg. von Lin Yutang, © Fischer Bücherei KG, Frankfurt am Main und Hamburg 1957.

KUNZE, REINER (geb. 1933)
Zweites gedicht über das fensterputzen 411
Aus *Gespräch mit der Amsel*, © S. Fischer Verlag GmbH, Frankfurt am Main 1984.

LANGBEIN, HERMANN (geb. 1912)
Die Tat des Maximilian Kolbe 223
Der polnische Franziskanerpater Maximilian Kolbe (1894–1941), dessen Opfergang H. Langbein, selbst Auschwitzhäftling, in seinem Buch *Menschen in Auschwitz*, Wien: Europa Verlag 1972, beschreibt, wurde 1982 heiliggesprochen. © Europaverlag, Wien/München.

LESSING, GOTTHOLD EPHRAIM (1729–1781)
Nathan der Weise (Ringparabel) 326
Die zentrale Bedeutung, die der symbolischen Erzählung von den drei Ringen in der Toleranzdiskussion seit dem 18. Jahrhundert beigemessen wird, bildet sich schon in Lessings fünfaktigem Schauspiel ab, denn sie steht genau in der Mitte des Stücks (siebte Szene des dritten Aufzugs). Der weise Jude beantwortet darin die Frage des Sultans Saladin nach dem rechten Glauben. Lessings *Nathan* wurde 1783 in Hamburg zum ersten Mal aufgeführt.

LICHTENBERG, GEORG CHRISTOPH (1742–1799)
Äußere Gegenstände 73
Aus den *Bemerkungen vermischten Inhalts*, die der Göttinger Natur-

wissenschaftler und Aphoristiker seit 1765 niederschrieb, die aber erst in der Ausgabe seiner *Vermischten Schriften*, 9 Bde., 1801–1806 veröffentlicht wurden.

LINCOLN, ABRAHAM (1809–1865)
Rede auf dem Schlachtfeld von Gettysburg 185
Aus der *Gettysburg Address*, die der amerikanische Präsident am 19. November 1863 auf dem Schlachtfeld von Gettysburg hielt, wo es den Unionstruppen in erbittertem Kampf gelungen war, am 3. Juli 1863 die Südstaatenarmee unter General Robert E. Lee zurückzuschlagen – ein Wendepunkt in der Geschichte des tragischen amerikanischen Bürgerkriegs. Nach dem Sieg des Nordens 1864 wiedergewählt, wurde Lincoln am 15. April 1865 Opfer eines politischen Attentats.

LINDGREN, ASTRID (1907–2002)
Niemals Gewalt 412
Aus der Rede, die die schwedische Kinderbuchautorin 1978 zur Verleihung des Friedenspreises des Deutschen Buchhandels hielt. © Verlag Friedrich Oetinger, Hamburg.

LOGAU, FRIEDRICH VON (1604–1655)
Wissenschaft der Rechte 85
Der Mittel-Weg 134
Beharren 173
Vergebene Arbeit 443
Aus der Sammlung *Deutsche Sinn-Gedichte* des schlesischen Gutsherrn, Juristen und Spruchdichters, erschienen 1654.

LUTHER, MARTIN (1483–1546)
Ein feste Burg ist unser Gott (1530), entstanden vermutlich 1527 212
Aus tiefer Not schrei ich zu dir 213
Mitten wir im Leben 214
Das zweite und das dritte Lied aus Luthers Ausgabe seiner *Geistlichen Lieder*, Wittenberg *1529.*

MANN, HEINRICH (1871–1950)
Mut 157
Der Aufsatz erschien zuerst 1939 in Paris; zitiert nach dem Essayband *Mut*, hgg. Von Peter-Paul Schneider, © S. Fischer Taschenbuch Verlag GmbH, Frankfurt am Main 1991.

MANN, THOMAS (1875–1955)
Brief an den Dekan der Philosophischen Fakultät der Universität Bonn, Neujahr 1937 427
Auszug aus dem offenen Brief, mit dem Th. Mann darauf reagierte, dass

ihm die Bonner Universität mit amtlichem Schreiben vom 19. Dezember 1936 die Ehrendoktorwürde aberkannt hatte; schon am 2. Dezember 1936 hatten die Nazis die Ausbürgerung Manns bekannt gegeben. Eine Veröffentlichung erfolgte schon im Januar 1937 im Verlag von Emil Oprecht, Zürich, unter dem Titel *Ein Briefwechsel*. Aus: *ders., Gesammelte Werke in dreizehn Bänden*. Band XII. *Reden und Aufsätze 4* © S. Fischer Verlag GmbH, Frankfurt am Main 1960, 1974.

MARC AUREL (121–180)
Über Arbeit und Selbstliebe 439
Beobachtung des eigenen Ich 472
Aus den »Gedanken über sich selbst«, die der römische Kaiser (reg. 161–180) hinterließ; zitiert nach der Ausgabe der *Selbstbetrachtungen*, übertragen und eingeleitet von Wilhelm Capelle, Kröners Taschenausgabe Bd. 4, 12. Aufl. 1973, Alfred Kröner Verlag, Stuttgart.

MAUPASSANT, GUY DE (1850–1893)
Madame Baptiste 257
Die Erzählung erschien 1882 in der Zeitschrift »Gil Blas«; die hier abgedruckte deutsche Übersetzung stammt von Christel Gersch. Aus ders.: *Novellen 1882*, Bd. 2; © Aufbau-Verlag, Berlin und Weimar 1983.

MECKEL, CHRISTOPH (geb. 1935)
Als ich erwachte 488
Aus dem Gedichtband *Nebelhörner*, Stuttgart: DVA 1959.

MENDELSSOHN, MOSES (1729–1786)
Über Judenfeindschaft und Intoleranz 331
Die Textpassage steht in der Vorrede Mendelssohns zu einer Schrift des berühmten Amsterdamer Rabbiners Manasseh Ben Israel (17. Jhdt.), die der Berliner Philosoph selbst aus dem Englischen übersetzte und unter dem Titel *Rettung der Juden* 1782 herausbrachte.

MICKEL, KARL (geb. 1935)
Das Kindlein am Himmelstor 411
Entstanden 1960. Aus Mickels Gedichtband *Vita nova mea*, Berlin: Aufbau Verlag 1966.
© Mitteldeutscher Verlag Halle.

MONTAIGNE, MICHEL DE (1533–1592)
Von der Standhaftigkeit 172
Man sollte nicht dreist über Gottes Fügungen urteilen 211
Liebe und Freundschaft 287
Vom Müßiggang oder der Untätigkeit 444
Aus Montaignes *Essais*, die gesammelt zum ersten Mal 1580 erschienen;

die hier abgedruckten Zitate sind einer Übersetzung von Johann Joachim Bode entnommen, die im Rahmen der Ausgabe von Montaignes *Gesammelten Schriften* bei Georg Müller, München 1908, herauskam.

NIETZSCHE, FRIEDRICH (1844–1900)
Die Hybris unseres modernen Seins 487
Aus der Abhandlung *Zur Genealogie der Moral*, erschienen 1887.

PIRANDELLO, LUIGI (1867–1939)
Die Bank unter der alten Zypresse 263
Der Rabe von Mizzaro 346
Beide Erzählungen stehen in der Ausgabe *Einer nach dem anderen und sizilianische Novellen*, Übers. Hans Hinterhäuser u. Lisa Rüdiger, hgg. von Michael Rössner u. a., Mindelheim: W. P. Sachon Verlag 1989.

PLATON (427–347 v. Chr.)
Sokrates über Furcht und Tapferkeit 132
Sokrates über Besonnenheit und Gerechtigkeit 465
Beide Auszüge sind Platons Dialog *Gorgias* entnommen; sie werden hier in der Übersetzung von Rudolf Rufener nach der Ausgabe *Die großen Dialoge*, hgg. von Thomas A. Szlezák, München/Zürich: Artemis 1991, abgedruckt.

RICHARTZ, WALTER E. (eig. W. E. von Bebenburg: 1927–1980)
Picknick vor Cleveland 494
Eine Szene aus dem Roman *Reiters Westliche Wissenschaft*, Copyright © 1980 Diogenes Verlag AG, Zürich.

RÜCKERT, FRIEDRICH (1788–1866)
Mit meinem Meister 221
Aus Rückerts Lehrgedicht *Die Weisheit des Brahmanen*, erschienen 1836–1838.
Meiner lieben Schwiegertochter Alma 251
Entstanden Weihnachten 1865 als Dank an Alma Rückert, die mit einem Sohn des Dichters verheiratet war und sich seiner annahm, nachdem Rückerts Frau 1857 verstorben war. Erstdruck in L. Hirschberg, *Rückert-Nachlese*, 2 Bde., Weimar 1910/11.
Bedingungen des Lebens 451
Aus F. Rückert, *Schi-king, Chinesisches Liederbuch*, 1833.

RUNGE, PHILIPP OTTO (1777–1810)
Von dem Fischer un syner Fru 478
Runges Märchen erschien zum ersten Mal in der Sammlung *Volks-Sagen, Märchen und Legenden*, hgg. von J. G. Büsching, Leipzig 1812 und in demselben Jahr in den *Kinder- und Hausmärchen* der Brüder Grimm.

SACCHETTI, FRANCO (um 1355 – um 1400)
Der Bauer und der Sperber 66
Eine Erzählung aus Sacchettis Sammlung *Il Trecentonovelle (Das Buch der dreihundert Novellen)*, entstanden um 1390.
SAINT-EXUPÉRY, ANTOINE DE (1900–1944)
Der Kleine Prinz 303
Die märchenhafte Erzählung *Le petit prince* des französischen Dichters erschien 1943; deutsche Übersetzung von Grete und Josef Leitgeb 1950 und 1998, Karl Rauch Verlag, Düsseldorf.
SCHILLER, FRIEDRICH VON (1759–1805)
Die Worte des Glaubens – Die Worte des Wahns 44, 45
Entstanden 1800.
Weisheit und Klugheit 75
Epigramm; Erstdruck in der Zeitschrift »Die Horen«, 1795, 9. Stück.
Der Handschuh 88
Die Ballade entstand 1797; Erstdruck in »Musenalmanach auf das Jahr 1789«.
Don Carlos 139
Der Dialog zwischen Marquis Posa, dem Freund des Infanten Don Carlos, und König Philipp II. – eine Konfrontation von freiheitlicher Humanität und skeptisch-konservativem Dogmatismus – steht in der 10. Szene des dritten Aufzugs. Schillers Drama wurde 1787 in Hamburg zum ersten Mal aufgeführt.
Die Bürgschaft 292
Die Ballade, deren Stoff Schiller einer antiken Fabel des Hyginus entnahm, entstand 1798; Erstdruck in »Musenalmanach auf das Jahr 1799«.
Eine großmütige Handlung aus der neuesten Geschichte 475
Diese Erzählung erschien 1782.
SCHLABRENDORFF, FABIAN VON (1907–1980)
Das Attentat vom 13. März 1943 159
Das Vermächtnis Henning von Tresckows 432
Beide Texte sind dem Bericht *Offiziere gegen Hitler* entnommen, mit dem Schlabrendorff, der selbst zum engsten Widerstandskreis des 20. Juli 1944 gehörte, ein erstrangiges Quellenwerk der Anti-Hitler-Opposition niederschrieb. Das Buch erschien 1946 im Europa Verlag, Zürich.
SCHNITZLER, ARTHUR (1862–1931)
Boxeraufstand 192
Die Fragment gebliebene Erzählung entstand um 1926 und erschien erstmals in der Zeitschrift »Die Neue Rundschau«, Jg. 68, 1957. Aus:

Gesammelte Schriften. Die Erzählenden Schriften 1. © S. Fischer Verlag GmbH, Frankfurt am Main 1961.

SCHNURRE, WOLFDIETRICH (1920–1989)
Jenö war mein Freund 308
Aus Schnurres »Roman in Geschichten« *Als Vaters Bart noch rot war,* Verlag AG Die Arche, Zürich 1958, Neuausgabe © 1996 Berlin Verlag, Berlin.

SCHOLL, HANS (1918–1943) und SCHMORELL, ALEXANDER (1917–1943)
Zweites Flugblatt der Weißen Rose 429
Auszug aus dem zweiten Flugblatt, das die beiden Studenten verfasst hatten und im Juni/Juli 1942 per Post an gezielte Personen, aber auch an Zufallsadressaten versandten; Scholl und Schmorell handelten zunächst allein, erst später im Jahr 1942 kamen die weiteren Freunde hinzu, die den Widerstandskreis der »Weißen Rose« bildeten, vor allem Sophie Scholl, Christoph Probst, Willi Graf und Kurt Huber. Beim Hinabwerfen von Flugblättern im Lichthof der Münchner Universität werden Hans und Sophie Scholl am 18. Februar 1943 beobachtet; beide und kurz danach auch die anderen Freunde werden verhaftet, wenige Tage später schon die Geschwister Scholl und Christoph Probst zum Tode verurteilt und hingerichtet (22. Februar 1943). In zwei weiteren Prozessen ergeht es den meisten anderen Mitwissern und Mittätern ebenso. Aus: Inge Scholl, *Die Weiße Rose,* © S. Fischer Verlag GmbH, Frankfurt am Main 1982.

SCHOPENHAUER, ARTHUR (1788–1860)
Über Tapferkeit und Mut 155
Über Beschränkung, Besonnenheit und Selbstgenügsamkeit 176
Beide Texte wurden den kleineren philosophischen Schriften Schopenhauers entnommen, die unter dem Titel *Parerga und Paralipomena* (etwa: »Nebenarbeiten und Übriggebliebenes«) 1851 erschienen.
Mitleid, die Basis aller Gerechtigkeit und Menschenliebe 248
Aus Schopenhauers *Preisschrift über die Grundlage der Moral,* erschienen 1840.

SCHORLEMMER, FRIEDRICH (geb. 1944)
Solidarität und Toleranz 338
Rede, die Schorlemmer bei der historischen Großkundgebung am 4. November 1989 auf dem Alexanderplatz in Berlin hielt.

SENECA, LUCIUS ANNAEUS (um 4 v. Chr. – 65 n. Chr.)
Über die Tugend 35
Die Weisheit verleiht den wahren Adel 62

Behandle die Sklaven menschlich 82
Drei Texte aus den *Epistulae morales ad Lucilium (Moralische Briefe an Lucilius)*, in denen Seneca einem jungen philosophischen Schüler seine moralphilosophischen Maximen nahezubringen sucht. Entnommen der Seneca-Auswahl *Vom glückseligen Leben*, hgg. von Heinrich Schmidt, Kröners Taschenausgabe Band 5, 14. Auflage 1978, Seite 223 ff. Alfred Kröner Verlag, Stuttgart.

SEUME, JOHANN GOTTFRIED (1763–1810)
Der Wilde 245
Erstdruck in Seumes Sammlung seiner *Gedichte*, 1801.

SHAKESPEARE, WILLIAM (1564–1616)
König Heinrich V. 135
Die Rede des Königs an sein Heer vor der (historischen) Schlacht bei Agincourt gegen die Franzosen (1415), die mit dem Sieg der Engländer endete, steht in der 3. Szene des vierten Aufzugs. Das Historiendrama wurde 1599 zum ersten Mal aufgeführt. Der Text ist der Übersetzung von August Wilhelm von Schlegel entnommen.

Der Kaufmann von Venedig 239
Die Szene, in der Porzia vergeblich versucht, Shylock von der Realisierung seiner Forderung gegen Antonio abzubringen – die Abmachung spricht ihm ein Pfund Fleisch aus Antonios Körper zu –, steht im 1. Auftritt des vierten Aufzugs.
Shakespeare schrieb das als »Komödie« bezeichnete Werk etwa 1596/97; die hier benutzte Übersetzung stammt von August Wilhelm von Schlegel.

SIMROCK, KARL (1802–1876)
Der Rattenfänger 100
Erstdruck in Simrocks Ausgabe seiner *Gedichte*, Leipzig 1844.

STRAPAROLA, GIANFRANCESCO (um 1480–um 1557)
Die ungetreue Polissena 369
Eine Erzählung aus Straparolas Novellensammlung *Le piacevoli notti (Die ergötzlichen Nächte)*, erschienen 1550–1553.

SWIFT, JONATHAN (1667–1745)
Entschließungen für mein Alter 71
Diese Reflexionen Swifts *(Resolutions when I come to be old)* entstanden etwa 1719; der Text wurde in der Übersetzung von Walter Freisburger dem Band *Ein bescheidener Vorschlag, wie man verhindern kann, dass die Kinder der Armen ihren Eltern oder dem Lande zur Last fallen*, Frankfurt a. M. Insel Verlag 1965, entnommen.

TOCQUEVILLE, ALEXIS DE (1805–1859)
Wie mit dem gesellschaftlichen Ausgleich die Sitten sanfter werden 240
Aus der berühmten Studie *De la démocratie en Amérique (Über die De-mokratie in Amerika)* des französischen Staatsphilosophen, erschienen 1835–1840. – Der zitierte Abschnitt in der Übersetzung von Hans Zbinden ist der Ausgabe *Werke und Briefe*, hgg. von J. Mayer u. a., Bd. 1/2, Stuttgart: DVA 1959–1962, entnommen.

TOLSTOJ, LEV N. (1828–1910)
Die Kinder sind klüger als die Alten 301
Eine Geschichte aus Tolstojs *Volkserzählungen (Narodnye rasskazy)*, erschienen 1881–1886. Die hier abgedruckte deutsche Übersetzung von Gisela Drohla steht in Bd. 5 der Ausgabe *Sämtliche Erzählungen*, Frankfurt a. M.: Insel Verlag 1961.

TWAIN, MARK (eig. Samuel Langhorne Clemens, 1835–1910)
Der kluge Anstreicher 454
Ein Abschnitt aus *The Adventures of Tom Sawyer (Tom Sawyers Aben-teuer)*, erschienen 1867. Die deutsche Übersetzung der hier abgedruckten Passage stammt von Lore Krüger und erschien in *Ausgewählte Wer-ke in zwölf Bänden*, Bd. 4, © Aufbau-Verlag, Berlin 1962.

UHLAND, LUDWIG (1787–1862)
Das alte, gute Recht (Auszug) 379
Erstdruck in L. Uhland, *Sechs vaterländische Gedichte*, 1816.

VOLTAIRE (eig. François-Marie Arouet, 1694–1778)
Religion 319
Ein Artikel aus Voltaires *Dictionnaire philosophique portative (Philoso-phisches Taschenwörterbuch)*, erschienen 1764; deutsche Übersetzung von Erich Salewski, Reclam Verlag, Leipzig 1984.

WEISS, PETER (1916–1982)
Die Ermittlung 384
Der fünfte Gesang des »Oratoriums«, in dem Weiss den Auschwitz-Prozess szenisch gestaltet hat, ist der *Gesang vom Ende der Lili Tofler*; die Uraufführung des Szenariums fand 1965 statt. © Suhrkamp Verlag, Frankfurt/Main.

WEIZSÄCKER, RICHARD VON (geb. 1920)
Rede zum 40. Jahrestag der Beendigung des Zweiten Weltkrieges, 8. Mai 1985 56
Der damalige Bundespräsident hielt diese Rede, der im In- und Ausland wegweisende Bedeutung zugemessen wurde, in einer Sondersitzung des Deutschen Bundestages zum Gedenken an den 8. Mai 1945, dem Tag der

Kapitulation der deutschen Wehrmacht. Die hier gedruckten Auszüge stehen im 7. und 9. Abschnitt der Ansprache.

ZWEIG, STEFAN (1881–1942)
   Polyphem   395
Aus: *Silberne Saiten.* © S. Fischer Verlag GmbH, Frankfurt am Main 1982.

TEXTE AUS ANONYMEN WERKEN UND KOLLEKTIVWERKEN

531

Die faule Frau und die Flöhe 440
Aus der Sammlung *Französische Märchen*, hgg. von Ré Soupault, er-
schienen in der Reihe *Märchen der Weltliteratur* bei Diederichs im
Heinrich Hugendubel Verlag, Kreuzlingen/München.

Deklarationen und Denkschriften

*Die Erklärung der Menschen- und Bürgerrechte, beschlossen von der fran-
zösischen Nationalversammlung am 26. August 1789.* 41
Die *Déclaration de droits de l'homme et du citoyen* war das staatsrechtli-
che Grunddokument der Französischen Revolution und wurde zum
Vorbild der meisten Grundrechtskataloge späterer Verfassungen.
*Vereinte Nationen: Allgemeine Deklaration der Menschenrechte vom
10. Dezember 1948.* 52
In diesem Dokument, dessen Präambel hier abgedruckt ist, wurde das
Prinzip einer an bestimmte unveräußerliche Rechte des Menschen ge-
bundenen Politik zum ersten Mal als völkerrechtlich verbindlich kodifi-
ziert – beschlossen von der Vollversammlung der Vereinten Nationen
angesichts des soeben beendeten Zweiten Weltkriegs.
*Schlussakte der Konferenz für Sicherheit und Zusammenarbeit in Europa
(KSZE), 1. August 1975.* 54
Die hier abgedruckten Abschnitte VII und VIII, die Fragen der Men-
schenrechte und des Selbstbestimmungsrechts behandeln, wurden in
den folgenden Jahren zur Grundlage der meisten Bürgerrechtsbewegun-
gen in der Sowjetunion und den Staaten des sogenannten Ostblocks.
Man konnte sich darauf berufen, dass auch die osteuropäischen Staaten
dieser Erklärung zugestimmt haben.
*Stuttgarter »Schuldbekenntnis« des Rates der Evangelischen Kirchen
Deutschlands, 19. Oktober 1945.* 380
Diese von den damals führenden Persönlichkeiten der evangelischen
Kirchen Deutschlands unterzeichnete und höchst kontrovers diskutier-
te Erklärung ist ein bis heute fast einmalig gebliebenes Dokument der
Solidarität mit den Opfern der nationalsozialistischen Diktatur und Ge-
waltherrschaft.

Trotz sorgfältiger Bemühungen und Nachforschungen war es uns leider
nicht möglich, für alle Texte die Rechteinhaber zu ermitteln. Etwaige
Rechteinhaber bitten wir, sich an den Verlag zu wenden.

KNAURS
GROSSER
ZITATENSCHATZ

APHORISMEN – BONMOTS – SPRICHWÖRTER – GEISTREICHE SÄTZE

Mehr als 10.000 geflügelte Worte
- für alle Gelegenheiten
- aus drei Jahrtausenden
- klassische und moderne
- nachdenkliche und vergnügliche
- thematisch geordnet
- mit ausführlichem Stichwort- und Autorenregister

Die ideale Fundgrube für alle Reden,
Vorträge und Briefe.

ISBN 3-426-66437-2